READINGS & ACTIVITIES

AN INTERMEDIATE GERMAN COURSE

JEANINE BRIGGS

BEATE ENGEL-DOYLE

Franciscan University
Steubenville, Ohio

Boston, Massachusetts   Burr Ridge, Illinois
Dubuque, Iowa   Madison, Wisconsin   New York, New York
San Francisco, California   St. Louis, Missouri

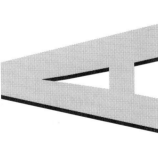

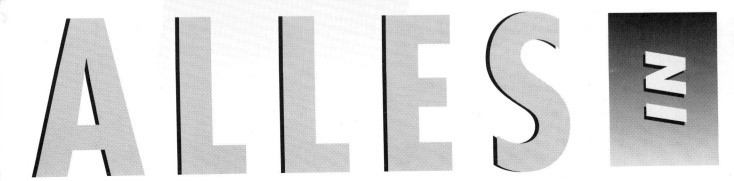

ALLES IN ALLEM

This is an  book.

Alles in allem
An Intermediate German Course

 This book is printed on recycled, acid-free paper containing a minimum of 50% total recycled fiber with 10% post-consumer de-inked fiber.

5 6 7 8 9 0 BKM BKM 9 0 9

ISBN 0-07-007832-7

This book was set in 10/12 Bauer Bodoni by Interactive Composition Corporation.
The editors were Leslie Berriman, Robert Di Donato, and Gregory Trauth;
the designer was Juan Vargas;
the production supervisor was Tanya Nigh.
The cover was designed by Juan Vargas.
The photo researcher was Judy Mason.
Illustrations were done by Susan Detrich, Brooklyn.
Project supervision was done by Stacey Sawyer.
Semline was printer and binder.

McGraw-Hill

A Division of The McGraw-Hill Companies

Library of Congress Cataloging-in-Publication Data

Briggs, Jeanine.
    Alles in allem : an intermediate German course : readings and
activities / Jeanine Briggs, Beate Engel-Doyle.
    p.   cm.
    ISBN 0-07-007832-7
    1. German language—Grammar. 2. German language—Readers.
3. German language—Textbooks for foreign speakers—English.
I. Engel-Doyle, Beate.   II. Title.
PF3112.B735 1995
438.2'421—dc20   94-1529
                                           CIP

(*continued on page V.48*)

INHALT

Preface ix

1 Werte 1

Zum Nachdenken: Was hat bleibenden Wert?
Hinführung 2
Textarbeit 10
„Inventur" von Günter Eich 11
„Mein besitz" von Christa Reinig 12
Weiterführung 16

2 Neu in der Stadt, neu in Deutschland 18

Zum Nachdenken: Wie soll man sich hier zurechtfinden?
Hinführung 19
Textarbeit 25
„Verfahren" von Helga M. Novak 28
Weiterführung 34

3 Einander kennenlernen, miteinander umgehen 40

Zum Nachdenken: Wie verstehen sich Menschen untereinander?
Hinführung 41
Textarbeit 1 44
„Mein erstes Abenteuer" von Roda Roda 47
Textarbeit 2 52
„Kaffee verkehrt" von Irmtraud Morgner 56
Weiterführung 59
„Mißverständnisse" von Birgit Kral 60

4 Von der Kinderstube in die Erwachsenenwelt 63

Zum Nachdenken: Wie gehen wir miteinander um?
  Was denken wir uns dabei?
Hinführung 64
„Grüßeritis" von Bernhard Katsch 65
Textarbeit 1 67
  „Erziehung" von Uwe Timm 68
Textarbeit 2 70
  „lernprozesse" von Werner Kofler 71
Textarbeit 3 72
  „Podiumsdiskussion" von Helmut Heissenbuttel 73
Weiterführung 77

5 Alltagsleben 82

Zum Nachdenken: Was sehen Sie, wenn Sie die Welt
  von Ihrem Fenster aus betrachten?
Hinführung 83
Textarbeit 1 87
  „Die alte Frau von nebenan" von Elisabeth Borchers 89
Textarbeit 2 91
  Auszug aus „Drei Variationen über meine Großmutter"
  von Irmtraud Morgner 92
Weiterführung 94
  „Die Zwillingshexen" von Ursula Wölfel 95

6 Na, denn guten Appetit! 101

Zum Nachdenken: Was darf's denn heute sein?
Hinführung 102
Textarbeit 108
  „Die Historie vom Pfannkuchen" 110
Weiterführung 117

7 Lustiges Landleben 124

Zum Nachdenken: Welche Vorstellungen verbinden
Sie mit dem Leben auf dem Land?
Hinführung 125
Textarbeit 1 128
„Schweinegeschichte" von Helmut Zenker 131
Textarbeit 2 136
Auszug aus dem „Tagebuch des Försters Rombach"
von Martin Rombach 137
Weiterführung 141
„Österreich" von Wolfgang Bauer 143

8 Waren und Werbung 148

Zum Nachdenken: Welchen Einfluß hat die schöne bunte
Welt der Werbung auf unser Leben?
Hinführung 149
Textarbeit 153
„Made in Hongkong" von Franz Hohler 154
„Reklame" von Ingeborg Bachmann 161
Weiterführung 164
„Wissen ist Macht" (Cartoon) von Jutta Bauer 165
Auszug aus „Was Blumen erzählen können"
(Zeitungsartikel) von Frank Braßel 166
Auszug aus „Psychologie des Schaufensters"
(Zeitungsartikel) von Hans Neumeister 169

9 Tiere und Tierfreunde 171

Zum Nachdenken: Was ist Ihr Verhältnis zu Tieren?
Hinführung 172
Textarbeit 181
„Ein Hund" von Helga Schubert 182
Weiterführung 188

10 Einseitige und vielseitige Bildung 193

Zum Nachdenken: Wohin sind wir unterwegs?

Hinführung 194

Textarbeit 200

„Der Mann mit dem Gedächtnis" von Peter Bichsel 204

Weiterführung 210

11 Beziehungen 215

Zum Nachdenken: Welcher Mensch hat den Verlauf Ihres
Lebens am nachhaltigsten beeinflußt?

Hinführung 216

Textarbeit 217

„Der Mann im weißen Hemd" von Gabriele Wohmann 218

Weiterführung 226

„Wien-Altenmarkt" von Manfred Richter 229

12 Menschenleben und Menschenwerk 236

Zum Nachdenken: Was lernen wir aus
unseren Erfahrungen?

Hinführung 237

Textarbeit 1 239

„Zwei Denkmäler" von Anna Seghers 241

Textarbeit 2 244

„Mensch" von Stephan Krawcyzk 247

Weiterführung 253

Wortschatz mit Bildern — V.1

Körperteile — V.1
Kleidung — V.2
Farben — V.2
Beziehungen — V.3
Tiere — V.3
Zahlen — V.3
Berufe — V.4
Getränke und Speisen — V.5
Stadt und Umgebung — V.8
Verkehr — V.9
Wohnen — V.10
Landschaften — V.11
Kontinente, Länder, Nationalitäten, Adjektive
   und Sprachen — V.12
Zeit — V.13

Programm-Vokabular — V.14

Preface

The three integrated components of **Alles in allem**, *An Intermediate German Course—Readings and Activities* text, *Grammar* manual, and *Guide to Audio-cassette Program*—offer a complete language program to students who have completed any first-year German course. This interactive, content-oriented program has been classroom tested and has drawn praise from instructors and students alike for its high-interest readings and activities appropriate for second-year students. The hands-on, user-friendly approach invites students to work with the language, to shape it, and to make it their own.

Alles in allem was developed on the premise that students acquire language abilities gradually through continual reinforcement, variation, application, and practice. All three components of the program provide opportunities for students to strengthen their basic language foundation, integrate their skills, and internalize the language before moving on to the challenges of more advanced language and literature courses.

Alles in allem recognizes the wide diversity among students entering a second-year program, not only in age, background, and interests but also in learning styles, previous language experiences, and current language abilities. With its broad range of activities and options, **Alles in allem** offers opportunities for success for all students, "success" being defined as the achievement of a marked degree of progress in language learning, a sense of accomplishment, and an appreciation of ideas and styles expressed in literary works.

Organization

Twelve chapters make **Alles in allem** easily adaptable to quarter or semester systems. Because the chapters function as independent units, they can be approached in any order. Each chapter contains the following sections.

Zum Nachdenken	opens the chapter with a visual element and a provocative question or statement that gives students food for thought as they work through the chapter.
Hinführung	includes lively activities to familiarize students with some of the vocabulary and themes they will encounter in the literary texts. In this section, students talk about related everyday topics, thereby preparing in a practical way for the exploration of literary themes in the subsequent section.

Textarbeit	consists of the literary selection(s) surrounded by a full array of activities that provide a hands-on experience through various stages of reading: general comprehension, working with details, interpretation, evaluation, and/ or analysis.
Weiterführung	provides activities, additional texts, or authentic materials that enable students to expand the themes, to make connections between the situations in the readings and real-life events, to personalize the topics, or to use the texts as examples and points of departure for creative written work.
Wortschatz	lists the most common or most frequently used words in the chapter along with their English equivalents.

Whether a given class completes all the activities in each section of a chapter or only selected activities, students will advance their language skills and achieve an understanding and appreciation of the literary selections.

Features of *Alles in allem*

- Engaging chapter topics invite students to look at issues and ideas from unique angles and to revisit themes of previous chapters from new perspectives.
- Chapters can be treated in any order, giving instructors and students maximum flexibility.
- Short literary selections by contemporary German-speaking authors provide the basis for the content of the program. Works are featured by men and women from various regions throughout Germany, Austria, and Switzerland.
- Authentic journalistic texts provide an interesting counterpoint to the literary selections and help students apply themes to everyday life.
- Wide range of reading texts and activities promotes both intensive reading for critical interpretation and extensive reading for information or simply for pleasure.
- Reading selections have line and paragraph numbers, which allow for easy reference. Extra line spacing and wide margins provide ample room for students to mark the texts.
- Pages are designed to allow students to work with the language, to annotate the texts, to mark answers, and to jot down notes directly in their books.
- Inclusion of both simple and more complex texts and activities offers a balanced program to all students who have completed a first-year German course.
- Full range of activities moves from vocabulary and topic familiarization (**Hinführung**) to comprehension, analysis, interpretation, and/or evaluation of the literary selections (**Textarbeit**) to practical application and personalization of some of the ideas from the readings (**Weiterführung**).
- **Intertext** activities in the **Textarbeit** and **Weiterführung** sections encourage students to draw various comparisons and connections among the different texts.

- Step-by-step approach to writing as a process offers students ample guide-lines for gathering ideas, developing thoughts, reworking and revising drafts, incorporating ideas from others, and, finally, sharing their work with others in the class.
- Broad sampling of authentic realia and cartoons, as well as drawings rendered specifically for this program, enhance the visual and thematic aspects of the text and provide bases for activities.
- **Impressionen** pages combine photos, maps, and/or realia to make strong visual statements that relate to chapter themes.

Skills Development

Alles in allem not only strengthens and develops reading, writing, speaking, and listening skills but also promotes thinking skills in the target language through the exclusive use of German in the *Readings and Activities* text. Students use language in order to understand language, and the following aspects of the text help them to do so.

- labelled illustrations
- direction lines that clearly state the task and how to perform it
- abundant examples
- synonyms and antonyms for suggesting meaning
- definitions of complex terms and expressions in simpler, more common words
- vocabulary and idea banks for organizing thoughts
- reading strategies for approaching different types of texts
- tasks that require students to work directly with the content of the readings to uncover different layers of meaning
- options and choices that help students think critically and that provide the expressions for doing so

The "Tools" of Language: Vocabulary and Grammar

Alles in allem considers vocabulary and grammar the essential "tools" of language and recognizes the fact that students cannot apply language without a firm grasp of these crucial implements. The *Readings and Activities* text offers obvious vocabulary aids in the form of labeled visuals, end-of-chapter **Wortschatz** sections, the **Wortschatz mit Bildern** (keyed to specific activities and located toward the end of the book), and the German-English **Programm-Vokabular.** Less obvious but equally important strategies for helping students integrate vocabulary are woven into the activities.

The separate *Grammar* manual, with explanations and direction lines in English, enables students to review and concentrate on whatever grammatical structures cause them trouble. With its easy-to-follow design, students can refer to specific sections in the *Grammar* manual for self-review and self-checking whenever necessary. Unobtrusive marginal references alongside activities in the *Readings and Activities* text tell students exactly where to turn for help. (See *Alles in allem* Components for Students.)

Alles in allem Components for Students

The *Alles in allem* program consists of three components: *Readings and Activities* text, *Grammar* manual, and *Guide to Audiocassette Program*.

Alles in allem Grammar consists of 12 units organized according to part of speech or general topic. Specific grammar points are numbered consecutively within each unit for easy reference. Each numbered explanation is followed by exercise materials that help students check their understanding of the concept, recognize the grammatical principles in context, and/or apply the grammar point in various language situations. A summary of the German case system and verb system conclude the manual. The format of the *Alles in allem Grammar* manual allows for (1) systematic, whole-class review of grammar by parts of speech, (2) independent use by students for reference purposes as needed, or (3) both options in variation and in combination.

Alles in allem Guide to Audiocassette Program is a student manual that includes charts and guides for note-taking, visuals on which listening activities are based, and photos that reflect the mood or content of the reading selections.

Alles in allem Audiocassette Program includes a set of cassettes, available to language laboratories and also for student purchase, with approximately 30 minutes of recorded time per chapter. The program features vocabulary and pronunciation practice; recorded versions of the literary selections along with appropriate listening activities; and dialogues, interviews, excerpts from radio talk shows, and various other situations that illustrate spoken language in everyday life.

Alles in allem Supplements for Instructors

Alles in allem Instructor's Manual features a user-friendly format that allows instructors to locate at a glance the information they need at any time. The manual includes ideas for approaching individual activities and texts; suggestions for coordinating the components of the *Alles in allem* program; answers to single-answer activities; examples for some of the open-ended, more creative speaking and/or writing activities; models in the form of actual student writings from classroom-tested chapters; references to additional or alternative materials in the *Instructor's Resource Kit;* and formats for short quizzes and tests as well as for more extensive exams. Moreover, the manual also suggests specific video materials that complement the various themes and topics presented in *Alles in allem.* Evaluation forms at the end of the manual invite instructors and their students to comment on the program and to help shape future editions.

Alles in allem Instructor's Resource Kit contains a wealth of supplementary materials with many suggestions for use. The kit includes additional realia, such as menus, advertisements, personal ads, receipts, tickets, greeting cards, forms, and cartoons; additional activities; additional short texts with various types of treatment; unlabeled art from the chapters and from the **Wortschatz mit Bildern** section of the main text; filled-in charts to serve as advance organizers for some of the listening activities; and **Wortcollage** pages, which enable students to work with words and syntax through various games and puzzle-type tasks.

Suggestions to Students

Alles in allem presents many opportunities for developing communicative verbal skills. The more you participate in class activities and interact with other students, the more language skills you will acquire and the more comfortable you will feel using German. Do not be afraid of or embarrassed about making mistakes; rather, consider errors a natural and important part of the learning experience.

In addition to communicating with others through speaking and writing, you will learn listening and reading skills that will enhance your comprehension and enjoyment of the language. Do not be frustrated by the almost exclusive use of German in this text and the recorded program; you will soon find that you understand far more than you can produce in speech or writing. Strive to get the general idea of what is said or printed. You do not need to know the meaning of every word to sense what is happening. Reading a text more than once will enable you to look at the language in different ways and to fill in details and nuances as you do so. Likewise, listening several times to passages on the audiocassettes will help develop your ear for understanding spoken German.

Direction Lines

The directions and examples in this text explain how you are to begin or to accomplish certain tasks. The following terms will acquaint you with some of the manipulative tasks you will be asked to perform.

Unterstreichen Sie . . .	Es war einmal ein armer Bauer . . .
Machen Sie einen Kreis um . . .	Es war einmal ein (armer) Bauer . . .
Setzen Sie . . . in Klammern.	(Es war einmal) ein armer Bauer . . .
Numerieren Sie . . .	Es war einmal ein armer Bauer . . .
Kreuzen Sie . . . an.	Ich finde die Geschichte __X__ interessant, _____ , langweilig, . . .

Chapter *Wortschatz*

As with all other sections of this book, you can make the **Wortschatz** page "your own," by working with it and marking it in the way that is most effective for your individual style of learning. The heading **Weitere Wörter, die ich lernen will** at the end of each **Wortschatz** page invites you to write additional words or phrases that you want to learn or that your instructor feels you should know.

Illustrations and *Wortschatz mit Bildern*

Turn to the **Wortschatz mit Bildern** section preceding the **Programm-Vokabular** in the back of the book whenever you want to review vocabulary items by topic. With its pictures, lists of cognates, and thematically related vocabulary, this special section gives you a bank of words for discussing various subjects at length. Describing to yourself the pictures in this section, as well as the illustrations throughout the program, will enrich your personal vocabulary bank and further your command of the language.

Grammar

As you review topics in the *Alles in allem Grammar* manual, concentrate on those that cause you the most concern personally. You can return to certain sections as often as necessary throughout your study of German. Each time, highlight or annotate the explanations, examples, or exercise materials so that you can focus on specific points that require your individual attention. In this .way, you can personalize your study of grammar and maximize the results of your efforts.

Alles in allem offers a complete hands-on language experience, and you will encounter many different strategies for approaching speaking, listening, reading, and writing tasks. Explore all the various strategies, making note of those that work best for you and that most comfortably suit your own style of learning, so that you can apply them to future work. Perhaps you know of still other techniques that serve you well and that you could pass on to others. Most important, remember that language acquisition requires patience as well as time. Relax, and let yourself enjoy the process of becoming more and more proficient in another language.

Acknowledgments

The authors would like to express their gratitude to everyone who contributed to the development of the *Alles in allem* program. Many thanks to *Irene Benison, Karin Vanderspek,* and *Heidi Madden* for reading and responding to the earliest drafts of the manuscript; to *Christiane Eydt-Beebe, Ruth Sondermann,* and *Heike Betz,* for answering numerous queries and for finding or verifying just the right words for making the language sound as natural as possible; to *Jochen Liesche* for reading and commenting on near-final manuscript; to *Yvette Briggs* for her countless hours of meticulous computer work toward the compilation of the vocabulary lists; to *Gerhard F. Strasser* and *Brigitte Nikolai* for collecting and sending realia from Germany; to *Bob Di Donato* for his many insightful suggestions and ideas; and to *Gregory Trauth* for his editorial contributions and for his guidance from the very beginning of the program through to its completion.

Special thanks to these instructors who extensively reviewed several chapters of material and tested them in their classrooms. We are greatly indebted to their students who provided us with much helpful feedback on the readings, activities, and grammar exercises.

Lida Baldwin, Washington College,
   Chestertown, Maryland
Andrew C. Wisely, Washington University,
   St. Louis, Missouri
Elisabeth Siekhaus and *Helga Tullman,*
   Mills College, Oakland, California

The authors and publisher would also like to express their thanks to those instructors who responded to a series of surveys and reviews during the development of *Alles in allem.* The appearance of their names does not necessarily constitute an endorsement of the text or its methodology.

John Austin, Georgia State University

Karl-Heinz Finken, Harvard University

Edward T. Larkin, University of New Hampshire

William C. McDonald, The University of Virginia

Curtis W. Swanson, California State University, Fullerton

Edward J. Weintraut, Mercer University

Althea Wolfkopf, Regis College

Many people were involved in innumerable aspects of creating a book from pages of manuscript. The authors would like to extend sincere thanks to *Karen Judd, Phyllis Snyder,* and *Tanya Nigh* for overseeing the production and manufacturing processes; to *Francis Owens* for his supervision and guidance of art and design; to *Susan Detrich* for her exciting illustrations that clarify the concepts and bring the ideas to life; to *Judy Mason* for her photo research, which resulted in just the right images to portray and enhance the chapter themes; to *Juan Vargas* for his striking cover designs that visually represent the approach of *Alles in allem* and for his fresh, clear text designs that make the program particularly easy to use; to *Lorna Lo*, for her conscientious work with the realia; to *Pam Webster* for her patience and care in laying out each page; to *David Sweet* for obtaining the literary and art permissions for all the authentic materials in the program; and, especially, to *Stacey Sawyer* for her expertise in guiding the entire project through the production process.

Most of all, we would like to thank *Leslie Berriman* and *Thalia Dorwick* for accepting the *Alles in allem* project, for believing in it, and for allowing it to follow its own natural course of development.

About the Authors

Jeanine Briggs has worked in educational publishing since 1969 and has edited numerous foreign language projects. The following are among the first-year publications she has authored or co-authored: ***Alles Gute!*** *Student Text, Workbook, Tape Program, Instructor's Manual,* and *Instructor's Resource Kit;* ***Deutsche Sprache und Landeskunde****, Student Text, Tape Program, Instructor's Resource Kit;* ***Deutsch: Na klar!*** *Workbook.* Ms. Briggs has also worked for many years as a volunteer for public and private schools and was a two-year participant in the Think/Write project, which paired writers from various fields of business with classroom teachers and their students.

Beate Engel-Doyle is an Assistant Professor of German at Franciscan University of Steubenville, Ohio. Educated in Germany, England, and the United States, she received an M.A. in American Studies from Bowling Green State University and an M.A. in German from The Pennsylvania State University, where she is currently writing her doctoral dissertation. Her teaching experience includes college-level German language courses ranging from the first to the fourth year and German literature courses, as well as English literature and composition courses. Ms. Engel-Doyle has given presentations on various aspects of German language instruction at professional meetings and is a coauthor of the *Instructor's Manual* to accompany ***Deutsche Sprache und Landeskunde*** and the *Instructor's Manual* to accompany ***Alles Gute!***

1

Werte

"Mutter mit Kind auf dem Arm," von Käthe Kollwitz (1916)

Zum Nachdenken

Was hat bleibenden Wert ?

Texte

„Inventur" von Günter Eich, 11
„Mein besitz" von Christa Reinig, 12

G 1 Nouns: Gender,
Plurals, and Types
G 2 Articles and
Nouns: Declension and
Case

HINFÜHRUNG

G 1.5 Compound
Nouns

A Kleidungsstücke

1. Welche der folgenden Kleidungsstücke tragen Sie oft (o) / selten (s) / nie (n)? Warum?

_____	Jeansjacke	_____	Sommermantel
_____	Lederjacke	_____	Wintermantel
_____	Trainingsjacke	_____	Arbeitsmantel
_____	Wanderjacke	_____	Baseballmütze
_____	Windjacke	_____	Schlafmütze
_____	Strickjacke	_____	Skimütze
_____	Bademantel	_____	Tennissocken
_____	Pelzmantel	_____	Wollsocken
_____	Regenmantel	_____	Nylonsocken

2. Vergleichen Sie Ihre Liste mündlich mit der eines anderen Studenten / einer anderen Studentin. Suchen Sie (wenn möglich) zwei Kleidungs-stücke, die Sie beide oft tragen, zwei, die Sie beide selten tragen, und zwei, die Sie beide nie tragen.

B Alles im Taschenformat

G 4.12 Comparison of
Adjectives and Adverbs:
Positive and
Comparative Degrees

Was ist der Unterschied zwischen (einem normalen Kamm und einem Taschen-kamm)? Wann/Warum kauft man (einen normalen Kamm / einen Taschen-kamm)?

BEISPIEL: Ein normaler Kamm ist größer und länger als ein Taschenkamm.
Man kauft einen Taschenkamm, weil . . .

das Buch/Taschenbuch
der Kalender/Taschenkalender
das Messer/Taschenmesser
der Spiegel/Taschenspiegel
der Schirm/Taschenschirm
die Lampe/Taschenlampe
der Rechner/Taschenrechner
das Radio/Taschenradio

Was gibt es sonst noch im Taschenformat?

Wir verlosen
50 Philips Personal View
Taschen-Farbfernseher mit Radio.

Im Laufe des Tages

Vervollständigen Sie jede Bildbeschreibung. Benutzen Sie jeweils die passenden
Verbformen. Benutzen Sie jedes Verb nur einmal. Nicht alle Verben passen.

▶ **G** 6.1 Infinitive and Formation of Present Tense

ausatmen	einladen (lädt ein)	fehlen	übernachten
begegnen	entdecken	ritzen	verraten (verrät)
dienen	erdenken	stecken	wiederfinden

1. Frau Lange grüßt gern alle Leute, die sie kennt. Heute _____ sie Herrn Weber auf der Straße. Sie sagt: „Guten Tag, Herr Weber. Schönes Wetter heute, nicht wahr?"

2. Otto steht auf und lächelt. Er atmet ein, und dann _____ er _____ . Er ist froh, daß ein neuer Tag beginnt.

3. Kurt ist zur Zeit bis über beide Ohren in Monika verliebt. Außerdem ist er sehr romantisch veranlagt. Deswegen _____ er ein Herz mit seinem Namen und dem von Monika in einen Tonteller.

4. Herr Wolf sucht seine Brille. Er findet sie unter der Zeitung. Später am Abend _____ Herr Wolf, daß ihm seine Brille wieder _____ . Er _____ sie auch dieses Mal _____ , und zwar auf dem Fernseher!

5. Sylvia ist Dichterin. Sie sitzt an ihrem Schreibtisch und schreibt in ihr Notizbuch. Sie _____ niemandem, was sie sich _____ .

6. Herr Linke hat keine Arbeit und kein Geld für eine Wohnung. Er ist obdachlos. Deswegen _____ er manchmal im Park. Er schläft dann auf einer Parkbank. Seine Reisetasche _____ ihm als Kopfkissen und sein Regenmantel als Decke.

D Die kleinen Freuden des Lebens

1. Beschreiben Sie die Szene, indem Sie die passenden Wörter ergänzen.

① das Lied, -er
② das Schachbrett, -er
  die Schachfigur, -en
③ die Tasse, -n
④ die Kaffeekanne, -n
⑤ die Flasche, -n
⑥ das Glas, ¨er
⑦ der Pflasterstein, -e
⑧ die Straße, -n
⑨ der Himmel

Petra und Richard spielen oft und gern Schach. Heute haben sie ihr _____ mit den schwarzen und weißen _____ in ein Straßencafé in der Fußgängerzone in der Altstadt mitgebracht. Das Café

liegt in einer engen _____,

die mit _____ gepflastert

ist. Der _____ ist blau, und

die Sonne scheint, aber es ist trotzdem ein bißchen kühl. Deshalb

trinken die beiden Kaffee. Vor ihnen stehen eine kleine

_____ und zwei

_____. Am Tisch rechts

neben ihnen sitzen zwei ältere Herren. Sie trinken jeder eine

_____ Bier und ein

_____ Schnaps. Sie lächeln,

denn am Tisch links neben Petra und Richard sitzt ein junger Mann, der

Gitarre spielt und ein schönes _____ singt.

2. Welche kleinen Freuden genießen die Menschen auf dem Bild? Welche
   kleinen Freuden finden Sie im Leben?

KLEINE FREUDEN AUF DEM BILD   KLEINE FREUDEN IN MEINEM LEBEN

Freizeit mit anderen Leuten   _____
   verbringen   _____
Schach spielen   _____

_____   _____

_____   _____

_____   _____

SAND IN DEN
SCHUHEN,
KIES IN DER TASCHE

Ṡ-ReiseService: Tips und Zahlungsmittel

Sparkasse Regensburg Ṡ

Materieller Besitz

G 5.1 Prepositions with Accusative Case

G 2.7 Nouns with *der*- and *ein*-Words in the Dative Case

1. **Was ist für wen?** Herr Steckel hat ein großes Einfamilienhaus, aber er zieht bald in eine kleinere Wohnung um. Deshalb braucht er viele Dinge nicht mehr. Er hat eine Liste gemacht, auf der steht, wem er was schenken will.

BEISPIEL: Das Radio ist für seinen Neffen.
Oder: Das Radio will er seinem Neffen schenken.

	SOHN	TOCHTER	ENKELKINDER	BRUDER	NEFFE	NICHTE	FREUND
DAS RADIO					✓		
DIE FAMILIENBIBEL		✓					
DIE SKIJACKE							✓
DER ARBEITSMANTEL				✓			
DIE WEINGLÄSER	✓						
DIE KAFFEEKANNE		✓					
DIE TEETASSEN						✓	
DIE LIKÖRFLASCHEN		✓					
DAS SCHACHBRETT			✓				
DIE SCHACHFIGUREN			✓				
DAS RASIERZEUG					✓		

G 4.4–4.5 Attributive Adjectives in the Nominative and Accusative Cases

VARIANTE 1: Benutzen Sie auch Adjektive.

BEISPIEL: S1: Für wen ist Herrn Steckels altmodisches Radio?
S2: Das altmodische Radio ist für seinen einzigen Neffen.

ADJEKTIVE FÜR MENSCHEN		ADJEKTIVE FÜR DINGE	
älter	erst-	alt	elegant
ältest-	jünger	altmodisch	handgeschnitzt
best-	jüngst-	blau (gelb, grau, . . .)	schön
einzig	?	chinesisch (deutsch, englisch, . . .)	?

G 4.6 Attributive Adjectives in the Dative Case

VARIANTE 2: Bilden Sie Gruppen mit je fünf Studenten/Studentinnen. Stellen Sie einander verschiedene Fragen. Benutzen Sie dabei möglichst viele Adjektive.

BEISPIEL: S1: Er schenkt seinem einzigen Neffen das altmodische Radio.
S2: Was schenkt er ihm?
S3: Das altmodische Radio.
S2: Wem schenkt er es?
S4: Seinem einzigen Neffen.
S5: Schenkt er es seiner jüngsten Tochter nicht?
S1: Nein, er schenkt es ihr nicht.

2. **Wiederverwertung (Recycling) oder Müll?** Herr Steckel wirft aber
   auch viele Dinge weg. Helfen Sie ihm beim Aussortieren.
   a. Machen Sie einen Kreis um die Dinge, die man Ihrer Meinung nach
      wiederverwerten kann. Diese Dinge kommen in einen Wiederverwer-
      tungscontainer.
   b. Streichen Sie die Dinge aus, die Ihrer Meinung nach gar keinen Wert
      mehr haben. Diese Dinge kommen in den normalen Müll.

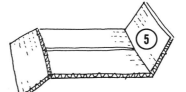

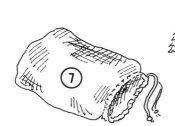

① der Nagel, ⁼
② das Weißblech, -e
③ die Konservenbüchse, -n
④ das Kissen, -
⑤ die Pappe, -n
⑥ das Notizbuch, ⁼er
⑦ der Leinenbeutel, -
⑧ das Handtuch, ⁼er
⑨ der Zwirn, -e
⑩ der Papierbecher, -
⑪ die Zeltbahn, -en

Recycling in Duisburg: Aus
alten Bierflaschen und -kästen
werden bald neue Verpackungs-
materialien.

 *Ihr Besitz*

Nehmen Sie Bestand auf. Was haben Sie? Was haben Sie nicht? Machen Sie schnell zwei Listen.

BEISPIEL:

ich habe	ich habe
eine Familie	keinen Job
nur wenig Geld	keine Kinder
viele Freunde	kein Auto

G 2.6 Nouns with *der*- and *ein*-Words in the Accusative Case

Welche Ihrer Listen ist länger? Wählen Sie jetzt nur *ein* Ding aus der zweiten Liste, und schreiben Sie einen Absatz darüber: Warum haben Sie dieses Ding nicht? Warum brauchen Sie es (nicht)?

BEISPIEL: Ich habe kein Auto, weil ich als Student keins brauche. Ich wohne ganz in der Nähe der Uni und kann fast überall zu Fuß hingehen, denn diese Universität ist nicht sehr groß. Wenn ich in die Stadt will, fahre ich mit dem Fahrrad oder mit dem Bus. Mein bester Freund hat ein Auto, und oft fahre ich mit ihm. Wenn ich meine Familie besuchen will, fliege ich nach Hause. Wenn ich eines Tages einen guten Job habe und viel Geld verdiene, kaufe ich mir ein tolles Auto. Ich möchte nämlich einen roten Porsche.

 Eine Meinungsumfrage

Was halten Sie für sehr wichtig im Leben? Warum? Was halten Sie für total unwichtig? Warum? Und die anderen Studenten/ Studentinnen? Markieren Sie Ihre Antworten auf der Tabelle auf Seite 9.

REISE UND ERHOLUNG

	UNWICHTIG			ETWAS WICHTIG			WICHTIG			SEHR WICHTIG	
Arbeit	0	1	2	3	4	5	6	7	8	9	10
Ausbildung (Studium)	0	1	2	3	4	5	6	7	8	9	10
Auto	0	1	2	3	4	5	6	7	8	9	10
Ehe	0	1	2	3	4	5	6	7	8	9	10
Familie	0	1	2	3	4	5	6	7	8	9	10
Freunde	0	1	2	3	4	5	6	7	8	9	10
Geld	0	1	2	3	4	5	6	7	8	9	10
Gesundheit	0	1	2	3	4	5	6	7	8	9	10
Haus	0	1	2	3	4	5	6	7	8	9	10
Hobbys	0	1	2	3	4	5	6	7	8	9	10
Intelligenz	0	1	2	3	4	5	6	7	8	9	10
Kinder	0	1	2	3	4	5	6	7	8	9	10
Kleidung	0	1	2	3	4	5	6	7	8	9	10
Lesen	0	1	2	3	4	5	6	7	8	9	10
Liebe	0	1	2	3	4	5	6	7	8	9	10
materielle Dinge	0	1	2	3	4	5	6	7	8	9	10
Musik	0	1	2	3	4	5	6	7	8	9	10
Partys	0	1	2	3	4	5	6	7	8	9	10
Reisen	0	1	2	3	4	5	6	7	8	9	10

 Ein Blick in die Zukunft

1. **Junge Menschen aus aller Welt wurden gefragt:** „Wie stellt ihr euch euer Leben vor, wenn ihr 40 Jahre alt seid?" Hier sind einige Antworten. Worauf legen diese Jugendlichen Wert?

▶ **G** 7.13 Future Tense

2. **Zum Gespräch oder zum Schreiben:** Wie stellen Sie sich Ihr Leben im Jahre 2020 vor? Wo werden Sie leben? Wie? Mit wem? Was wird in der Zukunft besonders wichtig für Sie sein? Was wird für Sie bleibenden Wert haben?

FAMILIE · BESITZ · IDEALE

„Ich bin verheiratet und lebe mit meinem Mann und zwei Kindern in einem kleinen Haus auf dem Land. Die Mauern sind rot, und die Fenster sind gelb. Es gibt einen Garten mit Blumen und Bäumen, im Garten einen freien Hund, eine Katze, einige Kaninchen und zwei Kühe, Hühner." **Ilaria (17), Parma, Italien**

„Mein Haus ist eine luxuriöse Villa. Ich bin mit Miss Universum verheiratet. Ich habe ein Luxuskreuzfahrtschiff gekauft, es ist sehr schön." **Jonas Mattson, Järfälla, Schweden**

„Ich stelle mir vor und wünsche mir auch, daß Ausländer nicht mehr ständig lesen oder hören müssen: ‚AUSLÄNDER RAUS!!!'" **Çiğdem, Izmir (Rückkehrerkind), Türkei**

„Die Welt wird mit Liebe übersprudeln. Keine Rassenvorurteile, keine Kriege, keine Krankheiten, nur Ruhe und frohe Menschen!" **21 Mädchen zwischen 14 und 16 Jahren einer Dominikanerinnen-Schule aus Harare, Zimbabwe, Zentralafrika**

„Ich werde ein schönes Haus am Wasser haben, und hoffentlich werde ich Geld haben. Ich möchte aber auch andere Sachen haben. Zum Beispiel möchte ich einen Mann lieben und heiraten. In 23 Jahren wird das Wort LIEBE wieder Bedeutung haben." **Shelli Farmer, Tacoma, USA**

„Ich werde einen Porsche Targa fahren. Mein schöner Mann und ich werden in einem großen Haus am See leben. Wir werden zwei Kinder, ein schönes Boot und einen kleinen Hund haben." **Joann Broecker, Tacoma, USA**

„Ich liebe Tiere. Ich möchte ein Naturschutzgebiet gründen, das ‚Tierhimmel' heißen soll." **Singapur**

„Ich hätte eine wunderbare Familie. Wir würden zusammen auf dem Land wohnen, und jeden Tag würde ich etwas mit meinen beiden Kindern unternehmen." **Singapur**

„Ich werde eine häßliche und dicke Frau sein." **Taiwan**

„Ich sorge mich um nichts, nur um meinen Mann und die Kinder und die Arbeit. Und dann alles weitermachen und weitermachen." **Taiwan**

„Heute hat das materielle Leben die Spitze erreicht. Danach verlangen wir vor allem das geistige Leben." **Taiwan**

TEXTARBEIT

A Intertext: Besitz

G 2.3
Possessive
Adjectives /
ein-Words

G 2.2 Indefinite
Article and *kein*

G 2.6 Nouns with
der- and *ein*-Words in
the Accusative Case

1. Lesen Sie die zwei Gedichte auf Seite 11 und 12. Welche Gegenstände erwähnen Günter Eich und Christa Reinig? Machen Sie zwei Listen.

GÜNTER EICH

eine Mütze
_____
_____
_____
_____
_____
_____
_____
_____
_____
_____
_____
_____
_____

CHRISTA REINIG

einen Mantel
_____
_____
_____
_____
_____
_____
_____
_____
_____
_____
_____
_____
_____

G 2.4, 2.6 Nouns with
der- and *ein*-Words in
the Nominative and
Accusative Cases

2. **Zur Diskussion:** Günter Eich und Sie
   a. Vergleichen Sie die Liste Ihres Besitzes (Hinführung F) mit den Gegenständen, die Günter Eich in seinem Gedicht erwähnt. Welche Dinge, die Sie für selbstverständlich halten, hat Günter Eich nicht? Könnten Sie so leben, wie er? Warum (nicht)?
   b. Was ist der Lieblingsgegenstand des Dichters? Warum? Was sagt diese Tatsache über ihn aus? Was ist Ihr Lieblingsgegenstand? Warum? Was sagt das über Sie aus?

Inventur

von Günter Eich

Dies ist meine Mütze,
dies ist mein Mantel,
hier mein Rasierzeug
im Beutel aus Leinen.   4

Konservenbüchse:
Mein Teller, mein Becher,
ich hab in das Weißblech
den Namen geritzt.   8

Geritzt hier mit diesem
kostbaren Nagel,
den vor begehrlichen
Augen ich berge.   12

Im Brotbeutel sind
ein Paar wollene Socken
und einiges, was ich
niemand verrate,   16

so dient es als Kissen
nachts meinem Kopf.
Die Pappe hier liegt
zwischen mir und der Erde.   20

Die Bleistiftmine
lieb ich am meisten:
Tags schreibt sie mir Verse,
die nachts ich erdacht.   24

Dies ist mein Notizbuch,
dies meine Zeltbahn,
dies ist mein Handtuch,
dies ist mein Zwirn.   28

Was im Leben Wert hat:
Familie, Gesundheit, Liebe,
Essen, Natur, . . .

Mein besitz

von Christa Reinig

Ich habe einen mantel in die jackentasche zu stecken
    einen taschenmantel
ich habe ein radio in die jackentasche zu stecken
    ein taschenradio
ich habe eine bibel in die jackentasche zu stecken
    eine taschenbibel
ich habe gar keine solche jacke mit taschen   8
    gar keine jackentasche

ich habe eine schnapsflasche mit zwölf gläsern für mich
    und alle meine onkels und tanten
ich habe eine kaffeekanne mit vier tassen für mich
    und meine drei besten freundinnen
ich habe ein schachbrett mit schwarzen und weißen steinen für mich
    und einen freund
ich habe gar keine freunde einzuladen   16
    niemanden

ich habe einen himmel endlos über mir
    darunter mich wiederzufinden
ich habe eine stadt voll straßen endlos
    darin mir zu begegnen
ich habe ein lied endlos und endlos
    darin ein- und auszuatmen
ich habe nicht mehr als ein gras zwischen zwei pflastersteinen   24
    nicht mehr zu leben

B Einfache Gegenstände

Beantworten Sie die Fragen über „Inventur".

1. Wie viele Beutel hat der Dichter? Was für Beutel sind das?
2. Was ist auf der Konservenbüchse?
3. Womit hat der Dichter seinen Namen in das Weißblech geritzt?

4. Wovor verbirgt (versteckt) der Dichter den Nagel? Warum wollen andere Menschen ihn vielleicht haben?
5. Was ist außer dem Paar Socken sonst noch im Brotbeutel?
6. Worauf liegt der Dichter nachts, wenn er schläft?

 ## Intertext: Aufenthalts- und Wohnorte

Was meinen Sie? Wo war Günter Eich, als er Inventur machte? Wo war Christa Reinig, als sie über ihren Besitz nachdachte? Schreiben Sie E für Eich und R für Reinig vor jeden Aufenthalts- oder Wohnort, der Ihrer Meinung nach auf das entsprechende Gedicht zutrifft.

▶ **G** 5.4 Prepositions with either Accusative or Dative Case

_____ auf einem Bauernhof   _____ in einem Stadtpark

_____ auf dem Land   _____ im Wald

_____ in einem Studentenzimmer   _____ in einem Dorf

_____ in einer Wohnung   _____ in einem Kriegsgefangenenlager

_____ in einem Zelt   _____ in einem Hotelzimmer

_____ in einer Gefängniszelle   _____ in einer Großstadt

_____ am Strand   _____ in einem Einfamilienhaus

_____ auf der Straße   _____ in der Wüste

_____ _____

 ## Intertext: Wiederholungen

1. Unterstreichen Sie alle Wörter oder Ausdrücke, die Christa Reinig in „Mein besitz" wiederholt. Welchen Ausdruck wiederholt sie in dem ganzen Gedicht am meisten?
2. Unterstreichen Sie alle Wörter und Ausdrücke, die Günter Eich in „Inventur" wiederholt. Welchen Ausdruck wiederholt er in dem ganzen Gedicht am meisten?
3. Was sagen diese zwei Ausdrücke über die Perspektiven und die Werte der beiden Dichter aus? Wie wirken sich die Ausdrücke auf den Stil der beiden Gedichte aus?

 ## Intertext: Dichterische Freiheit

Wenn Dichter und Dichterinnen bewußt und mit Absicht von den grammatischen Regeln einer Sprache abweichen, nennt man das „dichterische Freiheit".

1. **Titel:** Schauen Sie sich den Titel des Gedichts von Christa Reinig an. Vergleichen Sie dann die folgenden Versionen des Titels. Wie ändern

▶ **G** 1.1 Capitalization

die Großbuchstaben die Bedeutung des Titels? Welches Wort oder welche Idee wird in jeder Version betont?

Mein besitz (der Titel des Gedichts von Christa Reinig)
Mein Besitz (ein normaler Titel im Standarddeutschen)
mein Besitz (der normale Stil, wenn die Wörter nicht im Titel stehen)

2. **Substantive im Gedicht:** Wenn man sich das Gedicht von Christa Reinig anschaut, bemerkt man sofort, daß alle Substantive kleingeschrieben sind. Suchen Sie jedes Substantiv im Gedicht, und kennzeichnen Sie es wie im Beispiel. Wie ändern die Großbuchstaben die Bedeutung des Gedichts?

BEISPIEL: ich habe einen mantel in die jackentasche zu stecken

einen taschenmantel

3. **Großschreibung und Interpunktion:** Warum hat Christa Reinig Ihrer Meinung nach nur das allererste Wort im Gedicht großgeschrieben und auch keine Interpunktion benutzt? Warum hat Günter Eich Ihrer Meinung nach alle Substantive in „Inventur" großgeschrieben? Warum hat er sein Gedicht interpunktiert?

 ## Zur Interpretation von „Mein besitz"

1. **Zur Diskussion der letzten Strophe:** Was bedeuten die vier Zeilenpaare in dieser Strophe? Erklären Sie Ihre Antwort. Es gibt mehr als eine Möglichkeit.

   a. „ich habe einen himmel endlos über mir
      darunter mich wiederzufinden"

   - Die Welt ist riesig groß.
   - Ich muß/will/kann immer über mein Leben reflektieren.
   - Ich will mich selbst besser kennenlernen.
   - Die Möglichkeiten im Leben sind endlos.
   - Neben materiellen Dingen, Freunden und Familie gibt es andere Bereiche, die wichtig sind.
   - _____?_____

   b. „ich habe eine stadt voll straßen endlos
      darin mir zu begegnen"

   - Das Leben ist ein Labyrinth.
   - Das Leben ist auswegslos.
   - Alle Menschen sind gleich: Ich bin wie alle anderen, denen ich begegne.
   - Indem man anderen Menschen begegnet, lernt man sich selbst besser kennen.
   - Egal wo man ist und mit wem man spricht, ist man immer allein mit sich selbst.
   - Jeder Mensch liebt nur sich selbst.
   - _____?_____

c. „ich habe ein Lied endlos und endlos
 darin ein- und auszuatmen"

- Das Leben ist ein endloses Lied.
- Jeder Mensch singt ein Lied des Lebens.
- Das Ein- und Ausatmen ist wie ein Lied des Lebens.
- Das Leben ist schrecklich langweilig: Alles ist immer dasselbe.
- Man muß etwas Schönes aus seinem Leben machen.
- Ich kann der tristen (langweiligen) materialistischen Alltagswelt entkommen, indem ich Gedichte schreibe.
- ____?____

d. „ich habe nicht mehr als ein gras zwischen zwei pflastersteinen
 nicht mehr zu leben"

- Das Leben ist sehr schwer und kurz.
- Ich bin krank und sterbe bald.
- Ich bin schon sehr alt, und mein Leben ist fast zu Ende.
- Das Leben ist sehr zerbrechlich.
- Das Leben dauert nicht lange, aber es gibt auch Schönes in dieser kalten, harten materialistischen Welt.
- Mein Leben ist wie das eines Grashalmes, der zwischen zwei Pflastersteinen wächst.
- Gras wächst manchmal zwischen Pflastersteinen. Deswegen hat auch ein sensibler Mensch wie ich eine Chance zu leben.
- ____?____

2. **Zur Zusammenfassung**

a. Worüber spricht die Autorin in der ersten Strophe? in der zweiten Strophe? in der dritten Strophe?
b. Mit welchem Aspekt des Gedichts können Sie sich am meisten / am wenigsten identifizieren?
c. Was will die Autorin eigentlich? materiellen Besitz? einen Lebenspartner? ein längeres Leben? nichts? ____?____
d. Der Titel des Gedichts ist „Mein besitz". Was bedeutet das? Was „hat" die Autorin? Was „besitzt" sie? Was ist der Unterschied zwischen „haben" und „besitzen"? Was kann man eigentlich „haben"? Was kann man eigentlich „besitzen"?

ART-SHOP

HABEN,
WAS ANDERE
NICHT
HABEN

Hollenbeckerstr. 28 · Münster
Kuhviertel · Telefon 4 45 01

WEITERFÜHRUNG

A Ein Gedicht: Ihre eigene Inventur

 G 2.4, 2.6 Nouns with
der- and *ein-*Words in
the Nominative and
Accusative Cases

- Schreiben Sie auf, was Sie in diesem Moment bei sich haben.
- Schreiben Sie dann ein kurzes Gedicht (mit oder ohne Reim), in dem Sie einige der Dinge in Ihrer Liste erwähnen. Die wichtigsten Dinge sollten Sie kurz erklären oder beschreiben.

B Ein Prosatext

 G 6.1 Infinitive and
Formation of the
Present Tense,
  G 6.2 *haben* and *sein*
  G 6.10 Modals

Wählen Sie eins der folgenden Themen, und schreiben Sie einen kurzen Prosatext darüber. Sammeln Sie durch „Brainstorming" zuerst spontane Einfälle zu Ihrem Thema.

- was ich habe / was ich besitze
- was ich bin / was ich sein werde (oder möchte)
- was ich gern habe / was ich nicht gern habe
- was ich liebe / was ich hasse
- was ich machen kann / was ich nicht machen kann
- was ich sage / was ich frage
- in welcher Hinsicht ich arm bin / in welcher Hinsicht ich reich bin
- worauf ich Wert lege / worauf ich keinen Wert lege

was er will

was er hat

WORTSCHATZ

Adjektive und Adverbien

beziehungsweise	that is; and . . . respectively; or
einfach	simple; simply
endlos	endless(ly)
jeweils	each; each time
langweilig	boring
viel, mehr, meist-	many, more, most
viele	a lot/much
(un)wichtig	(un)important

Substantive

der Ausdruck, ⸚e	expression
die Bedeutung, -en	meaning, significance
der Besitz	property, belongings
der Beutel, -	bag; pouch; purse
der Dichter, - / die Dichterin, -nen	poet
das Ding, -e	thing
die Freude, -n	joy
der Freund, -e / die Freundin, -nen	friend
das Gedicht, -e	poem
der Gegenstand, ⸚e	object
das Gespräch, -e	conversation
das Gras, ⸚er	grass
das Handtuch, ⸚er	towel
der Himmel, -	sky; heaven
der Ich-Erzähler, - / die Ich-Erzählerin, -nen	first-person narrator
die Interpunktion	punctuation
die Inventur, -en	stocktaking
die Jacke, -n	jacket
die Kaffeekanne, -n	coffeepot
der Kamm, ⸚e	comb
die Konservenbüchse, -n	tin can
das Leben	life
das Lied, -er	song
der Mantel, ⸚	coat
die Meinung, -en	opinion
der Mensch, -en (schwach)	human being
die Möglichkeit, -en	possibility
der Müll	garbage, trash
die Mütze, -n	cap
der Nagel, ⸚	nail
der Name, -n (schwach)	name
der Neffe, -n (schwach)	nephew
das Pflaster, -	road surface; pavement
das Rasierzeug	shaving things
das Schachbrett, -er	chess board
die Stadt, ⸚e	city
der Stein, -e	stone
die Straße, -n	street
die Strophe, -n	verse
die Tasche, -n	pocket; purse; bag
der Titel, -	title
der Unterschied, -e	difference
der Wert, -e	value
die Wohnung, -en	apartment; dwelling
die Zeile, -n	line

Verben

ausatmen (trenn.)	to breathe out
einatmen (trenn.)	to breathe in
bedeuten	to mean, signify
begegnen (+ Dat.)	to encounter, meet
benutzen	to use
besitzen*	to own, possess
dienen (+ Dat.)	to serve
erwähnen	to mention
ritzen (in + Akk.)	to scratch, carve (in[to])
interpunktieren	to punctuate
lächeln	to smile
liegen*	to lie, be situated
machen	to make; to do
nachdenken* (trenn.)	to reflect
schenken	to give (as a present)
schlafen*	to sleep
schreiben*	to write
stecken (in + Akk.)	to put, stick (in[to])
trinken*	to drink
unterstreichen*	to underline
verbergen*	to hide, conceal
vergleichen*	to compare
verraten*	to reveal; to betray, give away
wiederholen	to repeat
wiederverwerten	to recycle

Weitere Wörter, die ich lernen will:

_____

_____

_____

_____

*Verbs marked with an asterisk are strong or irregular. Principal parts of such verbs can be found under the corresponding entry in the **Programm-Vokabular** at the end of the book.

2

Neu in der Stadt, neu in Deutschland

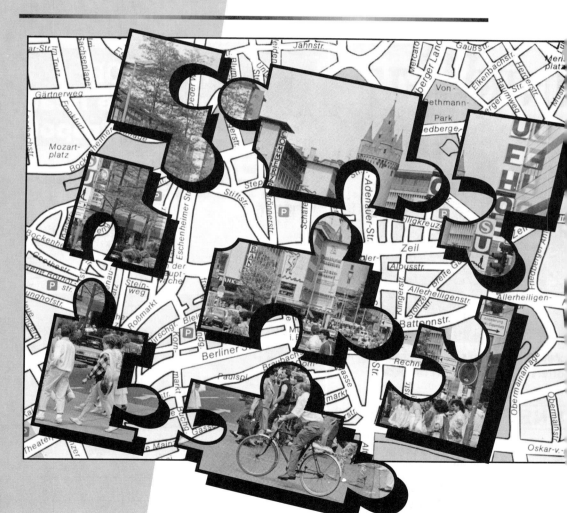

Zum Nachdenken
Wie soll man sich hier zurechtfinden?

Text
„Verfahren" von Helga M. Novak, 28

▶ 6 Verbs: Types of
Verbs and Formation
of Present Tense
Indicative

INFÜHRUNG

A Städte und Kraftfahrzeugkennzeichen

Jedes Kraftfahrzeug in Deutschland hat ein Kennzeichen, das zeigt, aus welcher
Stadt beziehungsweise welchem Kreis oder Landkreis um eine Stadt es kommt.
Der Buchstabe „S" für Stuttgart steht zum Beispiel an erster Stelle auf den
Nummernschildern dieser Taxis. Fragen Sie einen Studenten / eine Studentin,
woher Autos mit den Kennzeichen auf Seite 20 kommen. Suchen Sie dabei die
Städte auf der Landkarte.

Ein Mercedes-Benz Taxi
ist geräumig, komfortabel und sicher.

Gottlieb Daimler (1834–1900) und Carl Benz (1844–1929) waren deutsche Techniker, die seit 1885/6 in erbitterter Konkurrenz miteinander Autos mit benzinbe-
triebenen Motoren entwickelten. 1926 schlossen sich ihre Firmen zur Daimler-Benz
Aktiengesellschaft zusammen. Seitdem baut Daimler-Benz in Sindelfingen in der
Nähe von Stuttgart Fahrzeuge der Marke Mercedes-Benz. Heute sieht man Mercedes
nicht nur auf deutschen Straßen, sondern überall auf der Welt. Die meisten Taxis,
Lastwagen und Busse in Deutschland sind auch Mercedes-Modelle.

BEISPIEL: S1: Woher kommt ein Auto mit
dem Kennzeichen MZ?

S2: Aus Mainz. In welchem
Bundesland liegt Mainz?

S1: Mainz liegt in Rheinland-Pfalz.

S2: Welches Kennzeichen hat ein
Auto aus Zwickau in
Sachsen?

Einige deutsche Städte von A bis Z

ABG	Altenburg	H	Hannover	NB	Neubrandenburg
AC	Aachen	HAL	Halle	OR	Oranienburg
B	Berlin	HB	(Hansestadt) Bremen	OS	Osnabrück
BN	Bonn	HH	(Hansestadt) Hamburg	P	Potsdam
BTF	Bitterfeld	HY	Hoyerswerda	QLB	Quedlinburg
CB	Cottbus	IL	Ilmenau	R	Regensburg
CUX	Cuxhaven	IN	Ingolstadt	S	Stuttgart
D	Düsseldorf	J	Jena	SB	Saarbrücken
DD	Dresden	K	Köln	SN	Schwerin
E	Essen	KL	Kiel	TÜ	Tübingen
EF	Erfurt	L	Leipzig	UEM	Ueckermünde
F	Frankfurt am Main	LEV	Leverkusen	WI	Wiesbaden
FF	Frankfurt an der Oder	M	München	WIS	Wismar
FL	Flensburg	MD	Magdeburg	WÜ	Würzburg
GÖ	Göttingen	MZ	Mainz	Z	Zwickau
GÜ	Güstrow	N	Nürnberg	ZW	Zweibrücken

Was für eine Frechheit!

Stellen Sie sich vor, Sie sind der Mann im Cartoon, der mit dem Taxi fahren will. Erzählen Sie seine Geschichte in der ersten Person (**ich**). Benutzen Sie aber die dritte Person (**er**), wenn Sie über den Taxifahrer sprechen. Benutzen Sie die folgenden Ausdrücke, und fangen Sie so an: Ich komme am Flughafen an. . . .

▶ **G** 6.1–6.6, 6.8, 6.10 Types of Verbs and Present Tense

Der undressierte Mann

„DIE GESCHICHTE DES FAHRGASTES"

am Flughafen ankommen
ins Stadtzentrum fahren wollen
dort ein Hotelzimmer für eine Nacht haben
ein Taxi sehen
dem Taxifahrer winken
„Taxi, Taxi" schreien
(der Taxifahrer) mich böse ansehen
(der Taxifahrer) mir sagen, daß er das weiß
(der Taxifahrer) wegfahren
nur verblüfft dastehen können

VARIANTE 1: Erzählen Sie die Geschichte mündlich im Perfekt entweder vom Standpunkt des Fahrgastes oder vom Standpunkt des Taxifahrers aus: Ich bin am Flughafen angekommen. / Ich habe mein Taxi zum Taxistand vor dem Flughafen gefahren. Benutzen Sie aber das Präteritum bei den Modalverben sowie bei **haben** und **sein**: Ich wollte. . . .

▶ **G** 7.7–7.11 Present Perfect Tense

VARIANTE 2: Schreiben Sie die Geschichte in der Vergangenheit entweder vom Standpunkt des Kunden oder vom Standpunkt des Taxifahrers aus. Benutzen Sie das Präteritum: Ich kam am Flughafen an. / Ich fuhr mein Taxi vor den Flughafen. Ich wollte. . . .

▶ **G** 7.2–7.6 Past Tense

C Reisen und Unterkunft

G 5.3–5.4
Prepositions with
Dative Case and with
either Accusative or
Dative Case

1. **Eine Umfrage:** Fragen Sie andere Studenten und Studentinnen, wie sie einmal gereist sind und wo sie einmal eine Nacht verbracht haben. Jede Person, die eine ja-Antwort gibt, soll ein Adjektiv aufschreiben, das das Erlebnis beschreibt, und dann ihre Initialen dahinter setzen.

> (un)angenehm   langsam   schwer   ?   schön   warm
> billig   gefährlich   fantastisch
> (un)bequem   kalt   ?   furchtbar   langweilig
> ?   herrlich   schnell
> teuer   schrecklich   entspannend   romantisch   (un)interessant

Wer hat einmal eine Reise . . . gemacht?

ADJEKTIVE UND INITIALEN

mit dem Flugzeug

mit der Bahn

mit dem Bus

mit dem Auto

mit dem Fahrrad

mit dem Motorrad

mit dem Schiff

Wer hat einmal eine Nacht . . . verbracht?

auf einer Parkbank in einer fremden Stadt

in einem Schlafsack unter den Sternen

in einem Schlafsack in einem Zelt

am Strand

in einer Jugendherberge

in einem billigen Hotel in der Innenstadt

in einem Luxushotel in einer Großstadt

W Seite Vokabular 9 (V.9)
Verkehr

2. **Ein Interview:** Warum hat jemand das gemacht? Unter welchen Umständen? Arbeiten Sie mit jemandem, der/die Ihre Umfrage beantwortet hat, und fragen Sie ihn/sie nach Details seines/ihres Reiseerlebnisses.

BEISPIEL

Du hast gesagt, du hast einmal eine Reise mit dem
   Schiff gemacht, und diese Reise war langweilig.
Wie hieß das Schiff?
Wie groß war es?
Wohin bist du gereist?
Wann hast du diese Reise gemacht?

Warum bist du mit dem Schiff gefahren?
Mit wem bist du gereist? Warum?
Wie lange hat die Reise gedauert?
Was hast du an Bord alles gemacht?
Wie war das Wetter während der Reise?
Warum war diese Reise so langweilig?

Umziehen oder bleiben?

Heute spricht man viel über die Probleme in den neuen Bundesländern, und Jugendliche dort fragen sich, ob sie da bleiben sollen, wo sie sind, oder ob sie in eine andere Stadt oder vielleicht sogar in eines der alten Bundesländer ziehen sollten. Arbeiten Sie mit einem Studenten / einer Studentin zusammen, und stellen Sie einander Fragen über die Informationen in der Tabelle.

MÖGLICHE FRAGEN

Wer will . . . ?
Wie viele dieser jungen Menschen möchten . . . ?
Wie alt ist . . . ?
Wer wohnt . . . ?
Was plant . . . ?

Wie heißt der Schüler / die Schülerin, der/die . . . ?
Welche dieser Schüler und Schülerinnen
   wollen . . . ?
Wohin möchte . . . ?
Wo wohnt der Schüler / die Schülerin, der/die . . . ?

NAME	ALTER	WOHNORT	PLÄNE
Marit	15	Leipzig	will zuerst etwas Praktisches machen, dann studieren; will nicht in Leipzig bleiben
Eddi	16	Wittstock	findet, er kann nicht wählerisch sein, sondern muß nehmen, was er kriegt; würde lieber woanders leben, wahrscheinlich in den alten Bundesländern
Anette	16	Wismar	will versuchen, Dekorateurin zu werden; will in Lübeck arbeiten und abends nach Wismar fahren
Stephan	16	Leipzig	möchte in den Süden, in die Berge, umziehen, wo die Bedingungen und auch die Umwelt besser sind
Uwe	14	Wismar	will einen Handwerksberuf erlernen wie Maurer oder Dachdecker; hofft, daß er in Wismar Arbeit findet; möchte gern in Wismar bleiben
Ulrike	15	Leipzig	möchte etwas studieren, was mit Kunst oder Umwelt zu tun hat; will in Leipzig bleiben, wenn sich dort eine günstige Gelegenheit ergibt, sonst nicht

Umfrage: Warum bleiben Leute nicht, wo sie sind?

Studenten und Studentinnen aus aller Welt studieren an der Universität Heidelberg.

Warum ziehen Leute Ihrer Meinung nach *in eine andere Stadt?* Wählen Sie die fünf Hauptgründe für das Umziehen in eine andere Stadt: 1S = der wichtigste Grund dafür, 2S = der zweitwichtigste Grund usw.

Warum übersiedeln Menschen Ihrer Meinung nach *in ein anderes Land?* Wählen Sie jetzt die fünf Hauptgründe für das Übersiedeln in ein anderes Land: 1L = der wichtigste Grund dafür, 2L = der zweitwichtigste Grund usw.

Die meisten Leute ziehen in eine andere Stadt oder übersiedeln in ein anderes Land,

G 6.14 *ohne . . . zu/ um . . . zu / damit . . .*

_____ um Arbeit zu finden.

_____ um einen besseren Job zu bekommen.

_____ um zu studieren.

_____ um den richtigen Partner / die richtige Partnerin zu finden.

_____ um ein besseres Leben zu haben.

_____ um mehr Freiheit zu haben.

_____ um anonym zu sein.

_____ um zu heiraten.

_____ um politisches Asyl zu suchen.

_____ um in einer saubereren, gesünderen Umwelt zu leben.

_____ um in einem wärmeren Klima zu leben.

_____ um näher bei Familie und Freunden zu sein.

_____ um eine bessere Zukunft für ihre Kinder sicherzustellen.

_____ um eine besondere Sportart auszuüben.

_____ um etwas Neues zu erleben.

_____ _____

Vergleichen Sie Ihre Antworten mit denen anderer Studenten/Studentinnen. Erklären Sie Ihre Auswahl. Glauben Sie zum Beispiel, daß die meisten (viele, nicht viele, nur einige, fast keine, ___?___) Leute hauptsächlich in eine andere Stadt ziehen, um etwas Neues zu erleben? Warum?

TEXTARBEIT

A Wie heißt das?

Arbeiten Sie mit zwei anderen Studenten/Studentinnen. Ein Student / Eine Studentin stellt eine der folgenden Fragen. Antworten Sie, bevor der dritte Student / die dritte Studentin antworten kann.

BEISPIEL: S1: Wie heißt eine Bank, die in einem Park steht?
S2: Eine Parkbank.
S1: Richtig.
S2: Wie heißt . . . ?
S3: . . .

 G 3.10 Relative Pronouns

1. Wie heißt eine Wand aus Glas?
2. Wie heißt das Buch, in dem die Wörter einer Sprache stehen, und zwar übersetzt in die einer anderen Sprache?
3. Wie heißt die Börse, in die man Geld steckt?
4. Wie heißt der Plan einer Stadt?
5. Wie heißt der Lärm, den der Straßenverkehr verursacht?
6. Wie heißt ein Plakat zur Wahl?
7. Wie heißt jemand, der ein Taxi fährt?
8. Wie heißt eine lange Schlange, in der man warten muß?

Antworten zu A: 1. Glaswand 2. Wörterbuch 3. Geldbörse 4. Stadtplan 5. Verkehrslärm 6. Wahlplakat 7. Taxifahrer 8. Warteschlange

B Was ist das?

Wählen Sie ein Wort, und bitten Sie einen Studenten / eine Studentin um die Definition. Oder wählen Sie eine Definition, und bitten Sie ihn/sie um das entsprechende Wort.

BEISPIEL: S1: Was ist eine Augenbraue?
            S2: Das ist der Bogen aus Haar über dem Auge.
    Oder: S1: Wie heißt der Bogen aus Haar über dem Auge?
            S2: Das ist die Augenbraue.

(der) Rückspiegel   (der) Überblick   (die) Augenbraue

(der) Bahnhof   (die) Muttersprache

(der) Taxameter   (der) Haufen Laub

G 3.10 Relative Pronouns

der Bogen aus Haar über dem Auge
die Sprache, die man von Kindesbeinen an gelernt hat
der Spiegel, der innen in jedem Auto ist
ein Blick von einem erhöhten Standpunkt aus
der Fahrpreisanzeiger in einem Taxi
der Ort, an dem Züge ankommen und abfahren
eine Menge von gelben, braunen, orangen oder roten Blättern, die von
   Bäumen gefallen sind

C Wer macht was?

Schauen Sie sich das Bild an, und vervollständigen Sie die Beschreibung mit den Wörtern und Ausdrücken im Kasten. Benutzen Sie die richtige Form jedes Verbs, und achten Sie auf die Wortstellung.

▶ **G** 6.1–6.9 Types of Verbs and Present Tense

---

die Augenbrauen wölben   seiner Tochter zuzwinkern

an den schlappen Ohren des Hundes reißen   lächeln

gegen die Glastür klopfen   ihren Vater groß ansehen

einem Taxi winken   sich abwenden

Die Familie ist gerade mit dem Zug in Leipzig angekommen, und jetzt steht

sie vor dem Bahnhof. Die Mutter _____ .

Die Tochter _____ .

Der Vater _____

und _____ . Der jüngere Sohn _____

_____ .

Der ältere Sohn _____ und

sagt: „Laß das!" Der Großvater telefoniert mit der Großmutter, um ihr zu

sagen, daß er mit der Familie in Leipzig angekommen ist, aber jemand

braucht dringend das Telefon und _____

_____ der Telefonzelle. Der Großvater _____

_____ , um seiner Frau schnell „auf Wiederhören" zu sagen.

 ## Zum Verständnis des Textes

Lesen Sie jetzt „Verfahren" von Helga M. Novak auf Seite 28. Nachdem Sie die Geschichte mindestens zweimal durchgelesen haben, folgen Sie den Anweisungen.

1. Suchen Sie den Satz im Text, aus dem Sie ersehen, daß der Ich-Erzähler ein Mann und keine Frau ist. Schreiben Sie diesen Satz hier auf.

   _____

2. Suchen Sie die Sätze im Text, die den Lesern zeigen, daß der Student Ausländer ist. Setzen Sie diese Sätze in Klammern.

3. Wie ist das Wetter? Schreiben Sie den Satz, der es beschreibt, hier auf.

   _____

4. In welcher Jahreszeit (Frühling, Sommer, Herbst oder Winter) kommt der Student in dieser deutschen Stadt an? Unterstreichen Sie den Satz im Text, der die Antwort enthält.

5. Kurz vor dem Ende der Geschichte sagt der Student: „Ich nicke ein."
Das heißt, er schläft ein. Welcher Satz am Anfang der Geschichte weist
schon darauf hin, daß dies geschehen könnte? Schreiben Sie diesen Satz
hier auf.

_____

Verfahren

von Helga M. Novak

¶1 Ich komme an und winke einem Taxifahrer. Er öffnet den Wagen. Ich setze mich hinein.

¶2 Ich kenne das Land nicht. Ich kenne die Stadt nicht. Ich spreche die Sprache des Landes nicht. Ich habe nur das Wörterbuch studiert.

¶3 Es ist spät. Ich bin müde.

¶4 Der Fahrer zieht die Glaswand zwischen uns auf, ich sage, ein billiges Hotel am Bahnhof bitte. Er sieht mich groß an. Er wölbt die Augenbrauen. Er sagt, billig. Ich sage, nicht zu teuer. Er sagt, ich verstehe schon. Er zieht die Glaswand zu.

¶5 Es regnet in Strömen.

¶6 Wahlplakate säumen die Straße. Es gilt zu bekräftigen, X* A Sozialdemokratie. Ein gefälliges Neues Jahr, X* C Konservative Partei. Wir bleiben vor der Kreuzung zwischen Warteschlangen stehen. Ich blicke in ein Auto links von mir. Ich blicke in ein Auto rechts von mir. Der Herr in dem Auto rechts gibt mir ein Zeichen. Ich wende mich ab. In dem Auto links von mir sitzt eine vierköpfige Familie mit einem Hund. Der Hund ist langhaarig. Ein Junge reißt an seinen schlappen Ohren.

¶7 Der Taxameter tickt. Er rasselt kurz. Ich fange an zu reden. Ich rede in meiner Muttersprache. Ich schlage einen ruhigen Ton an. Ich sage gegen die Scheibe, ich bin Student. Ich möchte mich hier in Ihrer Stadt immatrikulieren lassen. Morgen reiche ich meine Zeugnisse ein. So schlecht stehe ich gar nicht da. Aber Sie verstehen, daß ich einteilen muß. Wenn ich jetzt schon den Überblick verliere, ist bald alles alle.

¶8 Der Fahrer lächelt. Er sieht mich durch den Rückspiegel an. Er zwinkert. Er schmatzt.

¶9 Draußen lese ich nun rechts und links. Die Mehrzahl der Arbeiter, X* K Kommunistische Partei. Obwohl ich auch den Stadtplan studiert habe, orientiere ich mich nicht. Die Straßen sind ziemlich dunkel. Ich mache einen Park aus. Ich klopfe gegen die

_____

* X = Wählen Sie . . . / Geben Sie dieser Partei Ihre Stimme. / Machen Sie ein X vor . . . auf dem Stimmzettel.

> Scheibe und sage, Bahnhof, Bahnhof. Der Verkehrslärm ist weit weg. Ich weiß nicht
> Bescheid. Ich nicke ein. 25
> ¶10   Fast wäre ich aus dem Wagen gefallen. Der Fahrer öffnet die Tür von außen. Er steht
> in einem Haufen Laub. Er deutet auf eine Parkbank und sagt, billig. Ich sage, dreißig darf
> es schon kosten. Der Fahrer macht seine Geldbörse auf.

 ## Was bedeutet das?

Welche Sätze in den Spalten A und B haben—im Kontext der Geschichte—
dieselbe oder eine ähnliche Bedeutung?

A

_____ 1. Er nickt ein.

_____ 2. Er darf den Überblick nicht verlieren.

_____ 3. Er redet in seiner Muttersprache.

_____ 4. Er schmatzt.

_____ 5. Er fängt seinen Monolog an.

_____ 6. Er blickt in ein Auto.

_____ 7. Er macht ein Zeichen.

_____ 8. Er liest die Wahlplakate, die die Straße säumen.

_____ 9. Morgen reicht er seine Zeugnisse ein.

_____ 10. Er muß einteilen.

_____ 11. Er macht einen Park aus.

_____ 12. Er steht gar nicht so schlecht da.

_____ 13. Er möchte sich immatrikulieren lassen.

_____ 14. Er weiß nicht Bescheid.

B

a. Er beginnt seinen Monolog.

b. Er sieht/erkennt einen Park.

c. Er schaut/sieht in ein Auto.

d. Er ist nicht reich. Deswegen darf er nicht zuviel Geld auf einmal ausgeben.

e. Er macht Geräusche mit seiner Zunge und seinen Lippen (wie beim Essen).

f. Am nächsten Tag gibt er der Universität Kopien seiner Studienqualifikationen.

g. Er kennt sich in der Stadt nicht aus.

h. Er spricht in der Sprache, die er als Kind zu Hause gelernt hat.

i. Er liest die politischen Poster, die auf beiden Seiten der Straße sind. Bald wird in dem Land gewählt.

j. Er möchte sich an der Universität einschreiben lassen.

k. Er macht eine Geste.

l. Er schläft ein.

m. Es geht ihm nicht schlecht. / Seine Situation ist nicht schlecht.

n. Er darf den Kopf nicht verlieren. Er muß Kontrolle über sein Leben haben. Er muß zum Beispiel genau wissen, wo sein Geld hingeht.

Ein Einwohner von München ist ein „Münchner", und ein Magazin aus oder über München ist ein Münchner Magazin. Was bedeutet also dieser Werbeslogan? Wieso finden Sie ihn (nicht) effektiv? Welche Leute lesen Ihrer Meinung nach das „Münchner Stadtmagazin"?

Ergänzen Sie den folgenden Text, indem Sie die fehlenden Informationen aus der Anzeige suchen.

PONS sind _____ . Es gibt zwei Versionen:

_____ und _____ .

Mit dem Reisewörterbuch bekommt man auch eine _____ .

Diese Bücher sind leicht zu finden, weil sie alle die Farbe _____

haben. Man kann Wörter in diesen Büchern schnell finden, denn sie sind nicht zu

dick und kompliziert, sondern _____ .

   Mit PONS verstehen Reisende nicht nur das Wort „_____",*
sondern viel mehr.

* nur Bahnhof verstehen = nichts verstehen

Porträt

Was wissen Sie über den Studenten in der Geschichte? Schreiben Sie Tatsachen über die folgenden Themen auf. Suchen Sie Sätze im Text, die belegen, was Sie behaupten.

BEISPIEL: Sprachkenntnis: Er kann nur wenig Deutsch.
„Ich spreche die Sprache des Landes nicht."

1. Ortskenntnis
2. finanzielle Situation

3. Erziehung
4. Pläne

G Wer könnte der Student sein?

1. Erfinden Sie Informationen über ihn.

▶ **W** S. V.13 *Zeit*
W S. V.12 *Länder,*
Kontinente,
Nationalitäten und
Sprachen

Name: _____

Geburtsdatum: _____

Alter: _____

Geburtsort: _____

Nationalität: _____

Wohnort: _____

Berufspläne: _____

Interessen: _____

Hobbys: _____

2. Spekulieren Sie jetzt über den Studenten. Sagen Sie zum Beispiel,

   - wie sein Leben in seinem Heimatland war.
   - wie er die Reise in diese Stadt gemacht hat.
   - was er über die Familie denkt, die er während seiner Taxifahrt sieht, und was für eine Familie er selbst zu Hause hat.
   - was und warum er in diesem Land studieren will.
   - ob er wirklich die Nacht im Park verbringt.
   - ob er in diesem Land bleibt, da studiert und ein Diplom bekommt.
   - was aus ihm wird.

Was bedeutet der Titel der Geschichte?

„Verfahren" ist groß geschrieben, weil es ein Titel ist. Ist das Wort in diesem Kontext aber ein Substantiv, ein Verb, ein Reflexivverb oder ein Adjektiv? Was bedeutet „Verfahren" Ihrer Meinung nach in der Geschichte? Trifft nur eine Definition zu, oder treffen zwei oder drei oder alle vier der folgenden Definitionen zu? Warum?

1. **das Verfahren** (Substantiv): *Methode*

   Diese Industrie braucht neue **Verfahren,** um konkurrenzfähig zu bleiben.

2. **verfahren** (Verb): *(Benzin, Geld, Zeit) durch Fahren verbrauchen*

   Die alten Taxis **verfahren** zuviel Benzin.
   Ich fahre mit der Straßenbahn oder mit dem Stadtbus, weil eine Taxifahrt zu teuer ist. Ich will nicht 20 DM mit dem Taxi **verfahren.**
   Gestern sind wir mit dem Auto durch die Gegend gefahren. Wir haben fast zwei Stunden **verfahren,** bis wir wieder zu Hause waren.

3. **sich verfahren** (Reflexivverb): *vom richtigen Weg abkommen und in die falsche Richtung fahren*

   Der Fremde hat sich in der Stadt **verfahren** und wußte nicht mehr, wo er war.

4. **verfahren** (Adjektiv): *nicht so, wie es sein sollte; fast unlösbar verwirrt; die Dinge stehen so schlecht, daß es fast keine Lösung gibt*

   Er befindet sich in einer verfahrenen Situation, und er weiß nicht, was er tun soll.

 ## Thema zur Diskussion: Ausländerfeindlichkeit

In der Geschichte von Helga M. Novak gibt es Beispiele von Ausländerfeindlichkeit.

1. Wie behandelt der Taxifahrer den Studenten? Der Taxifahrer sagt zum Beispiel: „Ich verstehe schon." Versteht er den Studenten wirklich, oder versteht er ihn nur als „Ausländer ohne Geld"?

2. Der Student spricht in seiner Muttersprache, und der Taxifahrer lächelt. Lächelt er, weil er den Studenten versteht und ihm helfen will, oder lächelt er, weil er sich entschlossen hat, den Studenten schlecht zu behandeln beziehungsweise ihn zu betrügen?

3. Warum macht der Student wenig gegen das Verhalten des Taxifahrers? Vertraut der Student dem Fahrer? Würde er einschlafen, wenn er ihm nicht vertrauen würde? Weiß der Student, wieviel die Fahrt kosten wird, oder wird er überrascht sein?

4. Fühlt sich der Student „fremd" in Deutschland? Warum (nicht)? Was symbolisieren zum Beispiel Ihrer Meinung nach die folgenden Dinge?

   die Glaswand
   das Taxi
   die Kreuzung
   der Mann im Auto rechts von ihm und die Geste, die er macht
   die Familie und der Hund im Auto links von ihm
   der Regen
   die Wahlplakate
   der Haufen Laub
   die Geldbörse
   die Parkbank
   _____?

Ausländerfeindlichkeit ist ein großes Problem in Deutschland. Immer mehr Arbeitssuchende und vor allem Flüchtlinge kommen aus anderen Ländern nach Deutschland. Wohnungen und Unterkünfte fehlen, und die Kommunen haben große Schwierigkeiten, für die Sozialleistungen und medizinische Versorgung aufzukommen, die das Gesetz Asylsuchenden garantiert. Ausländerhaß ist also ein akutes Problem, das nach praktischen Lösungen verlangt. Manche Gruppen drücken ihren Haß auf Fremde und ihre Intoleranz gegenüber anderen Leuten militant durch Gewalt aus. Viele Tausende von anderen Deutschen demonstrieren aber in den Städten gegen solch eine Mentalität. Sie fordern von den Politikern, daß diese der Beschaffung von Wohnungen und der Sicherung von Sozialleistungen absolute Priorität einräumen.

Schauen Sie sich die Anzeigen des Bündnisses gegen Ausländerhaß und Fremdenfeindlichkeit an. Können Sie das Wortspiel erklären? Was bedeutet dieser Slogan?

Ohne Fremde sind wir allein

Ohne Freunde sind wir allein.

Bündnis gegen Ausländerhaß und Fremdenfeindlichkeit!

Niedersachsen

Koordination: Die Niedersächsische Ausländerbeauftragte
Clemensstraße 17, 3000 Hannover 1,
Telefon 0511 / 120 - 66 86 oder 120 - 66 84

WEITERFÜHRUNG

A Ausländer in Deutschland

▶ **G** 7.2–7.6 Past Tense

Lesen Sie den folgenden Text, und füllen Sie anschließend die Tabelle aus.

Weit über fünf Millionen Ausländer leben heute in Deutschland. Sie leben hier, weil sie in Köln oder Frankfurt einen Arbeitsplatz haben, weil sie in München, Hamburg oder Heidelberg studieren. Manche kamen auch nach Deutschland, weil sie aus politischen Gründen ihre Heimat verlassen mußten. Fremde in Deutschland—ein altes Thema. Römer gründeten vor 2000 Jahren die ersten deutschen Städte, zum Beispiel Köln, Trier und Bonn. Seitdem haben immer wieder Fremde in Deutschland eine Heimat gefunden—bis zu den „Gastarbeitern" in jüngster Zeit.

Was wäre dieses Land ohne seine Ausländer? Italienische Künstler bauten Schlösser und Kirchen, französische Hugenotten brachten Kartoffeln und Weizen mit, belgische Techniker konstruierten Bergwerke, Arbeitskräfte aus vielen Ländern vor allem Ost- und Südeuropas trugen zum Aufbau der Industrie bei. Sie alle haben kulturelle Spuren hinterlassen.

	FREMDE IN DEUTSCHLAND
WER	WAS SIE IN DEUTSCHLAND GEMACHT HABEN ODER WAS SIE NACH DEUTSCHLAND MITGEBRACHT HABEN
die Römer	
die Italiener	
die Franzosen	
die Belgier	
Arbeitskräfte aus vielen Ländern	

Impressionen

Ausländer kommen nicht nur nach Deutschland, sondern auch in die Schweiz. Auf diesem Foto verbringen türkische Familien den Samstagnachmittag auf einem Spielplatz in Basel.

Die „Porta Nigra" wurde von den alten Römern als Stadttor gebaut. Damals hieß die Stadt „Augusta Treverorum". Heute heißt die Stadt Trier und liegt im deutschen Bundesland Rheinland-Pfalz.

G 7.2–7.6 Past Tense
G 7.12 Past Perfect
Tense

 *Fremde in Deutschland*

1. **Beim Lesen:** Lesen Sie die folgenden Berichte von zwei jungen Menschen, die „Fremde in Deutschland" waren. Machen Sie wie im Beispiel ein großes Schaubild (ein ganzes Blatt) für jeden, und füllen Sie es in Stichworten aus.

BEISPIEL:

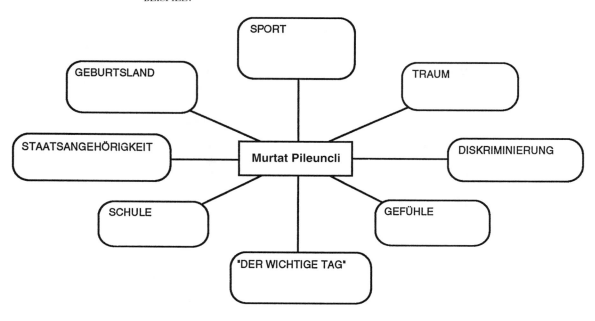

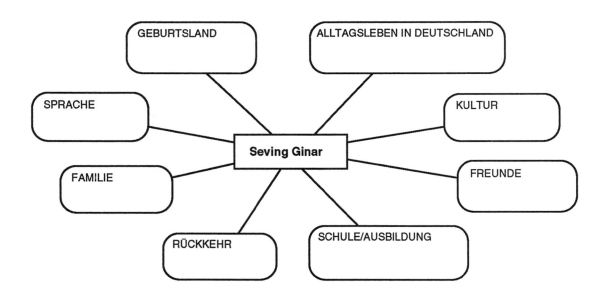

Murtat Pileuncli:

Schon als ich klein war, machte es mir Spaß, Basketballspiele von den Profis aus Amerika anzuschauen. Dann meldete ich mich in einem Basketballverein an. Damals war ich erst 12 Jahre alt aber schon 1,75 m groß. Nach zwei Jahren in unserer Liga wurde ich sogar Wurfkönig. Eines Tages, als ich nach Hause kam, lag auf meinem Schreibtisch ein Brief vom Bayerischen Basketball-Verband. Im Brief stand: „Es wird ein Lehrgang für die Nordbayerische Auswahl veranstaltet. Dreißig Basketballspieler sind eingeladen. Davon werden nur 12 Spieler angenommen." Ich war begeistert. Es war schon immer mein Traum, in einer Auswahlmannschaft zu spielen. Nun gab es nur noch eins für mich: Basketball. Fast jeden Tag trainierte ich. Ich konnte mich kaum noch im Schulunterricht konzentrieren. Die Tage vergingen schnell. Dann kam der wichtige Tag. Früh um 5 Uhr stand ich auf, machte mein Frühstück, und um 6.30 Uhr ging ich aus dem Haus. Ich war sehr nervös, als ob ein Frosch in meinem Magen herumhüpfen würde. Mit diesen Gefühlen betrat ich die Turnhalle. . . . Das Training dauerte sechs Stunden. . . . Endlich kamen die Trainer in die Halle und nannten die Spieler, die in der Mannschaft mitspielen durften. Unter den 12 Namen wurde auch meiner vorgelesen. . . . Ich war glücklich, denn meine Träume hatten sich erfüllt. Nun wurden die Geburtsdaten, Adressen, Telefonnummern usw. aufgeschrieben. . . . Ich beantwortete die Fragen des Trainers. Als ich jedoch sagte, daß ich die türkische Staatsangehörigkeit hätte, hörte der Trainer auf zu schreiben. Er sagte: „Es tut mir leid. Wir nehmen keine Ausländer." Das war ein großer Schock für mich. Ich wußte nicht, was ich sagen sollte. Meine Träume waren auf einmal weggewischt. Plötzlich wurde mir bewußt, daß Aussehen, Sprache und Kultur nicht wichtig sind. Ich hatte mich bisher noch nie wie ein Ausländer gefühlt. Für mich war Deutschland immer meine Heimat, denn ich war hier geboren. Aber jetzt fühle ich mich wie ein Ausländer, und das wird so bleiben.

Seving Ginar:

Als mein Bruder und ich noch Babys waren, gingen meine Eltern nach Deutschland. Sie wollten dort Geld verdienen und ein besseres Leben haben. Meine Kindheit habe ich in der Türkei bei meinen Großeltern verbracht, getrennt von meinen Eltern. Aber das alles veränderte sich im Jahre 1980. Meine Eltern kamen in die Türkei. Dieses Mal wollten sie mich mitnehmen. Ich freute mich und sagte sofort „ja". Ich hatte aber auch viel Angst. Eine neue Sprache, neue Freunde, ganz verschiedene Menschen, also: eine neue Welt! Dann war es soweit. Ich mußte meine Großeltern und meinen Bruder, die ich sehr liebte, in der Türkei lassen. Nach drei Tagen mit dem Auto waren wir in Köln. . . .

Die ersten Tage in Deutschland vergingen sehr schnell. Das Einkaufen machte mir viel Spaß. Die Geschäfte verkauften viele verschiedene Lebensmittel. Besonders die Süßigkeiten kann ich nicht vergessen. Am Wochenende gingen wir spazieren oder ins Kino. Nach zwei Wochen sollte ich eine Hauptschule besuchen. Ich kam in eine Vorbereitungsklasse. Dort waren alle Schüler Türken. In einem Jahr schaffte ich es, Deutsch zu lernen. Natürlich nicht so gut wie ein Deutscher. Aber ich konnte etwas verstehen und schreiben. Meine Eltern gingen morgens früh zum Arbeiten. Bis um 18 Uhr mußte ich allein im Haus bleiben. Manchmal ging ich allein spazieren. Ich fürchtete mich aber etwas auf der Straße. Die Menschen und die Straßen waren mir noch fremd. Das änderte sich nach einer Zeit natürlich. Nach einem Jahr besuchte ich die sechste Klasse. Da waren viele deutsche Schüler. Ich mußte doppelt soviel arbeiten wie deutsche Kinder. Bei den Hausaufgaben konnte ich das Wörterbuch nicht aus der Hand lassen. Meine Klassenkameraden waren sehr nett zu mir. Sie sagten keine schlechten Wörter zu mir wie die Kinder von der Straße. Nur die Beziehungen zwischen Jungen und Mädchen waren anders als bei uns in der Türkei. Die deutschen Jugendlichen sind freier. In den Familien gab es eine Arbeitsteilung. Jeder war verpflichtet, seine

Fortsetzung auf Seite 38

Arbeit (putzen, kochen, einkaufen) fertig zu machen. Das gefiel mir auch.

So gingen die Jahre vorbei. Wir fuhren jeden Sommer in die Türkei. Wenn wir nach Deutschland zurückfuhren, waren wir sehr traurig. Obwohl das Leben in der Türkei nicht so gemütlich ist wie in Deutschland, liebten wir unsere Heimat. Darum dachten meine Eltern an Rückkehr. Sie hatten 15 Jahre in Köln gelebt. Im Jahre 1984 wurde mein Vater arbeitslos. Die Fabrik machte bankrott und mußte alle Arbeiter entlassen. Da beschlossen meine Eltern, in die Türkei zurückzukehren. Für meine Eltern war es nicht schwierig. Aber mir tat das sehr weh. Ich mußte mich von meiner Lehrerin und meinen Freunden verab-

schieden. Ich konnte sie vielleicht nie mehr sehen. Ich tauschte mit meinen Freunden Adressen aus. Sie schenkten mir ein Buch, in dem alle unterschrieben hatten. Darüber war ich sehr glücklich. Nach fast einem Monat waren wir in der Türkei. Meine Großeltern und mein Bruder freuten sich sehr. Aber ich war wieder in derselben Situation wie im Jahre 1980: Ich hatte keinen Freund, keine Schule. Alles war mir fremd. Zum Glück hatte ich meine Muttersprache nicht vergessen. Aber auch in der Türkei konnte ich mich einleben und ging wieder in die Schule. Danach bestand ich die Prüfung für die Universität Ankara.

2. **Zur Diskussion:** Vergleichen Sie die Erfahrungen von Murtat und Seving. In welcher Hinsicht waren ihre Erfahrungen gleich? In welcher Hinsicht waren sie verschieden? Benutzen Sie Ihre Schaubilder als Basis für die Diskussion.

 ## Sie als Fremder/Fremde

W S. V.13 *Zeit*
W S. V.12 *Länder, Kontinente, Nationalitäten und Sprachen*

Vielleicht waren Sie auch einmal neu/fremd in einer Stadt oder in einem Land. Erinnern Sie sich an das Erlebnis, als ob es heute wäre. Lesen Sie die folgenden Fragen, und machen Sie sich dabei Notizen.

- Welcher Monat / Welches Jahr ist es?
- Wie alt sind Sie?
- Wie heißt die Stadt / das Land?
- Woher kommen Sie?
- Sind Sie allein, oder sind Sie mit anderen Menschen zusammen? Mit wem?
- Warum sind Sie in diese Stadt / in dieses Land gekommen? Sind Sie Tourist/Touristin? Machen Sie einen Besuch? Ziehen Sie um? Studieren Sie an der Universität?
- Freuen Sie sich, da zu sein? Haben Sie Angst?
- Was machen Sie zuerst? Und dann?
- Lernen Sie schnell andere Menschen kennen? Wen?
- Welche Probleme haben Sie? Warum? Wie werden Sie mit diesen Problemen fertig?

Listen Sie weitere Aspekte auf, die Ihnen zu diesem Thema einfallen.

G 7.2–7.6 Past Tense

Schreiben Sie jetzt einen kurzen persönlichen Aufsatz im Präsens oder im Präteritum zu einem der folgenden Themen.

Fremd in . . .   Zu Besuch in . . .
Mein erster Tag in . . .   ?

VARIANTE: Schreiben Sie einen Aufsatz (im Präsens oder im Präteritum) über die Erfahrungen eines Freundes / einer Freundin oder eines Familienmitgliedes.

WORTSCHATZ

Adjektive und Adverbien

- [ ] **billig** — cheap(ly)
- [ ] **fast** — almost
- [ ] **fremd** — foreign; strange
- [ ] **heute** — today
- [ ] **jetzt** — now
- [ ] **richtig** — right, correct(ly)
- [ ] **verfahren** — muddled

Substantive

- [ ] **die Angst, ⁻e** — fear
- [ ] **die Augenbraue, -n** — eyebrow
- [ ] **der Aufsatz, ⁻e** — essay, composition
- [ ] **der Ausländer, - / die Ausländerin, -nen** — foreigner
- [ ] **die Ausländer-feindlichkeit** — hostility toward foreigners
- [ ] **das Auto, -s** — car
- [ ] **der Bahnhof, ⁻e** — train station
- [ ] **das Bundesland, ⁻er** — state in Germany
- [ ] **die Eltern** — parents
- [ ] **die Familie, -n** — family
- [ ] **der Flughafen, ⁻** — airport
- [ ] **der/die Fremde, -n** (adj. Dekl.) — stranger; foreigner
- [ ] **das Geld** — money
- [ ] **die Geschichte, -n** — story; history
- [ ] **die Gewalt** — force; violence
- [ ] **der Grund, ⁻e** — reason; ground
- [ ] **der Haufen, -** — pile
- [ ] **das Jahr, -e** — year
- [ ] **das Land, ⁻er** — country, land
- [ ] **die Leute** — people
- [ ] **die Meinung, -en** — opinion
- [ ] **die Nacht, ⁻e** — night
- [ ] **die Parkbank, ⁻e** — park bench
- [ ] **die Reise, -n** — trip
- [ ] **der Rückspiegel, -** — rearview mirror
- [ ] **der Satz, ⁻e** — sentence
- [ ] **der Schüler, - / die Schülerin, -nen** — pupil
- [ ] **die Sprache, -n** — language
- [ ] **der Standpunkt, -e** — standpoint
- [ ] **der Traum, ⁻e** — dream
- [ ] **der Überblick, -e** — overall view, perspective
- [ ] **die Universität, -en** — university
- [ ] **das Verfahren, -** — method; procedure; process
- [ ] **das Wahlplakat, -e** — campaign poster
- [ ] **die Wand, ⁻e** — wall
- [ ] **das Wort, ⁻er/-e** — word (pl. ⁻er: single words; pl. -e: words in context)

Verben

- [ ] **anfangen*** (trenn.) — to begin
- [ ] **ankommen*** (trenn.) — to arrive
- [ ] **(sich) anmelden** (trenn.) — to enroll, register
- [ ] **sich** (Dat.) **anschauen** (trenn.) — to look at
- [ ] **ansehen*** (trenn.) — to look at
- [ ] **arbeiten** — to work
- [ ] **aufschreiben*** (trenn.) — to write down, make note of
- [ ] **behandeln** — to treat; to handle
- [ ] **benutzen** — to use
- [ ] **bleiben*** — to stay, remain
- [ ] **blicken (auf** + Akk.) — to glance (at); to look (at)
- [ ] **einnicken** (trenn.) — to nod off
- [ ] **einschlafen*** (trenn.) — to fall asleep
- [ ] **fahren*** (ist/hat) — to travel, go; to drive
- [ ] **fragen** — to ask
- [ ] **heißen*** (ich heiße . . .) — to be called (my name is . . .)
- [ ] **klopfen** — to knock
- [ ] **kommen*** — to come
- [ ] **lächeln** — to smile
- [ ] **lassen*** — to let, allow
- [ ] **reisen (ist)** — to travel, take a trip
- [ ] **sagen** — to say
- [ ] **spazierengehen*** (trenn.) (ist) — to go for a walk
- [ ] **sprechen*** — to speak
- [ ] **stehen*** — to stand
- [ ] **studieren** — to study (at a university)
- [ ] **suchen** — to look for
- [ ] **übersiedeln (ist) (von; in** + Akk., **nach)** — to move (from; to)
- [ ] **umziehen*** (trenn.) (in + Akk., **nach)** — to move ([in]to)
- [ ] **(sich) verfahren*** — to lose one's way; (non-refl.) to use up, spend
- [ ] **verfahren* (ist) mit jdm. / etw. (schlecht)** — to act, proceed; to deal (badly) with sb./sth
- [ ] **verlieren*** — to lose
- [ ] **verstehen*** — to understand
- [ ] **wählen** — to choose; to vote
- [ ] **werden* (ist)** — to become
- [ ] **ziehen*** — to pull
- [ ] **zutreffen*** — to be correct; to apply

Nützliche Wörter und Ausdrücke

- [ ] **Bescheid wissen*** — to know one's way around

Weitere Wörter, die ich lernen will:

_____

_____

_____

_____

3

Einander kennenlernen, miteinander umgehen

Zum Nachdenken
Wie verstehen sich Menschen untereinander?

Texte
„Mein erstes Abenteuer" von Roda Roda, 47
„Kaffee verkehrt" von Irmtraud Morgner, 56

Zusätzlicher Text
„Mißverständnisse" von Birgit Kral, 60

HINFÜHRUNG

► **G** 4 Adjectives and Adverbs

A Rollenspiel: Sich miteinander bekanntmachen

Wählen Sie einen fiktiven Namen aus dem Kasten unten, und stellen Sie sich anderen Leuten vor.

BEISPIELE:

S1: Hallo, ich heiße Alexander. Du bist Sabine, nicht?

S2: Ja, ich bin Sabine, und das ist Jutta.

S1: Hallo, Jutta.

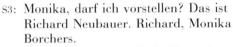

S3: Monika, darf ich vorstellen? Das ist Richard Neubauer. Richard, Monika Borchers.

S4: Freut mich! Kennt ihr beide meine Freundin Erika Lutz?

S3: Grüß Gott, Erika.*

S5: Grüß dich, Erika.

S6: Darf ich mich vorstellen? Ich bin Peter Grimm.

S7: Angenehm. Ich bin Konrad Valentin. Kennen Sie auch Frau Doktor Krüger?

S6: Ja, wir kennen uns schon. Guten Tag, Frau Doktor.

S7: Guten Tag, Herr Professor Weber. Mein Name ist Thomas Sievers.

S8: Guten Tag. Es freut mich, Sie kennenzulernen.

Alexander	Anna	Frau	Haas
Andreas	Brigitte	Herr	Jäger
Christian	Christel	(Herr/Frau) Direktor	Borchers
Ernst	Erika	(Herr/Frau) Doktor	Grimm
Georg	Jutta	(Herr/Frau) Präsident	Krüger
Günther	Monika	(Herr/Frau) Professor	Lutz
Jens	Petra	(Herr/Frau) __?__	Neubauer
Oliver	Renate		Sievers
Richard	Sabine		Valentin
Thomas	Stefanie		Weber
__?__	__?__		__?__

---

* „Grüß Gott" oder „grüß Sie Gott" / „grüß dich" hört man oft in Süddeutschland und in Österreich.

Gesprächsthema 1: Das Wetter

Sprechen Sie mit einem Studenten / einer Studentin über das Wetter.

G 4.1 Predicate Adjectives

G 4.6 Attributive Adjectives in the Dative Case

FRAGEN ZUM ANFANGEN

Das Wetter ist heute . . ., nicht (wahr)?

schrecklich	nicht so . . .	großartig
furchtbar	gut	wunderbar
(wirklich) schlecht	sehr schön	prachtvoll

Was machst du gern bei schönem/furchtbarem Wetter?

Was machst du, wenn es, . . .

regnet? donnert und blitzt? schneit?

naß / windig / kalt / neblig / wolkig / sonnig / heiß / stürmisch / ___?___ ist?

Gesprächsthema 2: Städte

Führen Sie mit einem Studenten / einer Studentin ein Gespräch über Städte, in denen Sie gewohnt haben oder die Sie besucht haben.

Bist du in . . . geboren?

Ist deine Familie oft umgezogen?

Warst du schon einmal in . . . ?

Wie lange bist du schon hier in . . . ?

Kennst du . . . ?

Wie gefällt dir diese Stadt?

Bist du je nach . . . gereist?

Wo wohnst du?

Woher kommst du ursprünglich?

Wo bist du zu Hause?

Was hältst du von . . . ?

Fragen zum Kennenlernen

1. Fragen Sie einen Studenten / eine Studentin über seine/ihre Interessen. Im folgenden finden Sie einige Fragen, die Sie stellen können.

FRAGEN ZUM ANFANGEN

Woran hast du Interesse? / Wofür interessierst du dich?

Hast du zum Beispiel Interesse an (am / an der) . . . / Interessierst du dich zum Beispiel für (den, das, die) . . . ?

Autofahren	Kochen	Natur	Schwimmen	Tanz
Computer (*Pl.*)	Kunst	Politik	Segeln	Umwelt
(Klavier)spielen	Musik	Reisen	Sport	___?___

Was ist dein Lieblingssport? Lieblingsrestaurant? Lieblingskino?
Lieblingsfilm? Lieblingsbuch? Lieblingsessen? __?__

Was ist deine Lieblingsfernsehsendung? Lieblingsfarbe? Lieblings-
kneipe? Lieblingsstadt? Lieblingsklasse? Lieblingsfreizeitaktivität?

WEITERE FRAGEN

Wie oft (schwimmst) du?
Warum interessierst du dich so sehr für (Kunst)?
Seit wann hast du Interesse an (Computern)?
Hattest du schon immer Talent für (Musik)?
Wann gehst du gewöhnlich ins (*Name eines Restaurants, Kinos oder
. . .*)?
Wen siehst du (dort)?
Wo (reitest) du?
Was machst du (dort) gern?
Wer ist (der Autor beziehungsweise die Autorin des Buches? Hast du
andere Werke von ihm/ihr gelesen?)
__?__

2. Erzählen Sie der Klasse kurz von den Interessen Ihres Arbeitspartners /
Ihrer Arbeitspartnerin.

Dialog: Eine Einladung

Sprechen Sie mit einem Studenten / einer Studentin, und laden Sie ihn/sie
irgendwohin ein. Wenn er/sie „ja" sagt, machen Sie Pläne. Wenn er/sie „nein"
sagt, schlagen Sie etwas anderes oder einen anderen Zeitpunkt vor.

WOHIN

Darf ich dich (heute nachmittag / heute abend) . . . einladen?
  ins Café / Kino / Theater / __?__
  zum Kaffee / Mittagessen / Abendessen / Nachtisch / __?__
  zum Tennis / Fußballspiel / Spazierengehen / __?__
  zu einer Kunstausstellung / Theatervorstellung / Party / __?__
  zu einem Konzert / Rockkonzert / __?__

▶ **G** 6.10 Modals

G 5.3–5.4 Prepositions
with Dative Case and
with either Accusative
or Dative Case

JA	NEIN
Ja, danke.	Es tut mir leid, aber
Vielen Dank.	ich habe schon etwas vor.
Mit Vergnügen.	ich bin müde / krank / __?__ .
Ja, das wäre sehr nett.	meine Freunde/Freundinnen kommen.
__?__	Das ist sehr nett von dir, aber leider
	muß ich arbeiten.
	zu Hause bleiben.
	in die Stadt fahren.
	habe ich schon etwas anderes vor.
	kann ich nicht. Ich muß nämlich __?__ .
	__?__

F Rollenspiele: Zum täglichen Umgang mit und zum Kennenlernen von Fremden

▶ **G** 3.2–3.4 Personal Pronouns in the Nominative, Accusative, and Dative Cases

Studenten und Studentinnen sagen oft „du" zueinander, egal ob sie einander schon kennen oder nicht. Wenn Sie aber andere Leute in anderen Situationen begrüßen und kennenlernen, müssen Sie oft „Sie" zu ihnen sagen. Arbeiten Sie in Gruppen, und üben Sie die „Sie-Form" in den folgenden Situationen.

1. Sie kommen in Hamburg an, und es fängt an zu regnen. Sie gehen in ein Fachgeschäft, um einen Schirm zu kaufen. Sie teilen dem Verkäufer / der Verkäuferin mit, daß Sie zum erstenmal in Hamburg sind. Er/Sie erzählt Ihnen ein bißchen über das Wetter in Hamburg und fragt Sie: „Wie ist das Wetter, wo Sie wohnen?" Natürlich kaufen Sie auch einen Schirm.

2. Nehmen Sie an, daß Sie mit dem Zug nach Italien fahren. Sie sprechen mit einem/einer Mitreisenden im Abteil über die Städte, die Sie gut kennen, und die Reisen, die Sie gemacht haben. Fangen Sie so an: „Meine Güte, ist es hier aber warm! Ist es auch so warm, wo Sie wohnen?"

3. Ein Tourist / Eine Touristin aus Deutschland schaut sich Broschüren Ihrer (Heimat-)Stadt an. Sie stellen sich vor und fragen, ob Sie ihm/ihr helfen können. Er/Sie fragt Sie, was in der Stadt sehenswürdig ist und was Sie persönlich gern in der Stadt machen. Er/Sie möchte auch wissen, welches Kaufhaus/Restaurant/Lokal / __?__ Sie ihm/ihr empfehlen können.

TEXTARBEIT 1

A Abenteuer

Was erwarten Sie von einem „Abenteuer"? Kreuzen Sie Ihre Erwartungen an.

_____ Aufregung	_____ Erholung	_____ Liebe
_____ Bekanntschaft	_____ Gefahr	_____ Schmerz
_____ Drogenkonsum	_____ Glück	_____ Unglück
_____ Erfolg	_____ Kultur	_____ Vergnügen

_____

Was erwarten die anderen Studenten und Studentinnen? Fragen Sie sie.

Abenteuer

Es gibt viele Gründe für den Griff zu Drogen. Ungestillte Abenteuerlust kann ein Grund sein. Schlimm genug, daß es Drogen gibt, aber das allein macht nicht süchtig.

 Definitionen

Suchen Sie die Definitionen für die folgenden Wörter, die in der Geschichte von Roda Roda erscheinen.

	sehr sauber, ordentlich und attraktiv	Frauen	gewinnen	einfach, spartanisch	Kleine Handtasche aus Stoff oder Leder	schnell	Frau eines Beamten	offen, freundlich	Liebling	Auszubildende oder Verkäuferin in einem Laden	strahlende Kreatur	Mädchen; junge, unverheiratete Frau	Riese; ein großer, kräftiger Mensch	ein böses/ärgerliches Geräusch machen
bescheiden				X										
knurren														
Mädel														
Weiber														
Ladenmädchen														
Beutelchen														
blitzsauber														
geschwind														
Sektionsratsgattin														
prachtvolles Geschöpf														
zugänglich														
siegen														
Schatz														
Hüne														

C Schrittweises Lesen

G 4.4–4.7 Attributive Adjectives

G 4.8 Ordinal Numbers as Adjectives

G 7.2–7.6 Past Tense

G 6.3 Use of Present Tense

G 7.13 Future Tense

Lesen Sie die Kurzgeschichte „Mein erstes Abenteuer" in den folgenden Schritten. Denken Sie nach jedem Leseschritt über die entsprechenden Fragen nach, bevor Sie weiterlesen. Begründen Sie Ihre Antworten.

LESESCHRITTE	FRAGEN ZUR SPEKULATION
Abschnitte 1 und 2	1. Wo wird Ihrer Meinung nach das erste Abenteuer des Ich-Erzählers (Roda) stattfinden: auf dem Land oder in der Großstadt?
	2. Mit wem wird Roda sein erstes Abenteuer erleben?
	3. Wird das Abenteuer gut oder schlecht ausgehen?
Abschnitt 3	4. Wo und wie wird Roda in Wien eine junge Frau kennenlernen?
Abschnitte 4 bis 7	5. Wird Roda dem Rat seines Vetters (Cousins) Eugen folgen? Wenn ja, wird er so erfolgreich sein wie Eugen?
Abschnitte 8 bis 13	6. Wird eine siebte junge Frau vorbeikommen? Wird Roda sie ansprechen? Wenn ja, wird sie mit ihm sprechen oder ihn abweisen?
Abschnitte 14 bis 19	7. Was nun? Was wird Roda zu der jungen Frau sagen? Was wird passieren?
Abschnitte 20 bis 27	8. Ist die junge Frau wirklich ein Ladenmädchen? Warum hält sie vor dem Haus? Wird sie allein hineingehen, oder wird Roda mit ihr hineingehen?
Abschnitte 28 bis 32	9. Was wird in dem Haus passieren?
Abschnitt 33	10. Wer ist der junge Mann?
Abschnitte 34 bis 35	11. Wie wird Otto auf Herrn Roda reagieren? Wird er ihn schlagen oder ihm danken? Was wird die Frau sagen, warum Otto Herrn Roda danken soll?
Abschnitte 36 bis 40	12. Glauben Sie, daß Roda glimpflich (gut) davongekommen ist? Was halten Sie vom Benehmen der Frau und ihres Mannes? Was hätten Sie mit Roda gemacht, wenn Sie Otto oder die junge Frau gewesen wären?
	13. Spekulieren Sie: Ist Roda am nächsten Abend wieder auf die Mariahilferstraße gegangen und hat dort junge Frauen angesprochen, oder ist er nach Ungarisch-Altenburg zurückgefahren? Warum?

Mein erstes Abenteuer

von Roda Roda

¶1 Sie entschuldigen, ich bin vom Land. Es ist ja schließlich keine Sünde—im Gegenteil. Die jungen Leute bei uns tragen zwar Umlegekragen, sind aber viel bescheidener, und die Frauen haben wollene Strümpfe, doch Herz und Gemüt.

¶2 Unsereins kennt sich in der Großstadt so schwer aus. Meint man, sie sei eine Gräfin, so ist sie's grade nicht. Fragt man einen Mann, der eben vorbeigeht, um Auskunft, so 5 knurrt er.

¶3 Ich hatte zu Hause in Ungarisch-Altenburg viel von den süßen Mädeln Wiens gehört, und sie beschäftigten meine Phantasie so lange, bis ich mich entschloß, endlich einmal herzukommen. Meine Sehnsucht stand nach einem Abenteuer mit einem süßen Mädel oder einer kleinen Frau in Seidenkleidern. Sie glauben nicht, wie sehr ich Frauen in Sei- 10 denkleidern liebe—und in Ungarisch-Altenburg trägt man das so wenig.

¶4 Sooft Vetter Eugen heimkommt, hat er etwas erlebt. Ich frage ihn immer: „Wie stellst du es nur an, nette Mädchen zu finden? Bekannt mit ihnen zu werden? Ich gehe doch auch durch die Stadt—öfter als du—eben dahin, wo du deine Erfolge hast—und mir will nichts glücken." 15

¶5 „Du mußt eben zwischen sieben und acht auf der Mariahilferstraße sein—da gehen die Ladenmädchen aus der Inneren Stadt nach Hause."

¶6 „Und?"

¶7 „Und?!! Wenn eine dir gefällt, sprichst du sie an. Das ist doch keine Kunst? Redet ihr denn in Ungarisch-Altenburg nie mit Weibern?" 20

¶8 Zwischen sieben und acht also war ich auf der Mariahilferstraße. Da gehen nämlich die Ladenmädchen aus der Innern Stadt nach . . .

¶9 Die erste. Kein Zweifel, 's ist eine. Sie trägt das gewisse kleine Beutelchen mit Taschentuch, Spiegelchen und Schlüsseln. Hübsch? Na, es werden wohl hübschere ko . . . Oho, die zweite. Blitzsauber—läuft aber sehr geschwind. Sie wird eine Verabre- 25 dung haben.

¶10 Die dritte. Sie lächelt. „Fräu . . . !"—Ach so—sie hat dem jungen Herrn drüben zugelächelt, und er schließt sich ihr auch schon an.

¶11 Die vierte.—Geschminkt.

¶12 Die fünfte. Nein, das ist eine Sektionsratsgattin oder dergleichen. 30

¶13 Da, die sechste. Courage, Junge! Deine Väter haben mit Janitscharen gekämpft.— Genaugenommen, ist es eine Keckheit, wenn ich so ohne weiters . . . Sie ist auch schon

Fortsetzung auf Seite 48

davon. P! Andre Mütter haben ebenso schöne Töchter.

¶14 Die siebente. Soll ich—soll ich nicht? Es ist halb acht—nur zu, sonst ist der Tag verloren!   35

¶15 „'Abend, gnädiges Fräulein! Erlauben Sie, daß ich . . . daß ich mich vorstelle? Ich heiße Roda."

¶16 „Schön—und was wollen Sie?"

¶17 „ . . . mich vorstellen. Ich heiße Roda."

¶18 „Was weiter?"   40

¶19 „Begleiten möchte ich Sie."—Prachtvolles Geschöpf. Wie sie den Mund verzieht! Man möchte sie gleich küssen. Sie nickt einladend, lädt mir drei ungeheure Packen auf, sieben mittelgroße und sechzehn kleine Päckchen—und trippelt weiter. Ich mit ihr.

¶20 „Gnädiges Fräulein sind wohl in einem Laden der Innern Stadt tätig und gehen jetzt nach Hause?"   45

¶21 „Woraus schließen Sie das?"

¶22 „Nun, man sieht das. Ich habe einen Blick dafür."

¶23 „Hm", sagt sie und lacht.

¶24 Ich lache mit. Zu lieb und süß solch ein Mädel! Und so zugänglich. Wirklich, 's ist nicht gar so schwer, was zu erleben . . .—„Müssen Fräulein sofort nach Hause? Könnten   50
wir nicht zum Beispiel . . ."

¶25 „Was denn?" fragt sie.

¶26 „Na . . . zum Beispiel irgendwohin gehen, wo man sich amüsieren kann? Sagen wir ins Varieté—oder in den Englischen Garten?—Gehe ich zu rasch?"

¶27 „O nein, nur weiter in diesem Tempo—dann sind wir früher am Ziel", flötet sie   55
verheißungsvoll. Wie witzig sie ist! Vor einem Haustor hält sie.

¶28 „Ich muß einen Moment hier hinein, Herr Roder."

¶29 „Roda", verbessere ich.

¶30 „Also: Roda. Sie begleiten mich doch?"

¶31 „Ich mö . . . möchte vielleicht lieber . . . draußen . . ."   60

¶32 „Nein, nein, kommen Sie nur mit!"

¶33 Ja denn—in Gottes Namen. Um so besser. So leicht zu siegen, hatte ich nicht mal erwartet.—Wir treten ein—gleich in die erste Tür. Ein junger, blonder Herr eilt uns entgegen, freundlich und verwundert.

¶34 „Grüß Gott, Schatz", ruft er und . . . umarmt sie zärtlich.   65

¶35 Der Schatz stellt vor: „Herr Roda—Sie kennen wohl meinen Mann schon? Nicht?? Aus dem Varieté?? Er hat doch mit Breitensträter um die Meisterschaft von Wien geboxt?—Lieber Otto, du mußt Herrn Roda vielen Dank sagen. Tu es sofort!"

¶36 ‚Otto' drückt mir die Hand—wie er drückt!!—und sieht mich fragend an. Ich wäre jetzt gern in Ungarisch-Altenburg . . . 70

¶37 Der ‚Schatz' fährt fort: „Herr Roda hat mich vor einem Menschen geschützt, der mich für ein Ladenmädchen hielt und in . . . Lokale einlud."

¶38 Der Händedruck des Hünen steigert sich zur Daumenschraube.

¶39 „Ich danke, ich danke Ihnen bestens!" ruft er.

¶40 „Ich bitte", hauche ich—und—der ‚Schatz' lacht. 75

Impressionen

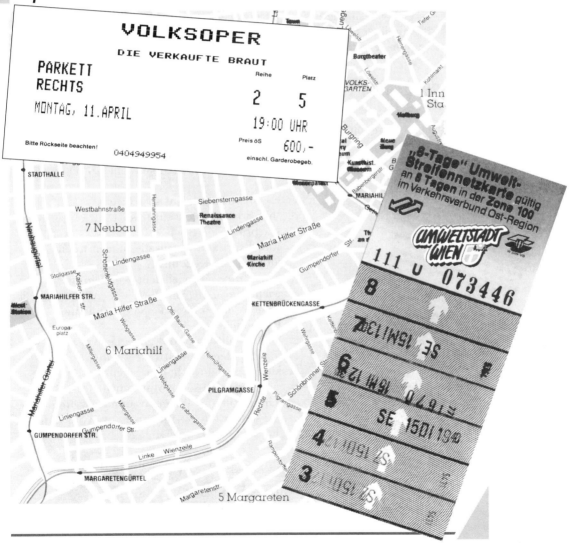

Erwartungen und Realität

G 4.1–4.10 Adjectives and Adverbs

1. Was für eine Frau sucht der junge Roda in Wien auf der Mariahilferstraße? Unterstreichen Sie alle Wörter im dritten, vierten und achten Abschnitt der Geschichte, mit denen Roda diesen Frauentyp näher bezeichnet.
2. Wie nimmt Roda die siebte Frau wahr?
   a. Unterstreichen Sie alle Adjektive im Text, die Roda benutzt, um das Aussehen dieser Frau zu beschreiben.
   b. Machen Sie Klammern um die Substantive (Nomina), mit denen Roda die Frau bezeichnet.
   c. Machen Sie einen Kreis um den Ausdruck, der beschreibt,
      (1) wie sie ihren Kopf bewegt.
      (2) wie sie weitergeht.
      (3) wie sie sagt: „O nein, nur weiter in diesem Tempo . . .“
3. Beschreiben Sie kurz die Realität von Rodas Abenteuer in Wien. Warum wurden seine Erwartungen nicht erfüllt?

 Bedeutungen

Was bedeuten die folgenden Sätze (1–10) aus der Geschichte?

_____ 1. Es ist ja schließlich keine Sünde.

_____ 2. Die jungen Leute bei uns tragen . . . Umlegekragen.

_____ 3. Unsereins kennt sich in der Großstadt so schwer aus.

_____ 4. Meint man, sie sei eine Gräfin, so ist sie's grade nicht.

_____ 5. Die vierte.—Geschminkt.

_____ 6. Courage, Junge! Deine Väter haben mit Janitscharen gekämpft.

_____ 7. Andre Mütter haben ebenso schöne Töchter.

_____ 8. Begleiten möchte ich Sie.

_____ 9. Wie sie den Mund verzieht! Man möchte sie gleich küssen.

_____ 10. Sie flötet verheißungsvoll.

a. Die Frau hatte Make-up aufgetragen.
b. Andere junge Frauen sind ebenso schön wie diese.
c. Es ist wirklich nicht so schlecht.
d. Ihre Stimme ist so süß; es ist, als ob sie etwas verspräche.
e. Auf dem Land tragen die jungen Leute altmodische Kleidung.
f. Eine Frau sieht vielleicht sehr fein und wichtig aus, aber in Wirklichkeit hat sie keinen Titel und ist keine prominente Persönlichkeit.
g. Sie bewegt den Mund auf eine Weise, die ich für einladend und attraktiv halte.
h. Meine Vorfahren haben gegen die Türken gekämpft. Ich sollte Mut haben.
i. Ich möchte mit Ihnen zusammen weitergehen.
j. Es ist sehr schwer für uns Leute vom Land, die Stadtleute zu verstehen.

F Die Handlung

Wie hätte Roda Roda die Geschichte einfacher erzählen können? Numerieren
Sie die folgenden Sätze in der richtigen Reihenfolge. Lesen Sie dann diese kurze
Zusammenfassung der Handlung laut vor.

_____ Sechs Frauen gingen an mir vorbei, und ich sagte nichts.

_____ Dort habe ich viel von den jungen Frauen in Wien gehört, und diese Frauen beschäftigten meine
Phantasie.

_____ Sie gab mir ihre vielen Pakete zu tragen und erlaubte mir, sie nach Hause zu begleiten.

_____ Sie stellte uns einander vor, und dann bat sie ihren Mann, mir zu danken.

_____ Mein Vetter Eugen fand die Frauen in Wien sehr nett, und er gab mir einen Rat.

_____ Als ich die siebte Frau sah, hatte ich endlich den Mut, sie zu begrüßen und mich ihr vorzustellen.

___1___ Ich wuchs in Ungarisch-Altenburg auf.

_____ Wie Eugen mir vorgeschlagen hatte, stand ich am Abend zwischen sieben und acht Uhr auf der
Mariahilferstraße.

_____ Als wir aber in ihre Wohnung traten, sah ich ihren Mann.

_____ Endlich entschloß ich mich, wieder einmal nach Wien zu fahren, denn ich wollte ein
romantisches Abenteuer mit einer jungen Frau, die feine Kleider trug.

G Stil: Ein Vergleich

1. Welche Unterschiede gibt es zwischen der Originalfassung und der
   Zusammenfassung in Aktivität F? Benutzen Sie folgende Abkürzungen:
   O = Originalfassung; Z = Zusammenfassung; O/Z = beide.

   a. Diese Version ist _____ interessanter, _____ dynamischer, _____ realistischer, _____ besser,

   _____ kürzer, _____ _____ .

   b. In dieser Version ist Roda _____ ein echter Mensch, _____ ein naiver junger Mann vom Land,

   _____ ein glaubhafter Charakter mit Gefühlen und Phantasien,

   _____ _____ .

   c. In dieser Version wissen die Leser, _____ was Roda denkt, _____ was er sagt, _____ wie er

   spricht, _____ wie er sich fühlt, _____ wie ihm die Frauen erscheinen, _____ wie er alles

   wahrnimmt, _____ woher er kommt, _____ welche Schwierigkeiten er in der Stadt hat,

   _____ _____ .

2. Welche Version der Geschichte gefällt Ihnen besser? Warum?

H Ein Dialog zwischen Eugen und Roda

VOR DEM SCHREIBEN

Sprechen Sie über Eugen und seine Rolle in der Geschichte.

- Denken Sie, daß Eugen wirklich so erfolgreich bei Frauen ist, wie er sagt?
- Warum ist Roda so beeindruckt von Eugen?
- Hat Eugen Roda guten oder schlechten Rat gegeben? Inwiefern?

ZUM SCHREIBEN

Arbeiten Sie in Zweiergruppen. Entwickeln Sie einen Dialog zwischen Eugen und Roda. Stellen Sie sich vor, daß Roda seinen Vetter Eugen einige Wochen nach seinem „ersten Abenteuer" in Ungarisch-Altenburg trifft. Natürlich fragt Eugen, ob Roda seinen Rat angenommen hat, und ob er inzwischen ein Abenteuer erlebt hat.

Was fragt Eugen? Was sagt Roda? Erzählt Roda die Wahrheit, so wie der erwachsene Roda Roda das in der Geschichte tut? Erzählt er nur die halbe Wahrheit? Oder erfindet er eine Geschichte?

NACH DEM SCHREIBEN

Führen Sie Ihren Dialog gemeinsam auf.

*T*EXTARBEIT 2

A Diskussionsthema: Unerwünschte Aufmerksamkeiten

1. **Wie finden Sie die folgenden Situationen?** Wie würden Sie das Benehmen der Männer / des Mannes in jeder Situation unter A charakterisieren? und das Benehmen der Frauen/Frau in jeder Situation unter B? Die folgenden Ausdrücke, Adjektive und Adverbien geben Ihnen Hinweise.

   BEISPIEL: S1: Ich finde die Männer in Situation A1 respektlos, und die Frauen in Situation B1 ebenfalls.

   S2: Die Situationen sind meiner Meinung nach nicht gleich. Die Männer in Situation A1 sind . . . , aber die Frauen in Situation B2 benehmen sich . . .

   S3: Wie kannst du das sagen? Es macht keinen Unterschied, ob . . .

AUSDRÜCKE

Leute sollten zueinander (nicht)
  . . . sein
Das finde ich . . .
Das kommt mir . . . vor.
Das würde mich . . . machen.
Der Mann / Die Frau in
  Situation (A / B) benimmt sich
  . . . / ist . . .
Die Männer/Frauen in Situation
  (A / B) benehmen sich . . . /
  sind . . .
Das ist ein/kein Kompliment.

ADJEKTIVE UND ADVERBIEN

(un)angenehm   (un)normal
aufdringlich   peinlich
ärgerlich   primitiv
beleidigend   respektlos
böse   respektvoll
chauvinistisch   schrecklich
(in)diskret   seltsam
entmenschlichend   taktlos
(un)fair   taktvoll
frech   wütend
(un)höflich   ___?___
lästig

▶ **G** 4.1 Predicate Adjectives
G 4.3 Adverbs

SITUATION A	SITUATION B
Eine Frau kommt in ein Café. Auf ihrem Weg zu einem leeren Tisch geht sie an einer Gruppe von Männern vorbei.	**Ein Mann kommt in ein Café. An einem großen Tisch sitzt eine Gruppe von Frauen.**
① Einige der Männer pfeifen ihr zu.	Sie pfeifen ihm zu.
② Andere Männer machen laut Bemerkungen wie: „Donnerwetter!" oder „Spitze!"	Auch sagen sie laut „Toll!" und „Donnerwetter!", während er an einem leeren Tisch in der Ecke Platz nimmt.
③ Dann unterhalten sich die Männer so lautstark über das Aussehen (Körperbau, Frisur, Kleidung) der Frau, daß sie jedes Wort verstehen kann.	Dann sprechen die Frauen so laut über den Körperbau, die Haare und die Kleidung des Mannes, daß er es hören kann.
④ Die Kellnerin kommt und stellt ein alkoholisches Getränk vor die Frau hin. Als sie sagt, das hätte sie nicht bestellt, erklärt die Kellnerin, es sei von einem der Männer am Tisch gegenüber.	Der Kellner serviert dem Mann ein alkoholisches Getränk. Als er sagt, das müsse ein Fehler sein, antwortet der Kellner, das sei von einer der Damen an dem großen Tisch.
⑤ Einer der Männer, den die Frau nicht kennt, setzt sich einfach an ihren Tisch und versucht, mit ihr ins Gespräch zu kommen.	Eine der Frauen, die der Mann noch nie zuvor gesehen hat, setzt sich einfach zu ihm an den Tisch und fängt an, mit ihm zu sprechen.
⑥ Als die Frau aufsteht, um das Café zu verlassen, geht der Mann mit ihr zur Tür und lädt sie ins Kino ein.	Als der Mann aus dem Café fortgehen will, begleitet die Frau ihn zur Tür und lädt ihn zu einer Party ein.

2. **Und Sie?** Waren Sie schon einmal in einer ähnlichen Situation / in ähnlichen Situationen? Waren Sie schon einmal das Opfer von aufdringlichem Benehmen?

- Wenn ja: Wann? Wo? Waren Sie allein? Was haben Sie gemacht?
- Wenn nein: Was würden Sie in den Situationen unter A oder B machen?

B Der Schauplatz der Geschichte und einige Vokabeln

Die folgende Geschichte von Irmtraud Morgner findet in Ost-Berlin in der ehemaligen Deutschen Demokratischen Republik (DDR) statt. Kennen Sie die folgenden Wörter?

- Eine **Frauenbrigade** ist eine Gruppe von Frauen, die zusammen in einer Firma arbeiten.
- **Alex** ist kurz für Alexanderplatz, ein großer Platz im Stadtzentrum Berlins.
- Ein **Exquisithemd** ist ein teures, exklusives Hemd, das zu DDR-Zeiten nur besonders privilegierte Mitglieder der kommunistischen Partei in ostdeutschen „Exquisitläden" kaufen konnten.
- Ein **Espresso** ist eine Espressobar oder ein kleines Café, wo man Espresso und andere Kaffeespezialitäten sowie alkoholische Getränke bestellen kann.
- **Kapuziner** ist das eingedeutschte Wort für Cappuccino. In Ostdeutschland benutzte man „Kapuziner", in Westdeutschland „Cappuccino".
- **Sliwowitz** ist ein Schnaps aus Pflaumen. Dieses alkoholische Getränk kommt ursprünglich aus dem ehemaligen Jugoslawien und ist in vielen europäischen Ländern sehr beliebt.

Der Alexanderplatz in Berlin ist sehr groß.

Beschreibung eines Menschen

1. Sehen Sie sich das Bild an, und machen Sie sich mit den Vokabeln vertraut.

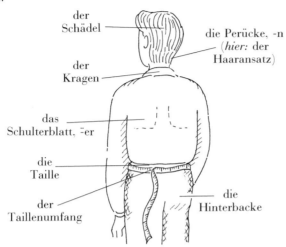

der Schädel

die Perücke, -n (*hier*: der Haaransatz)

der Kragen

das Schulterblatt, ¨-er

die Taille

der Taillenumfang

die Hinterbacke

eine Tonleiter rauf und runter pfeifen

2. Lesen Sie jetzt den ersten Absatz der Geschichte „Kaffee verkehrt" auf Seite 56. Wie beschreibt die Ich-Erzählerin das Aussehen des Mannes? Was bemerkt sie? Füllen Sie die Tabelle mit den Zahlen und Adjektiven aus dem Text aus. (Schreiben Sie die Adjektive ohne Endungen.)

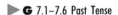

G 7.1–7.6 Past Tense

Taillenumfang: _____

Alter: _____

Schädelform: _____ (oval)

Ohren: _____ (abstehend)

Haar/Frisur: _____ (kurz)

_____

Schultern: _____

Körperhaltung: _____

Kaffee verkehrt

von Irmtraud Morgner

¶1 Als neulich unsere Frauenbrigade im Espresso am Alex Kapuziner trank, betrat ein Mann das Etablissement, der meinen Augen wohltat. Ich pfiff also eine Tonleiter rauf und runter und sah mir den Herrn an, auch rauf und runter. Als er an unserem Tisch vorbeiging, sagte ich „Donnerwetter". Dann unterhielt sich unsere Brigade über seine Füße, denen Socken fehlten, den Taillenumfang schätzten wir auf siebzig, Alter auf zweiund- 5 dreißig. Das Exquisithemd zeichnete die Schulterblätter ab, was auf Hagerkeit schließen ließ. Schmale Schädelform mit rausragenden Ohren, stumpfes Haar, das irgendein hinterweltlerischer Friseur im Nacken rasiert hatte, wodurch die Perücke nicht bis zum Hemdkragen reichte, was meine Spezialität ist. Wegen schlechter Haltung der schönen Schultern riet ich zu Rudersport. Da der Herr in der Ecke des Lokals Platz genommen 10 hatte, mußten wir sehr laut sprechen.

¶2 Ich ließ ihm und mir einen doppelten Wodka servieren und prostete ihm zu, als er der Bedienung ein Versehen anlasten wollte. Später ging ich zu seinem Tisch, entschuldigte mich, sagte, daß wir uns von irgendwoher kennen müßten, und besetzte den nächsten Stuhl. Ich nötigte dem Herrn die Getränkekarte auf und fragte nach seinen Wünschen. 15 Da er keine hatte, drückte ich meine Knie gegen seine, bestellte drei Lagen Sliwowitz und drohte mit Vergeltung für den Beleidigungsfall, der einträte, wenn er nicht tränke.

¶3 Obgleich der Herr weder dankbar noch kurzweilig war, sondern wortlos, bezahlte ich alles und begleitete ihn aus dem Lokal. In der Tür ließ ich meine Hand wie zufällig über eine Hinterbacke gleiten, um zu prüfen, ob die Gewebestruktur in Ordnung war. 20 Da ich keine Mängel feststellen konnte, fragte ich den Herrn, ob er heute abend etwas vorhätte, und lud ihn ein ins Kino „International". Eine innere Anstrengung, die zunehmend sein hübsches Gesicht zeichnete, verzerrte es jetzt grimassenhaft, konnte die Verblüffung aber doch endlich lösen und die Zunge, also daß der Herr sprach: „Hören Sie mal, Sie haben ja unerhörte Umgangsformen." —„Gewöhnliche", entgegnete ich, 25 „Sie sind nur nichts Gutes gewöhnt, weil Sie keine Dame sind."

Zum Verständnis des Textes

Lesen Sie jetzt die ganze Geschichte mindestens zweimal durch. Was bedeuten die folgenden Sätze (1–8) aus dem Text?

_____ 1. Das Exquisithemd zeichnete die Schulterblätter ab, was auf Hagerkeit schließen ließ.

_____ 2. Ich ließ ihm und mir einen doppelten Wodka servieren.

_____ 3. [Ich] prostete ihm zu, als er der Bedienung ein Versehen anlasten wollte.

_____ 4. Ich nötigte dem Herrn die Getränkekarte auf.

_____ 5. [Ich] drohte mit Vergeltung für den Beleidigungsfall, der einträte, wenn er nicht tränke.

_____ 6. In der Tür ließ ich meine Hand wie zufällig über eine Hinterbacke gleiten, um zu prüfen, ob die Gewebestruktur in Ordnung war.

_____ 7. [Ich konnte] keine Mängel feststellen.

_____ 8. [Der Mann sagte:] „. . . , Sie haben ja unerhörte Umgangsformen."

a. Die Ich-Erzählerin bestellte einen doppelten Wodka für sich und auch einen für den Mann.

b. Die Ich-Erzählerin fand, daß alles in Ordnung war.

c. Die Ich-Erzählerin drückte dem Mann gegen seinen Willen die Getränkekarte in die Hand.

d. Als der Mann der Bedienung sagte, sie hätte einen Fehler gemacht, sagte die Ich-Erzählerin: „Prost!" Sie wollte ihm so zeigen, daß der Wodka von ihr war.

e. Die Ich-Erzählerin sagte, sie würde eine Szene machen, wenn der Mann nicht mit ihr tränke.

f. Durch das Hemd des Mannes konnte die Ich-Erzählerin seine Schulterblätter sehen, denn er hatte einen schlanken Körper.

g. Der Mann fand das Benehmen der Ich-Erzählerin skandalös.

h. Als der Mann das Café verließ, befühlte die Ich-Erzählerin sein Gesäß mit ihrer Hand. Sie wollte feststellen, ob die Muskulatur gut war.

 ## Die Pointe der Geschichte

1. **Die Erzählintention:** Machen Sie einen Kreis um den Satz in der Erzählung, der deutlich macht, warum die Frauen, und zwar vor allem die Ich-Erzählerin, den Mann so schlecht behandeln. Erklären Sie dann mit eigenen Worten den Grund für die schlechte Behandlung.

2. **Der Titel:** Normalerweise trinkt man Kaffee mit etwas Milch oder Sahne. Ein „Kaffee verkehrt" besteht aber hauptsächlich aus Milch mit nur einem Schuß Kaffee.

   a. „Verkehrt" bedeutet „umgedreht". Welche Umgangsformen (Manieren) in der Geschichte sind „verkehrt" oder „umgedreht"? Machen Sie eine Liste von „verkehrtem" weiblichem Benehmen und eine von „verkehrtem" männlichem Benehmen.

   Stellen Sie sich vor, daß die Frauenbrigade eine Männerbrigade wäre, daß die Ich-Erzählerin ein Ich-Erzähler wäre und daß der Mann eine Frau wäre. Würden Sie die Geschichte dann weniger „verkehrt" im Sinne von „umgedreht" finden? Warum (nicht)?

   b. „Verkehrt" kann auch „falsch" oder „schlecht" bedeuten. Stellen Sie sich nochmals vor, daß alle weiblichen und männlichen Rollen in der Geschichte umgedreht wären. Würden Sie die Geschichte dann weniger „verkehrt" im Sinne von „falsch" oder „schlecht" finden? Warum (nicht)?

▶ **G** 9.1–9.2 Subjunctive II: Present Tense and Usage

Intertext: Beurteilung

Beurteilen Sie „Mein erstes Abenteuer" von Roda Roda und „Kaffee verkehrt" von Irmtraud Morgner.

G 4.1 Predicate Adjectives

1. Welche Adjektive beschreiben Ihrer Meinung nach jede Geschichte? Schreiben Sie „RR" vor jedes Adjektiv, das auf die Geschichte von Roda Roda zutrifft, und „IM" vor jedes, das auf die Geschichte von Irmtraud Morgner zutrifft.

_____ agitatorisch	_____ intelligent	_____ modern
_____ altmodisch	_____ interessant	_____ phantastisch
_____ amüsant	_____ kontrovers	_____ realistisch
_____ ausgezeichnet	_____ langweilig	_____ spannend
_____ beleidigend	_____ lustig	_____ unrealistisch
_____ charmant	_____ mächtig	_____ unterhaltsam
_____ feministisch	_____ militaristisch	

G 4.12 Comparison of Adjectives and Adverbs: Positive and Comparative

2. Welche Geschichte gefällt Ihnen besser? Aus welchen Gründen?

BEISPIELE: . . . gefällt mir besser wegen des Stils, . . . und . . .

Ich kann mich leichter mit der Handlung der Geschichte von . . . identifizieren als mit der von . . . , weil . . .

Für mich ist . . . leichter zu verstehen als . . . , weil die Sprache in dieser Geschichte einfacher ist, die Vokabeln . . . sind und . . .

Ich finde . . . besser (interessanter, amüsanter, __?__) als . . . , weil . . .

die Form	die Sprache	der Stil
die Handlung	der Standpunkt des Ich-	der Ton
die Pointe	Erzählers / der Ich-Erzählerin	die Vokabeln (*Pl.*)

 Intertext: „Abenteuer" und „Kaffeeskandal" aus einer anderen Perspektive erzählt

Wählen Sie eines der folgenden Aufsatzthemen.

G 7.1–7.6 Past Tense
G 10.1 Passive Voice: Present and Past Tenses

1. Schreiben Sie die Geschichte von Roda Roda aus der Perspektive der siebten Frau: Was geschah, als sie eines Abends mit ihren Einkäufen nach Hause ging und von einem jungen Mann vom Lande angesprochen wurde?
2. Schreiben Sie die Geschichte von Irmtraud Morgner aus der Perspektive des Mannes: Was geschah, als er einmal in eine Espressobar ging und von einer Frauenbrigade belästigt wurde?

Sie können Ihre Geschichte entweder in der ersten Person oder auch in der dritten Person schreiben. Sie können das Erlebnis direkt erzählen, oder Sie können davon in einem Brief an jemanden (einen Freund, eine Freundin, __?__) berichten.

WEITERFÜHRUNG

 ## Wichtige Qualitäten

1. Welche fünf von den folgenden Qualitäten finden Sie jeweils für eine Bekanntschaft am wichtigsten? für eine Freundschaft? für eine Liebesbeziehung? für eine Ehe?

   Wählen Sie die fünf wichtigsten Qualitäten für jede Art von Beziehung, und entwickeln Sie eine Rangordnung: Nummer 1 ist jeweils am wichtigsten, Nummer 2 am zweitwichtigsten, Nummer 3 am drittwichtigsten usw.

▶ **G** 4.13 Comparison of Adjectives and Adverbs: Superlative Degree

	BEKANNTSCHAFT	FREUNDSCHAFT	LIEBESBEZIEHUNG	EHE
Ehrlichkeit	_____	_____	_____	_____
Humor	_____	_____	_____	_____
Kommunikation	_____	_____	_____	_____
Leidenschaft (Passion)	_____	_____	_____	_____
gegenseitiger Respekt	_____	_____	_____	_____
gemeinsame Interessen	_____	_____	_____	_____
Selbstlosigkeit	_____	_____	_____	_____
Sinn fürs Romantische	_____	_____	_____	_____
Treue	_____	_____	_____	_____
Verständnis	_____	_____	_____	_____
Vertrauen	_____	_____	_____	_____

2. **Zur Diskussion:** Warum sind die Qualitäten, die Sie gewählt haben, Ihrer Meinung nach besonders wichtig? Warum sind die anderen Qualitäten Ihrer Ansicht nach nicht ganz so / gar nicht wichtig?
3. **Wer ist der gleichen Meinung?** Suchen Sie jetzt einen Studenten / eine Studentin, der/die auch Ihrer Meinung ist. Hat er/sie alle Qualitäten genauso wie Sie numeriert?

Zur Diskussion: Probleme in einer Beziehung

Welche Probleme sind Ihrer Meinung nach besonders destruktiv in einer Beziehung? Warum? Welche Probleme können zwei Personen relativ leicht lösen? Wie? Welche Probleme sind besonders schwer zu lösen? Warum?

Ärger/Wut	Neid	Selbstsüchtigkeit
Eifersucht	Respektlosigkeit	Unehrlichkeit
Mißtrauen	Schuld	Untreue
Mißverständnis		

 Mißverständnisse

Glauben Sie manchmal, daß niemand Sie richtig versteht? Was machen Sie, wenn andere Menschen Sie mißverstehen? Was passiert, wenn manche Menschen einen anderen Menschen ständig falsch verstehen?

Lesen Sie das folgende Gedicht, das von einer neunzehnjährigen Schülerin aus Wien geschrieben wurde.

MISSVERSTÄNDNISSE

Er lachte.
Sie dachten,
er wäre hysterisch.
Er weinte.
Sie dachten,
es wäre Selbstmitleid.
Er dachte nach.
Sie dachten,
er wäre depressiv.
Er sprach.
Sie sagten,
er wäre frech.
Er schrie.
Sie sagten,
er wäre verrückt.
Er bat sie um Hilfe.
Sie baten
den Psychiater um Hilfe.
Als sie an seinem
Grab standen,
glaubten sie,
es wäre Selbstmord
gewesen.

Birgit Kral, 19, Schülerin in Wien

FRAGEN ZUR DISKUSSION

G 9.1–9.3 Subjunctive II: Present Tense, Usage, and Past Tense

1. Wer könnte „er" sein? Wer könnten „sie" sein? Was machte „er"? Wie reagierten „sie"? Warum?
2. Was ist die Haltung der Dichterin gegenüber den Menschen, die als „sie" beschrieben werden?
3. Wie können Sie „sie" beschreiben? Sind „sie" liebevoll/lieblos? ansprechbar/abweisend? einfühlsam/kalt? Haben „sie" irgendetwas für den jungen Mann getan? Warum war es nicht genug?
4. Wenn „sie" anders gewesen wären, hätten „sie" dem jungen Mann helfen können? Inwiefern?
5. Was müssen junge Leute für sich selbst tun?
6. Sollten Männer Ihrer Meinung nach ihre wahren Gefühle ausdrücken dürfen? Warum (nicht)? Sollten Männer zum Beispiel genauso wie Frauen weinen können? Warum (nicht)?

D Ein Mißverständnis

Schreiben Sie ein Gedicht

- über ein Mißverständnis in Ihrem eigenen Leben. (Es kann einfach oder kompliziert, komisch oder tragisch sein.)
  Oder:
- über das Mißverständnis, das Roda erlebte.

Beantworten Sie die folgenden Fragen in Ihrem Gedicht.

1. Wer sagte oder machte was?
2. Wer reagierte wie?
3. Was war die Konsequenz des Mißverständnisses?

E Die Geschichte von Astrid und Uli

Lesen Sie die Anzeigen, und beantworten Sie die folgenden Fragen.

1. Wer hat die erste Anzeige geschrieben?
2. Worum hat Uli Astrid gebeten?
3. Wer hat die zweite Anzeige geschrieben?
4. Wie hat Astrid Uli geantwortet?

▶ **G** 7.7 Present Perfect Tense: Weak Verbs
G 7.11 Present Perfect Tense: Strong Verbs

FRAGEN ZUR SPEKULATION

1. Wie lange kennen sich Astrid und Uli schon?
2. Wie haben Astrid und Uli sich kennengelernt?
3. Welche gemeinsamen Interessen hat das Paar?
4. Was für eine Hochzeit hat das Paar? (Wo? Wann? Wie viele Gäste? Wer? Was für einen Empfang?)
5. Wohin machen Astrid und Uli ihre Hochzeitsreise? Warum?
6. Was für eine Ehe haben sie? Haben sie Kinder? Leben sie glücklich und zufrieden, oder dauert die Ehe nur eine kurze Zeit? Warum?

ZUM SCHREIBEN

Schreiben Sie eine kurze Liebesgeschichte über Astrid und Uli und deren glückliche Ehe. Oder schreiben Sie eine Geschichte über die große Liebe von Astrid und Uli, die in einer problematischen/katastrophalen Ehe endet.

WORTSCHATZ

Adjektiven und Adverbien

ähnlich	similar
(un)angenehm	(un)pleasant
ärgerlich	annoyed; angry
bescheiden	modest; simple
beleidigend	insulting
entmenschlichend	dehumanizing
entsprechend	corresponding; appropriate
gleich	same, equal; at once, right away
glücklich	happy; happily
peinlich	embarrassing(ly)
prachtvoll	magnificent(ly), gorgeous(ly)
schrecklich	terrible; terribly
süß	sweet(ly)
verkehrt	turned around; wrong(ly); bad(ly)
vielleicht	maybe, perhaps

Substantive

das Abenteuer, -	adventure
der Abschnitt, -e	section, segment
die Anzeige, -n	ad, advertisement
die Aufmerksamkeit	attention
das Aussehen	appearance
die Bedienung	service; server
die Bekanntschaft, -en	acquaintance
das Benehmen	behavior
die Beurteilung, -en	evaluation
die Beziehung, -en	relationship
der Dialog, -e	dialogue
die Frau, -en	woman
die Freundschaft, -en	friendship
das Getränk, -e	drink, beverage
die Haltung, -en	posture, stance
die Handlung, -en	plot; action
das Kino, -s	movie theater
der Laden, ¨	store
der Mann, ¨er	man
das Mißverständnis, -se	misunderstanding
der Mund, ¨er	mouth
das Problem, -e	problem
der Rat, Pl. Ratschläge	advise, pl. pieces of advice
der Schatz, ¨e	treasure; love, darling
das Wetter	weather

Verben

sich amüsieren (bei)	to have fun (doing sth.)
ankreuzen (trenn.)	to mark with a check
annehmen* (trenn.)	to accept
ansprechen* (trenn.)	to speak to, address
aufstehen* (trenn.) (ist)	to get up
ausfüllen (trenn.)	to fill out
aussehen* (trenn.)	to look (some way)
begleiten	to accompany
begrüßen	to greet
bemerken	to notice
sich benehmen*	to behave
sich beschäftigen (mit)	to be concerned (with), occupy oneself (with)
beschreiben*	to describe
bestellen	to order
beurteilen	to evaluate
danken (+ Dat.)	to thank
denken*	to think
drohen (jmdm. drohen mit)	to threaten (sb. with sth.)
drücken	to press; to squeeze
einladen* (trenn.)	to invite
eintreten* (trenn.)	to step in, enter
erlauben (+ Dat. mit Person)	to allow
erleben	to experience
erscheinen* (ist)	to appear, seem
erwarten	to expect
erzählen	to tell, relate
gefallen* (+ Dat.)	to please
geschehen* (ist)	to happen
glauben (+ Dat. mit Person)	to believe
sich interessieren (für)	to be interested (in)
kämpfen (um)	to fight (for)
kennenlernen (trenn.)	to become acquainted
küssen	to kiss
lösen	to solve
meinen	to think; to mean; to intend
passieren* (ist)	to happen
reagieren (auf + Akk.)	to react (to)
tragen*	to wear; to carry
verlassen*	to leave (a place)
vorstellen (trenn.)	to introduce
sich (Dat.) vorstellen (trenn.)	to imagine
wahrnehmen* (trenn.)	to introduce oneself

Nützliche Wörter und Ausdrücke

es freut mich, Sie kennenzulernen	I'm pleased to meet you
Interesse an etwas (Dat.) / jemandem haben*	to be interested in (sb. / sth.)
Lieblings-	favorite

Weitere Wörter, die ich lernen will:

_____

_____

_____

_____

4

Von der Kinderstube in die Erwachsenenwelt

„Portrait of a Boy II" von Egon Schiele (1918)

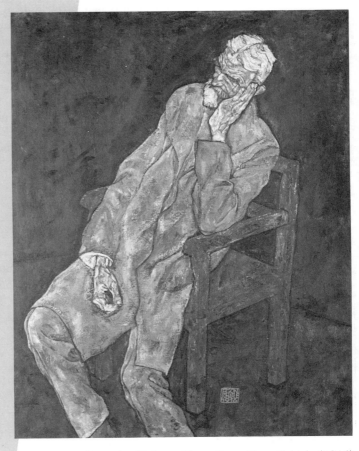

„Portrait of Johann Harms" von Egon Schiele (1916)

Zum Nachdenken

Wie gehen wir miteinander um?
Was denken wir uns dabei?

Texte
„Erziehung" von Uwe Timm, 68
„lernprozesse" von Werner Kofler, 71
„Podiumsdiskussion" von Helmut Heissenbüttel, 73

Zusätzlicher Text
„Grüßeritis" von Bernhard Katsch, 65

HINFÜHRUNG

▶ **G** 8 Verbs: Imperative Mood

 A *Gesprächsthema 1: Kindliche Erfahrungen*

Sprechen Sie mit anderen Studenten und Studentinnen über ihre Kindheit. Fragen Sie sie,

- wer ihnen zum Beispiel Gehen und Sprechen (Lesen und Schreiben, Schwimmen und Fahrradfahren, __?__) beigebracht hat.
- wer ihnen den Unterschied zwischen Recht und Unrecht beigebracht hat.
- wem sie gehorcht haben und warum.
- wer ihre Helden/Heldinnen waren und warum.
- ob sie je etwas gestohlen haben (wenn ja: was und warum).
  - je gelogen haben (wenn ja: wen sie angelogen haben und warum).
  - jemals die Schule geschwänzt haben (wenn ja: wie sie den Schultag verbracht haben).
  - einmal Zigaretten geraucht haben (wenn ja: mit wem und warum).
- wie die Erwachsenen reagiert haben, wenn sie etwas Verbotenes gemacht haben. (Können sie Ihnen ein Beispiel dafür geben?)
- was sie aus den Reaktionen der Erwachsenen gelernt haben.
- was sie heute über ihre Kindheit und die Rolle der Erwachsenen darin denken.

 B *Grüßen*

In vielen Ländern spielt das Grüßen eine wichtige gesellschaftliche Rolle. Als Kind haben Sie sicherlich gelernt, wen, wann und in welchen Situationen man grüßen sollte. Welche Geste mußten Sie machen, wenn Sie jemanden grüßten?

Mußten Sie den Leuten vielleicht die Hand geben? Mußten Sie einige/alle Menschen umarmen? küssen? Mußten Sie einen Diener oder einen Knicks machen? Mußten Sie den Leuten in die Augen schauen?

1. Lesen Sie das folgende Gedicht, das in der „Süddeutschen Zeitung"
   erschien.

Grüßeritis

Ich grüße
Hiermit
Alle Verwandten,
Bekannten,
Freundinnen,
Feindinnen,
Wohnungsnachbarn
Und das ganze
Redaktionsteam.

Ferner
Grüße ich
Meinen Hausarzt,
Meinen Lieblingsklempner
Theobald,
Die Schlagersängerin
Putta Pimplewski
Und den Patenonkel Mike
In Detroit.

Besonders herzlich aber
Grüße ich
Auf diesem Wege
Mich.   Bernhard Katsch

Wer sind diese Leute?
der Klempner / die Klempnerin = *Handwerker/Hand-*
werkerin, der/die an den Wasserleitungen arbeitet—wie
zum Beispiel im Badezimmer, im WC, in der Küche und in
der Waschküche
der Patenonkel / die Patentante = *jemand außer den*
Eltern, der/die für ein Kind (oder für andere Leute) ver-
antwortlich ist. Kennen Sie die Filme „Der Pate I, II, III",
in denen Marlon Brando die Rolle des ersten Patenonkels
der Mafia spielt?
das Redaktionsteam = *die Leute, die zum Beispiel die*
Texte einer Zeitung schreiben oder bearbeiten
der Schlagersänger / die Schlagersängerin = *Popsänger/*
Popsängerin, Popstar

2. Was ist Bernhard Katschs Einstellung zum Grüßen? Findet er es eine
   gute/schlechte/übertriebene Sitte?

3. Wie empfinden Sie das Ende des Gedichts? ironisch? lustig? egoistisch?
   ___?

4. Wen möchten Sie heute grüßen? Schreiben Sie eine Annonce oder ein
   Gedicht, in dem Sie einige Menschen grüßen, die in Ihrem Leben eine
   (mehr oder weniger wichtige) Rolle spielen.

▶ **W** S. V.4 *Berufe*
W S. V.3 *Beziehungen*

Gesprächsthema 2:
Manieren, Sitten und Moral

1. Welche Wörter und Ausdrücke mußten Sie als Kind in Ihrer Muttersprache lernen? Kreuzen Sie die zutreffenden Antworten an.

   _____ Danke (sehr, schön).

   _____ Bitte.

   _____ Entschuldigung (Pardon, Verzeihung)!

   _____ Guten Morgen (Tag, Abend).

   _____ Auf Wiedersehen.

   _____ Ich heiße . . .

   _____

2. Welche Tischmanieren mußten Sie als Kind lernen? Kreuzen Sie die zutreffenden Antworten an.

_____ sich vor dem Essen die Hände waschen

_____ aufrecht am Tisch sitzen

_____ beim Essen nicht singen (sprechen, spielen, __?__)

_____ leise und langsam kauen

_____ „reich mir doch bitte (den Senf)" sagen

_____ den Tisch nicht ohne Erlaubnis verlassen

_____ _____

3. Der Autor von „lernprozesse" ist in Österreich aufgewachsen. Dort werden die meisten Kinder katholisch erzogen. Sie sollen zum Beispiel „die zehn Gebote" halten, „die sieben Todsünden" vermeiden und „die Heilige Dreieinigkeit" (die Einheit von Gott Vater, Sohn und Heiligem Geist) verehren.

Mußten Sie als Kind religiöse Normen und Riten lernen? Wenn ja: Hatten Sie eine christliche (eine katholische, eine protestantische, __?__), eine buddhistische, eine islamische, eine jüdische oder eine __?__ Erziehung? Nennen Sie drei Dinge, die Sie als Kind über Ihre Religion und deren moralische Normen lernen mußten. Wenn Religion keine wichtige Rolle in Ihrer Familie spielte: Nennen Sie drei Dinge, die Sie lernen mußten, um ein guter Mensch zu werden.

_____

_____

_____

4. Suchen Sie (1) einen Studenten / eine Studentin, der/die die gleiche Erziehung wie Sie hatte, und (2) einen Studenten / eine Studentin, der/die eine ganz andere Erziehung als Sie hatte. Zu diesem Zweck müssen Sie den anderen Studenten/Studentinnen Fragen stellen.

BEISPIEL: S1: Was für eine Erziehung hast du gehabt?
            S2: Ich bin griechisch-orthodox erzogen, und du?
            S1: Meine Eltern waren protestantisch erzogen, aber Religion hat keine wichtige Rolle in meiner Erziehung gespielt.

D Befehle

Als Kind haben Ihnen Erwachsene manchmal Anweisungen gegeben. Vielleicht haben Sie Sätze wie die folgenden gehört.

▶ **G** 8.2 Imperative: *du*-Form

G 8.5 Other Forms of Invitations, Requests, and Commands

BEISPIELE: Spiel nicht auf der Straße!
             Du sollst nicht so viele Süßigkeiten essen.
             Du darfst heute nicht fernsehen.
             Du mußt sofort ins Bett gehen.

1. Schreiben Sie mindestens zehn Anweisungen, die Sie als Kind häufig gehört haben. Die folgenden Verben helfen Ihnen dabei.

sich anziehen	laufen
aufhören (mit)	lesen
aufpassen (auf + *Akk.*)	(Hausaufgaben, das Bett) machen
(das Zimmer) aufräumen	sich (die Zähne) putzen
aufstehen	springen
bleiben	stehlen
einschlafen	trinken
essen	vergessen
grüßen	sich waschen, duschen, baden
helfen (+ *Dat.*)	zuhören (+ *Dat.*)
lachen	_____?_____

2. Arbeiten Sie in Kleingruppen, und lesen Sie Ihre Sätze laut vor. Welche davon haben auch andere Studenten und Studentinnen zu Hause gehört?

Iß den ganzen Teller leer!

TEXTARBEIT 1

A Zur Form

Das folgende Gedicht von Uwe Timm heißt „Erziehung". Lesen Sie diesen Text auf Seite 68, und arbeiten Sie dann damit.

1. Schreiben Sie
   * „I" vor jeden Imperativsatz,
   * „F" vor jede Frage und
   * „S" vor beide Teile des Aussagesatzes im Indikativ.

   ▶ **G** 8.2 Imperative: *du*-Form

2. Das erste Wort jedes Satzes und jeder Frage ist kleingeschrieben. Markieren Sie den Anfang jedes Satzes und jeder Frage folgendermaßen: laß das.
   ≡

3. Das Gedicht hat keine Interpunktion. Setzen Sie Ausrufezeichen (!), Fragezeichen (?), Kommata (,) oder Punkte (.) da ins Gedicht ein, wo man solche Interpunktionszeichen normalerweise setzen würde.

4. Wie verändern die großgeschriebenen Wörter und die Interpunktion den Sinn des Gedichts? Warum hat der Autor Ihrer Meinung nach den Anfang und das Ende jedes Satzes oder jeder Frage nicht wie üblich durch Großschreibung beziehungsweise Interpunktion angezeigt (markiert)?

Erziehung

von Uwe Timm

laß das
komm sofort her
bring das hin
kannst du nicht hören
hol das sofort her   5
kannst du nicht verstehen
sei ruhig
faß das nicht an
sitz ruhig
nimm das nicht in den Mund   10
schrei nicht
stell das sofort wieder weg
paß auf
nimm die Finger weg
sitz ruhig   15

mach dich nicht schmutzig
bring das sofort wieder zurück
schmier dich nicht voll
sei ruhig
laß das   20

wer nicht hören will
muß fühlen

Zur Interpretation

Diskutieren Sie die folgenden Fragen über „Erziehung".

1. Wer spricht Ihrer Meinung nach in diesem Gedicht? Zu wem? Woher wissen Sie das?
2. Was bedeuten die letzten zwei Zeilen? Was passiert, wenn die Anweisungen nicht befolgt werden?
3. Was bedeutet der Titel des Gedichts? Was für eine „Erziehung" beschreibt das Gedicht? Was hält der Autor Ihrer Meinung nach von dieser Art von Erziehung? Was halten Sie davon?
4. Kreuzen Sie jeden Ausdruck im Gedicht an, den Sie als Kind auch gehört haben. Beschreibt das Gedicht auch Ihre eigene Erziehung? Wenn ja: Ist das Gedicht bezeichnend für Ihre ganze Kindheit oder nur für einen (kleinen) Teil dieser Zeit? Wenn nein: Welche anderen Ausdrücke sind bezeichnend für Ihre Kindheit?

Impressionen

Anregungen für Eltern

WOLFENBÜTTEL (oh) Der erste Schultag im Leben eines Kindes ist noch immer eine aufregende Sache. Eine alte Tradition ist es, dem Kind eine Zuckertüte zu schenken. Symbolisch gesehen, soll sie ihm das „harte" Schulleben ein wenig versüßen.

In dem Kursus der Evangelischen Familien-Bildungsstätte, Neuer Weg 6, bekommen Eltern Anregungen zur Gestaltung einer ganz individuellen Schultüte und deren Inhalt.

Der Kursus beginnt am **27. Mai**, 19.30 Uhr und Anmeldungen sind noch bis zum **22. Mai** in der EFB, Telefon 7 64 87, möglich.

Der erste Schultag

Was bekommen deutsche Schulkinder am ersten Schultag? Hat jemand Ihnen etwas zu Ihrem ersten Tag an der Universität geschenkt? Wie könnte man Ihnen das „harte Studentenleben" versüßen?

*T*EXTARBEIT 2

Koflers Lernprozesse / Ihre Lernprozesse

G 6.12 Verbs plus Infinitive

G 6.13 Verbs plus *zu* plus Infinitive

Werner Kofler ist in Villach im Land Kärnten in Österreich geboren. Im folgenden Text beschreibt der Ich-Erzähler, was er als Kind alles lernen mußte und was er davon hält.

Denken Sie beim Lesen des Textes über Ähnlichkeiten und Unterschiede zwischen den Erfahrungen des Ich-Erzählers und Ihren eigenen Erfahrungen nach. Notieren Sie diese Erfahrungen mit Kommentaren auf ein Blatt Papier.

BEISPIEL: Der Ich-Erzähler
1. mußte lernen, schön zu sprechen. (Andere Mütter wollten wissen, wie seine Mutter ihn das gelehrt hat.)

Ich
1. mußte lernen, mit Erwachsenen zu sprechen. (Ich mußte laut und deutlich sprechen und der Person in die Augen sehen. Das war mir immer sehr peinlich, denn ich war wirklich scheu.)

Zwei Familien feiern eine Hochzeit mit alten Sitten und Traditionen. Das Brautpaar kommt gerade aus der St. Michaelskirche in Bamberg in Niederbayern, wo die kirchliche Trauung stattfand. Zuvor war das Brautpaar auf dem Standesamt, wo die staatliche Eheschließung vollzogen wurde. Eine mit Blumen geschmückte offene Kutsche wartet schon, um Braut und Bräutigam zu einem Hotelrestaurant zu fahren. Dort gibt es zuerst Kaffee und Kuchen und später ein festliches Abendessen für das Brautpaar und seine Gäste.

lernprozesse

von Werner Kofler

¶1 Ich habe gelernt zu sprechen: ich habe gelernt, *schön* zu sprechen und nach der schrift. (so schön hätte ich gesprochen,—sprechen gekonnt, „ja wie machen sie das", haben die anderen frauen, die anderen mütter meine mutter gefragt.)

¶2 ich habe gelernt, zu folgen, „ein kind hat zum folgen". ich habe gefolgt, aber es ist mir im grunde *verhaßt* gewesen, zu folgen.   5

¶3 ich habe gelernt, *mein und dein* zu unterscheiden: nichtsdestotrotz habe ich hin und wieder gestohlen.

¶4 ich habe gelernt, die zehn gebote zu halten, die sieben todsünden zu meiden, die heilige dreieinigkeit zu verehren, die drei goldenen *t* des sports (*t*echnik, *t*aktik, *t*raining) zu beachten.   10

¶5 ich habe gelernt, zu grüßen.

¶6 („laut und deutlich":

¶7 *'sgott* frau longin, *'sgott* onkel mack, *'sgott* tante wettl, *'sgott* herr poglitsch, *'sgott* frau petamaia, *'sgott* fräuln dora, *'sgott* onkel rudi, *'sgott*!)

¶8 ich habe gelernt, die hand zu geben und *einen diener* zu *machen,* „gib die hand und   15 mach schön einen diener", hat die mutti gesagt, und ich hab die hand gegeben und tief den kopf gebeugt.

¶9 *(ich habe gelernt / die menschen einzuteilen / in rote und schwarze / gute kundschaftn und schlechte / brave kirchengeher und laxe / regelmäßige kommuniongänger und seltene / feine leute und gesindel. / beim geld aber / ist mir beigebracht worden / sei es   20 egal / von wem es komme; / es sei von allen, / roten und schwarzen / guten kundschaftn und schlechten / braven kirchengehern und laxen / regelmäßigen kommuniongehern und seltenen / feinen leuten und vom gesindel / gleichermaßen willkommen.)*

B Eine Zusammenfassung

Schreiben Sie jetzt anhand Ihrer Notizen für Aktivität A eine kurze Zusammenfassung Ihrer eigenen Lernprozesse.

- Versuchen Sie, Ihre Gedanken in einer logischen Reihenfolge (Sequenz) zu organisieren.

- Beurteilen Sie dann Ihre Erziehung: Was war gut daran? Was war Ihrer Meinung nach schlecht daran?

TEXTARBEIT 3

A Diskussion: Teilnehmer und Thema

 G 4.8 Ordinal Numbers as Attributive Adjectives

Im nächsten Gedicht schreibt Helmut Heissenbüttel über Kommunikation in der Erwachsenenwelt. Lesen Sie jetzt „Podiumsdiskussion" zweimal. Wählen oder erfinden Sie beim zweiten Lesen ein passendes Ende zu jedem der folgenden fünf Sätze.

1. Die Teilnehmer der Podiumsdiskussion sind
   a. Männer und Frauen.   c. alle Frauen.
   b. alle Männer.   d. ___?___
   Woher wissen Sie das?
2. Meiner Meinung nach sind die Teilnehmer an der Diskussion
   a. Politiker.   d. Journalisten.
   b. Bürger einer Stadt.   e. Lehrer.
   c. Vertreter einer Firma.   f. ___?___
3. Meiner Meinung nach diskutieren die Teilnehmer
   a. über Arbeitslosigkeit.   d. über das Thema Ausbildung.
   b. ein Verkehrsproblem.   e. eine Werbekampagne.
   c. über die Umwelt.   f. ___?___
4. Ich glaube, die Teilnehmer erreichen am Ende der Diskussion
   a. eine Lösung des Problems, weil . . .
   b. keine Lösung des Problems, weil . . .
5. Ich glaube, das Gedicht ist
   a. ernst gemeint, weil . . .
   b. satirisch gemeint, weil. . .

„Die Diskussion zwischen unserem Ostfriesen und unserem Niederbayern fällt leider aus – wir fanden keinen Dolmetscher."
Zeichnung: Garo

Ostfriesland liegt in Norddeutschland, Bayern in Süddeutschland. Warum gibt es keine Diskussion zwischen den zwei Männern? Warum brauchen sie einen Dolmetscher, das heißt jemanden, der/die alles in eine andere Sprache übersetzen kann?

Podiumsdiskussion

von Helmut Heissenbüttel

für max

zu seinem 60. Geburtstag

der erste meint nicht daß	1
der zweite glaubt nicht	2
der dritte glaubt daß	3
der zweite daß nicht	4
der vierte äußert sich nicht	5
der fünfte meint nicht	6
der dritte vergißt daß nicht	7
der vierte nichts	8
der sechste sagt	9
der erste widerspricht nicht	10
der siebente sagt	11
der achte	12
der neunte	13
der sechste äußert sich	14
der vierte nichts	15
der siebente glaubt	16
der dritte glaubt auch	17
der fünfte äußert daß sich nicht	18
der neunte widerspricht nicht daß	19
der fünfte glaubt an etwas	20
der dritte glaubt nicht daß	21
der fünfte auch nicht	22
der zweite äußert sich nicht	23
der fünfte meint nicht	24
der neunte äußert	25
der fünfte äußert daß	26
der erste daß auch	27
der zweite glaubt	28
der dritte hat nicht vergessen	29
der zweite meint nicht	30
der vierte sagt nicht	31
der fünfte hat nicht vergessen daß	32
der dritte äußert etwas	33
der vierte meint	34
der sechste äußert daß sich nichts	35
der erste spricht nicht davon daß	36
der siebente	37
der achte hat vergessen daß nichts	38
der sechste sagt	39
der vierte sagt	40
der siebente meint	41
der dritte nicht	42
der fünfte	43
der neunte verspricht sich nichts	44
der fünfte daß nicht	45
der dritte glaubt nicht	46
der fünfte hat nicht vergessen	47
der zweite äußert daß sich nicht	48
der fünfte daß	49
der neunte sagt nicht	50
der fünfte glaubt nicht daß	51
und so weiter	52

Ausdrücke zur Meinungsäußerung

1. Welche Zeilen in dem Gedicht zeigen an, daß ein Diskussionsteilnehmer an dieser Stelle bestimmt oder wahrscheinlich nichts gesagt hat? Unterstreichen Sie diese Zeilen.

2. Hier finden Sie einige Ausdrücke, die Leute oft benutzen, um ihre Meinung auszudrücken. Suchen Sie für jede Gedichtzeile, die Sie nicht unterstrichen haben, einen entsprechenden Ausdruck in der folgenden Liste. Schreiben Sie die Nummer der Gedichtzeile vor diesen Ausdruck. Es gibt mehrere richtige Antworten.

G 11.3 Subordinating
Conjunctions
G 11.4 *denn/weil*

AUSDRÜCKE ZUR POSITIVEN MEINUNGSÄUSSERUNG

_____ Ich meine, daß . . .

_____ Ich bin der Meinung/Ansicht/Überzeugung, (daß) . . .

_____ Ich möchte die Meinung/Ansicht äußern, (daß) . . .

_____ Ich möchte mich dahingehend äußern, daß . . .

_____ Ich möchte mich dazu äußern (, was . . .)

_____ Ich denke/glaube, (daß) . . .

_____ Ich glaube an (+ *Akk.*) . . .

_____ Ich glaube (+ *Dat. Person; + Akk. Konzept*) . . .

_____ Ich sage, (daß) . . .

_____ Ich möchte/würde sagen, (daß) . . .

_____ Ich möchte von (+ *Dat.*) / über (+ *Akk.*) sprechen

GENERELLE AUSDRÜCKE ZUR NEGATIVEN MEINUNGSÄUSSERUNG

_____ Ich meine nicht, (daß) . . .

_____ Ich bin nicht der Meinung/Ansicht/Überzeugung, (daß) . . .

_____ Ich denke nicht, (daß) . . .

_____ Ich glaube nicht, (daß) . . .

_____ Ich glaube nicht an (+ *Akk.*) . . .

_____ Ich glaube (+ *Dat. Person; + Akk. Konzept*) nicht . . .

_____ Ich würde nicht sagen, (daß) . . .

SPEZIFISCHE AUSDRÜCKE DER ZUSTIMMUNG

_____ Ich stimme (+ *Dat.*) zu (, daß/wenn . . .)

_____ Ich bin der gleichen Meinung/Ansicht (wie . . .) (, denn/weil . . .)

_____ Ich bin (auch) für . . . / Ich bin (auch) dafür (, daß . . .)

_____ Ich bin mit . . . einverstanden.

_____ Ich widerspreche (+ *Dat.*) nicht.

SPEZIFISCHE AUSDRÜCKE DES WIDERSPRUCHS

_____ Ich muß Ihnen / dieser Meinung / Ansicht widersprechen (, denn/weil . . .)

_____ Ich bin nicht der gleichen Meinung/Ansicht (wie . . .) (, denn/weil . . .)

_____ Ich bin nicht mit . . . einverstanden (, denn/weil . . .)

_____ Ich verspreche mir (überhaupt) nichts von . . . / davon (, daß . . .)

_____ Ich bin gegen . . . (, denn/weil . . .)

_____ Ich bin dagegen (, daß . . .)

SPEZIFISCHE AUSDRÜCKE ZUR BESCHWICHTIGUNG (KONZESSION)

_____ Ich sage nicht, (daß) . . .

_____ Ich spreche nicht davon, (daß) . . .

_____ Ich vergesse (nicht), (daß) . . .

_____ Ich habe (nicht) vergessen, (daß) . . .

_____ Vergessen Sie nicht, (daß) . . .

_____ Laßt uns nicht vergessen, (daß) . . .

_____ Ich gebe zu, (daß) . . . , aber . . .

SPEZIFISCHE AUSDRÜCKE DES VERSPRECHENS

_____ Ich verspreche Ihnen (, daß) . . .

_____ Ich kann Ihnen versprechen, (daß) . . .

_____ Ich kann Ihnen zusichern, (daß) . . .

3. Diese Ausdrücke sind in Kategorien eingeteilt. Welche Kategorie entspricht den meisten Gedichtzeilen? den wenigsten? Warum ist das so?

 # Intertext: Eine Podiumsdiskussion über menschliche Natur und Erziehung

1. Arbeiten Sie in einer Kleingruppe, und besprechen Sie die folgenden Aspekte menschlichen Verhaltens. Bringen Sie eines der folgenden Argumente oder beide Argumente vor. Benutzen Sie die Ausdrücke in Aktivität B, um Ihre eigene Meinung dazu zu äußern.

- **Argument 1: Kinder unterscheiden von Natur aus, aber sie diskriminieren nicht von Natur aus.**
  Kinder teilen Menschen instinktiv in die folgenden Kategorien ein:
    Mutter/Vater, groß/klein, fremd/bekannt, . . .
  Diese Art von Unterscheidung ist nötig, weil . . .
  Solche Unterscheidungen sind (nicht) schädlich, weil . . .
  Man kann nichts gegen diese Art von Unterscheidung tun, weil . . .
    _____ ?

- **Argument 2: Kinder diskriminieren nicht instinktiv. Diskriminierung ist etwas, was sie lernen.**

  Kinder lernen Vorurteile und diskriminierendes Benehmen von Familienmitgliedern, vom Fernsehen, von . . .

  Wie der Ich-Erzähler in „lernprozesse" lernen Kinder es erst von Erwachsenen, Menschen in die folgenden Kategorien einzuteilen: . . .

  Diskriminierung von dieser Art ist besonders schädlich, weil . . .

  Man kann etwas gegen diese Art von Diskriminierung tun.

  Man kann zum Beispiel Kindern beibringen, andere Leute, andere Kulturen und andere Lebensstile zu respektieren.

  <u>   ?   </u>

2. Versuchen Sie, am Ende der Diskussion eine Gruppenmeinung zu erreichen. Notieren Sie sich die wichtigsten Punkte, mit denen alle in der Gruppe einverstanden sind. Lesen Sie den anderen Studenten/ Studentinnen Ihre Gruppenmeinung vor.

Ein Diskriminierungs- oder Gewaltakt

Schreiben Sie ein Prosastück oder ein Gedicht, in dem Sie einen Diskriminierungs- oder Gewaltakt gegen sich selbst beschreiben. Lesen Sie zuerst die folgenden Fragen, und machen Sie sich dabei Notizen.

VARIANTE: Schreiben Sie über einen Diskriminierungs- oder Gewaltakt, den Sie gegen jemanden beobachtet haben. Verändern Sie die folgenden Fragen entsprechend.

FRAGEN

NOTIZEN

▶ **G** 5.6 Prepositions with Genitive Case

Glauben Sie, daß jemand gegen Sie . . . diskriminiert hat?

wegen Ihrer Religion

wegen Ihrer ethnischen Abstammung

wegen Ihrer Hautfarbe

wegen Ihrer Staatsangehörigkeit

wegen Ihres Geschlechts (einfach weil Sie Mann oder Frau sind)

wegen Ihres Aussehens

wegen Ihrer sexuellen Orientierung

wegen <u>   ?   </u>

Hat jemand je gegen Sie diskriminiert, . . .

weil Sie zu jung oder zu alt waren?

weil Sie zu klein oder zu groß waren?

weil Sie krank waren?

weil Sie Student/Studentin waren?

weil <u>   ?   </u>

FRAGEN   NOTIZEN

**Wo haben Sie
Diskriminierung erfahren?**
in der Schule?
am Arbeitsplatz?
zu Hause?
an der Uni?
in einer Kirche?
bei der Wohnungssuche?
in anderen Ländern?
___?___

Was genau ist passiert?
Was hat man gesagt? (Hat man
Ihnen Befehle gegeben? Hat man
negative Meinungen geäußert?)

**Wie haben Sie sich dabei
gefühlt?**

**Was haben Sie aus dieser
Erfahrung gelernt?**

WEITERFÜHRUNG

 Ein Problem zwischen jung und alt

Schauen Sie sich den Cartoon an, und folgen Sie den Anweisungen.

1. **Bild:** Beschreiben Sie das Kind, den Mann und die Situation, in
   der sie sich befinden.
2. **Sprache:** Der Cartoon erschien in der „Berliner Morgenpost".

   Das Wort „Ruhä" ist berlinerisch für

   „_____".

3. **Spekulation:** Spekulieren Sie über das Ereignis. Denken Sie darüber
   nach, wie diese Situation zustande gekommen ist: Warum will der alte
   Mann Ruhe? Warum will das Kind das Horn blasen?
4. **Dialog/Argumente:** Arbeiten Sie mit einem Partner / einer Partnerin,
   und erfinden Sie eine Auseinandersetzung zwischen dem Mann und dem
   Kind. Sie vertreten die eine Seite, und Ihr Partner / Ihre Partnerin
   vertritt die andere. Die Argumente beider Seiten sollten so überzeugend
   wie möglich sein.

5. **Dramatisierung:** Arbeiten Sie weiter mit Ihrem Partner / Ihrer Partnerin, und dramatisieren Sie Ihren Dialog vor der Klasse.

MÖGLICHE ARGUMENTATIONSPUNKTE DES MANNES

- Alte Menschen brauchen Ruhe.
- Seine Nerven sind angegriffen, und er braucht absolute Ruhe.
- Kinder dürfen hier nicht spielen.
- Brave Kinder machen keinen Lärm.
- Das Kind soll nach Hause gehen.
- Es ist Mittagszeit. Da darf man keinen Lärm machen.
- Er ist Dirigent, und falsche Töne tun seinen Ohren weh.
- _____?_____

MÖGLICHE ARGUMENTATIONSPUNKTE DES KINDES

- Kinder müssen Krach machen dürfen, sonst entwickeln sie psychische Störungen, sagen die Eltern.
- Die Straße / Der Park gehört den Kindern ebenso wie älteren Leuten.
- Nur böse Menschen verbieten Kindern immer alles.
- Das Kind muß auf der Straße spielen, weil seine Baby-Schwester zu Hause schläft, und es da jetzt auch keinen Lärm machen darf.
- Das ist ein Kinderspielplatz hier. Da dürfen Kinder lärmen und toben, soviel sie wollen. Der alte Herr soll doch woanders spazierengehen.
- Es ist jetzt keine Mittagszeit. Deshalb kann das Kind soviel Krach machen, wie es will.
- _____?_____

 # Eine Umfrage: Zwischen den Generationen

Fragen Sie andere Studenten und Studentinnen nach ihrer Meinung. Markieren Sie ihre kurzen Antworten so: ̸ℋ̸ //. Notieren Sie sich ihre längeren Antworten in Stichworten.

1. **Die Umfrage:** Fragen Sie sie,

- ob die meisten Kinder und Jugendlichen Respekt _____ oder

  keinen Respekt _____ vor älteren Leuten haben.

- ob die meisten alten Menschen kinderfreundlich _____ oder

  kinderfeindlich _____ sind.

- was Kinder und Jugendliche von älteren Leuten lernen können.

  _____

  _____

- was ältere Leute von Kindern und Jugendlichen lernen können.

  _____

  _____

- wie Kinder und Jugendliche älteren Leuten helfen können und umgekehrt.

  _____

  _____

- in welchen Bereichen junge Menschen und ihre Eltern die meisten Probleme erfahren.

  Abhängigkeit im Gegensatz zu Unabhängigkeit _____

  Alkohol und Drogen _____

  Ausbildung _____

  äußeres Aussehen und Körperpflege: Haare, Kleidung usw. _____

  Autofahren _____

  Freunde und Freundinnen _____

  Geld _____

  Freizeitbeschäftigungen _____

  Prioritäten _____

  Regeln und Verantwortlichkeit _____

- was die meisten Eltern von ihren fast erwachsenen Kindern erwarten.

  _____

  _____

- was junge Menschen von ihren Eltern und von sich selbst erwarten.

  _____

  _____

2. **Die Resultate:** Berichten Sie über die Resultate Ihrer Umfrage.

 Ein Leserbrief

Schreiben Sie einen Leserbrief, in dem Sie überzeugend für oder gegen eines der folgenden Projekte argumentieren. Schlagen Sie dabei mögliche Problemlösungen vor. Benutzen Sie die Ausdrücke aus Textarbeit 3 B, und beachten Sie die folgenden Tips zum Schreiben eines Leserbriefes.

MÖGLICHE PROJEKTE

- Die Kinder, die in der Innenstadt wohnen, brauchen einen neuen Spielplatz.
- Die Senioren und Seniorinnen Ihrer Stadt brauchen ein Fitneß-Center.
- Studenten und Studentinnen brauchen mehr Wohnungen mit niedrigeren Mieten in der Nähe der Universität.
- Die staatlichen Schulen Ihrer Stadt müssen renoviert werden.
- Die Schulen brauchen mehr Lehrer und Lehrerinnen, um weniger Schüler und Schülerinnen in jeder Klasse zu haben.

- Die Stadt braucht ein besseres, sichereres öffentliches Verkehrssystem.
- Die Stadt braucht mehr/weniger Polizisten und Polizistinnen auf den Straßen.
- ___?___

TIPS ZUM SCHREIBEN EINES LESERBRIEFES

1. Äußern Sie Ihren Wunsch, Ihren Vorschlag oder Ihre Meinung zu dem Projekt.

   BEISPIEL: Studenten und Studentinnen brauchen dringend Wohnungen mit niedrigen Mieten in der Nähe der Universität. Ich möchte vorschlagen, daß . . .

   Oder: Es gibt mehr als genug billige Wohnungen für Studenten und Studentinnen in dieser Stadt. Ich lehne die Idee ab, daß . . .

2. Entwickeln Sie wenigstens ein plausibles/vernünftiges Argument dafür oder dagegen. Erklären Sie, warum diese Sache wichtig oder unwichtig ist.

   BEISPIEL: Heute haben es Studenten und Studentinnen sehr schwer, weil . . . Der durchschnittliche Student muß zum Beispiel . . .

   Oder: Heute haben es Studenten und Studentinnen leicht. Sie haben eine große Auswahl an Wohnungen, die . . .

3. Machen Sie Konzessionen, und erklären Sie die eventuellen Schwierigkeiten/Probleme.

   BEISPIEL: Ich gebe zu, daß Grundstücke in der Nähe der Universität sehr teuer sind und daß ein neues Mietshaus sehr viel Geld kosten würde.

   Oder: Ich gebe zu, daß einige Studenten und Studentinnen weit entfernt von der Universität wohnen müssen, aber . . .

4. Schlagen Sie eine mögliche Problemlösung vor.

   ▶ **G** 9.1–9.2 Subjunctive II: Present Tense and Usage

   BEISPIEL: Es gibt aber ein großes, leeres Mietshaus an der Ecke Burchardt-straße und Wolfstraße. Wäre es nicht eine gute Investition für die Universität, dieses Gebäude zu kaufen und zu renovieren? Vielleicht könnten die Studenten und Studentinnen selbst am Haus arbeiten. So käme die Renovierung billiger, und die Studenten und Studentinnen . . .

   Oder: Es gibt viele Familien in dieser Stadt, die Wohnungen suchen. Weitaus dringender als Studenten und Studentinnen brauchen diese Leute . . .

5. Vergessen Sie nicht, mögliche Gegenargumente zu widerlegen.

   BEISPIEL: Andere Leute sagen vielleicht, daß . . . , aber . . .

6. Erklären Sie schließlich, warum es wichtig ist, die Probleme zu lösen und das Ziel zu erreichen.

   BEISPIEL: Alle würden von dieser Lösung profitieren, weil . . .

WORTSCHATZ

Adjektive und Adverbien

alt	old
deutlich	clear(ly)
eigen	(one's) own
jung	young
(kinder)freundlich	friendly (to children)
(kinder)feindlich	hostile (to children)
laut	loud(ly)
möglich	possible
ruhig	calm(ly), quiet(ly)
schlecht	bad(ly), poor(ly)
schön	beautiful(ly)
sofort	immediately
spezifisch	specific(ally)
überzeugend	convincing(ly), persuasive(ly)

Substantive

der Anfang, ⸚e	beginning
die Ansicht, -en	view
die Antwort, -en	answer
das Argument, -e	argument
der Ausdruck, ⸚e	expression
der Befehl, -e	order, command
die Diskriminierung	discrimination
das Ende, -n	end
die Erfahrung, -en	experience
der/die Erwachsene (adj. Dekl.)	adult, grownup
die Erziehung	upbringing
der Gruß, ⸚e	greeting
der/die Jugendliche (adj. Dekl.)	young person; youth
das Kind, -er	child
die Kindheit	childhood
die Kirche, -n	church
die Kommunikation	communication
der Lehrer, - / die Lehrerin, -nen	teacher
der Leserbrief, -e	letter to the editor
die Lösung, -en	solution
die Meinungs-äußerung, -en	expression of opinion
die Notiz, -en	note
die Podiumsdiskus-sion, -en	panel discussion
der Prozeß, Pl. Prozesse	process; trial
die Religion, -en	religion
der Respekt	respect
die Rolle, -n	role
die Schule, -n	school
die Situation, -en	situation
der Teilnehmer, - / die Teilnehmerin, -nen	participant
die Überzeugung	persuasion; conviction
die Umfrage, -n	questionnaire
die Unterscheidung, -en	difference, differentiation
die Zeile, -n	line

Verben

argumentieren	to argue
sich äußern	to express oneself
aufpassen (trenn.)	to watch out, pay attention
beibringen* (trenn.) (jmdm. etwas)	to teach (sb. sth.)
brauchen	to need
denken* (über + Akk., an + Akk.)	to think (about, of)
diskriminieren	to discriminate (against)
diskutieren	to discuss
einteilen (trenn.) (in + Akk.)	to divide up; classify
erklären	to explain
erreichen	to reach
essen*	to eat
finden*	to find
folgen* (ist) (+ Dat.)	to follow
geben*	to give
glauben (+ Dat. mit Person)	to believe (sb.)
glauben (an) etwas ([Akk.]/jmdn.)	to believe (in) sth./sb.
halten* (von)	to think (of); to hold; to keep
hören	to hear
lehren	to teach
lernen	to learn
lesen*	to read
nehmen*	to take
sich (Dat.) etwas notieren	to make a note of sth.
respektieren	to respect
sitzen*	to sit
spielen	to play
stehlen*	to steal
unterscheiden (zwi-schen + Dat.)	to differentiate, distinguish (between)
vergessen*	to forget
versprechen*	to promise
vorschlagen* (trenn.)	to suggest
widersprechen* (+ Dat.)	to contradict
zugeben*	to admit

Nützliche Wörter und Ausdrücke

es gibt (+ Akk.)	there is/are
mit jmdm. einver-standen sein*	to be in agreement with sb.
vor jmdm. Respekt haben*	to have respect for sb.

Weitere Wörter, die ich lernen will:

_____

_____

_____

5

Alltagsleben

„*Breakfast of the Birds*" von Gabrielle Munter (1877–1962)

Zum Nachdenken

Was sehen Sie, wenn Sie die Welt von Ihrem
Fenster aus betrachten?

Texte

„Die alte Frau von nebenan" von Elisabeth Borchers, 89
Auszug aus „Drei Variationen über meine Großmutter"
von Irmtraud Morgner, 92

Zusätzlicher Text

„Die Zwillingshexen" von Ursula Wölfel, 95

HINFÜHRUNG

▶ **G** 5 Prepositions

 ## Ein Brettspiel

In diesem Spiel sind Sie eben im Einkaufszentrum angekommen. Was brauchen Sie? Wie viele Schritte vorwärts oder rückwärts müssen Sie machen? Spielen Sie zusammen mit einem Partner oder einer Partnerin.

▶ **W** S. V.8 *Stadt und Umgebung*

BEISPIEL: S1: Ich möchte mein Geld umtauschen.

S2: Mach also neun Schritte vorwärts. Dort findest du eine Bank.

S1: Dann möchte ich Rasierschaum kaufen.

S2: Geh dann fünf Schritte zurück und in die Drogerie.

Drogerie · Post · Bank · Frühstückscafé · Fachgeschäft für Handwerksarbeit · Apotheke · Modegeschäft · Bar

Telefonzelle · Café · Spielwarengeschäft · Zeitungsstand · Käsegeschäft · Spielwarengeschäft · Juweliergeschäft · Restaurant

Fangen Sie hier an!

Ich möchte . . . kaufen.
  ein Hemd
  ein Geschenk
  eine Zeitschrift/Zeitung
  Aspirin
  etwas Obst (Käse)
  ___?___

Ich möchte . . . trinken.
  einen Rotwein/Weißwein
  eine Tasse Kaffee/Tee
  einen Orangensaft/Apfelsaft
  ___?___

Ich möchte . . .
  etwas essen/etwas zu mir nehmen.

Ich muß . . .
  telefonieren.
  Geld umtauschen.
  ___?___

Mach dann . . . Schritte vorwärts/zurück.
Dort findest du / Geh dann in
  eine/die Bank.
  eine/die Apotheke.
  eine/die Bar.
  ein/das Restaurant.
  ein/das Frühstückscafé.
  ein/das Juweliergeschäft.
  eine/die Drogerie.
  ein/das Spielwarengeschäft.
  die Post.
  eine/die Telefonzelle.
  ein/das Modegeschäft.
  ein/das Café.
  ein/das Käsegeschäft.
  ein/das Fachgeschäft für Handwerksarbeit.
Dort findest du / Geh dann an . . .
  den/einen Zeitungsstand.

▶ **G** 2.6 Nouns with *der-* and *ein-*Words in the Accusative Case

G 5.4 Prepositions with either Accusative or Dative Case

B Mode

Diese Bilder von dem deutschen Tennisstar Boris Becker und seinen Kleidungsstücken erschienen 1987 in „Jugendscala".

- Welche Kleidungsstücke sind Ihrer Meinung nach noch „in" und welche sind schon lange „out"? Schreiben Sie das Wort „in" oder „out" neben das Wort für jedes Kleidungsstück.
- Machen Sie einen Kreis um das Wort für jedes Kleidungsstück, das Sie auch haben.

Die Welt-Sensation!

BORIS
–ganz privat–
BECKER

Jeder kennt ihn, jeder liebt ihn! Hier ist er nun. Für Dich! Ganz privat! Bisher kennst Du ihn nur in seinem Tennis-Dress, im Trainingsanzug oder auch schon mal in Jeans. Das soll jetzt anders werden. JUGENDSCALA öffnet heute den Kleiderschrank von Boris Becker. Zieh ihn an – so wie er Dir gefällt:

Illustration: Bengt Foßhag

Sweatshirt · kariertes Hemd · Smoking · Smoking-Hose · Blue Jeans („stonewashed") · Holzsandalen · Lederhose · Wadenwärmer · Haferlschuhe (Trachtenschuhe) · Lackschuhe · Schlafmütze · Hawaii Hemd · Blazer · Hut · Lederkappe · Sonnenbrille · Unterhemd · Nachthemd · Shorts · Sandalen · Bundfaltenhose · Regenmantel · Lederjacke · braune Pumphose · Nappaleder-Hose · braune Schuhe · graue Schuhe · Wildledersitefel · schwarze Lederstiefel

ZUM GESPRÄCH

Wann und wo würde man gewöhnlich solche Kleidungsstücke tragen? Sprechen Sie mit anderen Studenten und Studentinnen darüber.

BEISPIEL: S1: Man trägt ein Nachthemd, wenn man ins Bett geht.

              S2: Ja, aber niemand trägt heute noch eine Schlafmütze im Bett.

              S3: Das stimmt. Heutzutage würde man eine Schlafmütze nur auf einer Kostümparty tragen. Sonst sieht man eine Schlafmütze aber nur mehr in alten Filmen, in Bilderbüchern oder in Cartoons.

C Identitätssuche

Erfinden Sie eine Identität für beide Frauen. Geben Sie ihnen einen Namen und Eigenschaften, und beschreiben Sie dann, was sie tragen.

> ▶ **W** S. V.2 *Farben*
> **W** S. V.2 *Kleidung*
> **G** 4.4–4.7
> **Attributive Adjectives**

BEISPIEL: Die Frau auf der linken Seite heißt . . . Sie ist . . . Sie hält jetzt einen schwarzen Pumps in der Hand und trägt den anderen an dem linken Fuß. Sie trägt auch . . .

        Auf der rechten Seite steht . . . Man könnte sie als . . . beschreiben. Heute trägt sie . . .

VORNAMEN	NACHNAMEN/ FAMILIENNAMEN	PERSÖNLICHE EIGENSCHAFTEN	ADJEKTIVE FÜR KLEIDUNG	KLEIDUNG
Helga	Arntzen	bemerkenswert	bunt	die Brille, -n
Jutta	Berger	charmant	einfarbig	die Jacke, -n
Lilli	Jansen	dramatisch	mehrfarbig	der Mini-Rock, ⸚e
Marlene	Krämer	enthusiastisch	zweifarbig	der Petticoat, -s
Susanne	Völker	ernst	eng	der Pumps, -
?	?	intelligent	weit	der Pullover, -
		konservativ	gestreift	der Rock, ⸚e
		modisch	getupft	der Schnürschuh, -e
		nachdenklich	kurz	die Strumpfhose, -n
		praktisch	lang	das Tuch, ⸚er
		?	rot	?
			schwarz	
			?	

D Wo Sie wohnen

W S. V.10 *Wohnen*

1. **Eine Zeichnung:** Zeichnen Sie ein Bild von Ihrem Zimmer / Ihrer Wohnung. *Oder:* Erstellen Sie den Einrichtungsplan Ihres Zimmers / Ihrer Wohnung einfach nur mit Hilfe von Wörtern. Natürlich dürfen Sie auch beide Möglichkeiten miteinander kombinieren.

   BEISPIELE:

2 Poster	Bücher/Radio	
	Bücherregal	Fenster
Fotos/Spiegel	Lampe/Computer	(Aussicht auf Park)
Kommode	Schreibtisch	weißes Kissen / blaue Decke
(6 Schubladen)	Stuhl	Bett
	kleiner, runder Teppich	

2. **Eine mündliche Beschreibung:** Arbeiten Sie in Zweiergruppen. Zeigen Sie Ihrem Arbeitspartner / Ihrer Arbeitspartnerin noch nicht Ihre eigene Zeichnung. Er/Sie soll jetzt Ihr Zimmer schnell so zeichnen, wie Sie es ihm/ihr beschreiben. Erklären Sie, was einem zuerst auffällt, wenn man durch die Tür kommt, und was man danach sieht, wenn man herumschaut. Beschreiben Sie Ihr Zimmer so ausführlich wie möglich.

3. **Ein Vergleich:** Vergleichen Sie jetzt Ihre Zeichnung mit der Ihres Arbeitspartners / Ihrer Arbeitspartnerin. Hat er/sie alles an der richtigen Stelle eingezeichnet?

Interview: Wenn man Besuch hat

1. **Ein Interview:** Führen Sie ein Interview mit einem Studenten / einer Studentin, und machen Sie sich dabei Notizen. Fragen Sie Ihren Gesprächspartner / Ihre Gesprächspartnerin,

- ob Freunde und Freundinnen oft zu ihm/ihr kommen.
- ob Familienmitglieder oft zu Besuch kommen.
- ob er/sie seinen/ihren Gästen etwas zu trinken/essen anbietet.
  (eine Flasche oder Dose Limonade, Bier, __?__
  ein Glas Apfelsaft, Mineralwasser, Wein, __?__
  eine Tasse Kaffee, Tee, Schokolade, __?__
  ein Stück Kuchen, Pizza, __?__
  ein paar Kekse, Bonbons, Gummibärchen, __?__
  __?__)
- was er/sie zusammen mit den Gästen macht.
  —ob sie sich unterhalten / ob sie plaudern.
  —ob sie Schach (Domino, Monopoly, Poker, Pool, Tischtennis, __?__) spielen.
  —ob sie fernsehen.
  —ob sie zusammen kochen.
  __?__
- ob die Gäste lange bei ihm/ihr bleiben.
- ob die Gäste manchmal bei ihm/ihr übernachten.
- ob er/sie es mag, wenn andere Leute zu ihm/ihr kommen, und warum (nicht).
- ob er/sie gern seine/ihre Freunde und Freundinnen oder seine/ihre Familie besucht und warum (nicht).

2. **Ein Bericht:** Benutzen Sie Ihre Notizen, und berichten Sie über die Resultate des Interviews.

W S. V.5–V.7
Getränke und Speisen

 Synonyme

Die Wörter in der linken Spalte auf Seite 88 erscheinen in dem folgenden Gedicht von Elisabeth Borchers. Die meisten Wörter in der rechten Spalte kommen in der heutigen Alltagssprache aber häufiger vor. Suchen Sie in der rechten Spalte das Synonym oder die Definition für jedes Wort in der linken Spalte.

_____ 1. die Mittagsstunde

_____ 2. das Leinen

_____ 3. der Rock

_____ 4. das Wirtshaus

_____ 5. der Händler

_____ 6. der Schuster

_____ 7. die Früchte

a. der Schuhmacher
b. die Mittagszeit
c. die Unterwäsche (das Unterhemd und die Unterhose)
d. die Gaststätte, das Gasthaus
e. die Herrenjacke, das Jackett, der Blazer, der Sakko
f. das Obst
g. der Kaufmann

eine Kanne   ein Krug

G 5.1, 5.3–5.4
Prepositions with Accusative Case, with Dative Case, and with either Accusative or Dative Case

Lesen Sie jetzt „Die alte Frau von nebenan", bevor Sie Aktivität B machen.

B Was die Frau nicht gekauft hat

Welche von den folgenden Dingen hat die Frau ihrem Hund *nicht* gekauft? Kreuzen Sie sie an!

_____ Strümpfe   _____ ein Medikament

_____ Hundefutter   _____ Schuhe

_____ Wein   _____ einen Hut

_____ Obst   _____ eine Leine

_____ ein Hundebett   _____ ein Hundehalsband

_____ Unterwäsche (Leinen) _____ ein Päckchen Hundekuchen

_____ eine Wurst   _____ feine Kleidung

_____ einen Sarg   _____ eine Perücke

_____ Bier   _____ Brot

Machen Sie jetzt einen Kreis um alle Dinge, die man normalerweise für Hunde kauft.

Die alte Frau von nebenan

von Elisabeth Borchers

1 Die alte Frau von nebenan,
die hatte einen Hund.
Der sprach zu ihr: Es hungert mich,
es ist schon Mittagsstund'. 4

2 Da ging die Frau zum Bäcker
und kaufte ihm ein Brot.
Und als sie dann nach Hause kam,
da war der Hund schon tot. 8

3 Da ging die Frau und kaufte
den Sarg für ihren Hund.
Und als sie dann nach Hause kam,
da war er kerngesund. 12

4 Da ging die Frau zum Metzger
und kaufte eine Wurst.
Und als sie dann nach Hause kam,
sprach er: Jetzt hab' ich Durst. 16

5 Da ging die Frau ins Wirtshaus
um eine Kanne Bier.
Und als sie dann nach Hause kam,
sprach er: Die schenk' ich dir. 20

6 Da ging die Frau ins Wirtshaus
um einen Krug mit Wein.
Und als sie dann nach Hause kam,
sprach er: Der könnte süßer sein. 24

7 Da ging die Frau zum Händler
und kaufte Früchte ein.
Und als sie dann nach Hause kam,
sprach er: Bald wird es Winter sein. 28

8 Da ging die Frau zum Schneider
und kaufte einen Rock.
Und als sie dann nach Hause kam,
sprach er: Reich ihn mir auf den Bock. 32

9 Da ging die Frau zum Hutmacher
und kaufte einen Hut.
Und als sie dann nach Hause kam,
sprach er: Der steht mir gut. 36

10 Da ging die Frau zum Meister
und kaufte Locken ein.
Und als sie dann nach Hause kam,
sprach er: Die müßten länger sein. 40

11 Da ging die Frau zum Schuster
und kaufte Schuhe ein.
Und als sie dann nach Hause kam,
sprach er: Die sind recht fein. 44

12 Da ging die Frau zum Händler
und kaufte Leinen ein.
Und als sie dann nach Hause kam,
sprach er: Jetzt kauf noch Strümpfe ein. 48

13 Da ging die Frau nach Strümpfen
und kaufte zweie ein.
Und als sie dann nach Hause kam,
sprach er: Es könnten viere sein. 52

14 Da stand die Frau und staunte,
und sie verbeugt' sich sehr.
Vor lauter schönen Kleidern
sieht sie den Hund nicht mehr. 56

Ein schöner Sommertag im
Garten

 Phantasie und Wirklichkeit

Zählen Sie alles auf, was der Hund im Gedicht macht, was aber ein Hund im
wirklichen Leben gewöhnlich nicht macht oder einfach nicht machen kann.

DER PHANTASIEHUND

Der Phantasiehund spricht.
Er . . .

EIN WIRKLICHER HUND

Ein wirklicher Hund kann nicht
  sprechen.
Er . . .

 Form und Inhalt des Gedichts

1. Machen Sie in jeder Strophe einen Kreis um die zwei Wörter, die sich
   reimen.
2. Welche Zeile wiederholt sich? Unterstreichen Sie diese Zeile jeweils.
3. Schauen Sie sich Strophen 2 bis 13 an: Was passiert in der ersten und
   zweiten Zeile jeder dieser Strophen? in der dritten Zeile? in der vierten
   Zeile?
4. Erklären Sie mit eigenen Worten die Situation in der ersten Strophe und
   die in der letzten Strophe.

Zur Interpretation

1. Wie interpretieren Sie das Gedicht? Erzählt das Gedicht eine einfache Kindergeschichte mit Elementen der Phantasie? Oder ist der Hund vielleicht ein normaler Hund, hat aber ein verrücktes „altes Frauchen", das sein normales Bellen und Verhalten immer anders interpretiert?
2. Wie sieht die alte Frau Ihrer Meinung nach aus? Was trägt sie? Wie beschreiben Sie ihre Persönlichkeit?
3. Wer ist der „Hund" am Anfang des Gedichts? und am Ende? Warum? Wer ist das „Frauchen"/„Herrchen" am Anfang und am Ende des Gedichts? Wie erklären Sie den Rollentausch?
4. Was wollte der Hund Ihrer Meinung nach?
5. a. Was denken Sie darüber, wenn einige Besitzer von Haustieren diese Tiere wie Menschen behandeln? Inwiefern kann dieses Verhalten unter Umständen gefährlich sein?
   b. Warum machen einige Menschen das wohl? Auf welche Probleme im Leben dieser Menschen oder in unserem gesellschaftlichen Zusammenleben weist dieses Verhalten vielleicht hin?

TEXTARBEIT 2

 Bei der Großmutter zu Hause

Schauen Sie sich das Bild an, und beschreiben Sie, was Sie sehen. Lesen Sie dann den folgenden Text von Irmtraud Morgner.

1. das Bett, -en
2. die Großmutter, ⸚
3. das Kleid, -er
4. die Trägerschürze, -n
   (Die Trägerschürze ist steifgestärkt und blumenbedruckt.)
5. die Krücke, -n
6. der Stock, ⸚e
7. der Tisch, -e
8. der Stuhl, ⸚e
9. die Schublade, -n
10. die Tür, -en
    (Die Türen und Schubladen sind mit Blumen und Früchten bemalt.)
11. der Beschlag, ⸚e
    (Die Beschläge sind aus Messing [einem Metall]. / Die Schubladen und Türen sind mit Messing beschlagen.)
12. der Schrank, ⸚e

Auszug aus „Drei Variationen über meine Großmutter"

von Irmtraud Morgner

¶1 Ich hatte mal eine Großmutter. Die war kurz von Statur und hatte einen langen Schrank. Drei Meter lang war er. Und zwei Meter hoch und einen Meter tief. Er nahm ein Drittel des Zimmers ein, in dem sie wohnte. In den anderen zwei Dritteln standen Bett, Tisch, Stuhl und Ofen. Aber das bemerkte man erst, nachdem man Platz genommen hatte. Wenn man eintrat, sah man nur den Schrank, ein blaugestrichenes Gehäuse mit mes- 5 singbeschlagenen Türen und Schubladen. Auch die Großmutter fiel zunächst nicht ins Auge. Selbst wenn sie vor dem Schrank stand. Sie trug sommers wie winters ein blaues Kleid und darüber eine blumenbedruckte Trägerschürze. Wenn Besuch kam, stemmte sie sich mit dem Stock hoch vom Stuhl, hängte den Stock an der Krücke auf am Tisch und strich mit beiden Händen mehrmals über die steifgestärkte Schürze. Dann humpelte sie 10 schnurstracks zum Schrank, wenn sie nicht zufällig schon davorstand, was nicht selten geschah, denn sie hatte oft drin zu tun, sie humpelte also ächzend und auf dem kürzesten Wege zum Schrank, manchmal noch, bevor der Besuch Gelegenheit hatte, ihr die Hand zu geben, öffnete eine von den mit Blumen und Früchten bemalten Türen und holte das Kaffeegeschirr raus. 15

¶2 Nun kam es natürlich vor, daß der Besuch keinen Kaffee wollte. Ich zum Beispiel wollte nie Kaffee. Aber die Großmutter wollte, daß ich wollte. Die Großmutter hatte einen starken Willen. Ich trank also Kaffee. Und sie sah mir zu dabei und freute sich. Und fragte ab und zu, wie er schmeckte. „Gut", sagte ich ab und zu, und er schmeckte auch gut, nicht nach Kaffee, denn er war mal ein Geburtstags- oder ein Weihnachtsgeschenk 20 gewesen und mindestens ein halbes Jahr alt. Er schmeckte nach dem buntbemalten Schrank. Nach den wundersamen Gerüchen des Riesenschranks, in dem die Großmutter ihre Vorräte unterbrachte: Wäsche, Strickwolle, Arznei, Geschirr, Kleider, Mehl, Zucker, Salz, Leinöl, Tee.

B Die Großmutter und Sie

Lesen Sie die Erklärungen von einigen Ausdrücken und Sätzen aus dem Text, und beantworten Sie die Fragen.

1. „ein blaugestrichenes Gehäuse" = Der Schrank war blau angemalt.
   Haben Sie einen Schrank oder eine Kommode in Ihrem Zimmer?

Welche Farbe hat dieses Möbelstück? Haben Sie es selbst gestrichen?
Man könnte es ein „ _____ gestrichenes
Möbelstück" nennen.

2. „stemmte sie sich mit dem Stock hoch vom Stuhl" = Sie benutzte den
Stock, um vom Stuhl aufzustehen.

    Kennen Sie jemanden, der/die einen Spazier- oder Krückstock benutzt?
Benutzen Sie manchmal einen Spazierstock, wenn Sie wandern?

3. „hängte den Stock an der Krücke auf am Tisch" = Sie benutzte den
Stock nur, um damit vom Stuhl aufzustehen, aber nicht, um damit zum
Schrank zu gehen. Deshalb hängte sie ihn an dem Tisch auf.

    Hängen Sie manchmal einen Schirm an der Krücke an Ihrem
Schreibtisch auf? am Türgriff? __?__

4. „Dann humpelte sie schnurstracks zum Schrank." = Dann hinkte sie
(ging sie mit Schwierigkeiten) geradeaus zum Schrank.

    Haben Sie vielleicht auch Schwierigkeiten, sich fortzubewegen?

5. „wenn sie nicht zufällig schon davorstand, was nicht selten
geschah" = wenn sie nicht schon vor dem Schrank stand, was oft der
Fall war (Sie stand sowieso oft vorm Schrank.)

    Stehen Sie oft vor Ihrem Kleiderschrank oder vor Ihrer Kommode?
Was machen Sie am Kleiderschrank? an der Kommode?

6. „sie humpelte also ächzend und auf dem kürzesten Wege zum
Schrank" = Sie humpelte direkt zum Schrank, und sie seufzte und klagte
auf dem Weg.

    Ächzen und stöhnen (seufzen und klagen) Sie, wenn Sie zum Beispiel
sehr müde sind, aber noch arbeiten oder etwas machen müssen?

7. „sie . . . holte das Kaffeegeschirr raus" = Sie nahm das Kaffeegeschirr
(die Kaffeekanne, Kaffeetassen usw.) aus dem Schrank.

    Haben Sie Kaffeegeschirr für sich selbst? und für Besuch?

 ## Sensorische Sprache

- -

Unterstreichen Sie die Ausdrücke im Text, die Ihrer Meinung nach an die fünf
Sinne appellieren. Schreiben Sie über jeden Ausdruck, den Sie unterstreichen,
A, F, N, O, Z oder eine Kombination von diesen Buchstaben.

    A steht für „Augen" (für das Sehvermögen)   O steht für „Ohren" (für den Gehörsinn)
    F steht für „Finger" (für den Tastsinn)   Z steht für „Zunge" (für den Geschmacksinn)
    N steht für „Nase" (für den Geruchssinn)

                                       A
BEISPIEL: . . . Die war kurz von Statur und hatte . . .

 ## Eine sensorische Beschreibung

- -

Gibt es ein Zimmer oder ein Möbelstück, das besondere Erinnerungen
in Ihnen auslöst? Wie würden Sie zum Beispiel die Küche Ihrer Großeltern
beschreiben? oder den Schreibtisch Ihres Vaters / Ihrer Mutter? oder das

▶ W S. V.3 *Beziehungen*
  W S. V.10 *Wohnen*

Zimmer Ihres Bruders / Ihrer Schwester? oder den Warteraum Ihres Kinder-
arztes / Ihrer Kinderärztin? oder den Bücherschrank Ihres Onkels / Ihrer
Tante? oder ___?___

- Schreiben Sie einen kurzen Aufsatz über einen besonderen Raum oder ein
  besonderes Möbelstück.
- Benutzen Sie sensorische Sprache: Was kann/konnte man zum Beispiel
  sehen und hören? Was fühlt/fühlte man, wenn man es betastet/betastete?
  Wonach schmeckt/schmeckte es? Wonach riecht/roch es?
- Vergessen Sie nicht, auch etwas über die Person zu schreiben, der dieser
  Raum oder dieses Möbelstück gehört (hat).

WEITERFÜHRUNG

Was brauchen Menschen jeden Alters?

Erklären Sie, was die folgenden Altersgruppen für wichtig im Leben halten und
warum.

Babys und Kinder	die Dreißig- bis Vierzigjährigen
Jugendliche und Teenager	Leute in ihren mittleren Jahren
die Zwanzig- bis Dreißigjährigen	Leute in ihren älteren Jahren

BEISPIEL: Im Leben von Kindern ist Spielen von großer Wichtigkeit, weil
sie viel Spaß daran haben. Sie sind sich dabei oft gar nicht
bewußt, daß sie gerade beim Spielen viel lernen können. Sie
lernen zum Beispiel . . . Auch halten Kinder . . . für wichtig,
weil . . .

ZUR DISKUSSION

1. Was macht „alt"? / Wie bleibt man „jung"? Welche Charakteristika kennzeichnen einen „jungen" Menschen, welche einen „alten" Menschen?
2. Beschreiben Sie einen jungen Menschen, den Sie kennen, der aber in mancher Hinsicht schon „alt" ist. Beschreiben Sie dann einen älteren Menschen, den Sie kennen, der in mancher Hinsicht noch „jung" ist.
3. Versuchen Sie, die folgenden Ausdrücke kurz zu definieren: (a) ein „alter" junger Mensch und (b) ein „junger" älterer Mensch.

 ## Lesen zum Vergnügen

Lesen Sie jetzt „Die Zwillingshexen" von Ursula Wölfel. Unterstreichen und numerieren Sie die Wörter oder Ausdrücke im Text, die Ihnen die folgenden Informationen geben.

▶ **G** S.1 Case System: Summary of *der-* and *ein-* words, Nouns, Adjectives, Pronouns, and Prepositions

1. wo die Frauen wohnten
2. wie sie hießen
3. warum man sie nur „die Fräuleins" nannte
4. was für ein Leben sie hatten
5. warum jede von ihnen in einen anderen Laden ging
6. was sie nachmittags oft machten
7. womit sie die Zeit am liebsten verbrachten
8. was sie im Hinterzimmer hatten
9. was Renate und Katrin mit den Bonbons machten
10. warum die alten Frauen das Erdbeereis auf die Kellertreppe legten
11. welches merkwürdige Verhalten sie sahen
12. was die Kinder hinter ihnen herriefen und unter ihrem Fenster sangen
13. was im Winter passierte
14. was der „Spion" war und wozu er diente
15. was die Leute in der Stadt hätten tun sollen

Die Zwillingshexen

von Ursula Wölfel

¶1 Es war in einer kleinen Stadt. In einem Haus an der Hauptstraße wohnten zwei alte Frauen. Sie waren Zwillingsschwestern: Auf der Straße sah man sie nur mit großen Männerschirmen, die brauchten sie als Stütze beim Gehen. Ihre Rücken waren schwach und krumm. Sie hießen Martha und Hermine, aber die Leute in der Stadt nannten sie nur: „Die Fräuleins", weil sie beide keinen Mann und keine Kinder hatten. Die Leute sagten 5

Fortsetzung auf Seite 96

auch: „Das sind zwei alte Klatschbasen." Denn die beiden alten Frauen hatten ein langweiliges Leben, darum wollten sie immer gern wissen, was andere Leute taten oder erlebten. Das kann man verstehen.

¶2   Zum Einkaufen ging jede von ihnen in einen anderen Laden. Martha kaufte im Laden an der Ecke ein, und Hermine ging in den Laden am Postplatz. Wenn sie dann nach Hause kamen, hatte jede von ihnen etwas anderes zu erzählen. Sie wußten immer, welche Frau ein Kind erwartete, wer ein Haus bauen wollte, wer im Lotto gewonnen hatte und wer krank oder gestorben war. Nachmittags saßen die Schwestern oft an einem Fenster zur Straße. Sie sahen, wer ein neues Auto oder einen neuen Mantel hatte, wer seine Gardinen zum Waschen abnahm und welches Mädchen mit welchem Mann spazierenging. Über all das unterhielten sie sich dann. Aber Klatschbasen waren sie nicht. Alle ihre Freunde und Verwandten in der Stadt waren schon tot.

¶3   Am liebsten sahen Martha und Hermine den Kindern beim Spielen zu. Dann sagten sie: „Ja, ja, so haben wir auch mit dem Ball gespielt! Das konnten wir gut!" Oder sie sagten: „Diese Mädchen da von gegenüber, die Katrin und die Renate, die sind wirklich nett. Schade, daß sie nicht Zwillinge sind wie wir." Und sie überlegten, ob sie die Mädchen nicht einmal einladen sollten. Sie hatten doch noch ihr altes Puppenhaus. Bestimmt würden Katrin und Renate gern damit spielen. Eines Tages riefen sie die Mädchen ins Haus. „Das ist schön, daß ihr uns besucht!" sagte Martha. „Mögt ihr Bonbons?" fragte Hermine. Die Bonbons waren in einer Porzellandose, sie standen schon lange im Schrank, und jetzt waren sie klebrig. „Nehmt doch! Nehmt doch!" rief Hermine. Und Martha sagte: „Ihr müßt auch noch unser schönes Puppenhaus sehen. Im Hinterzimmer steht es." Aber Renate sagte: „Wir haben keine Zeit, wir müssen noch Schulaufgaben machen." Und Katrin rief schnell: „Auf Wiedersehen!" Schon liefen die Mädchen wieder fort. „Sie sind schüchtern", sagte Hermine.

¶4   Martha sah aus dem Fenster, und sie sah, wie Katrin und Renate die Bonbons in den Rinnstein spuckten. „Probier mal die Bonbons", sagte sie zu Hermine, „schmecken sie schlecht?" Sie nahmen beide ein Bonbon, sie lutschten eine Weile, und dann sagte Hermine: „Sie schmecken gut. Sie sind so schön weich." „Aber die Mädchen haben sie ausgespuckt", sagte Martha. „Ich glaube, die Kinder mögen jetzt lieber Kaugummi", sagte Hermine. Am nächsten Tag kauften sie Kaugummi. Sie warteten am Fenster, bis sie die Mädchen sahen, dann winkten sie und riefen: „Wollt ihr heraufkommen? Heute haben wir Kaugummi für euch!" „Wir müssen unserer Mutter im Garten helfen!" rief Katrin, und die Mädchen liefen weg. Hermine sagte: „Kaugummi ist wohl mehr etwas für Jungen. Wir wollen Eis besorgen." Also kauften sie zwei Päckchen Eis in Goldpapier, die legten sie auf die Kellertreppe, weil sie keinen Kühlschrank hatten. Dann warteten sie wieder, bis sie die Mädchen sahen. „Wir haben Eis für euch, Erdbeereis!" rief Martha. „Kommt schnell!" Aber die Mädchen taten so, als hätten sie nichts gehört, sie liefen einfach weiter.

¶5 „Ich glaube, sie kommen nicht gern zu uns", sagte Martha und machte das Fenster wieder zu. „Nein, nein. Du hast nur nicht laut genug gerufen", sagte Hermine. In der nächsten Zeit sahen sie etwas Merkwürdiges. Immer wenn Katrin und Renate am Haus vorbeikamen, schlichen sie ganz dicht an der Mauer entlang, und sie flüsterten dabei und schielten nach oben zum Fenster. „Vielleicht ist das ein Spiel", sagte Hermine. „Wir wollen sie fragen." Und als sie Katrin im Laden am Postplatz traf, fragte sie: „Warum schleicht ihr immer so an unserem Haus entlang? Ist das ein Spiel?" „Wir?" fragte Katrin. „Ach, nur so." Sie sah erschrocken aus. Und dann sagte sie: „Aber das können Sie doch gar nicht sehen, wenn Sie sich nicht herausbeugen?" Die alte Hermine lächelte. „Doch, Kindchen, doch!" sagte sie. „Wir können um die Ecke sehen! Wart, ich zeig's euch, wenn ihr mal wiederkommt. Soll ich dir jetzt etwas kaufen? Einen Lutscher oder Schokolade?" Aber da war Katrin schon aus dem Laden gelaufen.

¶6 Am nächsten Tag rief ein kleiner Junge „Hex! Hex!" hinter Hermine her. Zu Hause sagte sie zu Martha: „Er war ja noch sehr klein, aber es hat mir doch weh getan." Martha nickte nur. Sie erzählte nicht, was sie erlebt hatte. Sie war an der Toreinfahrt vom Eisenwarengeschäft vorbeigegangen, und hinter dem Tor hatte jemand gerufen: „Zwillingshexe! Hi-hi. Hu-hu!" Das wollte Martha ihrer Schwester nicht erzählen. Dann kam das Schlimmste. Es war am Abend, als es schon dämmrig wurde. Hermine und Martha saßen am Fenster, und sie sahen, wie viele Kinder zu ihrem Haus kamen, zehn oder zwölf. Renate und Katrin waren auch dabei. Sie schlichen an der Mauer entlang. Genau unter dem Fenster blieben sie stehen. Sie drängten sich eng aneinander, sie stießen sich an und lachten. Und dann sangen sie: „Hex, Hex, Zwillingshex! Heck-meck-zeck, guckt ums Eck, steckt die Nas' in jeden Dreck!" Dann rannten sie fort. „Sie haben uns gemeint!" flüsterte Hermine. „Wir sehen ja auch wie zwei häßliche alte Hexen aus", sagte Martha.

Fortsetzung auf Seite 98

¶7   Danach gingen sie nur noch zu zweit einkaufen. Sie hielten sich nicht mehr lange in den Läden auf, sie redeten kaum noch mit den Leuten. Man sah sie auch nicht mehr am Fenster zur Straße. Dort hielten sie die Vorhänge jetzt immer dicht geschlossen. Zwei- oder dreimal hörten sie noch, wie die Kinder „Hex, Hex!" hinter ihnen herriefen. Dann duckten sie ihre krummen Rücken noch tiefer. Dann liefen sie weg, so gut sie konnten, und ihre Schirmstöcke klapperten auf dem Pflaster. Im Winter wurde Martha krank und starb, und Hermine zog weg.   80

¶8   Katrin und Renate hörten im Laden am Postplatz eine Frau sagen: „Das Fräulein Hermine soll in ein Altersheim gegangen sein, aber niemand weiß, wohin. Hier war sie jetzt ja auch zu einsam." Der Mann an der Kasse sagte: „Jemand hätte sich ein bißchen um die beiden Alten kümmern können. Was hatten die denn noch vom Leben? Nur ihren Fensterplatz mit dem Spion." „Was für einen Spion?" fragte Renate. „Diesen Spiegel da an ihrem Fenster", sagte der Mann, „einen schräg aufgehängten Spiegel, habt ihr den nie gesehen? Darin kann man alles auf der Straße beobachten, darum werden diese Spiegel Spion genannt." Und die Frau sagte: „Man kann zum Beispiel sehen, wer unten an der Haustür schellt, man braucht dazu das Fenster nicht aufzumachen." „Ach so", sagte Katrin. Und dann fragte sie: „Konnten sie eigentlich gut hören, die Fräuleins?" „Keine Ahnung", sagte der Mann. „Weshalb willst du das wissen?" „Manchmal hören alte Leute doch schlecht!", sagte Katrin. „Unsere Oma auch", sagte Renate. Die Frau nahm ihre Tasche. An der Tür drehte sie sich noch einmal um. Sie sagte: „Ich kann mir schon denken, weshalb ihr das gern wissen möchtet. Ich hab da so was gehört." Mehr sagte sie nicht. Jetzt war es ja auch zu spät.   85   90   95

ZEICHNEN LERNEN Eine Hexe

SALZDAHLUM
Braunschweiger Straße 2
05331 / 7 79 11

Intertext: Was brauchen ältere Menschen?

Vergleichen Sie die Personen in den drei Texten in diesem Kapitel. Inwiefern sind Martha und Hermine in Ursula Wölfels Text, die Großmutter in Irmtraud Morgners Text und die alte Frau in Elisabeth Borchers Gedicht einander ähnlich? Worin unterscheiden sie sich? (Wo und wie wohnten sie? Was hatten/brauchten/benutzten sie? Was wollten sie? Wer kam zu ihnen? Was machten sie? Wohin gingen sie? Was machten sie dort? Was kauften sie? Was schenkte man ihnen? Was ist mit ihnen passiert? usw.)

BEISPIELE:

Martha und Hermine	Die Großmutter	Die alte Frau
1. waren Zwillings-schwestern, wohnten zusammen in einem Haus. 2. benutzten große Männerschirme als Stütze beim Gehen.	1. wohnte allein in einem kleinen Zimmer. 2. benutzte einen Stock beim Aufstehen, humpelte.	1. wohnte mit ihrem Hund. 2. ___?___

 ## Einsamkeit und mitmenschliches Zusammenleben

Diskutieren Sie die folgenden Themen, nachdem Sie „Die Zwillingshexen" mindestens zweimal gelesen haben.

1. die Rollen der zwei Mädchen, Katrin und Renate, in der Geschichte (Woran erinnerten sie die alten Frauen? Was wollten die alten Schwestern von diesen Mädchen? Wie reagierten die Mädchen? Warum?)
2. die Gemeinsamkeiten und Unterschiede zwischen den Rollen der zwei Mädchen in dieser Geschichte, der Rolle des Besuchs in Irmtraud Morgners Text und der Rolle des Hundes in Elisabeth Borchers Text
3. die Veränderungen in Hermine und Marthas Leben im Laufe der Geschichte
4. Katrin und Renates Lernerlebnis am Ende der Geschichte (Was begannen sie am Ende vielleicht einzusehen?)

 ## Wenn Sie Ihre Gesellschaft wählen könnten

Aufsatzthema: Stellen Sie sich vor, daß Sie Astronaut/Astronautin sind und daß Sie im Zuge eines Experiments ein ganzes Jahr auf dem Mond verbringen müssen. Nur ein anderer Mensch darf Sie begleiten. Sie dürfen irgend jemanden wählen. Wen würden Sie mitnehmen? Warum? *Oder:* Vielleicht möchten Sie lieber ein Tier mitnehmen. Wenn ja: Welches? Warum? Schreiben Sie einen kurzen Aufsatz darüber.

WORTSCHATZ

Adjektive und Adverbien

- [ ] **dort** — there
- [ ] **einfach** — simple; simply
- [ ] **gewöhnlich** — usual(ly)
- [ ] **hoch/hoh-, höher, höchst-** — high
- [ ] **immer** — always
- [ ] **kerngesund** — fit as a fiddle
- [ ] **klein** — small, little
- [ ] **kurz** — short
- [ ] **lang** — long; tall
- [ ] **schnell** — fast, quick(ly)
- [ ] **schon** — already
- [ ] **manchmal** — sometimes
- [ ] **mehr** — more
- [ ] **mindestens** — at least
- [ ] **nebenan** — next door
- [ ] **vorwärts** — forward
- [ ] **zusammen** — together

Substantive

- [ ] **das Alltagsleben** — everyday life
- [ ] **der Besuch, -e** — visit; company
- [ ] **das Bett, -en** — bed
- [ ] **das Bier, -e** — beer
- [ ] **das Bild, -er** — picture
- [ ] **der Bonbon, -s** — candy
- [ ] **die Eigenschaft, -en** — characteristic
- [ ] **die Einkaufsliste, -n** — shopping list
- [ ] **das Eis** — ice cream
- [ ] **das Fenster, -** — window
- [ ] **der Gast, ⸚e** — guest
- [ ] **der Geschmack, ⸚e** — taste
- [ ] **die Großmutter, ⸚** — grandmother
- [ ] **der Händler, - / die Händlerin, -nen** — tradesperson, merchant
- [ ] **das Haus, ⸚er** — house
- [ ] **die Hexe, -n** — witch
- [ ] **der Hund, -e** — dog
- [ ] **das Kaffeegeschirr** — coffee service (cups, saucers, etc.)
- [ ] **der Kaugummi** — chewing gum
- [ ] **das Kleid, -er** — dress
- [ ] **die Kleidung** — clothing
- [ ] **das Kleidungsstück, -e** — piece of clothing
- [ ] **die Kommode, -n** — dresser, chest of drawers
- [ ] **das Mädchen, -** — girl
- [ ] **der Schirm, -e** — umbrella
- [ ] **die Mittagsstunde** — noon hour

- [ ] **das Möbelstück, -e** — piece of furniture
- [ ] **die Phantasie** — fantasy, imagination
- [ ] **der Raum, ⸚e** — room; space; area
- [ ] **der Schrank, ⸚e** — cupboard, (freestanding) closet
- [ ] **der Schritt, -e** — step
- [ ] **der Schuh, -e** — shoe
- [ ] **die Schwester, -n** — sister
- [ ] **die Spalte, -n** — column; crack
- [ ] **der Spion, -e** — spy; spyhole; telltale mirror
- [ ] **der Stock, ⸚e** — stick, cane
- [ ] **der Strumpf, ⸚e** — stocking
- [ ] **der Stuhl, ⸚e** — chair
- [ ] **die Tür, -en** — door
- [ ] **der Wein, -e** — wine
- [ ] **die Zeichnung, -en** — drawing
- [ ] **die Zeit, -en** — time
- [ ] **das Zimmer, -** — room
- [ ] **der Zwilling, -e** — twin

Verben

- [ ] **besuchen** — to visit
- [ ] **einkaufen** (*trenn.*) — to shop
- [ ] **gehen*** (**ist**) — to go; to walk
- [ ] **hängen*** — to hang, be suspended
- [ ] **hängen** — to hang up
- [ ] **humpeln** — to hobble, limp
- [ ] **interpretieren** — to interpret
- [ ] **kaufen** — to buy
- [ ] **kennen*** — to know, be acquainted with
- [ ] **klagen** — to complain
- [ ] **nennen*** — to name
- [ ] **rufen*** — to call
- [ ] **schleichen*** (**ist**) — to creep
- [ ] **schmecken** (**nach**) — to taste (of)
- [ ] **sehen*** — to see
- [ ] **seufzen** — to sigh
- [ ] **tun*** — to do
- [ ] **warten** (**auf** + *Akk.*) — to wait (for)
- [ ] **weglaufen*** (*trenn.*) (**ist**) — to run away
- [ ] **wohnen** — to live
- [ ] **zeichnen** — to draw

Nützliche Wörter und Ausdrücke

- [ ] **jmdm. weh tun*** — to hurt sb.
- [ ] **nach Hause gehen*/ kommen*** — to go/come home
- [ ] **zu Hause bleiben*/sein*** — to stay/be at home

Weitere Wörter, die ich lernen will:

_____

_____

6

Na, denn guten Appetit!

Zum Nachdenken

Was darf's denn heute sein?

Sie können alles haben, nur nicht mich.

Text

„Die Historie vom Pfannkuchen", 110

▶ G 10 Passive Voice

HINFÜHRUNG

 ## Was essen und trinken Sie gern? Was mögen Sie nicht?

1. Schlagen Sie die Vokabelliste zum Thema „Getränke und Speisen" auf. (Siehe Seite V.5–V.7.) Machen Sie ein Pluszeichen (+) vor Ihre Lieblingsspeisen und -getränke, einen Haken (√) vor alle Speisen und Getränke, die Sie manchmal zu sich nehmen, und ein Minuszeichen (−) vor alle Speisen und Getränke, die Sie gar nicht mögen.
2. Sprechen Sie mit einem Studenten / einer Studentin über Speisen und Getränke. Benutzen Sie Adverbien wie die folgenden.

▶ G 4.12–4.13
Comparison of
Adjectives and Adverbs:
Positive, Comparative, and
Superlative Degrees
G 12.4 Time, Manner,
Place

(nicht) gern	am meisten / meistens
gar/überhaupt nicht gern	(fast) immer
(fast) nie	nur einmal im Jahr
kaum	wenigstens zweimal im Monat
selten	dreimal pro Woche
manchmal	jeden Tag
oft, öfter	___?___
häufig, häufiger, am häufigsten	

BEISPIEL: S1: Ißt du gern Gemüse?

S2: Manche Gemüsesorten esse ich gern, andere mag ich nicht.

S1: Welche Gemüsesorten ißt du am häufigsten?

S2: Am häufigsten esse ich Kartoffeln. Ich esse fast jeden Tag Pommes frites oder Kartoffelsalat. Ich esse auch oft Erbsensuppe, obwohl ich frische Erbsen eigentlich gar nicht mag. Sonst esse ich mindestens einmal in der Woche Kopfsalat, Tomaten, . . .

 ## Mahlzeiten

1. Wann nehmen Sie welche Mahlzeiten ein? Essen Sie meistens zu Hause? in der Mensa? in einer Cafeteria? in einem Restaurant? __?__ Was essen und trinken Sie gewöhnlich zu jeder Mahlzeit? Essen Sie in der Regel allein oder mit anderen Menschen? Füllen Sie die Tabelle auf Seite 103 stichwortartig aus.
2. Arbeiten Sie zu zweit. Benutzen Sie Ihre ausgefüllten Tabellen, und stellen Sie einander Fragen darüber. Was haben Sie mit Ihrem Arbeitspartner / Ihrer Arbeitspartnerin in bezug auf Mahlzeiten gemeinsam? Suchen Sie außerdem zwei große Unterschiede.

3. Fragen Sie Ihren Arbeitspartner / Ihre Arbeitspartnerin,
   a. wo er/sie am liebsten essen möchte, wenn er/sie freie Wahl hätte.
   b. warum er/sie nicht oft dort essen kann.
   c. ob er/sie am liebsten allein oder mit anderen Menschen zusammen ißt.
   d. mit wem er/sie am liebsten essen möchte und warum.

WOCHENTAGS	das Frühstück	das Mittagessen	das Abendessen
Wann?			
Wo?			
Was?			
Mit wem?			
AM WOCHENENDE			
Wann?			
Wo?			
Was?			
Mit wem?			

 Mahlzeiten in den deutschsprachigen Ländern

1. Lesen Sie den Text auf Seite 104.

   • Welche Eßgewohnheiten kennen Sie auch von sich zu Hause? Unterstreichen Sie die Stichwörter, die diese Gewohnheiten beschreiben.
   • Machen Sie einen Kreis um die Wörter, die Eßgewohnheiten beschreiben, die bei Ihnen zu Hause gar nicht üblich sind.

TRADITIONELLE MAHLZEITEN

In den deutschsprachigen Ländern nehmen die Menschen traditionell drei Hauptmahlzeiten und oft bis zu zwei Zwischenmahlzeiten ein. Die drei Hauptmahlzeiten sind das (erste) Frühstück, das Mittagessen und das Abendessen oder Abendbrot. Die zwei Zwischenmahlzeiten sind das zweite Frühstück und der Nachmittagskaffee.

Viele Leute frühstücken traditionell zwischen 6.30 und 8.30 Uhr. Gewöhnlich essen sie dann Brot oder Brötchen mit Butter, Marmelade, Honig, Nougatcreme, Wurst oder Käse und vielleicht ein weichgekochtes Ei. Dazu trinken sie Tee, Kaffee, Kakao oder auch Milch.

Schüler und viele Berufstätige nehmen in der Regel gegen 10.00 Uhr ein sogenanntes „zweites Frühstück" ein. Sie essen dann oft ein belegtes Brot oder Brötchen sowie Obst oder Kuchen und trinken dazu wieder Kaffee, Tee, Milch, Kakao oder auch Saft beziehungsweise Limonade oder Cola.

Zwischen 11.30 und 14.00 Uhr ißt man gewöhnlich zu Mittag. Traditionell ist das Mittagessen eine warme Mahlzeit. Es gibt dann oft eine Suppe als Vorspeise und ein Fleisch-, Wurst- oder Fischgericht mit Kartoffeln, Nudeln oder Reis und Gemüse oder Salat als Hauptspeise. Beliebte Nachtische sind frisches Obst, Pudding oder Eiscreme. Manchmal ißt man aber auch nur einfach ein Eintopfgericht mit Wurst oder Pfannkuchen oder Waffeln zu Mittag.

Zwischen 15.00 und 16.00 Uhr gibt es den Nachmittagskaffee. Man trinkt dann Kaffee oder Tee und ißt meistens Kuchen dazu.

Das Abendbrot oder Abendessen ist die letzte Hauptmahlzeit am Tag. Sie kann wieder warm wie das Mittagessen sein oder auch kalt. Ein kaltes Abendbrot besteht häufig aus Brot mit Wurst oder Käse sowie unterschiedlichen Salaten. Zum Abendessen gibt es Tee, Milch, Kakao, Limonade, Cola, Bier oder auch Wein zu trinken.

2. Ebenso wie in Nordamerika halten sich in Deutschland, Österreich und der Schweiz natürlich immer weniger Menschen an traditionelle Mahlzeiten.
   a. Welche Gründe gibt es Ihrer Meinung nach für diese Entwicklung?
   b. Lesen Sie jetzt, was Alexander und Melanie über ihre individuellen Eßgewohnheiten sagen. Inwiefern unterscheiden sich Alexander und Melanies Eßgewohnheiten von den traditionellen Eßgewohnheiten in den deutschsprachigen Ländern?

Guten Appetit, Alexander!

Was kaufst Du Dir gerade? Einen Hamburger. **Kommst Du oft in das Hamburger-Restaurant?** Nein. Meistens kocht meine Mutter. **Hast Du ein Lieblingsessen?** Ja, Pfannkuchen mit Schokolade. **Was ißt Du sonst noch gerne?** Schweineschnitzel, Putenfleisch, Pommes Frites und Spaghetti. **Und was ißt Du in der Schule?** Am liebsten Vanille-Pudding!

Guten Appetit, Melanie!

Welches Essen findest Du lecker? Vegetarisches Essen. Mein Lieblingsessen ist Kartoffeln mit Spinat und viel Knoblauch. **Warum bevorzugst Du die vegetarische Küche?** Mein Vater ist Vegetarier. Darum gibt es bei uns nur selten Fleisch. Ich mag es auch nicht. Außerdem möchte ich das Töten von Tieren nicht unterstützen. **Was steht auf dem Speiseplan einer Vegetarierin?** In der Schule esse ich Brot mit Sojacreme oder einen Apfel. Mittags gibt es viel Gemüse. **Verrätst Du uns ein Rezept?** Gerne! Brokkoli (Kohlsorte) dünsten, Kartoffeln mit Zwiebeln braten, das Ganze mit viel Knoblauch und Sojasoße würzen.

3. In Europa ebenso wie in Nordamerika und anderswo auf der Welt ist das Essen heute international. Es gibt noch traditionelle einheimische Gerichte, aber jeweils auch ein reichhaltiges Angebot an Speisen aus anderen Regionen und Kulturen, und dieses Angebot wird immer größer. In deutschen ebenso wie in amerikanischen Städten kann man zum Beispiel in vielen verschiedenen ethnischen Restaurants Spezialitäten aus unterschiedlichen Ländern und Kulturen genießen.

Schauen Sie sich die Anzeigen auf Seite 106 an, und arbeiten Sie in Kleingruppen. Machen Sie mit den anderen Mitgliedern Ihrer Gruppe Pläne, sich an einem Abend in der kommenden Woche in einem dieser Restaurants zu treffen. Alle in der Gruppe müssen mit den Plänen einverstanden sein. Besprechen Sie,

- welche Küche Sie am liebsten möchten.
- welche Küche Sie nicht kennen, aber vielleicht einmal probieren möchten.
- welches Restaurant am interessantesten sein soll.
- welches Restaurant eine gemütliche (romantische, exotische, __?__) Atmosphäre haben soll.
- welches Restaurant am teuersten, am billigsten sein soll.
- an welchem Abend und um wieviel Uhr alle in der Gruppe frei haben.
- __?__

„JAVA" INDONESISCHES SPEZ.-RESTAURANT
Heßstr. 51 (Ecke Schwindstr.) T. 52 22 21
Geöffnet von 12-15 Uhr und 18-23 Uhr.
Mittwoch Ruhetag.

LATEINAMERIKANISCHE
SPEZIALITÄTEN

Café Brasil

HAFENSTR. 21
4400 MÜNSTER
TEL. 0251/532256

Täglich von 18.00 - 1.00 Uhr geöffnet

Orig. italienisches Ristorante
e Pizzeria

Spezialität
des Hauses:
Hausgemachte
Nudeln

Rigoletto

Goslar, Marktstraße 38
Telefon 2 37 05

Inh. C. Carrozzo

China-Restaurant
MANDARIN
中國飯店
Am Hofbräuhaus, Ledererstr. 21,
Inh.: Paul Kao
Telefon 22 68 88
Warme Küche v. 11.30–15 U., 18–23 U.

AYUTTHAYA

Thailändisches Spezialitäten-Restaurant

Warme Küche von:
11.30 -14.00 und 17.30 - 23.00 Uhr
(außer Samstagnachmittag)

Roseggerstr. 28 · 8012 Ottobrunn
Nur 2 Minuten vom S-Bahnhof
Tel. 089/603048

Restaurant ✦ Taverne
Dachauplatz 1 Regensburg
Juan Sanchez offeriert Ihnen seine
Spanischen Spezialitäten
Tischreservierung ab 15 Uhr
Fische und Meeresfrüchte
Paella Flambees Sangria
Telefon 54910

Café · Restaurant
Hungaria

Inh. J. Petz u. Ch. Bücherl

8405 Donaustauf

Tel. 0 94 03 / 87 78

Mo + Di Ruhetag

Mi - So 11 - 1 Uhr durchgehend warme Küche

Restaurante Portugal

**Portugiesische
Nationalgerichte**
• Fisch aus dem
  Atlantik
• Orig. portugiesische
  Weine

**3388 Bad Harzburg
Herzog-Wilhelm-Straße 14
TELEFON 05322-4594**

ALTSTADTSTÜBERL
Griechisches
Restaurant

Tändlergasse 4
Tel. 09 41/5 57 03

⑰
C1

Tägl. geöffnet von 11.30 – 14.30 u. 17.00 – 24.00 Uhr
Dienstag von 17.00 - 24.00 Uhr

Vietnamesisches Spezialitäten-Restaurant
VIÊT-NAM Am Gärtnerplatz
Corneliusstr. 1 (Ecke Müllerstr.), früher am Reichenbachplatz
8000 München 5, **Telefon (089) 26 57 49**
Täglich von 12-14.30 Uhr und 17-24 Uhr
Ein Treffpunkt für Leute, die gutes u. preiswertes Essen schätzen

D   Pfannkuchen aus vielen Ländern

In vielen Ländern gibt es eine Variante von der flachen Mehlspeise, die man in Deutschland als Pfannkuchen kennt.

1. **Umfrage:** Welche Varianten von „Pfannkuchen" essen
   andere Studenten und Studentinnen? Stellen Sie ihnen
   Fragen, und schreiben Sie ihre Namen da in die Tabelle,
   wo sie zutreffen.

BEISPIEL: S1: Anna, ißt du manchmal Eierpfannkuchen?
            S2: Nein, aber ich esse Tortillas.
            S1: Wann ißt du Tortillas? Ißt du sie zum Frühstück? . . .

	Crêpes	Omeletts	Eierpfannkuchen	Kartoffelpfannkuchen	Tortillas	Pitabrot	?
Wer ißt manchmal . . . ?					Anna		
Wer hat noch nie . . . probiert?							
Wer mag keine/kein . . .?							
Wer möchte heute gern . . . essen?							
Wer kann gute/gutes . . . machen?							
Wer ißt . . . zum Frühstück?							
zum Mittagessen?							
zum Abendessen?							
zum Nachtisch?							

2. **Ergebnisse:** Was haben Sie herausgefunden? Welche Variante des
   „Pfannkuchens" ist zum Beispiel unter den anderen Studenten und
   Studentinnen am beliebtesten? Berichten Sie kurz über die Ergebnisse
   Ihrer Umfrage.

TEXTARBEIT

A Die Pfannkuchenjagd

das Schwein   der Hahn   der Speckbauch   der Kochlöffel

der Mann   der Großvater

die Ente   die Frau   der Wald

der Pfannkuchen   die Pfanne   der Rüssel   die Gans

der Bach   der Gänserich   die sieben schreienden Kinder   die Henne

1. **Identifizierung:** Identifizieren Sie mit Hilfe des Wortkastens alle Elemente des Bildes, die eine Nummer haben.

1. _____   5. _____

2. _____   6. _____

3. _____   7. _____

4. _____   8. _____

9. _____   14. _____

10. _____   15. _____

11. _____   16. _____

12. _____   17. _____

13. _____

2. **Beschreibung:** Beschreiben Sie das Bild. Wem begegnet der Pfannkuchen gerade? Wer ist direkt hinter dem Pfannkuchen? Was hält diese Person in den Händen? Wer alles folgt dieser Person?

3. **Spekulation:** Spekulieren Sie einmal. Warum rollt der Pfannkuchen die Straße entlang? Warum laufen die Personen und Tiere hinter dem Pfannkuchen her? Was sagt das Schwein zu dem Pfannkuchen, und was sagt der Pfannkuchen zum Schwein? Wird das Schwein auch hinter dem Pfannkuchen herlaufen? Was wird am Ende mit dem Pfannkuchen geschehen?

▶ **G** 6.8 Verbs with Dative Objects

1475 feierte man in Landshut die Hochzeit von Hedwig, der achtzehnjährigen Tochter des polnischen Königs, mit dem Landshuter Herzogssohn Georg. Heute kommen unzählige Menschen aus aller Welt nach Landshut, um das historische Spiel aus dem Mittelalter zu erleben und die Hochzeit des Brautpaars noch einmal zu feiern.

Der Titel und der Anfang der Geschichte

1. **Titel:** Lesen Sie den Titel der Geschichte. Erwarten Sie
   a. einen wissenschaftlichen oder journalistischen Aufsatz darüber, wann, wo, wie und warum Pfannkuchen als Gericht entstanden sind und wie sich dieses Gericht weiterentwickelt hat? Warum?
   b. eine phantastische Geschichte mit märchenhaften Elementen? Warum?

Lesen Sie jetzt die folgende Definition von „Historie" als Textsorte.

> Eine „Historie" war ursprünglich die unterhaltende Erzählung eines historisch wahren Ereignisses im Gegensatz zu der eines erfundenen. Seit dem Mittelalter haben Dichter und Schriftsteller das Wort „Historie" gern benutzt, um ihre Leser so glauben zu machen, daß ihre erfundenen und oft unglaubhaften Geschichten doch historisch wahr und glaubhaft seien. Dieser Mißbrauch des Wortes hat schließlich dazu geführt, daß man unter der Textsorte „Historie" seit einiger Zeit nur noch erdichtete abenteuerliche und phantastische Geschichten versteht.

2. **Anfang:** Mit welchen drei Wörtern fängt die Geschichte an? Woher kennen Sie diese Formel vielleicht schon? Wie sagt man das auf englisch?

Lesen Sie jetzt die ganze „Historie vom Pfannkuchen".

G 4.4 Attributive Adjectives in the Nominative Case

G 4.8 Ordinal Numbers as Adjectives

Die Historie vom Pfannkuchen

¶1 Es war einmal eine Frau, die hatte sieben hungrige Kinder, und denen buk* sie Pfannkuchen; es war Teig mit Milch von einer frischmelkenden Kuh, und der lag in der Pfanne und ging auf so dick und behäbig, daß es eine Freude war, ihm zuzusehen; die Kinder standen darum herum, und der Großvater saß und schaute zu.

¶2 „Gib mir ein klein bißchen Pfannkuchen, Mutter, ich habe so Hunger", sagte das   5
eine Kind.

¶3 „Liebe Mutter", sagte das zweite.

¶4 „Liebe, schöne Mutter", sagte das dritte.

¶5 „Liebe, schöne, gute Mutter", sagte das vierte.

¶6 „Liebe, beste, schöne, gute Mutter", sagte das fünfte.   10

¶7 „Liebe, beste, schöne, gute, liebste Mutter", sagte das sechste.

---

*Heute sagt man meistens „backte": backen (bäckt), backte, hat gebacken.

¶8 „Liebe, beste, schöne, gute, liebste, süße Mutter", sagte das siebente,* und so baten sie alle um Pfannkuchen, eins schöner als das andere, denn sie waren so hungrig und so gut.

¶9 „Ja, Kinder, wartet nur, bis er sich umdreht", sagte sie—bis ich ihn umgedreht habe, 15 hätte sie sagen sollen—„dann bekommt ihr alle Pfannkuchen, schönen Biest-milchkuchen, seht nur, wie dick und vergnüglich er daliegt!"

¶10 Als der Pfannkuchen das hörte, erschrak er, drehte sich plötzlich selbst um und wollte aus der Pfanne; aber er fiel nur auf die andere Seite, und als diese auch ein wenig gebacken war, so daß sie fester wurde und Form bekam, sprang er hinaus auf den 20 Fußboden und rollte davon wie ein Rad, zur Tür hinaus und die Straße entlang. Heißa! Die Frau hinterher mit der Pfanne in einer Hand und dem Kochlöffel in der anderen, so schnell sie konnte, und die Kinder nach ihr, und zuletzt der Großvater nachgehumpelt!

¶11 „Willst du warten! Halt, pack ihn, faß ihn!" schrien sie durcheinander und wollten ihn im Sprung fangen und einholen; aber der Pfannkuchen rollte und rollte, und richtig kam 25 er ihnen so weit voraus, daß sie ihn nicht mehr sehen konnten, denn er hatte flinkere Beine als alle zusammen.

¶12 Als er eine Weile gerollt war, traf er einen Mann.

¶13 „Guten Tag, Pfannkuchen", sagte der Mann.

¶14 „Guten Tag, Mann Brann", sagte der Pfannkuchen. 30

¶15 „Lieber, guter Pfannkuchen, roll nicht so schnell, sondern warte ein wenig und laß mich dich essen!" sagte der Mann.

¶16 „Hinter mir ist schon Frau Grau geblieben, der Großvater auch und Schreihälse sieben, so komm ich auch dir wohl aus, Mann Brann", sagte der Pfannkuchen und rollte und rollte, bis er einer Henne begegnete. 35

¶17 „Guten Tag, Pfannkuchen", sagte die Henne.

¶18 „Guten Tag, Henne Glenne", sagte der Pfannkuchen.

¶19 „Lieber, guter Pfannkuchen, roll nicht so schnell, wart ein bißchen, ich will dich aufessen!" sagte die Henne.

¶20 „Hinter mir ist schon Frau Grau geblieben, der Großvater auch und Schreihälse 40 sieben und Mann Brann, so komme ich auch dir wohl aus, Henne Glenne!" sagte der Pfannkuchen und rollte wie ein Rad den Weg entlang. Da traf er einen Hahn.

¶21 „Guten Tag, Pfannkuchen", sagte der Hahn.

¶22 „Guten Tag, Hahn Kradahn", sagte der Pfannkuchen.

¶23 „Lieber, guter Pfannkuchen, roll nicht so schnell, wart ein bißchen, ich will dich 45 aufessen", sagte der Hahn.

---

*Im Standarddeutschen sagt man heute meistens „siebte".

Fortsetzung auf Seite 112

¶24　„Hinter mir ist schon Frau Grau geblieben, der Großvater auch und Schreihälse sieben und Mann Brann und Henne Glenne, so komme ich wohl auch dir aus, Hahn Kradahn", sagte der Pfannkuchen und rollte und rollte, so schnell er konnte.

¶25　Als er eine lange Weile gerollt war, begegnete er einer Ente. 50

¶26　„Guten Tag, Pfannkuchen", sagte die Ente.

¶27　„Guten Tag, Ente Lawente", sagte der Pfannkuchen.

¶28　„Lieber, guter Pfannkuchen, roll nicht so schnell, wart ein wenig, ich will dich aufessen", sagte die Ente.

¶29　„Hinter mir ist schon Frau Grau geblieben, der Großvater auch und Schreihälse 55 sieben, Mann Brann, Henne Glenne und Hahn Kradahn, so werde ich dir wohl auch auskommen, Ente Lawente", sagte der Pfannkuchen und rollte weiter, so schnell er konnte.

¶30　Als er lange, lange Zeit gerollt war, traf er eine Gans.

¶31　„Guten Tag, Pfannkuchen", sagte die Gans. 60

¶32　„Guten Tag, Gans Watschanz", sagte der Pfannkuchen.

¶33　„Lieber, guter Pfannkuchen, roll nicht so schnell, wart ein wenig, ich will dich aufessen", sagte die Gans.

¶34　„Hinter mir ist schon Frau Grau geblieben, der Großvater auch und Schreihälse sieben, Mann Brann, Henne Glenne, Hahn Kradahn und Ente Lawente, so werde ich 65 wohl auch dir auskommen, Gans Watschanz", sagte der Pfannkuchen und rollte davon.

¶35　Als er wieder eine lange, lange Weile gerollt war, traf er einen Gänserich.

¶36　„Guten Tag, Pfannkuchen", sagte der Gänserich.

¶37　„Guten Tag, Gänserich Watschenserich", sagte der Pfannkuchen.

¶38　„Lieber, guter Pfannkuchen, roll nicht so schnell, wart ein wenig, ich will dich 70 aufessen", sagte der Gänserich.

¶39　„Hinter mir ist schon Frau Grau geblieben, der Großvater auch und Schreihälse sieben, Mann Brann, Henne Glenne, Hahn Kradahn, Ente Lawente, Gans Watschanz, so kann ich dir wohl auch auskommen, Gänserich Watschenserich", sagte der Pfannkuchen und begann zu rollen, so schnell er nur konnte. 75

¶40　Als er lange, lange Zeit gerollt war, begegnete er einem Schwein.

¶41　„Guten Tag, Pfannkuchen", sagte das Schwein.

¶42　„Guten Tag, Schwein Schmierulein", sagte der Pfannkuchen und begann zu rollen, so schnell er konnte.

¶43　„Nein, wart ein wenig", sagte das Schwein, „du brauchst dich nicht so zu eilen, 80 wir zwei können ganz gemächlich miteinander durch den Wald gehen, denn da soll es nicht ganz geheuer sein." Der Pfannkuchen dachte, das könne seine Richtigkeit haben, und also machten sie es so; aber als sie eine Weile gegangen waren, kamen sie an einen Bach.

¶44   Das Schwein schwamm von selbst mit seinem Speck, das war ganz einfach; aber der   85
Pfannkuchen konnte nicht hinüberkommen.

¶45   „Setz dich auf meinen Rüssel", sagte das Schwein, „so will ich dich hinübertragen."

¶46   Der Pfannkuchen tat so.

¶47   „Nuf, uff!" sagte das Schwein und fraß den Pfannkuchen auf einen Japps,

¶48   und da der Pfannkuchen nicht weiterkam,   90
die Historie hier ein Ende nahm.

Was passierte zuerst? Und dann?

Bringen Sie die folgenden Wörter und Sätze in die richtige Reihenfolge.

▶ **G** 7.2–7.6 Past Tense

_____ Als der Pfannkuchen die Straße entlangrollte, begegnete er

_____ einem Hahn,

_____ einer Ente,

_____ einem Mann,

_____ einer Gans,

_____ einem Schwein.

_____ einem Gänserich

_____ und

_____ einer Henne,

_____ Sie kamen an einen Bach.

_____ Der Pfannkuchen rollte aus der Tür.

_____ Das Schwein konnte schwimmen. der Pfannkuchen aber nicht.

_____ Der Pfannkuchen drehte sich in der Pfanne um.

_____ Das Schwein fraß den Pfannkuchen.

_____ Als der Pfannkuchen Form bekam, sprang er aus der Pfanne auf den Fußboden.

_____ Der Pfannkuchen und das Schwein gingen miteinander durch den Wald.

_____ Jedes der Kinder bat um ein Stückchen Pfannkuchen.

_____ Der Pfannkuchen setzte sich auf den Rüssel des Schweins.

_____ Die Mutter backte einen riesengroßen Pfannkuchen für ihre sieben Kinder und deren Großvater.

Phantasie und Wirklichkeit

„Die Historie vom Pfannkuchen" enthält sowohl einige realistische als auch viele phantastische Elemente. Was ist realistisch an der Geschichte, und was ist phantastisch? Machen Sie zwei Listen.

REALISTISCHE ELEMENTE	PHANTASTISCHE ELEMENTE
Die Mutter backte einen Pfannkuchen.	Der Pfannkuchen drehte sich um.

Erzählen Sie jetzt mit Hilfe Ihrer Notizen eine kurze Version der Geschichte ohne die phantastischen Elemente. Wie können Sie die Geschichte beenden? Ist diese realistische Version interessant? aufregend? langweilig? __?__ Warum (nicht)?

 ## Die Mutter hat einen Fehler gemacht!?!

Unterstreichen Sie den Satz in der Geschichte, den die Mutter (dem Erzähler nach) lieber nicht hätte sagen sollen. Lesen Sie diesen Satz jetzt laut vor, und beantworten Sie dann die folgenden Fragen.

▶ **G** 9.3 Subjunctive II: Past Tense

1. Warum hätte die Mutter den Satz nicht sagen sollen?
2. Was hätte sie stattdessen sagen sollen?
3. Und wenn sie den anderen Satz gesagt hätte, wie hätte die Geschichte dann geendet? Hätte es dann überhaupt eine Geschichte gegeben? Warum (nicht)?

 ## Handlung und Geschichtenerzählung

1. **Teile:** Die Geschichte hat drei klar unterscheidbare Teile. Lesen Sie die Geschichte noch einmal, und numerieren Sie den Anfang jedes Teils.
2. **Sätze:** Schreiben Sie zu jedem Teil einen Satz, der die Handlung erklärt, das heißt, einen Satz, der beschreibt, was passiert ist.
3. **Zusammenfassung der Handlung:** Schreiben Sie jetzt mit Hilfe Ihrer Sätze und mit eigenen Worten eine Zusammenfassung der Handlung der „Historie vom Pfannkuchen". Erwähnen Sie dabei nur die Hauptereignisse der Geschichte. Benutzen Sie so wenige Wörter und Sätze wie möglich.
4. **Stilmittel, die eine Geschichte bilden:** Eine Handlung ist aber noch keine Geschichte. Damit aus der Handlung eine Geschichte wird, benutzt der Erzähler der „Historie vom Pfannkuchen" verschiedene Stilmittel.

   • Reihen (Wörter reihen, wie Perlen auf eine Schnur)
   • Wiederholung (etwas nochmals sagen)
   • Steigerung (etwas intensiver ausdrücken)
   • Reim (Wörter benutzen, die gleichklingende Endsilben haben)

Suchen Sie in der „Historie vom Pfannkuchen" weitere Beispiele für jedes
Stilmittel.

Reihen:	*„Liebe, schöne Mutter"*
Wiederholung:	*„Liebe . . . Mutter", sagte das . . . (fünfmal wiederholt)*
Steigerung:	*mit Milch von einer frischmelkenden Kuh*
Reim:	*die Kinder standen darum herum*

Welche Wirkung hat der Einsatz jedes dieser Stilmittel auf Sie als Leser?

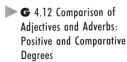 **G** 4.12 Comparison of Adjectives and Adverbs: Positive and Comparative Degrees

BEISPIEL: Der Einsatz von . . . macht die Geschichte für mich . . .

amüsanter	interessanter	langweiliger	spannender
charmanter	kindischer	lustiger	vorhersagbarer
dümmer	länger	magischer	__?__

 ## Zum Ende, Genre und Titel der Geschichte

1. **Ende:** Traditionelle Volksmärchen enden meistens mit der Formel:
   „Und sie lebten glücklich bis an ihr Ende" oder „Und wenn/weil sie
   nicht gestorben sind, so leben sie noch heute". Mit welchen zwei Versen
   beendet der Erzähler seine Geschichte? Warum kann der Erzähler gar
   keine typisch märchenhafte Schlußformel benutzen?
2. **Genre:** Glauben Sie, daß „Die Historie vom Pfannkuchen" ein Märchen,
   ein Anti-Märchen oder __?__ ist? Warum?
3. **Und der Titel?** Wenn Sie der Autor / die Autorin wären, hätten Sie
   auch das Wort „Historie" im Titel benutzt? Wenn ja: Warum? Wenn
   nein: Welchen Titel hätten Sie der Geschichte gegeben? Warum?
   (Denken Sie dabei an die Definition von „Historie" auf S. 110.)

Rollenspiel: Überredung

Lesen Sie die folgenden Situationen. Wählen Sie dann ein Rollenspiel, das Sie zusammen mit einem Partner / einer Partnerin entwickeln und vor der Klasse vorführen.

- **Situation 1:** Am Anfang der Geschichte versuchen die Kinder ihre Mutter zu überreden, ihnen ein Stückchen Pfannkuchen zu geben, noch bevor er fertig gebacken ist. Was sagen die Kinder, um ihr Ziel zu erreichen? Unterstreichen Sie diese Sätze im Text. Finden Sie, daß (solche) Komplimente ein gutes Überredungsmittel sind? Warum (nicht)?

  Rollenspiel 1: Die Mutter und das achte Kind. Stellen Sie sich vor, Sie wären das achte Kind. Was hätten Sie zu der Mutter gesagt, um erfolgreicher als Ihre sieben Geschwister zu sein? Wie hätten Sie sich benommen? Wie hätte die Mutter reagiert?

- **Situation 2:** Bevor der Pfannkuchen dem Schwein begegnet, sprechen sechs andere Figuren mit ihm. Was sagt jede dieser Figuren? Suchen Sie ihre Äußerungen im Text, und unterstreichen Sie jede.

  Rollenspiel 2: Der Pfannkuchen und eine kluge Figur. Stellen Sie sich vor, Sie wären ein Kind, eine Katze, ein Hund, eine Schlange, __?__ . Sie stehen/sitzen/liegen auf der Straße und sehen den Pfannkuchen in Ihre Richtung rollen. Sie haben großen Hunger und wollen den Pfannkuchen essen. Der Pfannkuchen rollt aber sehr schnell, und Sie ahnen schon, daß er schwer einzufangen ist. Sind Sie klüger als die anderen Figuren? Was würden Sie zum Pfannkuchen sagen? Was würden Sie machen? Wie würde der Pfannkuchen reagieren?

Sensation oder Wahrheit?

Wählen Sie eine der folgenden Schreibaktivitäten.

- Stellen Sie sich vor, Sie würden für eine typische Boulevardzeitung (eine Zeitung voller Sensationen und Klatsch) arbeiten und hätten von der Pfannkuchengeschichte Wind bekommen. Schreiben Sie einen sensationellen Artikel für die erste Seite Ihrer Zeitung, der bewirken soll, daß alle Leute Ihre Zeitung unbedingt kaufen, sobald sie auch nur die fettgedruckte Überschrift sehen. (Sie dürfen Illustrationen beifügen, wenn Sie wollen.) Denken Sie daran, daß in Sensationsberichten die Wahrheit oft eine sehr beschränkte Rolle spielt!

- Stellen Sie sich vor, Sie würden für eine seriöse Zeitung arbeiten. Sie wollen ebenfalls einen Bericht über die Geschichte bringen, aber im Gegensatz zu einem Sensationsreporter / einer Sensationsreporterin ist es Ihre Aufgabe, Ihre Leser kritisch zu informieren. Die Geschichte vom Pfannkuchen ist natürlich ein Ulk. Wie erklären Sie, was wirklich passiert ist? Was ist die wirkliche Geschichte von der Familie? Hat die Familie kein Geld und kein Essen? Wo ist der Vater? Braucht die Mutter einen Job? Warum hat man diese Geschichte über die Familie und den Pfannkuchen erfunden?

Stellen Sie sich mal vor: Die Marzipan-Spätzchen wollen nicht gegessen werden.
Plötzlich fliegen alle auf einmal aus dieser Konditorei in Ulm auf und davon.

WEITERFÜHRUNG

 ## Was soll geschehen? Was wird geschehen?

Der Pfannkuchen in der Geschichte will nicht gegessen werden. Also läuft er
weg. Doch am Ende der Geschichte wird er gefressen, weil das Schwein klüger
ist als er.

    Stellen Sie sich eine ähnliche Situation vor, in der ein Ding nicht tun will,
was es soll. Entwickeln Sie einen Dialog zwischen einem Menschen und einem
Ding, den Sie der ganzen Klasse vorspielen werden.

G 10.1 Passive Voice:
Present and Past
Tenses

MÖGLICHE SITUATIONEN

- Jemand will Holz hacken. Das Holz will aber nicht gehackt werden.
- Jemand will Brot backen. Das Brot will aber nicht gebacken werden.
- Jemand will eine Blume pflücken. Die Blume will aber nicht gepflückt
  werden.
- Jemand will mit einem Auto fahren. Das Auto will aber nicht gefahren werden.
- Jemand will eine Flasche Wein trinken. Die Flasche Wein will aber nicht
  getrunken werden.
- Jemand will ein Buch lesen. Das Buch will aber nicht gelesen werden.
- ___?___

Die folgenden Fragen geben Ihnen Hinweise.

- **Der Mensch:** Warum will der Mensch etwas tun? Warum will er zum Beispiel eine Blume pflücken? Warum will er genau diese Blume pflücken und keine andere? Was macht der Mensch? Was sagt er?
- **Das Ding:** Wie reagiert das Ding? Warum will die Flasche Wein zum Beispiel nicht getrunken werden? Was sagt sie? Was macht sie? Was versucht sie zu tun?
- **Das Ende des Dialogs:** Wer gewinnt? Macht der Mensch endlich, was er will? Wie passiert das? Oder gelingt es dem Ding, den Plan zu ändern? Wie? Überredet es zum Beispiel den Menschen, etwas anderes zu tun? Verschwindet es? ___?___

 W S. V.3 *Tiere*

Variante: „Jemand" kann ein Tier statt eines Menschen sein. Sie müssen natürlich auch die Situation dementsprechend ändern: Ein Biber will zum Beispiel einen Baum abnagen und das Holz davon verwenden, um einen Damm zu bauen. Der Baum will aber nicht abgenagt werden.

B Ein Pfannkuchenrezept

Machen Sie manchmal Pfannkuchen? Benutzen Sie dann eine Pfannkuchenmischung, oder bereiten Sie die Pfannkuchen ganz selbst zu? Was ist einfacher? Was schmeckt besser?

Hier finden Sie ein Rezept für einfache, goldgelbe Eierpfannkuchen. Das Rezept ist für vier Personen berechnet.

Eierkuchen, goldgelb

250 g ($\frac{1}{4}$ Pfund) Weizenmehl

in eine Schüssel sieben; in die Mitte eine Vertiefung eindrücken;

4 Eier
etwas Zucker,
Salz,
375 ml ($\frac{3}{8}$ l) Milch
125 ml ($\frac{1}{4}$ l) Mineralwasser

mit

und
verschlagen;

etwas davon in die Vertiefung geben; von der Mitte aus Eier-Flüssigkeit und Mehl verrühren, nach und nach die übrige Flüssigkeit dazugeben; darauf achten, daß keine Klumpen entstehen;

etwas von
125 g Margarine oder Butter

in einer Bratpfanne erhitzen; eine dünne Teiglage eingeben; von beiden Seiten goldgelb backen; bevor der Eierkuchen gewendet wird, wieder etwas Margarine oder Butter in die Pfanne geben.

Beilage: Kompott, Zimt und Zucker, Ahornsirup, Früchte
Tip: Der Eierkuchen wird besonders locker, wenn der Teig vor dem Backen 1–2 Stunden ruht, so daß das Mehl quellen kann.
Variante: Statt der ganzen Eier nur das Eigelb in den Teig rühren und das steif geschlagene Eiweiß erst kurz vor dem Backen unterheben. Das macht den Eierkuchen zarter und lockerer.

BEURTEILUNG

Beurteilen Sie jetzt das Rezept.

1. Wie finden Sie das Rezept?
   - ☐ Es macht mir den Mund wässerig.
   - ☐ Als ich es las, wollte ich sofort in die Küche gehen, um einen Eierpfannkuchen zu machen.
   - ☐ Ich mag Pfannkuchen nicht, und das Rezept interessiert mich auch nicht.
   - ☐ Ich finde es interessant, wie man Kochanleitungen auf deutsch gibt.
   - ☐ Ich esse gern Pfannkuchen, aber ich lese nicht gern über ihre Zubereitung.
   - ☐ _____

2. Wenn Sie den Eierpfannkuchen gemacht haben, beurteilen Sie die Anleitungen und die Bilder.
   - ☐ Die Anleitungen waren klar und leicht zu befolgen.
   - ☐ Die Anleitungen könnten ein bißchen spezifischer sein.
   - ☐ Die Bilder haben mir geholfen.
   - ☐ Ich habe die Bilder unklar und verwirrend gefunden.
   - ☐ Die Anleitungen waren schwer zu verstehen. Ich wußte nicht immer, was ich tun sollte.
   - ☐ _____

3. Wenn Sie die Eierpfannkuchen zubereitet haben, beurteilen Sie sie.

☐ Ich habe die Eierpfannkuchen mit _____

_____ serviert.

☐ Die Eierpfannkuchen waren ausgezeichnet.
☐ Die Eierpfannkuchen sahen schön aus, aber sie schmeckten nicht.
☐ Die Eierpfannkuchen sahen schlecht aus, aber sie schmeckten herrlich.
☐ Das ganze Kocherlebnis war eine Katastrophe, weil _____

_____ .

☐ _____

4. Was würden Sie anders machen, wenn Sie noch einmal Eierpfannkuchen

zubereiteten? _____

_____

 Rollenspiel: Im Café

1. **Wenn es kein Problem gibt:** Entwickeln Sie jetzt mit zwei anderen Studenten/Studentinnen ein Rollenspiel, das die folgende Szene darstellt.

- Sie sitzen mit jemandem in einem deutschen Café. Der Kellner / Die Kellnerin kommt an Ihren Tisch. Was sagt er/sie?
- Sie wissen nicht, was Sie wollen oder was es gibt, und müssen zuerst die Kuchen- und Getränkekarte sehen.
- Sie schauen sich die Karte an und reden mit Ihrem Partner / Ihrer Partnerin darüber, was Sie bestellen wollen.
- Sie rufen den Kellner / die Kellnerin zurück und bestellen.
- Sie möchten jetzt zahlen. Was sagen Sie? Was sagt der Kellner / die Kellnerin? Laden Sie Ihren Partner / Ihre Partnerin vielleicht ein? (Laß mal, ich zahl's. / Laß mal, ich lade dich ein.)

KELLNER/KELLNERIN

Was möchten Sie, bitte?
Bitte schön? / Bitte sehr?
Womit kann ich dienen?
Was darf es sein?
Möchten Sie etwas trinken/essen?
Was möchten Sie trinken/essen?
Zusammen oder getrennt?
(Das macht) (17) Mark (80), bitte.

KUNDEN/KUNDINNEN

Herr Ober! / Frau Kellnerin! / Bedienung!
Ich möchte . . . / Wir möchten . . .
Bringen Sie uns bitte . . .
Ich hätte gern . . . / Wir hätten gern . . .
Kann ich bitte die Kuchenkarte/Getränkekarte sehen? Können wir . . .
Nein, danke.
Was können Sie heute empfehlen?
Zusammen./Getrennt.
(20) Mark, bitte.*
Stimmt so.‡

* Das sagen Sie, wenn Sie zum Beispiel einen (Fünfzig)markschein haben. (2,20) DM als Trinkgeld geben wollen und (30,00) DM als Wechselgeld zurückbekommen wollen.
‡ Das sagen Sie, wenn Sie kein Kleingeld zurückbekommen wollen. Der Kellner oder die Kellnerin bekommt es als Trinkgeld.

Kuchen

Englischer Kuchen	DM 6,50	Dänischer Apfelkuchen	DM 6,50
Sandkuchen	DM 5,50	Käsekuchen	DM 6,20
Marmorkuchen	DM 6,00	Schokoladenkuchen	DM 5,80
Nußkuchen	DM 6,20	Früchtekuchen nach Saison	DM 6,70

Gebäck

Hörnchen	DM 5,20	Croissant	DM 4,20
Schnecke	DM 5,20	Brezel	DM 4,20
Käsetasche	DM 5,20	Aprikosenschnitte	DM 4,70
Apfelrolle	DM 5,20	Kirschrolle	DM 5,20

Eisspezialitäten

Eiskaffee	DM 6,90	Bananensplit	DM 10,80
Eisschokolade	DM 6,90	Früchtebecher	DM 10,80
Amarettoschokolade	DM 7,50	Gemischtes Eis	DM 6,50
Zitronensorbet	DM 6,--	Grand Marnier Parfait	DM 8,--

Warme Getränke

1 Tasse Kaffee mit Sahne	DM 3,80
1 Tasse Kaffee entkoffeiniert mit Sahne	DM 3,80
1 Tasse Espresso	DM 4,50
1 Tasse Cappuccino	DM 4,50
1 Glas Tee mit Sahne oder Zitrone	DM 3,50
1 Glas Kamillen- oder Pfefferminztee	DM 3,50
1 Glas Milch heiß oder kalt	DM 3,50
1 Tasse Schokolade mit Sahne	DM 4,50

Kommst du zum Tee
und bringst Kuchen mit?

EVA KAUSCHE-KONGSBAK **Florian**

2. **Wenn es ein Problem gibt:** Spielen Sie jetzt zu zweit eine Szene zwischen Gast und Kellner/Kellnerin, in der zum Beispiel

- das Geschirr/Besteck schmutzig ist.
- der Kellner das falsche Gericht bringt.
- das Essen nach einer halben Stunde immer noch nicht kommt.
- der Gast ein Haar in einem Getränk oder einer Speise findet.
- der Kaffee / die Suppe kalt ist.
- das Essen versalzen oder nicht gar ist.
- der Gast sein Geld zu Hause vergessen hat.
- die Rechnung nicht stimmt / zu hoch ist.
- ___?___

WORTSCHATZ

Adjektive und Adverbien

☐ **deutschsprachig**	German-speaking
☐ **dick**	thick, fat, plump
☐ **einmal**	once
☐ **ganz**	quite; complete(ly)
☐ **häufig**	frequent(ly)
☐ **hungrig**	hungry
☐ **interessant**	interesting
☐ **lieb**	dear
☐ **meistens**	mostly
☐ **noch**	still
☐ **realistisch**	realistic(ally)
☐ **traditionell**	traditional(ly)
☐ **verschieden**	different(ly), various
☐ **wenig** (*Sg.*)	little
☐ **wenige** (*Pl.*)	few
☐ **wohl**	probably

Substantive

☐ das **Abendessen**, -	evening meal, supper
(*auch:* das **Abendbrot**, -e)	
☐ die **Anleitungen** (*Pl.*)	instructions
☐ der **Bestandteil**, -e	component
☐ das **Brot**, -e	bread
☐ das **Brötchen**, -	roll
☐ das **Ei**, -er	egg
☐ die **Ente**, -n	duck
☐ die **Figur**, -en	figure, character
☐ das **Frühstück**, -e	breakfast
☐ die **Gans**, ¨e	goose
☐ das **Gemüse**, -	vegetable
☐ das **Gericht**, -e	dish, course
☐ die **Gewohnheit**, -en	custom, habit
☐ der **Großvater**, ¨	grandfather
☐ der **Hahn**, ¨e	rooster
☐ die **Henne**, -n	hen
☐ der **Kellner**, - /die	server; waiter/waitress
Kellnerin, -nen	
☐ die **Mahlzeit**, -en	meal
☐ die **Milch**	milk
☐ der **Mittag: zu Mittag**	midday; for lunch
☐ das **Mittagessen**, -	lunch; midday meal
☐ die **Mutter**, ¨	mother

☐ der **Nachtisch**, -e	dessert
☐ das **Obst**	fruit
☐ die **Pfanne**, -n	frying pan, skillet
☐ der **Pfannkuchen**, -	pancake
☐ das **Restaurant**, -s	restaurant
☐ das **Rezept**, -e	recipe; prescription
☐ der **Schreihals**, ¨e	bawling child
☐ das **Schwein**, -e	pig
☐ das **Stilmittel**, -	stylistic device
☐ der **Teig**, -e	batter; dough
☐ das **Trinkgeld**, -er	tip
☐ die **Uhr**, -en	clock
☐ die **Version**, -en	version
☐ die **Wahrheit**, -en	truth
☐ der **Wald**, ¨er	forest, woods
☐ die **Woche**, -n	week
☐ die **Zusammenfassung**, -en	summary

Verben

☐ **aufessen***	to eat up
☐ **backen***	to bake
☐ **bekommen***	to get, receive
☐ **bestellen**	to order
☐ **bitten (um)**	to ask (for)
☐ **enden**	to end
☐ **entwickeln**	to develop
☐ **frühstücken**	to eat breakfast
☐ **pflücken**	to pick
☐ **rollen (ist/hat)**	to roll
☐ **sich setzen**	to sit (oneself) down
☐ **treffen***	to meet
☐ **überreden**	to persuade
☐ **sich umdrehen** (*trenn.*)	to turn (oneself) around, over

Nützliche Wörter und Ausdrücke

☐ **ein bißchen**	a little (bit, piece)
☐ **eine Weile**	a while
☐ **Hunger haben***	to be hungry

Weitere Wörter, die ich lernen will:

_____

_____

_____

Lustiges Landleben

„Armenhäuslerin am Ententeich" von Paula Modersohn-Becker (1904)

Zum Nachdenken

Welche Vorstellungen verbinden Sie mit dem
Leben auf dem Land?

Texte
„Schweinegeschichte" von Helmut Zenker, 131
Auszug aus dem „Tagebuch des Försters Rombach" von
   Martin Rombach, 137

Zusätzlicher Text
„Österreich" von Wolfgang Bauer, 143

INFÜHRUNG

▶ **G** 7 Verbs: Indicative Tenses Other than the Present

A Nicht das, sondern etwas anderes

Vervollständigen Sie jeden Satz über Leute, Tiere und Dinge, die man auf einem Bauernhof oder im Zirkus sieht. Nicht alle Nebensätze passen.

▶ **G** 11.1–11.2 Conjunctions

_____ 1. Ein Bauer wohnt nicht in einer Stadtwohnung,

_____ 2. Ein Schweinchen ist kein ausgewachsenes Schwein,

_____ 3. Schweine fressen keine Pizza,

_____ 4. Eine Kiste hat nicht die Form eines Zylinders oder einer Pyramide,

_____ 5. Ein Schwein hat keine Nase,

_____ 6. Ein Zirkusdirektor trägt meistens keine Schuhe,

_____ 7. Ein Kunde ist nicht der Verkäufer,

_____ 8. Ein Bauer fährt bei der Arbeit oft kein Auto,

_____ 9. Jemand, der sich eine Zirkusvorstellung ansieht, ist nicht der Zirkusdirektor,

a. sondern Fahrrad.
b. sondern einen Traktor mit Anhänger.
c. sondern im Zirkus.
d. sondern Schweinefutter.
e. sondern auf einem Hof.
f. sondern der Käufer.
g. sondern ein Rehkitz.
h. sondern Gänse.
i. sondern ein Ferkel.
j. sondern ein Zuschauer.
k. sondern die eines Würfels.
l. sondern eine Schnauze.
m. sondern Stiefel.
n. sondern die eines Dreiecks.

B Auf dem Bauernhof

1. Vervollständigen Sie den folgenden Text
über den Bauern Herrn Mentrupp.

① die Dohle, -n (der Rabenvogel, ⸚)
② die Vorhangstange, -n
③ der Traktor, -en
④ der Anhänger, -
⑤ der Wald, ⸚er
⑥ der Hase, -n (*schwach*)
⑦ die Wiese, -n

⑧ das Rehkitz, -e
⑨ das (ausgewachsene) Schwein, -e
⑩ das Ferkel, -
⑪ das Futter
⑫ der Bauer, -n (*schwach*)
⑬ das Pferd, -e
⑭ das Meerschweinchen, -

⑮ der Hund, -e
⑯ die Katze, -n
⑰ die Maus, ⸚e
⑱ die Gans, ⸚e
⑲ der Truthahn, ⸚e
⑳ der Bauernhof, ⸚

Bauer Mentrupp wohnt mit seiner Familie auf diesem

_____ . Er findet das Leben auf dem Land ein-

fach, aber gut. Bei der Arbeit fährt er keinen Luxuswagen, sondern einen

_____ mit _____ .

Er empfindet es auch als einen wesentlichen Vorteil seines Berufes, daß er keinen Anzug und keine Krawatte tragen muß. Morgens zieht er sich einfach eine Hose, ein Hemd, einen Hut und seine Stiefel an. Dann geht er schnell nach draußen, um die Tiere zu füttern.

Dieser Bauer züchtet Schweine. Jetzt hat er nicht nur

_____ Schweine, sondern auch kleine Schweine,

die man _____ nennt. Frühmorgens mischt der

Bauer das _____ für die Schweine, füllt es in ihre

Schweinetröge und füttert dann auch die anderen Tiere. Danach geht er wieder ins Haus, um gemeinsam mit seiner Familie zu frühstücken. So beginnt jeder Tag im Leben von Bauer Mentrupp.

Auf der Wiese von Herrn Mentrupp leben viele Hasen und Mäuse.

Heute ist auch ein _____ aus dem Wald ge-

kommen, um auf der Wiese zu grasen. Die Bauernkinder reiten gern auf

ihrem _____ und spielen gern mit ihrem

_____ , ihrem _____

und ihrer _____ . Ein

_____ , den die Gans nicht leiden mag,

lebt auch auf dem Bauernhof. Außerdem gibt es eine zahme

_____ , die gern innen im Bauernhaus auf einer

_____ sitzt.

2. Wie heißen die Körperteile von Tieren?

der Bauch, ⸚e   die Mähne, -n   der Rüssel, -   der Schwanz, ⸚e
der Flügel, -   das Maul, ⸚er   die Schnauze, -n der Schweif, -e

a. Ein Pferd hat eine _____ und einen

langen _____ beziehungsweise

_____ .

b. Ein Vogel hat keine Arme, sondern zwei _____ .

c. Ein Schwein ist rund und dick, besonders um die Mitte, das heißt am

_____ .

d. Ein Hund hat keinen Mund, sondern ein _____ .

e. Die Nase eines Schweins heißt die _____

oder der _____ .

TEXTARBEIT

A Ein Rätsel: Was ist in der Kiste?

1. Schreiben Sie die Verben, die den folgenden Definitionen entsprechen, in die Kästchen auf der Kiste, und entdecken Sie so den Inhalt der Kiste.

anstoßen	fressen	verschwinden
aufhören	gastieren	verteilen
bevorzugen	hineinstecken	zerlegen
einladen	mästen	züchten
einpferchen		

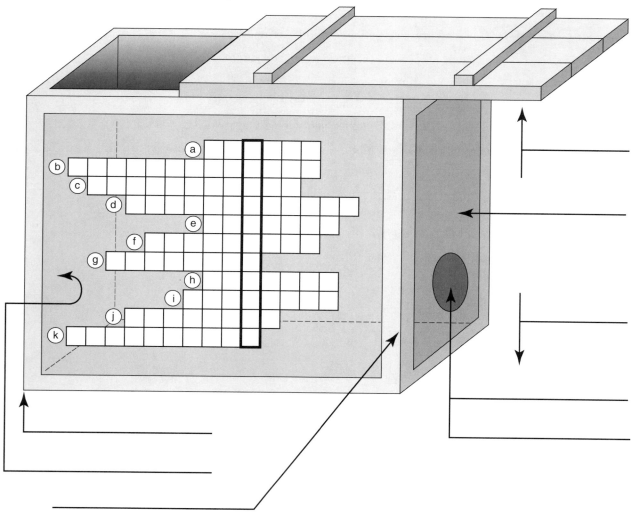

a. Tieren viel Futter geben, damit sie schnell dick und fett werden

b. in ein Behältnis stellen, setzen oder legen

c. in einen engen Raum einsperren

d. weggehen; nicht länger dableiben

e. wenn Tiere ihr Futter zu sich nehmen (Tiere essen nicht, sondern . . .)

f. gleichmäßig ausbreiten; überall etwas hintun

g. etwas in Einzelteile auseinandernehmen

h. Tiere großziehen

i. nicht länger weitermachen

j. etwas unsanft berühren; gegen etwas laufen; einen Widerstand spüren

k. lieber haben

2. Schauen Sie sich jetzt die Kiste an. Sie ist würfelförmig. Ein Würfel hat sechs gleiche Seiten. Wo ist „eine Ecke"? „eine Kante"? „eine Seite"? „eine Innenwand"? „oben"? „unten"? „die Öffnung"? „das Loch"? Schreiben Sie diese Wörter dorthin, wo sie passen.

Kurz und gut: Was geschah?

1. Lesen Sie jetzt die „Schweinegeschichte" von Helmut Zenker auf Seite 131 zweimal. Suchen und unterstreichen Sie den Satz im Text, der am besten zu jedem Bild paßt. Schreiben Sie dann mit eigenen Worten eine kurze Beschreibung zu jedem Bild.

▶ **G** 7.1–7.6 Past Tense

G 7.7–7.11 Present Perfect Tense

G 7.12 Past Perfect Tense

a.

_____

_____

_____

_____

_____

_____

b.

_____

_____

_____

_____

_____

_____

c.

_____

_____

_____

_____

_____

_____

_____

_____

d.

_____

_____

_____

_____

_____

_____

e.

_____

_____

_____

_____

_____

_____

_____

2. Arbeiten Sie jetzt in Fünfergruppen, und erzählen Sie eine Kettengeschichte: Jedes Mitglied Ihrer Gruppe liest den Text zu einem der fünf
Bilder vor.

Schweinegeschichte

von Helmut Zenker

¶1 Es war einmal ein Bauer, der lebte vom Schweineverkauf. Er züchtete Schweine und verkaufte Schweine. Manche Kunden bevorzugten kleine Schweine, andere wollten die Schweine erst kaufen, wenn sie schon ausgewachsen waren. Einmal ging das Geschäft recht schlecht. Das Interesse an den Schweinchen und Schweinen des Bauern war nicht sehr groß. Der Bauer hatte einen Einfall. Er nahm drei kleine Ferkel und steckte sie in 5 würfelförmige Kisten. Diese Kisten hatten nur eine einzige Öffnung. Da steckten die Schweinchen ihre Schnauzen heraus, um ans Futter zu kommen. Und diese drei Schweinchen bekamen besonders viel zu fressen. Der Bauer mästete sie fast wie Gänse.

¶2 Bald stießen die Schweinchen mit ihren Bäuchen an den Innenwänden der Kisten an. An beiden Seiten. Oben und unten. In die Richtungen konnten sie nicht mehr weiter- 10 wachsen. Nur in den Ecken, in den insgesamt acht Ecken war noch Platz. Da der Bauer mit dem Füttern nicht aufhörte, wuchsen die Schweinchen in die acht Ecken hinein.

¶3 Als der Bauer eines Tages die Kisten zerlegte, kamen drei würfelförmige Schwein- chen zum Vorschein. Ein Käufer war gerade auf dem Hof. Der mußte über diese Schweinchen nur lachen. „Solche Schweine kaufe ich nicht", sagte er. Der Bauer sagte: 15 „Die sind auch nicht für sie."

¶4 Der Bauer lud die würfelförmigen Schweine auf seinen Traktor-Anhänger und fuhr in die Stadt. In der Stadt gastierte gerade ein Zirkus. Dem Zirkusdirektor zeigte der Bauer seine würfelförmigen Schweinchen. Der Zirkusdirektor war begeistert und kaufte die Schweinchen auf der Stelle. Der Bauer bekam für die drei Schweinchen genausoviel 20 Geld wie sonst für 30 Schweine. Der Bauer hat sich in seinen Traktor gesetzt, ist nach Hause gefahren und hat sich über das gute Geschäft gefreut.

Fortsetzung auf Seite 132

¶5   Und jetzt ist die Geschichte gleich aus. Noch am gleichen Abend stellte der Zirkusdirektor in der Abendvorstellung seine würfelförmigen Schweinchen vor. Er rief: „Sensation!" und die Zuschauer waren auch der Meinung, daß die würfelförmigen Schweinchen zweifellos eine Sensation darstellten. Doch am nächsten Tag schauten die drei Schweinchen wieder aus wie alle Schweinchen. Die Ecken waren über Nacht verschwunden. Das Fleisch und das Fett hatten sich wieder richtig verteilt, weil die Schweinchen ja jetzt nicht mehr in die engen Kisten gepfercht waren.

¶6   Der Direktor fiel beinahe aus seinen Stiefeln, als er seine drei Sensationen von gestern sah. Er rief: „Sauerei!" Aber genützt hat ihm das nichts.

Wie sagt man noch?

Überfliegen Sie noch einmal die „Schweinegeschichte" von Helmut Zenker. Numerieren Sie die Sätze oder Satzteile im Text, die die folgenden Ideen ausdrücken. Der erste Satzteil ist schon für Sie numeriert.

1. Dieser Mann züchtete und verkaufte Schweine und lebte vom Geld, das er dafür bekam.
2. Manche Kunden wollten kleine Schweine (kaufen).
3. Eine Zeitlang kaufte fast niemand die Schweine, und deshalb verdiente der Bauer wenig Geld.
4. Der Bauer hatte eine Idee.
5. Der Bauer gab den Schweinen so viel Futter, daß sie bald groß und dick wurden.
6. Weil der Bauer den Schweinen noch mehr Futter gab, wurden sie endlich so groß, daß sie die Kisten ganz ausfüllten.
7. Der Zirkusdirektor war sehr enthusiastisch und kaufte die Schweinchen sofort.
8. (Der Bauer) war sehr glücklich, weil er die Schweine für viel Geld verkauft hatte.
9. Die Schweine sahen wieder normal aus.
10. Das Fleisch und das Fett waren wieder richtig proportioniert.
11. Der Zirkusdirektor war total überrascht und äußerst entsetzt; er wollte nicht glauben, was er sah.
12. Aber das half ihm nicht. Es änderte nichts.

Der Einfall des Bauern

Im ersten Abschnitt von „Schweinegeschichte" lasen Sie den Satz: „Der Bauer hatte einen Einfall." Worin bestand dieser „Einfall" des Bauern Ihrer Meinung nach eigentlich? Welche Textstellen sprechen für die erste Antwortmöglichkeit, welche für die zweite, welche vielleicht für eine ganz andere Interpretation?

Antwortmöglichkeit 1: Der Bauer wollte die drei Ferkel in Kisten mästen, damit sie ganz schnell größer, dicker und fetter wurden und er sie so schneller und für mehr Geld als seine anderen Schweine verkaufen konnte.

Antwortmöglichkeit 2: Der Bauer hatte es von vornherein im Sinn, in den Kisten würfelförmige Sensations-Schweine zu produzieren und mit ihnen viel Geld zu verdienen.

 Der Schluß der Geschichte

1. Mit welchem Ausruf reagierte der Zirkusdirektor, als er zu seinem Entsetzen feststellen mußte, daß seine drei Sensations-Schweinchen plötzlich wieder ganz normal waren:

   „ _____ !"

2. Lesen Sie jetzt die folgenden Definitionen dieses Wortes. In welcher dieser Bedeutungen gebraucht der Zirkusdirektor Ihrer Meinung nach das Wort? Begründen Sie Ihre Antwort.

   ---

   die Sauerei / die Schweinerei (in Norddeutschland: der Schweinkram): umgangssprachlich für

   1. Unordnung und Schmutz (eine Sauerei/Schweinerei machen)
   2. etwas, was nicht gut, klar oder moralisch ist
   3. schlechte Nachrichten, eine schlimme Situation

   ---

3. Warum hat Helmut Zenker den Zirkusdirektor am Ende der Geschichte wohl gerade dieses Wort gebrauchen lassen, und nicht einen anderen Ausdruck mit ähnlicher Bedeutung, wie zum Beispiel: „So ein Mist!"?

Die Geschichte und Sie als Leser

1. Erklären Sie Ihre Reaktion
   - auf die Idee des Bauern.
   - auf das „Zur-Schau-Stellen" der Schweine im Zirkus.
   - auf die Misere des Zirkusdirektors am Ende der Geschichte.

2. Was ist Ihrer Meinung nach die Moral der Geschichte?
   a. Schreiben Sie kurz eine Moral der „Schweinegeschichte", so wie Sie sie sehen.
   b. Vergleichen Sie jetzt Ihre Moral der Geschichte mit der anderer Studenten/Studentinnen. Haben Sie alle mehr oder weniger das gleiche geschrieben? Wer hat vielleicht eine ganz unterschiedliche Ansicht von der Geschichte?

3. Was kann der Zirkusdirektor Ihrer Meinung nach noch machen? Die Geschichte geht weiter. Jetzt hat der Zirkusdirektor drei normale Schweine, die ihm einfach nichts nützen. Schreiben Sie kurz eine Fortsetzung / das Ende der Geschichte vom Zirkusdirektor und seinen drei Schweinen.

 **G** *Eine andere Schweinegeschichte*

Wählen Sie einen der folgenden drei Cartoons, und erfinden Sie eine kurze Geschichte darüber. Benutzen Sie dabei Ihre Phantasie. Die Fragen geben Ihnen Hinweise, aber Sie brauchen nicht alle Fragen zu beantworten.

VARIANTE: Arbeiten Sie in einer Kleingruppe. Jede Gruppe wählt einen anderen Cartoon und erfindet eine Geschichte dazu. Jemand in der Gruppe liest dann der Klasse die neue Schweinegeschichte laut vor.

1. **Zeit im Bild** / Von Borislav Sajtinac

▶ **G** 7.7–7.11 Present
Perfect Tense

Wie hat der Bauer sich verletzt? Warum sitzt er im Rollstuhl? Warum schiebt das Schwein den Rollstuhl? Warum trägt der Bauer die Heugabel? Schaufelt er oder das Schwein das Heu? Was muß das Schwein für den Bauern tun? Warum? Warum lächelt der Bauer? Warum lächelt das Schwein nicht?

2.

Warum sitzt der Mann im Gefängnis? Hat er etwas gestohlen? Hat er
jemanden ermordet? Ist er ein politischer Gefangener? Wenn ja: Was hat
er gesagt oder getan? Wie lange muß er im Gefängnis sitzen? Hat er
manchmal Besucher? Wer schaut jetzt in die Zelle hinein? Warum?
Woher hat der Gefangene den Bleistift? Warum hat er einen Schweinekörper neben das kleine Fenster gezeichnet?

3.

Warum stempelt der Mann die Wände mit der Schnauze des Schweines?
Welche Farbe haben die Wände? Welche Farbe hat die Tinte im Stempelkissen? Welche Farbe haben dann die neuen Stempel an den Wän-
den? Die Stempel sehen wie elektrische Steckdosen aus. Macht der Mann
einfach einen Witz? Oder hat er vielleicht nicht genug Geld für Strom
(Elektrizität) im Haus? Oder . . . ?

EXTARBEIT 2

Berufe: Wer macht was?

Bauern sind nicht die einzigen Leute, die auf dem Land wohnen. Gleich lesen Sie einen Text über einen Forstpraktikanten. In diesem Text werden auch andere Berufe erwähnt. Sagen Sie, wer die folgenden Aufgaben hat.

der Apotheker / die Apothekerin
der Praktikant / die Praktikantin
der Bürgermeister / die Bürgermeisterin

der Holzarbeiter / die Holzarbeiterin
der Förster / die Försterin

der Chef / die Chefin
der Pfarrer / die Pfarrerin

Wer

1. schützt den Wald und das Wild?
2. arbeitet als Geistlicher/Geistliche (Priester/Priesterin, Pastor/Pastorin) in einer Kirche?
3. ist das Oberhaupt eines Dorfes oder einer Stadt?
4. macht jetzt ein Praktikum, das heißt, absolviert eine praktische Ausbildungsphase, um so einen Beruf zu lernen und ihn dann auszuüben?
5. arbeitet in einer Apotheke, wo er/sie Arzneimittel verkauft und zum Teil auch herstellt?
6. arbeitet im Wald, fällt Bäume und hackt Holz?
7. ist der Leiter / die Leiterin oder der Arbeitgeber / die Arbeitgeberin einer Firma oder eines Betriebes?

Die Teile des Textes

G 7.2–7.6 Past Tense
G 7.12 Past Perfect Tense

1. Lesen Sie jetzt den folgenden Eintrag aus dem Tagebuch eines Försters. Der Text hat sieben Teile. Kennzeichnen Sie den Anfang und das Ende jedes Textteils und numerieren Sie ihn. Als Beispiel ist der erste Teil schon gekennzeichnet und numeriert.

   DIE TEXTTEILE

   1: eine Beschreibung des Hauses und des Ortes
   2: eine Erzählung von den Tieren, die dort bei Martin lebten
   3: ein Abenteuer, das Martin eines Nachts erlebte
   4: das Ende des Abenteuers
   5: ein nachfolgendes Gespräch über ein Ereignis
   6: eine Begegnung im Wald
   7: eine Erinnerung aus Martins Kindheit

2. Nachdem Sie die ganze Geschichte gelesen und die Teile gekennzeichnet haben, schreiben Sie einen einzigen zusammenfassenden Satz zu jedem Textteil.

   BEISPIEL: 1. Als Forstpraktikant wohnte Martin Rombach in einer Hütte vor einer Wiese am Waldrand.

Auszug aus dem „Tagebuch des Försters Rombach"

von Martin Rombach

¶1 Während meiner Zeit als Forstpraktikant wohnte ich in einem kleinen Haus außerhalb des Ortes. „Haus" ist eigentlich übertrieben. Es war ein kleines Gebäude, in dem früher die Holzarbeiter ihre Werkzeuge aufbewahrt hatten. Eine Waschgelegenheit und eine elektrische Kochplatte waren der einzige Luxus. Aber ich fühlte mich wohl hier. Hinter dem Haus war eine große Wiese, und danach begann gleich der Wald. 5

¶2 Ein paar Monate lang lebten wir hier nur zu zweit. Basti, der Nachfolger meines Rigo, eine Promenadenmischung aus mindestens fünf Rassen, und ich.

¶3 Eines Nachts zog dann ein schwarzer Kater bei uns ein, der als Einstandsgeschenk eine Maus mitbrachte. Er trug sie behutsam im Maul herein und setzte sie völlig unversehrt sanft auf den Boden. Sie verschwand blitzschnell unter meinem Bett. Der Kater ver- 10 folgte sie nicht, er rollte sich zusammen und schlief ein. Sein Verhältnis zu Mäusen war ein überaus freundschaftliches, wie ich bald feststellte. Er fing sie, aber anstatt sie zu fressen, brachte er sie regelmäßig als Gäste mit, und ich hatte alle Hände voll zu tun, sie wieder loszuwerden.

¶4 Hund und Kater und eine ständig wechselnde Mäusezahl waren der Beginn von 15 „Martins Arche Noah"—wie mein Häuschen bald bei meinen Kollegen und den Dorfbewohnern hieß. Denn offenbar waren die Leute der Meinung, wo ein paar Tiere lebten, sei auch noch Platz für andere. Und so brachte man mir die verschiedensten Gattungen an meine Tür. Eine Dohle mit einem verletzten Flügel, die auch, als sie wieder gesund war, nicht daran dachte, ihren Platz auf einer Vorhangstange zu räumen. Ein mutterloses 20 Rehkitz, das ich mit der Flasche aufzog, einen Truthahn, der sich seinem Schicksal als Weihnachtsbraten auf dem Tisch zu landen durch Flucht entzogen hatte, Hasen und Meerschweinchen.

¶5 Es wurde eng in unserer Arche Noah und zuweilen turbulent. Denn so sehr der Kater Mäuse liebte, so zuwider war ihm der Truthahn, und die beiden lieferten sich wilde Ver- 25 folgungsjagden.

¶6 Den Höhepunkt meiner Menagerie aber stellten drei Islandpferde dar, die man mir zur Pflege gab, weil ihr Besitzer mit einem gebrochenen Bein ins Krankenhaus mußte.

¶7 Sie bezogen Quartier auf der Wiese hinter dem Haus, fochten ständig ihre Rangkämpfe aus, um dann wieder vergnügt und friedlich nebeneinander zu grasen. 30

Fortsetzung auf Seite 138

Eines Nachts—ich hatte für eine Prüfung gelernt—trat ich auf die Wiese hinaus und betrachtete die drei. In dem hellen Mondlicht glänzten ihre langen Mähnen, und sie sahen wunderschön aus. . . . Plötzlich überkam mich der unbändige Wunsch zu reiten. Nur einmal eine Runde hier auf der Wiese herum!—Ich schwang mich also auf den nächststehenden Isländer—unglücklicherweise erwischte ich dabei Snorre, den leb- 35 haftesten von allen. „Yippieh" schrie ich, und Snorre machte einen Sprung über den niederen Zaun und sauste mit mir in gestrecktem Galopp in Richtung Dorf. . . . Ich griff verzweifelt in seine Mähne—erstens um mich festzuhalten, zweitens in dem vergeblichen Versuch, ihn dadurch zum Stehen zu bringen. Er aber legte nur einen Zahn zu, und in diesem atemberaubenden Tempo erreichten wir den Dorfplatz. Das Schicksal meinte es 40 in dieser Nacht wirklich nicht gut mit mir. Normalerweise war es hier nach Mitternacht menschenleer. Aber heute hatte eine lange Sitzung beim Bürgermeister stattgefunden, und er stand mit Honoratioren und Pfarrer noch plaudernd unter der Linde des Dorf- platzes. Snorre galoppierte mit wehendem Schweif rund um sie herum. Immer und immer wieder. 45

¶8 „Bleiben Sie sofort stehen!" schrie der Bürgermeister.

¶9 „Sagen Sie das bitte dem Pferd!" rief ich verzweifelt zurück.

¶10 „Wie können Sie hier reiten?" fragte der Apotheker empört.

¶11 „Ich kann ja eigentlich gar nicht reiten", keuchte ich.

¶12 „So?" fragte der Bürgermeister streng. „Wie sind Sie dann auf das Pferd gekom- 50 men?"

¶13 „Raufkommen war leicht—nur Bremsen ist schwierig!"

¶14 Der Pfarrer stellte sich uns mit ausgebreiteten Armen in den Weg und brüllte: „Halt in Gottes Namen!"

¶15 Mag sein, daß Snorre eine christliche Erziehung genossen hatte, jedenfalls stoppte er 55 so abrupt, daß ich über seinen Kopf direkt vor die Füße des Pfarrers flog.

¶16 Am nächsten Tag ließ mich mein Chef kommen.

¶17 „Du warst letzte Nacht betrunken, Martin!" sagte er.

¶18 „Nein, wirklich nicht."

¶19 „Stockbesoffen warst du!" wiederholte er. 60

¶20 „Ich schwöre, ich trank keinen Tropfen!" beteuerte ich.

¶21 „Voll wie eine Haubitze—das ist die einzige Entschuldigung für diesen unerhörten Vorfall. Also, was warst du?"

¶22 „Voll wie eine Haubitze!" murmelte ich.

¶23 „Gut!" nickte er. „Wenn du mir versprichst, nicht mehr zu saufen, vergessen wir den 65 Vorfall!"

¶24   Auf dem Reitweg im Wald kam mir heute ein Islandpferd entgegen. Anders als mein wilder Gaul damals. Ganz gemächlich im Schritt, und darauf saß in guter Haltung eine ältere Dame. Ich grüßte, und sie hielt neben mir an. „Ein schönes Pferd!" sagte ich. „Es ist alt, genau wie ich", antwortete sie. „Wir beide gehen schön langsam auf unser   70 Lebensende zu. Aber bis es soweit ist, freuen wir uns noch über jeden Tag, den wir im Wald verbringen. Wir haben es nicht mehr eilig—und das ist gut. Darum können wir einfach schauen und genießen!"

¶25   Ruhig gingen die beiden davon. Wie weise doch alte Menschen sein können, dachte ich und erinnerte mich an den alten Franz, von dem ich als Bub alles über den Wald und   75 seine Geheimnisse gelernt hatte . . .

„Martins Arche Noah"

Wie kamen die folgenden Tiere zu Martin?

_____ 1. der Hund, namens „Basti"

_____ 2. der schwarze Kater (eine männliche Katze)

_____ 3. die vielen Mäuse

_____ 4. die Dohle (ein Rabenvogel)

_____ 5. das Rehkitz

_____ 6. der Truthahn

_____ 7. die Hasen und die Meerschweinchen

_____ 8. die drei Pferde (die Islandpferde, die Isländer), eins davon namens „Snorre"

a. Man brachte sie zu Martin, weil sie einen verletzten Flügel hatte.

b. Es war mutterlos, und Martin mußte es mit der Flasche aufziehen.

c. Martin bekam sie aus irgendwelchen Gründen.

d. Er zog von selbst ins Haus ein.

e. Man brachte ihn zu Martin, weil er seinem Besitzer entflohen war. (Das Tier wollte wahrscheinlich nicht, daß man es zu Weihnachten aß.)

f. Er war wahrscheinlich der Sohn von Martins früherem Hund namens „Rigo"; er war ein Hund von keiner bestimmten Rasse.

g. Ihr Besitzer hatte ein gebrochenes Bein und mußte längere Zeit im Krankenhaus bleiben.

h. Der Kater brachte sie regelmäßig im Maul nach Hause. Er wollte sie nicht fressen; er brachte sie einfach als „Gäste" mit.

Wenn man betrunken ist,...

Das Verb „saufen" (soff, hat gesoffen) heißt 1: trinken (trank, hat getrunken) wie ein Tier, und 2: zuviel Alkohol konsumieren. Die folgenden Adjektive und Ausdrücke bedeuten alle, daß man zuviel Alkohol getrunken hat.

betrunken	voll wie eine Haubitze
besoffen	voll wie eine Strandhaubitze
stockbesoffen	voll wie tausend Mann
blau	voll wie ein Sack

▶ **G** 7.12 Past Perfect Tense

1. Suchen Sie im Text das Gespräch zwischen Martin und seinem Chef. Unterstreichen Sie die Adjektive oder Ausdrücke im Text, die implizieren, daß Martin zu viel getrunken hätte.
2. Warum sagte Martin, daß er „voll wie eine Haubitze" war, nachdem er doch geschworen hatte, daß er „keinen Tropfen" getrunken hatte? Was meinen Sie?

 Mit anderen Worten

Die folgenden sechs Sätze stammen aus dem Text. Entscheiden Sie für jeden Satz, ob Option a oder b der Bedeutung des Satzes entspricht.

1. „Haus" ist eigentlich übertrieben.
   a. Es war kein richtiges Haus, sondern eher eine Hütte oder ein Schuppen.
   b. Es war kein „Haus", sondern ein Palast.
2. Es war ein kleines Gebäude, in dem früher die Holzarbeiter ihre Werkzeuge aufbewahrt hatten.
   a. Es war ein kleines Gebäude, in dem die Arbeiter Figuren und Gegenstände aus Holz schnitzten.
   b. Es war ein kleines Gebäude, in dem die Holzarbeiter ihre Sägen, Äxte, Hämmer und andere Werkzeuge lagerten, wenn sie sie nicht benutzten.
3. ... und die beiden (der Kater und der Truthahn) lieferten sich wilde Verfolgungsjagden.
   a. ... und die beiden verfolgten einander und kämpften miteinander.
   b. ... und die beiden spielten Verstecken: Der eine versteckte sich, und der andere mußte ihn suchen.
4. (Die Pferde) fochten ständig ihre Rangkämpfe aus, ...
   a. (Die Pferde) mußten ständig ihre Rangordnung etablieren.
   b. (Die Pferde) wollten ständig gegeneinander rasen.
5. ... und in diesem atemberaubenden Tempo erreichten wir den Dorfplatz.
   a. ... und in diesem langsamen Tempo erreichten wir den Dorfplatz.
   b. ... und in Blitzesschnelle erreichten wir den Dorfplatz.

6. „Raufkommen war leicht—nur bremsen ist schwierig!"
    a. „Es war leicht, ins Dorf zu kommen—es ist aber schwierig, nach Hause zu gehen."
    b. „Es war leicht, aufs Pferd aufzusitzen—es ist aber nicht leicht, das Pferd anzuhalten."

Zum Thema Abenteuer

1. **Als Martin Rombach gestreßt war:** Nachdem Martin eines Nachts für eine Prüfung gelernt hatte, überkam ihn plötzlich ein unbändiger Wunsch, im hellen Mondlicht auf einem Pferd zu reiten.

    Lesen Sie noch einmal Textteile 3 und 4. Machen Sie einen Kreis um die Ausdrücke, die Sie besonders effektiv finden. Achten Sie auch auf die Wirkung des Dialogs in dieser Erzählung.

2. **Und Sie? Was machen Sie, wenn Sie im Streß sind?** Erzählen Sie jetzt alles! Wie entspannen Sie sich nach schwerer Arbeit? Wollten Sie je vor oder nach einer wichtigen Prüfung etwas Wildes oder Verrücktes tun? Sind Sie je einer plötzlichen Eingebung gefolgt? Wenn ja: Erzählen Sie alles, was passiert ist. Wenn nein: Erzählen Sie, was Sie tun wollten oder wovon Sie geträumt haben, und auch, wie Sie dann in Wirklichkeit die Zeit verbracht haben. Versuchen Sie, Ihre Erzählung zum Beispiel mit Hilfe von Dialogen so interessant und spannend wie möglich zu machen.

WEITERFÜHRUNG

Landleben und Stadtleben

Wo finden Sie das Leben besser und schöner: auf dem Land oder in der Stadt? Warum?

1. Bilden Sie Kleingruppen mit Studenten und Studentinnen, die ungefähr der gleichen Meinung sind wie Sie. Machen Sie eine große Tabelle (wie die auf, Seite 142), und füllen Sie sie mit möglichst vielen Vorteilen und Nachteilen sowohl des Land- als auch des Stadtlebens aus. Die Liste von Kategorien und Stichwörtern gibt Ihnen Hinweise.

BEISPIEL:	LAND	STADT
VORTEILE	Alltagsleben Man kann gesünder leben, denn die Luft ist frischer und reiner, das Leben . . .	In der Stadt bekommt man sofort medizinische Hilfe. Es gibt Krankenhäuser, Kliniken, . . .
NACHTEILE	Alltagsleben Im Notfall muß man oft eine lange Weile auf Hilfe warten, und . . .	Die Luft ist oft verpestet, und . . .

KATEGORIEN UND STICHWÖRTER

Alltagsleben: Gesundheit, Streß, Freizeitaktivitäten, Routine usw.

Arbeit: Stellungen und Jobs, einen Beruf ausüben

Einkaufen: Geschäfte, Boutiquen, Supermärkte, Kaufhäuser, Wochenmärkte, Obst- und Gemüsestände usw.

Leute: Nachbarn, Freunde, Bekannte, Familie, Mitarbeiter, Fremde usw.

Kunst: Architektur, Ausstellungen in Museen und Galerien usw.

Natur: Tiere, Bäume, Blumen usw.

Sport: Tennis, Golf, Fußball usw. spielen; wandern; reiten; schwimmen; zelten; Ski fahren; Schlittschuh laufen; Rollschuh laufen; radfahren; sich Sportveranstaltungen ansehen usw.

Umwelt: Umweltverschmutzung, Lärm, Ruhe, Verkehr, Gebäude, Lichter, Sterne, blauer Himmel, Beton, Asphalt, Erde, Gras, Luftverschmutzung, frische Luft usw.

Unterhaltung: Restaurants, Cafés, Tanzlokale, Kneipen, Bars, Kinos, Theater usw.

Veranstaltungen: Feste, Vorträge, Demonstrationen, Konferenzen, Filme usw.

Vorstellungen: Ballett, Konzerte, Schauspiele, Opern, Kabaretts usw.

---

2. Benutzen Sie jetzt Ihre Notizen, um die Frage mit einer Gruppe zu diskutieren, die der gegenteiligen Meinung ist. (Siehe Kapitel 4, Textarbeit 3 B, Ausdrücke zur Meinungsäußerung.)

 Österreich

 W S. V.11
Landschaften

Sowohl Helmut Zenker, der Autor von „Schweinegeschichte", als auch Förster Rombach sind Österreicher. Lesen Sie jetzt, was Wolfgang Bauer, ein anderer österreichischer Autor, über sein Heimatland geschrieben hat.

Österreich

von Wolfgang Bauer

Nicht, wie üblich will ich dich besingen
schönes, weites Land
Land der Berge, Äcker, Seen;
Will dich in den Himmel bringen
Land des Skiwachs, Ackermähen
Land der Länder
Österreich.   7

Nicht wie üblich, sagte ich
Österreich, mein Heimatland
weit entfernt liegt Chinas Banner
weit entfernt liegt Samarkand!
Land der Länder
Österreich.
Nicht wie üblich—Österreich!
Nicht wie üblich—Österreich!   15

Kleines, großes, schönes Land—
bist meine Welt!   17

Engelhardzell liegt an der Donau in
Oberösterreich, nicht weit von der Donau-
stadt Passau in Deutschland.

Zur Textarbeit und Diskussion

1. Wen/Was spricht der Autor direkt an? Woher wissen Sie das? Setzen Sie
   Klammern um die Wörter im Gedicht, die Ihnen das zeigen.
2. Wie viele Male erscheint der Name „Österreich" im Gedicht?
3. Machen Sie einen Kreis um jedes Adjektiv, das Österreich beschreibt.
   Welche zwei sind Antonyme? Erklären Sie die Bedeutung dieser Wörter
   im Kontext des Gedichts.
4. Was bedeutet der Ausdruck „Land der Länder"?
5. Beschreiben Sie mit eigenen Worten die Landschaften, die Sie sich
   vorstellen, wenn Sie das Gedicht über Österreich lesen.
6. Unterstreichen Sie den Ausdruck, der viermal im Gedicht erscheint.
   Inwiefern ist das erste Auftreten dieses Ausdruckes anders als sein

zweites, drittes und viertes Auftreten? Warum ist das so? Warum
wiederholt der Autor diesen Satz?

7. Wie finden Sie das Gedicht? _____ schön? _____ interessant?

_____ lyrisch? _____ bilderreich? _____ nationalistisch?

_____ ?

Impressionen

In Tirol gibt es viele atemberaubende Alpenlandschaften: bunte Äcker und
Wiesen, malerische Dörfer, majestätische Berge.

Österreich stellt sich vor.

1. Beschreiben Sie die Geographie Österreichs mit Hilfe des Fotos und der Karte.

Österreich ist ein gebirgiger Staat, der ganz von Land eingeschlossen ist. Die folgenden Länder grenzen an Österreich . . . Österreich hat viele kleine Seen. Der größte See heißt . . . und grenzt an . . . Der wichtigste Fluß heißt . . . und fließt durch den nördlichen Teil Österreichs. Andere Flüsse heißen . . .

Österreich hat . . . Länder. Sie heißen . . . Wien ist sowohl ein Land als auch die Hauptstadt Österreichs. Die Landeshauptstadt von . . . heißt . . ., die Landeshauptstadt von . . .

2. Welche Landschaften erwähnt Wolfgang Bauer in seinem Gedicht? Wie ist die Landschaft, wo Sie wohnen? Beschreiben Sie die Gegend, in der Ihr Wohnort liegt.

 **Meine Welt**

▶ **W** S. V.11
Landschaften

In seinem Gedicht sagt Wolfgang Bauer, Österreich sei seine Welt. Schreiben Sie ein Gedicht, einen kurzen Aufsatz, einen Brief oder eine Reiseanzeige, in dem beziehungsweise der Sie Ihre Welt beschreiben. „Ihre Welt" könnte zum Beispiel Ihr Heimatland, Ihr Heimatstaat, Ihre Heimatstadt, Ihr Heimatdorf, Ihr gegenwärtiger Wohnort oder ein Ort Ihrer Träume und Wunschvorstellungen sein.

Machen Sie sich zuerst ein paar Notizen zu den folgenden Themen, um Ideen zu sammeln. Wählen Sie dann einige dieser Ideen für Ihren Text.

Landschaften:
Menschen:
Lebensstil:
was es zu tun gibt:
wie ich mich dort fühle:

WORTSCHATZ

Adjektive und Adverbien

☐	**ausgewachsen**	fully grown, adult
☐	**bald**	soon
☐	**besonders**	especially
☐	**blitzschnell**	with lightning speed
☐	**eigentlich**	actual(ly)
☐	**einzig**	single
☐	**eng**	narrow(ly)
☐	**früher**	earlier, before
☐	**leicht**	easy; easily
☐	**namens**	by the name of, called
☐	**plötzlich**	sudden(ly)
☐	**rund**	round
☐	**schwierig**	difficult
☐	**ständig**	constant(ly)
☐	**üblich**	usual, customary
☐	**weit**	far; wide
☐	**würfelförmig**	cube-shaped

Substantive

☐	**der Bauch, ⸚e**	stomach, belly
☐	**der Bauer, -n** (*schwach*) / **die Bäuerin, -nen**	farmer; peasant
☐	**der Baum, ⸚e**	tree
☐	**der Beruf, -e**	profession
☐	**der Besitzer, -** / **die Besitzerin, -nen**	owner
☐	**der Bürgermeister, -** / **die Bürgermeisterin, -nen**	mayor
☐	**das Dorf, ⸚er**	village
☐	**die Ecke, -n**	corner
☐	**der Einfall, ⸚e**	idea, notion
☐	**das Ferkel, -**	piglet
☐	**das Fett**	fat
☐	**das Fleisch**	meat; flesh
☐	**der Fluß**, *Pl.* **Flüsse**	river
☐	**der Förster, -** / **die Försterin, -nen**	forester, ranger
☐	**das Futter**	feed
☐	**das Gebäude, -**	building
☐	**das Geschäft, -e**	shop, store
☐	**das Gespräch, -e**	conversation
☐	**der Kater, -**	male cat, tomcat
☐	**die Katze, -n**	cat
☐	**die Kiste, -n**	crate, box
☐	**das Krankenhaus, ⸚er**	hospital
☐	**der Kunde, -n** (*schwach*) / **die Kundin, -nen**	customer
☐	**die Landschaft, -en**	scenery, landscape
☐	**die Maus, ⸚e**	mouse

☐	**das Meerschweinchen, -**	guinea pig
☐	**(das) Österreich**	Austria
☐	**der Pfarrer, -** / **die Pfarrerin, -nen**	parish priest; pastor
☐	**das Pferd, -e**	horse
☐	**der Platz, ⸚e**	(town)square; place; seat
☐	**der Praktikant, -en** (*schwach*) / **die Praktikantin, -nen**	trainee
☐	**die Prüfung, -en**	text, exam
☐	**die Richtung, -en**	direction
☐	**die Schnauze, -n**	snout
☐	**das Schweinchen, -**	little pig, piggy
☐	**der Tag, -e**	day
☐	**der Teil, -e**	part
☐	**das Tier, -e**	animal
☐	**der Vogel, ⸚**	bird
☐	**der Vorteil, -e**	advantage
☐	**die Welt, -en**	world
☐	**die Wiese, -n**	meadow; open field

Verben

☐	**anhalten*** (*trenn.*)	to stop
☐	**aufhören** (*trenn.*) (**mit etwas**)	to stop (doing sth.)
☐	**bevorzugen**	to prefer
☐	**brechen***	to break
☐	**bringen***	to bring
☐	**darstellen** (*trenn.*)	to portray; present
☐	**fressen***	to eat, gobble
☐	**sich fühlen**	to feel (some way)
☐	**füttern**	to feed
☐	**genießen***	to enjoy
☐	**grenzen** (**an** + *Akk.*)	to border (on)
☐	**leben**	to live
☐	**nennen***	to name
☐	**passen** (+ *Dat.*)	to fit, suit
☐	**pferchen**	to cram; to pack
☐	**reiten***	to ride
☐	**saufen***	to drink; to booze
☐	**setzen**	to put, place
☐	**sitzen***	to be seated
☐	**verkaufen**	to sell
☐	**verschwinden***	to disappear
☐	**(sich) verteilen**	to distribute (itself)
☐	**züchten**	to breed

Nützliche Wörter und Ausdrücke

☐	**einen Beruf ausüben** (*trenn.*)	to practice a profession

Weitere Wörter, die ich lernen will:

_____

_____

_____

_____

Waren und Werbung

Zum Nachdenken

Welchen Einfluß hat die schöne bunte Welt der
Werbung auf unser Leben?

Texte
„Made in Hongkong" von Franz Hohler, 154
„Reklame" von Ingeborg Bachmann, 161

Zusätzliche Texte
„Wissen ist Macht" (Cartoon) von Jutta Bauer, 165
Auszug aus „Was Blumen erzählen könnten" (Zeitungs-
artikel) von Frank Braßel, 166
Auszug aus „Psychologie des Schaufensters" (Zeitungs-
artikel) von Hans Neumeister, 169

Hinführung

▶ G 11 Conjunctions

A Die Welt der Kinder

1. Schauen Sie sich das Bild an, und kreuzen Sie alle Antworten an, die zutreffen.

   a. Die Kinder spielen

   _____ auf dem Rasen.

   _____ auf dem Spielplatz.

   _____ auf der Straße.

   _____ im Park.

   b. Sie spielen

   _____ miteinander.

   _____ mit Bauklötzen.

   _____ mit Legosteinen®.

   _____ mit Figuren.

   c. Dieser Spielort ist

   _____ sicher.

   _____ kinderfreundlich.

   _____ gefährlich.

   _____ kinderfeindlich.

   d. Die Kinder dürfen nicht auf dem Gras spielen, weil das Betreten des Rasens

   _____ erlaubt ist.

   _____ verboten ist.

   _____ gestattet ist.

   _____ nicht gestattet ist.

   e. Durch diese Anzeige sagt die Bundesfamilienministerin,

   _____ daß Kinder sicherere Spielplätze brauchen.

   _____ daß Kinder nicht auf der Straße spielen dürfen.

   _____ daß Erwachsene nicht immer an die Interessen der Kinder denken. (⟶)

Sicherer Spielplatz?

Betreten des Rasens verboten

Mit Kindern leben

Zwischen den Interessen der Großen liegen die Kleinen.

Die Bundesfamilienministerin

▶ G 11.3 Subordinating Conjunctions

———— daß Kinder unter gar keinen Umständen den Rasen betreten dürfen.

———— daß Erwachsene an die Bedürfnisse der Kinder denken sollen, bevor sie Verbote aussprechen.

———— daß das Verbot, den Rasen zu betreten, unfair ist.

———— daß Kinder oft keinen Platz in der Welt der Erwachsenen haben.

———— daß Eltern ihren Kindern mehr Spielwaren kaufen sollen.

2. Würden Sie Ihre Wohngegend als kinderfreundlich oder kinderfeindlich beschreiben? Warum?

B Auf dem Spielplatz

Vervollständigen Sie die Beschreibung des Bildes.

Samstag morgens spielen viele Kinder gern auf dem Spielplatz. Heute spielen einige Kinder Verstecken. Alexander hat ———————— zum Beispiel hinter einem ————————————————————

————————————————————, und Anna muß ihn und die anderen Kinder finden, die sich versteckt haben.

Max hat ein neues ———————————————— auf den Spielplatz mitgebracht. Unten am Spielzeug stehen die Wörter „Made in Hongkong", und Max ———————————— sie laut ————. Christine ist ————————————, weil jemand ihr Lieblingsspielzeug zerbrochen hat.

Julia ———————————— ihrem Spielkameraden Philipp etwas Komisches ————————. Philipp ———————————— darüber.

Der kleine Stefan ———————————— im Sand. Eine große ———————————— in einer Ecke des Spielplatzes interessiert ihn. Aus einem Spalt der Kiste kriecht eine ————————————. Auf der Kiste sitzt ein ————————————. Ob er wohl gleich einen Käfer ———————————— wird? Melanie interessiert sich für Insekten. Deshalb schaut sie sich einen ———————————— und eine ———————————— durch ein Vergrößerungsglas an.

Impressionen

Was kann man in diesem Spielwarengeschäft in Dresden kaufen?

▶ **G** 7.7–7.11 Present Perfect Tense

G 5.3–5.4 Prepositions with Dative Case and with either Accusative or Dative Case

Interview: Kinderspiel

1. Arbeiten Sie mit einem Studenten / einer Studentin zusammen, und stellen Sie einander Fragen. Machen Sie sich dabei Notizen in der Tabelle.

BEISPIEL: S1: Mit wem hast du als Kind gern gespielt?

S2: Ich habe oft mit meinem jüngeren Bruder gespielt, aber manchmal habe ich lieber allein mit meinen Teddybären und anderen Stofftieren gespielt.

S1: Hast du auch manchmal mit deinen Kusinen und Cousins gespielt?

MEIN ARBEITSPARTNER / MEINE ARBEITSPARTNERIN

mit wem?
allein (mit Teddybären, Stofftieren, Puppen)
mit Geschwistern (Brüdern und Schwestern)
mit Cousins und Kusinen
mit Nachbarskindern
mit Schulkameraden
?
wo?
im Kinderzimmer
am Strand
auf dem Spielplatz
auf der Straße vor dem Haus
im Hof oder im Garten hinter dem Haus
im Park
?
was?
Versteckspiel (Wo hast du dich am liebsten versteckt?)
Doktor und Patienten
Räuber und Gendarm

MEIN ARBEITSPARTNER / MEINE ARBEITSPARTNERIN

mit Spielzeug wie (Legosteinen®, Handpuppen, Autos, Zügen)
Brettspiele wie (Monopoly)
___?___

2. Berichten Sie über die Antworten Ihres Partners / Ihrer Partnerin. Benutzen Sie dabei Ihre Notizen aus der Tabelle.

▶ **G** 7.2–7.6 Past Tense

BEISPIEL: Als Kind spielte Lisa oft mit ihrem jüngeren Bruder Thomas zusammen. Sie spielten gern in ihrem Zimmer mit Spielzeug, am liebsten mit Legosteinen®. Wenn es regnete, spielten sie auch öfter Versteckspiele im Haus. Lisa versteckte sich dann am liebsten unter dem Bett, Thomas hinter dem Sofa. Sie spielten auch ab und zu . . .

Lisa spielte aber auch manchmal gern allein in ihrem Zimmer. Dort spielte sie mit ihren Teddybären und anderen Stofftieren. Sie las und sang ihnen vor und tanzte auch mit ihnen. . . .

Lisas drei Kusinen wohnten weit weg von ihr, aber . . .

Ballon Phantasie
Inh.: Emma Klar

Frühling ist Drachenzeit
Lenkdrachen · Baupläne · Zubehör
Isargestade 729, 83 La., Tel. 0871/26054

TEXTARBEIT

 A „Made in Hongkong"

1. Lesen Sie den ersten Absatz der folgenden Geschichte von Franz Hohler.
   a. Zu wem spricht der Erzähler der Geschichte Ihrer Meinung nach? Warum meinen Sie das?
   b. Setzen Sie Klammern um die Frage, die der Erzähler stellt.
   c. Suchen Sie die Definition von „Maden," und unterstreichen Sie sie.
   d. Erklären Sie mit eigenen Worten, was eine „Made" ist.
2. Lesen Sie jetzt den Rest der Geschichte.

Made in Hongkong

von Franz Hohler

¶1 „Made in Hongkong"—das habt ihr sicher schon auf einem eurer Spielzeuge gelesen. Aber wißt ihr auch, was es heißt? Also, ich will es euch erklären. Was Maden sind, wißt ihr, so nennt man die Käfer, wenn sie noch so klein sind, daß sie wie winzige Würmer aussehen.

¶2 In einem Garten lebte einmal eine ganze Schar solcher Maden. Eine davon war besonders klein und wurde von den andern ständig ausgelacht. „Du bringst es nie zu etwas!" sagten sie immer wieder, bis die kleine Made so wütend wurde, daß sie sagte: „Ich bringe es weiter als ihr alle. Ich komme bis nach Hongkong!" und schnell davonkroch.

¶3 „Viele Grüße!" riefen ihr die andern nach, „und laß es uns wissen, wenn du in Hongkong angekommen bist!"

¶4 Die Made kroch zum Flughafen und konnte sich dort im Spalt einer großen Kiste verstecken. Der Zufall wollte es, daß diese Kiste nach Hongkong geflogen wurde, aber das war noch nicht alles. Die Kiste war nämlich voll Gold, und deshalb wurde sie in Hongkong auf dem Flughafen von Räubern gestohlen, die damit davonfuhren und sie in einem verlassenen Keller versteckten. Nachher wollten sie eine zweite solche Kiste rauben, wurden aber dabei von der Polizei erschossen.

¶5 Jetzt wußte niemand mehr, wo die Kiste mit dem Gold war, außer unserer Made. Die überlegte sich, wie sie ihren Maden zu Hause mitteilen konnte, daß sie in Hongkong angekommen war. Dabei kam ihr in den Sinn, daß im Garten, wo sie lebten, ein großer Sandhaufen war, in dem viele Kinder spielten. Deshalb kaufte sie mit ihrem Gold alle Spielzeugfabriken in ganz Hongkong und befahl sofort, daß man auf jedes Spielzeug, das nach Europa verkauft wurde, die Nachricht draufdrucken mußte: „Made in Hongkong".

¶6 Ich kann euch sagen, die Maden machten große Augen, als sich die Kinder im Sandhaufen laut vorlasen, was auf ihren neuen Spielzeugen stand. „Habt ihr das gehört?" flüsterten die Maden einander zu, „die ist tatsächlich angekommen."

¶7 Viele von ihnen versuchten daraufhin auch, die Reise zu machen, aber keiner gelang es, die eine flog mit einer Pendeluhr nach Amsterdam, die andere versteckte sich in einem Sandwich und wurde unterwegs aufgegessen, und die meisten kamen nicht einmal bis zum Flughafen, weil sie ihn entweder nicht fanden oder vorher von einem Vogel aufgepickt wurden.

¶8 Klein sein allein genügt eben nicht, es gehört auch noch etwas Glück dazu.

Eine Zusammenfassung der Handlung

Bringen Sie die folgenden Sätze in die richtige Reihenfolge. Lesen Sie dann die daraus resultierende Zusammenfassung der Handlung laut vor.

G 10.1 Passive Voice: Present and Past Tenses

G 12.9 Sentence Bracket: Dependent Word Order

_____ Die Made fragte sich, wie sie den anderen Maden zu Hause mitteilen konnte, daß sie in Hongkong angekommen war.

_____ Die Räuber versteckten die Kiste in einem verlassenen Keller.

_____ Die Made befahl, daß man die Wörter „Made in Hongkong" auf jedes Spielzeug druckte, das nach Europa verkauft wurde.

_____ Die Kiste mit der Made darin wurde nach Hongkong geflogen.

_____ Die Made nahm das Gold und kaufte damit alle Spielzeugfabriken in ganz Hongkong.

_____ Weil die Kiste voll Gold war, wurde sie auf dem Flughafen in Hongkong von Räubern gestohlen.

_____ Andere Maden versuchten auch, eine Reise nach Hongkong zu machen, aber es gelang ihnen nicht.

___1___ Eine Made, die besonders klein war, wurde ständig von den anderen kleinen Maden ausgelacht.

_____ Die Räuber wurden von der Polizei erschossen, als sie versuchten, eine zweite Kiste zu stehlen.

_____ Die Made versteckte sich im Spalt einer großen Kiste.

_____ Die Kinder im Sandhaufen lasen einander die Wörter „Made in Hongkong" auf ihren neuen Spielwaren laut vor.

_____ Die Made wurde wütend und beschloß, nach Hongkong zu reisen.

_____ Die Made kroch zum Flughafen.

 Stil und Form

Besprechen Sie die folgenden Elemente der Geschichte.

1. **Titel:** Der Titel wird als Ausdruck zweimal in der Geschichte wiederholt. Machen Sie jedesmal einen Kreis um den Ausdruck, wenn Sie ihn sehen. Was bedeutet dieser Ausdruck in der Geschichte? Was bedeutet er im wirklichen Leben?
2. **Höhepunkt:** Was ist Ihrer Meinung nach der Höhepunkt der Geschichte? Markieren Sie ihn mit einem Sternchen (*), und dann erklären Sie Ihre Antwort.
3. **Dialog:** Unterstreichen Sie jedes Beispiel von direkter Rede. Welchen Effekt hat die direkte Rede in dieser Geschichte?
4. **Figuren:** Wer spielt die Hauptrolle in dieser Geschichte? Wer spielt die Nebenrollen? Warum?

5. **Moral:** Suchen Sie die Moral dieser Geschichte, wie sie im Text erscheint, und unterstreichen Sie sie zweimal. Erklären Sie sie dann mit eigenen Worten. Überlegen Sie auch, inwiefern diese Moral Ihrer Meinung nach gut oder nicht so gut zu der Geschichte paßt.

6. **Phantasie und Realität:** Suchen Sie Beispiele von Phantasie in der Geschichte. Suchen Sie Beispiele von Realität. Welchen Effekt hat diese Mischung von Phantasie und Realität?

PHANTASIE IN DER GESCHICHTE	REALITÄT IN DER GESCHICHTE
Maden benehmen sich wie Menschen: Sie sprechen und lachen über eine andere Made, weil sie besonders klein ist. Eine Made . . .	Maden sehen wie winzige Würmer aus. Die Maden leben . . .

Definition von „Fabel"

1. Lesen Sie die folgende Definition von „Fabel".

G 3.10 Relative Pronouns

> Die Fabel
>
> - ist eine heitere Tierdichtung (Erzählung oder Gedicht), in der Tiere (oder auch andere Lebewesen) die Hauptrollen spielen und sich wie Menschen benehmen.
> - hat eine einfache Handlung, die in Wirklichkeit unmöglich und unlogisch ist.
> - schreibt jeder Tiergattung stereotypisch definierte menschliche Charaktereigenschaften zu: Der Fuchs ist schlau und listig, der Löwe majestätisch, der Esel dumm, die Eule weise und so weiter.
> - erlaubt es dem Dichter / der Dichterin somit, unbequeme Wahrheiten über menschliches Handeln und Verhalten auf distanziert-unterhaltsame Weise darzustellen.
> - will entweder moralisch belehren oder aber bestehende politische und soziale Zustände auf satirische Weise kritisieren.
> - endet manchmal mit einem didaktischen Nachsatz, der die Moral oder praktische Lebensweisheit der Fabel genau erklären soll.

2. Ist „Made in Hongkong" Ihrer Meinung nach eine Fabel? Lesen Sie die Definition noch einmal, und erklären Sie Ihre Antwort Punkt für Punkt.

Ihre eigene Fabel

1. Wählen Sie Idee A oder Idee B für eine Fabel.
2. Skizzieren Sie stichwortartig die Haupthandlung und die Moral Ihrer Fabel.

3. Schreiben Sie die Fabel mit Hilfe Ihrer Notizen.
4. Lesen Sie der Klasse Ihre Fabel laut vor.

Idee A: Entwickeln Sie das folgende Handlungsschema für Ihre Fabel weiter.

Titel: Made in Germany (USA, Japan, Taiwan, __?__)

Handlung: Endlich wird eine der anderen Maden auch so berühmt wie die Made in Hongkong. Wie kommt diese Made nach Deutschland (in die USA, nach Japan, Taiwan, __?__)? Warum und auf welches Produkt werden die Wörter „Made in Germany (USA, Japan, Taiwan, __?__)" gedruckt? Wie hören die anderen Maden davon?

Moral: Klein sein allein genügt eben nicht, es gehört auch noch (etwas Glück) dazu.

Idee B: Schreiben Sie eine Fabel über ein Tier oder mehrere Tiere Ihrer Wahl. Wählen Sie zuerst eine Moral, die Ihre Fabel darstellen soll. Sie kann eine Variante der Moral von „Made in Hongkong" oder ein Sprichwort sein.

VARIANTEN DER MORAL

Es ist nicht genug, __?__ zu sein, man muß auch __?__ sein.

aggressiv	groß	schnell
charmant	intelligent	schön
fleißig	klug	stark
freundlich	nett	vorsichtig
glücklich	neugierig	__?__

SPRICHWÖRTER

Auf des Nachbarn Feld steht das Korn immer besser.
Der Spatz in der Hand ist besser als die Taube auf dem Dach.
Übung macht den Meister.
Ein Unglück kommt selten allein.
Stille Wasser gründen tief.
Wer im Glashaus sitzt, soll nicht mit Steinen werfen.
__?__

»Klein, aber oho...«

Wir sind nicht die GRÖSSTEN, aber die STÄRKSTEN!! UMZÜGE DAUL TEL.: 58 40 40 schnell – zuverlässig – preiswert

Made in Dresden

 Von der Fabrik zum Verbraucher

Die Made in „Made in Hongkong" stellte in ihren Fabriken Spielwaren her und verkaufte sie nicht nur in Hongkong, sondern auch in Europa. Ist das alles aber wirklich so einfach?

1. Stellen Sie sich vor, Sie haben ein neues Spielzeug hergestellt, und Sie wollen es auf den Markt bringen. Was ist Ihrer Meinung nach am wichtigsten (*)? sehr wichtig (+)? wichtig (∨)? unwichtig (−)?

_____ Leute müssen das Spielzeug am Namen erkennen.

▶ **G** 6.10 Modals

_____ Das Spielzeug muß von ausgezeichneter Qualität sein.

_____ Kaufleute müssen mit dem Spielzeug handeln wollen.

_____ Eltern, Großeltern und andere Erwachsene müssen ihren Kindern, ihren Enkelkindern oder anderen Kindern das Spielzeug schenken wollen.

_____ Das Spielzeug muß eine erfolgreiche Werbekampagne haben: Man muß es in Werbesendungen, auf Reklamepostern und in Anzeigen in Zeitungen und Zeitschriften sehen.

_____ Kinder müssen das Spielzeug haben wollen.

_____ Das Produkt muß preiswert sein.

_____ Wenn man einen Schaufensterbummel macht, muß man das Spielzeug sofort in den Fenstern der besten Geschäfte sehen.

_____

_____

2. Stellen Sie sich jetzt vor, Sie sind in einer deutschen Stadt und wollen ein Geschenk für ein Kind (Ihren Neffen, Cousin, Sohn, __?__ / Ihre Nichte, Kusine, Tochter, __?__) kaufen. Sie öffnen das Anzeigenblatt und schauen sich die Anzeigen für Spielwarengeschäfte an. In welches Geschäft wollen Sie gehen, um das Geschenk zu kaufen? Warum?

BEISPIEL: Mein vierjähriger Neffe hat in ein paar Wochen Geburtstag. Zur Zeit ist er total fasziniert von Dinosauriern, Drachen und Monstern aller Art. Er kann gar nicht genug Geschichten darüber hören oder Kinderfilme damit sehen. Deswegen will ich zu „Feuerdrachen" gehen. Hoffentlich kann ich dort einen kleinen, grünen, feuerspuckenden Stoffdrachen mit roten Flecken finden, der so aussieht wie der Drache Kasimir in seinem Lieblingsbilderbuch. Darüber würde er sich bestimmt riesig freuen. Ich kann ihn jetzt schon mit seinem neuen Stoff-Kasimir durch die ganze Wohnung rennen sehen.

 ## Ein Quiz zum Spaß: Werbung und Sie

Kreuzen Sie „ja" oder „nein" an.

1. Schauen Sie sich die Anzeigen und Reklameseiten in Zeitungen und Zeitschriften an? Ja. _____ Nein. _____

2. Lesen Sie Werbetexte? Ja. _____ Nein. _____

3. Sehen Sie sich die Werbesendungen im Fernsehen gern an?
Ja. _____ Nein. _____

4. Singen Sie oft die Jingles, oder wiederholen Sie die Werbeslogans, die Sie im Fernsehen oder im Radio gehört haben?
Ja. _____ Nein. _____

5. Erinnern Sie sich immer an die Namen von Produkten, die Sie durch Werbung kennengelernt haben? Ja. _____ Nein. _____

6. Kaufen Sie manchmal Produkte, weil Sie sie in der Zeitung, auf einem Reklameplakat oder im Fernsehen gesehen haben?
Ja. _____ Nein. _____

7. Gehen Sie manchmal in ein Restaurant oder in ein Geschäft, für das man im Radio oder Fernsehen geworben hat? Ja. _____ Nein. _____

8. Wenn Sie einen Werbespruch hören oder eine Werbesendung sehen, vergessen Sie dann leicht Ihre Probleme und Sorgen?

   Ja. _____ Nein. _____

9. Glauben Sie alles, was Sie in der Werbung hören und sehen?

   Ja. _____ Nein. _____

10. Empfehlen Sie manchmal jemandem ein Produkt, das Sie erst durch Werbung kennengelernt haben? Ja. _____ Nein. _____

Resultate: Wenn Sie neun bis zehn ja-Antworten haben, sind Sie der Traum aller Werbeagenturen. Auf Verbraucher wie Sie haben deren Werbekampagnen den größten Effekt.

Wenn Sie fünf bis acht ja-Antworten haben, werden Sie durch Werbung etwas beeinflußt.

Wenn Sie drei bis vier ja-Antworten haben, interessiert Sie die Werbung manchmal, aber Sie haben Ihre eigene Meinung.

Wenn Sie null bis zwei ja-Antworten haben, hören und sehen Sie Werbung fast nie. Sie sind in Ihrem Konsumverhalten nicht leicht zu beeinflussen.

 Ein Gedicht über Reklame

Lesen Sie das folgende Gedicht mehrere Male.

Zur Textarbeit und Diskussion

1. **Form:** Schauen Sie sich das ganze Gedicht an. Welche Zeilen sehen Ihrer Meinung nach wichtiger aus: die kursiv gedruckten oder die normal gedruckten?
2. **Wortwahl:**
   a. Unterstreichen Sie jetzt einzelne Wörter im Gedicht, die Sie mit „Dunkelheit" assoziieren.
   b. Machen Sie einen Kreis um einzelne Wörter, die Sie mit „Heiterkeit" (Glücksgefühle, Helligkeit) assoziieren.
   c. Setzen Sie Klammern um die Präpositionalphrasen. Welche davon wird fünfmal wiederholt? dreimal? zweimal? einmal? Welchen Effekt hat die Wiederholung von diesen Ausdrücken?

Reklame

von Ingeborg Bachmann

Wohin aber gehen wir

ohne Sorge sei ohne Sorge

wenn es dunkel und wenn es kalt wird

sei ohne Sorge

aber   5

mit Musik

was sollen wir tun

heiter und mit Musik

und denken

heiter   10

angesichts eines Endes

mit Musik

und wohin tragen wir

am besten

unsre Fragen und den Schauer aller Jahre   15

in die Traumwäscherei ohne Sorge sei ohne Sorge

was aber geschieht

am besten

wenn Totenstille

                                           20

eintritt

Jetzt wäscht zusammen, was zusammen gehört.

3. **Stimmen:** Man hört zwei Stimmen im Gedicht. Welche vier Fragen stellt die eine Stimme? Woher kommt diese Stimme? Welche Aufforderung(en) gibt einem die andere Stimme? Warum konkurrieren diese zwei Stimmen miteinander?

4. **Leere Zeile:** Warum steht in der vorletzten Zeile des Gedichts nichts?

5. **Kontraste und Stimmungen:** Wie hat die Dichterin Kontraste hervorgebracht? Beschreiben Sie die zwei verschiedenen Stimmungen (Atmosphären), die die Dichterin geschaffen hat. Welche dauert länger? Warum?

6. **Titel:** Warum heißt das Gedicht „Reklame"? Was meinen Sie?

7. **Bedeutung:** Was bedeutet dieses Gedicht Ihrer Meinung nach? (Versuchen Sie, diese Frage mit nur einem einzigen Satz zu beantworten.)

Probleme, Sorgen und Entspannung

....

1. Sprechen Sie mit einem Studenten / einer Studentin. Fragen Sie ihn/sie,

   - welche Probleme er/sie zur Zeit hat.
   - worum/worüber er/sie sich manchmal Sorgen macht.
   - wie er/sie sich entspannt und alle Probleme und Sorgen vielleicht vorübergehend vergißt.

   Ihr Partner / Ihre Partnerin soll die Fragen beantworten und seine/ihre Antworten kurz erklären.

   BEISPIEL: S1: Was für Probleme hast du im Moment?
   S2: Ich habe momentan Familienprobleme. Meine Familie will, daß ich den Sommer zu Hause verbringe. Ich will aber an der Uni bleiben und mir hier in der Stadt einen Job suchen. Und du? Hast du auch finanzielle Probleme oder Probleme bei der Arbeitssuche?

2. Machen Sie in den folgenden Spalten einen Kreis um alle Wörter oder Ausdrücke, die Ihr Partner / Ihre Partnerin erwähnt.

VARIANTE 1: Arbeiten Sie in einer Kleingruppe. Machen Sie einen Kreis um die Probleme, Sorgen oder Aktivitäten, die alle Gruppenmitglieder gemeinsam haben.

VARIANTE 2: Machen Sie eine Umfrage unter allen Studenten/Studentinnen im Unterricht: Wer hat Familienprobleme? . . . Wer macht sich Sorgen um die Gesundheit? . . . Wer schläft, um sich zu entspannen? . . . Zählen Sie die Studenten/Studentinnen, die bejahend auf jede einzelne Frage antworten, und schreiben Sie die Anzahl hinter den entsprechenden Ausdruck.

PROBLEME	SORGEN	ENTSPANNUNG	
Familie	Gesundheit	schlafen	tanzen
Studium	Noten	lange Spaziergänge machen	einkaufen
Geld	Zukunft	Musik hören	ins (Kino) gehen
Wohnungssuche	Hunger in der Welt	in ein Journal schreiben	(Tennis) spielen
Arbeitssuche	Umwelt	Freunde anrufen	meditieren
Job	Kriminalität	auf Partys gehen	fernsehen
?	?	lang und laut lachen	?

3. Berichten Sie mündlich oder schriftlich über die Resultate Ihres Gesprächs (oder Ihrer Umfrage).

 ## Werbung: Effektiv oder ineffektiv?

....

Bearbeiten Sie die folgenden Aufgaben allein, mit einem Partner / einer Partnerin oder in einer Kleingruppe.

1. **Notizen:** Suchen Sie in einer Zeitung oder Zeitschrift nach einer Anzeige, die Sie interessant finden. Machen Sie sich dazu Notizen in der Tabelle.

Produkt:	
Name des Produktes:	
Bild/Foto (Leute, Tiere, Dinge, Landschaft):	
Farben im Bild/Foto:	
Stimmung der Anzeige:	
Slogan:	
Werbetext (wenn es einen gibt):	
Größe der Anzeige:	
Sonstiges:	

2. **Beschreibung:** Beschreiben Sie die Anzeige mit Hilfe Ihrer Notizen.
3. **Analyse:** Analysieren Sie jetzt die Anzeige.

- Welchen Effekt hat sie auf die Leser/Leserinnen? Woran denkt man, wenn man sich diese Anzeige ansieht? Denkt man an den Sommer? an Liebe? an Ruhe? an Spaß? an Partys? __?__
- Verspricht die Anzeige Gesundheit, Freunde, ein besseres Leben, Sex-Appeal, __?__, wenn man dieses Produkt kauft, trägt oder benutzt? __?__ Welche Wunschvorstellung soll einem in den Sinn kommen?

  „Wenn ich nur __?__ hätte, dann hätte ich auch __?__ "

kaufte,	könnte ich . . .
benutzte,	würde ich . . .
tränke,	wäre ich . . .
äße,	__?__
__?__	

  ▶ **G** 9.1–9.2 Subjunctive II: Present Tense and Usage

- Welche Bevölkerungsgruppen will die Werbeagentur mit dieser Anzeige besonders ansprechen? (Männer? Frauen? Kinder? Teenager? Senioren? Seniorinnen? Eltern? Berufstätige? Arbeitslose? __?__)

- Glauben Sie, daß die Anzeige den gewünschten Effekt hat? Wenn ja: Inwiefern? Wenn nein: Warum nicht?

4. **Vortrag:** Tragen Sie den anderen Studenten und Studentinnen Ihre Beschreibung und Analyse der Anzeige vor.

WEITERFÜHRUNG

A Konsumgüter

1. Welche Konsumgüter haben Sie schon? Welche möchten Sie gern kaufen? Woher kommen die Produkte, die Sie haben oder wollen? Füllen Sie die Tabelle aus.

	habe ich schon	möchte ich kaufen	kommt/kommen aus
ein Auto			
ein(en) Computer			
ein Fahrrad			
ein(en) Fernseher			
ein(en) Videorecorder			
eine Kamera			
Kleidung			
ein Radio			
ein(en) CD-Spieler			
Schuhe			
Holzmöbel (Tisch, Stühle usw.)			
?			

2. Sprechen Sie jetzt mit einem Studenten / einer Studentin über Konsumgüter. Benutzen Sie dabei Ihre ausgefüllte Tabelle.

BEISPIEL:
S1: Hast du ein Auto?
S2: Ja, ich habe einen alten japanischen Gebrauchtwagen.
S1: Ich habe momentan kein Auto, aber eines Tages will ich mir einen Mercedes kaufen.
S2: Mercedes kommen aus Deutschland und kosten viel Geld.
S1: Genau. Ich kann mir erst einen leisten, wenn ich berufstätig bin und viel Geld verdiene.

▶ **G** 2.6 Nouns with *der-* and *ein-*Words in the Accusative Case

G 4.5 Attributive Adjectives in the Accusative Case

 ## B Produkte aus fernen Ländern

Lesen Sie den Text des Cartoons.

WISSEN IST MACHT

Jutta Bauer

▶ **G** 11.3 Subordinating Conjunctions

12.9 Sentence Bracket: Dependent Word Order

10.1 Passive Voice: Present and Past Tenses

Zum Verständnis

G 5.5 *da-* and *wo-* Compounds with Prepositions

1. Aus welchem Land kommen die Schuhe der Frau? Von wem werden dort die meisten Schuhe genäht?
2. Woher kommen ihre Klamotten (Kleidung)? Was muß eine Frau in diesem Land machen, wenn sie dazu gezwungen ist, sich ihren Lebensunterhalt in einer Fabrik zu verdienen?
3. Warum wird der Kaffee immer billiger?
4. Woher kommen viele Blumen? Was passiert mit den Frauen, die dort auf den Blumenplantagen arbeiten?
5. Woher kam das Leder für das Sofa? Wer gerbt das Leder in den Fabriken da?
6. Wozwischen schwankt die Frau, wenn sie an diese Probleme denkt?

Zur Diskussion: Beschreiben Sie kurz das Dilemma der Frau. Was sollen Verbraucher wie diese Frau und wie Sie machen?

- sich nicht darum sorgen
- ruhig Konsumgüter aus der ganzen Welt kaufen und einfach nicht an die Folgen denken
- an die Probleme denken, aber gar nichts dagegen tun
- gegen Unrecht protestieren
- auf bestimmte Konsumgüter verzichten (ohne diese Sachen leben)
- Lösungen suchen, die für alle fair sind
- ____ ?

Blumen aus der Dritten Welt

1. Überfliegen Sie den folgenden Auszug aus einem Artikel, der in „Freitag", der „Ost-West Wochenzeitung" in Berlin erschien.

Frank Braßel über ein unverblümtes Geschäft

Was Blumen erzählen könnten

Blumen sind ein Sinnbild für Schönheit, mit Blumen wollen wir ein Stück Natur in unsere Wohnungen holen. Der Verkauf von Blumen ist in der Nachkriegszeit kontinuierlich gestiegen und hat heute ein Milliardenvolumen. Jeder Bundesbürger gibt im Durchschnitt 145 DM im Jahr für Blumen aus. Soviel verdient eine Arbeiterin in den Blumenfeldern Kolumbiens in einem Monat. Kolumbien ist das wichtigste Exportland von Blumen in der Dritten Welt, belegt auf dem Weltblumenmarkt den zweiten Rang hinter den Niederlanden.

Daß viele Blumen in unseren Geschäften aus den Ländern der südlichen Hemisphäre kommen, ist weitgehend unbekannt. Es ist auch eine relativ junge Entwicklung. 1965 entdeckten Geschäftsleute aus den USA die hervorragenden natürlichen Gegebenheiten der Hochebene um die kolumbianische Hauptstadt Bogotá für den Blumenanbau. Dort herrschen das ganze Jahr über frühlingshafte Temperaturen, es gibt viel Sonne, wenig Wind und fruchtbaren Boden. Im Gegensatz zu Europa ist der Bau von Gewächshäusern nicht nötig, es reicht eine leichte Plastiküberdachung. All das sind wichtige Kostenvorteile gegenüber den europäischen und nordamerikanischen Blumenproduzenten. Hinzu kommt, daß die 140 000 Beschäftigten in Kolumbiens Blumenindustrie – zu 80% sind es Frauen – nur geringe Löhne erhalten. So lohnt sich der Anbau von Blumen in dem fernen Land, selbst wenn die Nelken, Rosen und Chrysanthemen von der Hochebene von Bogotá mit Flugzeugen in hiesige Gefilde transportiert werden müssen.

2. Suchen Sie die folgenden Informationen im Text, und schreiben Sie sie stichwortartig auf.

    a. warum Leute Blumen wollen: _____

    _____

    b. (1) wieviel Geld jeder durchschnittliche Deutsche im Jahr für

           Blumen ausgibt: _____

      (2) wie lange eine Arbeiterin in den Blumenfeldern Kolumbiens

           arbeiten muß, um soviel Geld zu verdienen: _____

    c. welches Land das wichtigste Exportland von Blumen in der Dritten

       Welt ist: _____

    d. (1) wer die ausgezeichneten natürlichen Gegebenheiten der

           Hochebene um Bogotá für den Blumenbau entdeckte:

           _____

      (2) wann: _____

    e. warum diese Gegend besonders gut für den Blumenanbau ist:

    _____

    _____

    f. (1) wie viele Menschen („Beschäftigte") in

           Kolumbiens Blumenindustrie arbeiten:

           _____

      (2) wie viele davon Frauen sind:

           _____

    g. ob die Arbeiter gut oder schlecht bezahlt

       werden (ob sie geringe [niedrige] oder hohe

       Löhne bekommen): _____

3. Was meinen Sie? Wie kommt es, daß deutsche Blumenfirmen einen Profit machen können, selbst wenn die Blumen aus einem fernen Land kommen und mit Flugzeugen transportiert werden müssen? Was meinen die anderen Studenten und Studentinnen?

„Blumen sind ein Sinnbild für Schönheit, . . . "

Die Welt von Import und Export

1. **Eine Diskussion:** Arbeiten Sie in einer Kleingruppe. Stellen Sie einander die folgenden Fragen, und diskutieren Sie das Pro und Kontra von Import und Export. Machen Sie eine große Tabelle, und füllen Sie sie aus.

	PRO	KONTRA
IMPORT		
EXPORT		

FRAGEN ÜBER IMPORT

- Was für Produkte sollte man unbedingt / auf keinen Fall in Ihr Land einführen? Warum?
- Woher sollten diese Produkte (nicht) kommen? aus Ländern der Dritten Welt? aus Europa? aus Japan? aus China? aus den Philippinen? aus __?__ Warum?
- Wer profitiert von / leidet unter Import? Inwiefern?
- Warum ist Import gut/schlecht für die Wirtschaft Ihres Landes / die Weltwirtschaft?

FRAGEN ÜBER EXPORT

- Was für Produkte sollte man (nicht) aus Ihrem Land exportieren?
- In welche Länder sollten diese Waren (nicht) ausgeführt werden? Warum?
- Wer profitiert von / leidet unter Export? Inwiefern?
- Warum ist Export gut/schlecht für die Wirtschaft Ihres Landes / die Weltwirtschaft?

PRODUKTE	FAKTOREN ZUM ÜBERLEGEN
Autos	Preise/Inflation/Einkommen
Medikamente/Arzneimittel	Arbeitsplätze (Jobs)
Kleidung	Arbeitsbedingungen
Computer/Elektronik	Lebensstandard
Blumen	Umwelt
Holzmöbel	Freundschaft unter Nationen
Weine/Spirituosen	Gesellschaft
Lebensmittel	Gesundheit
Industriemaschinen	Kinder
Waffen/Atomwaffen	Frieden (Harmonie, Ruhe)
Öl	Zukunft
Tabak (Zigaretten/Zigarren)	__?__
__?__	

▶ **G** 5.1 Prepositions with Accusative Case

2. **Eine Debatte:** Ist Ihre Gruppe im allgemeinen für oder gegen Import/Export? Argumentieren Sie jetzt mit Hilfe Ihrer Notizen gegen eine Gruppe, die eine gegenteilige Meinung vertritt. (Siehe Kapitel 4, Textarbeit 3 B, Ausdrücke zur Meinungsäußerung.) Fangen Sie zum Beispiel so an:

- Alles in allem sind wir für den Import von mehr ausländischen Produkten, denn . . .
- Im großen und ganzen sind wir gegen den Import von Waren aus dem Ausland, weil wir der Überzeugung sind, daß . . .
- Wir sind generell für soviel Import und Export wie nur möglich, weil . . .
- Wir sind einstimmig der Meinung, daß der Export von einheimischen Gütern in andere Länder, vor allem nach . . . , erweitert werden muß. Der Hauptgrund dafür ist . . .

 Schaufenster

1. **Zeitungsartikel:** Lesen Sie die Auszüge aus einem Zeitungsartikel über Schaufenster.

2. **Die Meinung des Autors:** Welchen Punkten stimmen Sie zu?

   _____ a. „Das Schaufenster ist eine ganz unmoralische Erfindung".

   _____ b. „Schaufenster sollen und wollen locken und verführen"—und sie tun es. (Schaufenster wirken als Reklamen. Die schönen Schaufensterdekorationen laden die Passanten ins Geschäft ein, wo sie dann etwas kaufen sollen, selbst wenn sie eigentlich überhaupt nichts brauchen.)

   _____ c. „Für das, was wir zum täglichen Leben nötig haben, das Brot und die Butter—dazu braucht man keine Schaufenster."

   _____ d. Schaufenster sind „schön, lustig und—gefährlich".

3. **Ihre Meinung zum Artikel:** Finden Sie den Artikel

   _____ interessant? _____ kritisch? _____ satirisch?

   _____ wahr? _____ sensationell? _____ übertrieben?

   _____ ?

4. **Spekulation:** „Sage mir, vor welchem Schaufenster du stehenbleibst, und ich werde dir sagen, wer du bist—und was du denkst."

   - Fragen Sie einen Arbeitspartner / eine Arbeitspartnerin einfach: Vor welchem Schaufenster bleibst du oft lange stehen? (Er/Sie soll die Frage mit dem Namen eines Geschäfts oder eines Kaufhauses beant-

     worten: Ich bleibe oft vor _____ stehen.)
   - Spekulieren Sie dann. Raten Sie, woran Ihr Partner / Ihre Partnerin denkt.
   - Ihr Partner / Ihre Partnerin soll Ihnen dann sagen, ob Sie recht haben. Er/Sie soll Ihnen ehrlich sagen, warum er/sie lange vor diesem Schaufenster stehenbleibt.
   - Fragen Sie Ihren Partner / Ihre Partnerin, wie er/sie sich fühlt, wenn er/sie die Sachen im Schaufenster anschaut.

Psychologie des Schaufensters

Von Hans Neumeister

Sage mir, vor welchem Schaufenster du stehenbleibst, und ich werde dir sagen, wer du bist – und was du denkst!

Schaufenster? Eigentlich ist das eine ganz unmoralische Erfindung. Sie sollen und wollen locken und verführen Für das, was wir zum täglichen Leben nötig haben, das Brot und die Butter – dazu braucht man keine Schaufenster. Oder haben Sie schon mal einen Bäckermeister gesehen, der seine Auslagen so sorgsam dekoriert wie der Juwelier oder jene Dame, die so häufig „Modes" heißt? Schaufenster wollen verführen. Und sie tun es. Was für Gedanken, Wünsche und Träume haben sie auf dem Gewissen? Unerfüllbare Wünsche manchmal und nicht zu verwirklichende Träume. Sehnsucht und Hoffnung, Freude und Glück. Aber auch Begierde, Unzufriedenheit und Neid, ja Unglück und Verbrechen. Schön, lustig und – gefährlich sind sie. Wie alles, was lockt, reizt und – verführt.

▶ **G** 12.9 Sentence Bracket: Dependent Word Order

WORTSCHATZ

Adjektive und Adverbien

□ **ab und zu**	now and then, occasionally
□ **allein**	alone
□ **effektiv**	effective(ly)
□ **gefährlich**	dangerous(ly)
□ **gestattet**	allowed, permitted
□ **groß**	big, large
□ **inwiefern**	in what way; to what extent
□ **neu**	new
□ **wütend**	furious(ly)

Substantive

□ die **Analyse, -n**	analysis
□ der **Artikel, -**	article
□ der **Auszug, ̈e**	excerpt
□ das **Bedürfnis, -se (nach)**	need (for)
□ die **Beschreibung, -en**	description
□ die **Blume, -n**	flower
□ das **Brettspiel, -e**	board game
□ der **Effekt, -e**	effect
□ der **Export, -e** / das **Exportieren**	export/exporting
□ die **Fabel, -n**	fable
□ das **Fernsehen: im Fernsehen**	television: on TV
□ der **Fernseher, -**	TV set
□ der **Flughafen, ̈**	airport
□ der **Garten, ̈**	garden
□ die **Gesundheit**	health
□ das **Glück**	luck; happiness
□ die **Idee, -n**	idea
□ der **Import, -e** / das **Importieren**	import/importing
□ die **Konsumgüter** (*Pl.*)	consumer goods
□ die **Made, -n**	maggot
□ die **Moral**	moral; morality; ethics; morale
□ die **Musik**	music
□ der **Name, -n** (*schwach*)	name
□ der **Plan, ̈e**	plan; map
□ die **Polizei**	police
□ das **Produkt, -e**	product
□ der **Punkt, -e**	point
□ der **Rasen, -**	lawn
□ der **Räuber, -** / die **Räuberin, -nen**	robber
□ die **Realität, -en**	reality
□ die **Reklame, -n**	advertising; publicity; *coll.* ad, commercial
□ die **Ruhe**	peace and quiet

□ die **Sache, -n**	thing, item
□ der **Sandhaufen, -**	sand pile
□ das **Schaufenster, -**	display window
□ der **Sinn, -e**	sense; meaning; mind; *pl.* senses
□ die **Sorge, -n**	care, worry
□ der **Spielplatz, ̈e**	playground
□ das **Spielzeug**	toy(s)
□ die **Stimme, -n**	voice
□ die **Stimmung, -en**	mood
□ das **Stofftier, -e**	toy stuffed animal
□ der **Verbraucher, -** / die **Verbraucherin, -nen**	consumer
□ die **Werbesendung, -en**	TV commercial
□ die **Werbung**	advertising
□ die **Zeitschrift, -en**	magazine
□ die **Zeitung, -en**	newspaper

Verben

□ **analysieren**	to analyze
□ **assoziieren**	to associate
□ **beantworten**	to answer
□ **beeinflussen**	to influence
□ **betreten***	to walk on, step on to
□ sich **entspannen**	to relax
□ **darstellen** (*trenn.*)	to portray
□ **erschießen***	to shoot dead
□ **exportieren**	to export
□ **fernsehen***	to watch TV
□ **fliegen*** (**ist/hat**)	to fly
□ **genügen**	to be enough, sufficient
□ **importieren**	to import
□ **konkurrieren**	to compete
□ **kriechen*** (**ist**)	to crawl
□ **mitteilen** (*trenn.*)	to inform
□ **profitieren** (**von**)	to profit (from)
□ **schwanken**	to sway; to fluctuate
□ sich **sorgen** (**um**)	to worry (about)
□ **tanzen**	to dance
□ **verdienen**	to earn
□ sich **verstecken**	to hide (oneself)
□ **versuchen**	to try
□ **vorlesen*** (*trenn.*)	to read aloud
□ **zerbrechen***	to smash (to pieces)

Nützliche Wörter und Ausdrücke

□ **in den Sinn kommen***	to come to mind

Weitere Wörter, die ich lernen will:

_____

_____

_____

9

Tiere und Tierfreunde

„Zoologischer Garten I" von Auguste Macke (1912)

Zum Nachdenken
Was ist Ihr Verhältnis zu Tieren?

Text
„Ein Hund" von Helga Schubert. 182

▶ **G** 3 Pronouns

HINFÜHRUNG

A Im Zoogeschäft

Schauen Sie sich das Bild an, und lesen Sie dann die folgenden Beschreibungen.
Schreiben Sie den Buchstaben jeder Beschreibung in die Kreise auf dem Bild,
um so jedes Tier und jeden Gegenstand zu identifizieren.

1. In diesem **Vogelkäfig (Vogelbauer)**
   a. lebt ein **Wellensittichpärchen**. Diese kleinen Vögel sind beliebte
      Haustiere.
   b. Vögel haben keine Haare, sondern Federn. Ein Wellensittich verliert
      gerade eine **Feder**.
   c. Die Vögel brauchen zwei Näpfe: einen **Napf** für Futter und einen
      Napf für Wasser.
   d. Zum Klettern haben die Vögel eine **Kletterstange**.
   e. Wenn sie auf der **Schaukel** sitzen, können die Vögel hin und her
      schwingen.
2. Neben dem Vogelkäfig steht ein **Brutkasten**. Wenn man Vögel züchten
   will, braucht man einen Brutkasten, um die Kleinen warm zu halten.
   f. Dieser Brutkasten ist **mit Sägespänen** ausgepolstert.

3. In diesem **Terrarium** lebt
   g. eine **Schlange**.
   h. Im nächsten Terrarium lebt eine **Schildkröte**.
   i. Der harte **Panzer** der Schildkröte schützt ihren Körper.

4. Im **Aquarium** leben
   j. zwei **Kampffische:** ein Kampffischmännchen und ein Kampffischweibchen. Zusammen sind sie ein Kampffischpärchen.
   k. Die Fische fressen **Wasserflöhe** und Würmer.
   l. Die Fische fressen die Würmer, wenn sie aus den Löchern im **Behälter** (Container) kommen.
   m. Auf dem Boden des Aquariums steht ein **Zierstein**.
   n. Die Fische können durch das **Loch** im Zierstein schwimmen.
   o. **Schnecken** leben auch im Aquarium.
   p. Eine **Sauerstoffpumpe** pumpt Sauerstoff ins Wasser.
   q. Aus der Pumpe kommen **Luftbläschen**.

5. Im **Glasbecken** lebt
   r. ein **Frosch**. Dieser Frosch ist ein australischer Krallenfrosch.
   s. Er hat **Krallen** an den Enden seiner Zehen.
   t. Er hat auch **Schwimmhäute** zwischen den Zehen.

Tierarten, die Sie (nicht) kennen

1. **Tabelle:** Füllen Sie die Tabelle aus. Listen Sie zuerst zehn Tiere in der ersten Spalte auf. Kreuzen Sie dann die Spalte an, die für Sie in bezug auf jedes Tier zutrifft.

▶ **W** S. V.3 *Tiere*

Dieses Tier	hatte ich als Kind.	habe ich jetzt.	habe ich in freier Natur gesehen.	habe ich im Zoo/ Tierpark gesehen.	habe ich nur auf Bildern oder in Filmen gesehen.	kenne ich gar nicht.

2. **Umfrage:** Stellen Sie jetzt anderen Studenten und Studentinnen Fragen über die Tiere, die Sie aufgeschrieben haben. Jeder Student / Jede Studentin sagt mindestens einen Satz über diese Tierart und unterschreibt dann mit seinen/ihren Initialen in der richtigen Spalte in der Tabelle.

BEISPIEL: SIE: John, hattest du als Kind ein Meerschweinchen?

JOHN: Ja, als ich neun Jahre alt war, hatte ich zwei Meerschweinchen, die in einem Käfig in meinem Zimmer lebten.

SIE: Wirklich? Dann schreib bitte deine Initialen hierhin. Amy, hast du vielleicht schon mal Flamingos in einem Park oder Zoo gesehen?

AMY: Nein, aber ich habe viele Bilder davon gesehen.

SIE: Unterschreib dann bitte hier.

3. **Resultate:** Berichten Sie jetzt über die Resultate Ihrer Umfrage.

BEISPIEL: Susan hatte als Kind ein Pferd, und jetzt hat sie zwei Pferde, einen Hund und vier Katzen. Jason hat in Arizona eine Tarantel gesehen, . . .

Interview über Tiere

1. **Interview:** Interviewen Sie einen Studenten / eine Studentin zum Thema Tiere, und machen Sie sich dabei Notizen. Fragen Sie ihn/sie,

- welche Tiere er/sie besonders gern hat.
- welches Tier er/sie am liebsten hat.
- ob es Tiere gibt, die er/sie nicht gern hat.
  Wenn ja: Welche? Warum?
  Wenn nein: Hat er/sie immer alle Tiere gern gehabt?
- ob er/sie ein Haustier hat.
  Wenn ja: Was für ein Tier ist es? Wie heißt es? Wie alt ist es? Welche Farbe hat es? . . .
  Wenn nein: Warum nicht?
- ob er/sie als Kind ein Haustier hatte.
  Wenn ja: Wann und wie hat er/sie es bekommen? Wie lange hat es gelebt?
  Wenn nein: Warum nicht?
- ob es einmal ein Tier gab, das er/sie besonders gern haben wollte, aber nicht haben durfte.
  Wenn ja: Er/Sie soll Ihnen davon erzählen.
- ob er/sie jetzt ein Tier haben möchte.
  Wenn ja: Welches? Warum? Er/Sie soll Ihnen dieses Tier beschreiben. Warum hat er/sie dieses Tier noch nicht? Wann kann er/sie es vielleicht bekommen? . . .
  Wenn nein: Warum will er/sie kein Haustier haben?

2. **Bericht:** Schreiben Sie die Ergebnisse des vorhergehenden Interviews auf. Wählen Sie eine der folgenden zwei Möglichkeiten.

a. Sie können alles im Interviewformat schreiben, also ein Gesprächsprotokoll anfertigen.

BEISPIEL: Interview mit Mary Stevens

ICH: Mary, welche Tiere hast du besonders gern?

MARY: Ich mag alle Tiere, aber vor allem Krokodile und Schlangen. Exotische Vögel habe ich auch gern.

b. Sie können einen Aufsatz in der dritten Person schreiben.

BEISPIEL: Mary Stevens, Freundin aller Tiere

Es gibt auf der ganzen Welt kein Tier, das Mary Stevens nicht gern hat . . .

 Rollenspiel: Im Zoogeschäft

Stellen Sie sich vor, Sie arbeiten als Verkäufer/Verkäuferin in einem Zoogeschäft. Wie antworten Sie auf die Fragen, die Ihnen Ihre Kunden und Kundinnen stellen? Spielen Sie die Rollen mit zwei bis vier anderen Studenten/Studentinnen. Das Bild und die Beschreibung in Aktivität A geben Ihnen Hinweise. Die Kunden und Kundinnen fangen zum Beispiel so an:

K1: Ich wohne allein und möchte ein kleines Haustier haben, das nicht viel Pflege braucht. Was für ein Tier können Sie mir empfehlen?

K2: Ich möchte einen Vogel. Was muß ich noch zusätzlich dafür kaufen?

K3: Ich möchte ein schönes Aquarium voll exotischer Fische als Geschenk für meinen Mann / meine Frau kaufen. Was empfehlen Sie?

K4: Ich möchte meinem Enkelkind zum Geburtstag ein Haustier schenken. Der Junge wohnt mit seiner Mutter in einer kleinen Wohnung in der Innenstadt. Welches Tier würden Sie in dieser Situation empfehlen?

Die Kunden und Kundinnen können Sie natürlich auch fragen,

- ob das alles viel kosten wird.
- ob Sie auch . . . verkaufen.
- was . . . fressen.
- ob . . . viel Pflege braucht/brauchen.
- ob . . . viel Lärm macht/machen.
- _____?_____

 Die Beziehung zwischen Tieren und Menschen

1. **Jugendliche:** Ein Artikel in der Zeitschrift „JUMA" fing so an: „In vielen deutschen Kinderzimmern wohnen nicht nur Jungen und Mädchen, sondern auch Katzen, Vögel, Fische und andere Tiere. Deutsche Kinder lieben Haustiere. Einige Jugendliche stellen ihre Tiere jetzt vor."

Lesen Sie, was die Jugendlichen sagen, und füllen Sie die Tabelle auf Seite 177 stichwortartig aus.

► **G** 3.2–3.10 Pronouns

ALICE, 14: „Meine Eltern haben mir Bo vor drei Jahren geschenkt. Ich habe ihnen damals versprochen, daß ich den Hund versorge. Das mache ich auch gern. Ich gehe jeden Tag fünf- bis sechsmal mit ihm spazieren. Das erste Mal schon vor der Schule. Bo gehört zur Familie. Ich kann mir nicht vorstellen, daß er irgendwann nicht mehr bei uns ist."

CHRISTOPH, 12: „Unsere Katze heißt Jupp wie mein Vater. Ich mag Katzen am liebsten. Sie machen nicht so viel Arbeit wie andere Tiere. Jupp hat manchmal lebende Mäuse mit nach Hause gebracht. Die mußten wir dann einfangen. Aber das passiert jetzt nicht mehr so oft. Besonders toll ist, wenn Jupp und ich abends beim Fernsehen schmusen."

HEIDE, 14: „Ich habe leider kein eigenes Pferd. Aber ich gehe einmal in der Woche zum Reiterhof. Dort bekomme ich Reitunterricht. Wir reiten durchs Gelände und springen über Barrieren. Natürlich versorge ich die Pferde auch."

ALESSANDRA, 12: „Meine Mutter hat unsere Schildkröte vor zwei Jahren gefunden. Sie war irgendwo weggelaufen. Jetzt wohnt ‚Schildi' in einem kleinen Häuschen auf unserem Balkon. Dort läuft sie den ganzen Tag herum. Wenn es kalt wird, kommt Schildi auch in die Wohnung. Um Punkt fünf Uhr geht sie jeden Tag in ihr Haus schlafen. Man kann mit ihr natürlich nicht spielen. Darum hätte ich gern noch einen Hund."

NADINE, 12: „Ich habe mein Kaninchen Cäsar von meinem Freund Tobias zum Geburtstag bekommen. Meine Eltern waren damit einverstanden. Weil Cäsar viel Dreck macht, wohnt er in einem alten Küchenschrank im Garten. Ich mache sein Häuschen sauber. Das macht mir nichts aus. Manche Leute schlachten ihre Kaninchen und essen sie dann. Das könnte ich niemals. Ich hätte gerne ganz viele Tiere. Später möchte ich Tierärztin werden."

TANJA, 14: „Ich habe Ringo schon sieben Jahre. Damals durfte ich ihn mir bei Verwandten aussuchen, die Kanarienvögel züchten. Wenn wir in Urlaub fahren, geben wir ihn in Pflege. Ich vermisse ihn schon am ersten Tag. Ringo merkt es, wenn wir ihn alleinlassen. Er piepst dann ganz nervös. Ich möchte später auch ein Haustier haben, vielleicht einen Wellensittich oder einen anderen Vogel!"

	TIER	WOHER ES KAM	WAS AN DEM TIER GUT IST	WAS AN DEM TIER NICHT GUT IST
ALICE				
CHRISTOPH				
HEIDE				
ALESSANDRA				
NADINE				
TANJA				

▶ **G** 1.9 Adjectival
Nouns

2. **Erwachsene:** Lesen Sie den
folgenden Zeitungsartikel, und
erklären Sie,

- warum die Zahl der Katzen
  in Deutschland ansteigt.
- welche Effekte Katzen auf
  Alleinlebende haben.

Wie können Katzen oder andere
Haustiere Ihrer Meinung nach
Menschengruppen wie zum
Beispiel Kranken, Behinderten,
Alten oder Berufstätigen
helfen?

Alleinlebende lieben Katzen

MONTREAL (dpa) Singles mögen Katzen: Weil immer mehr Menschen in Deutschland alleine leben, nimmt auch die Zahl der Katzen zu.

Diese Ansicht äußerte die Psychologin Dana Loewy (Bonn) auf einem Kongreß über die Beziehungen zwischen Mensch und Tier. Der Anteil der Singles an der Gesamtbevölkerung sei in den alten Bundesländern von 11,6 Prozent 1978 auf 16,1 Prozent 1990 (zehn Millionen) gestiegen. Im gleichen Zeitraum wuchs, so ermittelte die Expertin, die Zahl der Katzen von 3,6 auf 4,2 Millionen.

Eine Katze könnte Einfluß auf Lebensstil und Selbsteinschätzung der Alleinlebenden haben, meint die Psychologin. Für Singles mit Katze seien Kommunikation, Freundschaft und Individualität wichtig. Sie seien extrovertierter.

„Mutti, Vati, ist er nicht groß
und freundlich und wunderbar und . . . und . . . ? Darf
ich ihn vielleicht mit nach
Hause bringen?"

Haustiere: Das Pro und Kontra

Tragen Sie Argumente sowohl für als auch gegen die Haltung von Haustieren zusammen, und schreiben Sie sie stichwortartig auf. Überlegen Sie sich,

- wieviel Zeit und Pflege ein Tier erfordert.
- was ein Tier zu seinem Wohlbefinden braucht.
- wieviel ein Tier und seine Pflege kosten.
- welche Rolle ein Tier im Haushalt spielt.
- was man von Tieren lernen kann.
- wie Tiere Menschen helfen können und umgekehrt.
- ___?___

Benutzen Sie dabei auch Ihre Notizen und Ideen aus Aktivität E.

VARIANTE 1: Arbeiten Sie in einer Kleingruppe. Vergleichen Sie Ihre Listen mit denen der anderen Gruppen.

VARIANTE 2: Bilden Sie zwei Großgruppen. Eine Gruppe stellt Argumente *für* die Haltung von Haustieren zusammen, die andere Argumente *dagegen*. Welche Gruppe hat die längste Liste? Welche Gruppe hat die überzeugendsten Argumente?

HAUSTIERE

Argumente dafür	Argumente dagegen

Impressionen

Der Igel hat braune Haare und lange Stacheln. Wenn er in Gefahr ist, rollt er sich zu einer stachligen Kugel zusammen.

Mützen-Futter

Welche Tiere darf man noch zu Hause halten?

Säugetiere: Chinchilla, Meerschweinchen, Farb- und Wüstenmäuse, Ratten, Streifenhörnchen, Frettchen, Gold- und Zwerghamster, Zwerg-, Angora- und Widderkaninchen, Katzen, Hunde.
Vögel: Muskat- und Zebrafinken, Mövchen, Zwergwachteln, Wellen-, Nymphen- und Halsbandsittiche, Kanarienvögel.
Kriechtiere: Strumpfbandnattern.
Lurche: Krallenfrösche.
Fische: Kois, Goldfische, Guppies, Schwertträger, Black Mollies, Kardinale, Regenbogenfische, Skalare, Prachtbarben.

Haltung nicht zu empfehlen beziehungsweise verboten

Säugetiere: Affen, Raubkatzen.
Vögel: Papageien (außer den genannten Arten), Beos, Napoleonwebervögel.
Kriechtiere: Land- und europäische Sumpfschildkröten, Geckos, Agamen, Warane, Leguane, Eidechsen, Boas, Pythons, Nattern, Vipern.
Fische: Flösseraale, Seewasserfische.

TEXTARBEIT

A Was bedeuten diese Wörter?

Die Wörter in der linken Spalte erscheinen in der folgenden Geschichte von
Helga Schubert. Suchen Sie in der rechten Spalte das Synonym, die Definition
oder die Erklärung für jedes Wort.

ADJEKTIVE UND ADVERBIEN

_____ 1. neuerdings

_____ 2. tagsüber

_____ 3. vorsorglich

_____ 4. zögernd

a. mit Zögern; langsam und ungern; langsam und vorsichtig
b. prophylaktisch
c. seit kurzem
d. während des Tages

NOMEN

_____ 1. der Grund

_____ 2. der Haferflockenbrei

_____ 3. das Hundefressen

_____ 4. der Nachwuchs

_____ 5. der Sonnabend

_____ 6. die Stetigkeit

_____ 7. das Taschengeld

_____ 8. das Verantwortungsbewußtsein

_____ 9. die Vermehrung

_____ 10. der Wurmleckerbissen

a. die Nachkommen (*Pl.*); Babys; Kinder; Junge; die
   nachfolgende Generation
b. die Delikatesse für Würmer
c. der Porridge
d. das, was man Hunden zu fressen gibt, vor allem wenn man
   es selber kocht, also kein fertiges Hundefutter kauft
e. der Beweggrund; das Motiv; das Argument
f. der Wille und die Fähigkeit, für jemanden oder etwas
   verantwortlich zu sein
g. das Konstantbleiben; die Zuverlässigkeit
h. Geld, das ein Kind von den Eltern bekommt
i. das Vermehren; Junge haben; Kinder bekommen
j. der Samstag

VERBEN

_____ 1. beziehen, bezog, hat bezogen

_____ 2. einsehen (sieht ein), sah ein,
        hat eingesehen

_____ 3. überlegen

_____ 4. verhüten

_____ 5. verstauen

a. über etwas nachdenken
b. etwas an einen Ort stellen oder legen, wo es nicht im Wege
   ist
c. in etwas einziehen
d. verhindern; aufpassen, daß etwas nicht passiert
e. erkennen; verstehen

B Menschen: Berufe und Beziehungen

Überfliegen Sie jetzt „Ein Hund" von Helga Schubert, und machen Sie im Text einen Kreis um jedes Nomen, das sich auf einen Menschen bezieht. Schreiben Sie alle Nomen in eine Liste. (Wenn ein Nomen zweimal oder mehrmals im Text steht, schreiben Sie es nur einmal.) Beantworten Sie dann die folgenden Fragen.

1. Ungefähr wie viele Personen kommen in der Geschichte vor?
2. Welche Berufe sind auf Ihrer Liste repräsentiert?
3. Warum hat Ihrer Meinung nach niemand einen Namen?
4. Glauben Sie, daß das Kind ein Mädchen oder ein Junge ist? Warum?
5. Schauen Sie sich die zweite Zeile der Geschichte an. Wer könnte „wir" sein?
6. Wer ist Ihrer Meinung nach „ich" in Zeile 74 beziehungsweise 82?

Lesen Sie dann die Geschichte ganz durch.

G 6 Verbs: Types of Verbs and Formation of Present Tense Indicative

G 4.15 Extended Adjective Modifiers

Ein Hund

von Helga Schubert

¶1   Das Kind möchte einen Hund.

¶2   Wir nicht.

¶3   Wegen der Stadtwohnung ohne Garten, wegen Urlaubsunterbringung, Hunde-fressen kochen, weil wir tagsüber arbeiten und nur abends zu Hause sind. Lauter vernünftige Gründe.   5

¶4   Das Kind möchte trotzdem einen Hund, würde dafür sein Taschengeld sparen, jeden Tag zum Fleischer gehen, in den Jagdverein eintreten, damit wir keine Hundesteuer zu zahlen brauchen, nicht mehr in den Urlaub fahren, in der Schule besser werden, sofort nach Hause kommen, nur noch oben beim Hund sein und Schularbeiten machen. Es zeigt uns auch einen Zeitungsartikel: *Vor allen Dingen ist es wichtig, schon im kleinen*   10 *Kind die Tierliebe zu wecken. Darum gehen Sie so oft wie möglich mit Ihren Kleinen in den Tierpark oder, noch besser, schenken Sie ihm ein Tier! Die Pflege dieses Tieres erzieht zu Verantwortungsbewußtsein und Stetigkeit.*

¶5   Wir sind, der Hundeanschaffungsdiskussion müde, zu einem kleineren Tier bereit.

¶6   Zum achten Geburtstag des Kindes fassen wir darum einen Entschluß und gehen zu   15
einem Nachbarn. Aus seiner Wohnung piepst und zwitschert es nämlich den ganzen
Tag. Er hat viele Wellensittiche. Wir entscheiden uns für ein blaues Pärchen und kaufen
auch einen alten Vogelbauer. Dann schleichen wir mit dem Käfig, mit Wasser- und
Futternapf, Futter, Sand, Kletterstange und zwei schläfrigen, stillen Vögeln zurück in
unsere Wohnung.   20

¶7   Am Morgen sehen wir das Kind fassungslos vor dem Käfig stehen. Es läßt die Vögel
heraus. Sie wollen erst gar nicht, denn sie waren noch nie außerhalb des Käfigs. Dann
fliegen sie ungeschickt über uns, und wir kommen uns vor wie in Hitchcocks *Vögeln.* Als
sich die Wellensittiche auf der Gardinenstange beruhigen, fragt das Kind, ob man für sie
auch einen Hund bekommen hätte. Und am Abend, als die Vögel noch immer nicht   25
sprechen können, fragt es, ob man dafür einen Hund eintauschen könnte.

¶8   Die nächsten Nachmittage verbringt das Kind mit seinen Mitschülern vor dem Käfig
und versucht den Vögeln das Sprechen beizubringen. Wir erhöhen das Taschengeld,
damit das Kind Spezialvogelfutter kaufen kann, das Intelligenz und Sprechenlernen
fördert. So steht es jedenfalls auf der Tüte.   30

¶9   Das Kind bildet sich. Es liest in Brehms *Tierleben,* Wellensittiche würden nur sprechen
lernen, wenn sie einzeln aufwachsen. Darum beschließt es, für Nachwuchs zu sorgen,
den es dann in einem anderen Zimmer unterbringen will. Es kauft einen Brutkasten und
Sägespäne zum Auspolstern und wartet. Aber die Vögel legen nicht. Als es eine Woche
gewartet hat, baut das Kind den Brutkasten wieder ab.   35

¶10   Der von uns vorsorglich gekaufte neue Käfig wird von dem Pärchen bezogen, der
alte Käfig in der Küche verstaut.

¶11   Wir fahren in den Urlaub, die Vögel nimmt solange der Nachbar für ein halbes Pfund
Kaffee.

¶12   Nach den Ferien überlegt das Kind, was man in den alten Käfig tun könnte. Als wir   40
wieder einmal Vogelfutter, -sand, -spielzeug, -schaukeln, -näpfe und -wetzsteine kaufen,
will das Kind einen Hamster oder ein Meerschweinchen. Um das zu verhüten, kaufen wir
ein kleines Glasbecken mit einem Kampffischpärchen. Dazu natürlich Sand,
Grünpflanzen, Ziersteine, Schnecken und Wasserflöhe. Weil der australische Krallenfrosch so niedliche Schwimmhäute hat, kommt er auch in das Becken. Der Verkäufer ver-   45
sichert uns, daß die Wasserflöhe sich vier Tage halten. Dann können wir ja neue kaufen.

¶13   Die zoologische Handlung ist günstig gelegen, mit Umsteigen nur sechs
Straßenbahnstationen. Bereits am nächsten Tag, einem Sonnabend, sind keine
Wasserflöhe mehr da. Am Sonntag befürchten wir das Schlimmste. Aber alle drei über-

Fortsetzung auf Seite 184

leben: das Kampffischpärchen und der Krallenfrosch. Das Kind spielt mit dem Kampffischmännchen. Es hält ihm einen Spiegel entgegen, und das Männchen ärgert sich über seinen scheinbaren Rivalen. Und am Montag holt das Kind noch vor den Schularbeiten Wasserflöhe.

¶14 Vier Wochen geht alles gut, dann wird das Wasser undurchdringlich dunkelgrün und riecht faulig. Die Zierfischverkäuferin ist der Meinung, uns fehlt auf jeden Fall eine Sauerstoffpumpe und ein Filter, und wir kaufen sie.

¶15 Das Kind sieht einen Nachmittag zu, wie sich die Schnecken im Wasser von den Luftbläschen der Pumpe in die Höhe treiben lassen. Dann hilft es beim Hundeausführen im Nachbarhaus.

¶16 Die Zeit der lebenden Wasserflöhe geht vorüber. Die Verkäuferin verkauft jetzt Würmer. Diese Würmer können wir auch selbst züchten. Wir sollen nur jeden Abend die Reste vom Abendbrot in die Zigarrenschachtel zu den Würmern legen, davon werden sie dick und rund. Als ganz besonderen Wurmleckerbissen empfiehlt sie, Haferflockenbrei mit Spezialwurmfutter zu vermischen, denn das fördere die Vermehrung. Wir richten uns danach.

¶17 Die Würmer verhalten sich im Aquarium klug, sie kriechen sofort in den Sand. Wir können sie zwar noch sehen, aber die Fische finden sie nicht. Deshalb verfüttert das Kind die Würmer einzeln, und die Fische fressen aus seiner Hand.

¶18 Die Verkäuferin empfiehlt einen schwimmenden Wurmbehälter mit Löchern, aus dem die Fische sich die Würmer zupfen können. Das Kind kauft bei dieser Gelegenheit noch zwei schwarze Fische, weil sie so schöne Namen haben: Black Molly.

¶19 Die Vögel sprechen noch immer nicht. Der Fußboden ist ständig mit den Hülsen der Körner und vielen kleinen Federn bedeckt. Ein Staubsaugerproblem.

¶20 Ich berate mich mit meinen Kollegen. Auch andere Eltern haben Sorgen mit den Hundeersatztieren. Eine Kollegin hat ihrer Tochter eine Schildkröte gekauft. Nun kocht diese Kollegin jeden Abend Kartoffeln für das Tier und füttert es mit dem Löffel. An jedem Sonnabend badet sie die Schildkröte und reibt sie anschließend mit Speiseöl ein, damit der Panzer schön glänzt. Das hat sich die Tochter ausgedacht.

¶21 Inzwischen ist bei uns die Hundefrage wieder aktuell geworden, denn in unserem Haus existiert neuerdings ein kleiner schwarzer Pudel.

¶22 Als wir wieder zögernd verneinen, sieht es das Kind vorübergehend ein. Heute komme ich von der Arbeit, da hat es sich was für den alten Käfig mitgebracht. Meine Privathunde, sagt es. Es ist ein Pärchen weiße Mäuse.

Zum Verständnis: Hund—oder doch?

Suchen Sie die folgenden Informationen im Text. Unterstreichen Sie nur diejenigen Wörter, die eine spezifische Auskunft geben. Schreiben Sie die Nummer der Frage über das erste Wort, das Sie unterstreichen. Nummer eins ist schon für Sie als Beispiel markiert.

1. Warum wollen die Erwachsenen keinen Hund? (Stehen deren vier Argumente dagegen auch auf Ihrer Liste von Hinführung, Aktivität F?)
2. Was würde das Kind tun, wenn es einen Hund hätte?
3. Wozu erzieht die Pflege eines Tieres? (Steht dieses Argument auch auf Ihrer Liste von Hinführung, Aktivität F?)
4. An welchem Tag wollen die Erwachsenen dem Kind ein Tier schenken?
5. Was für ein Tier kaufen die Erwachsenen ihrem Kind?
6. Wohin gehen die Erwachsenen, um dieses Geschenk zu besorgen?
7. Was macht das Kind am Morgen mit den Vögeln?
8. Was fragt das Kind die Erwachsenen am Abend?
9. Was für ein Tier will das Kind nach den Ferien in den alten Käfig setzen?
10. Welche Tiere kaufen die Erwachsenen, weil sie die Tiere nicht kaufen wollen, die das Kind möchte?
11. Welche Tiere bringt das Kind am Ende der Geschichte nach Hause?

 ## Wie die Zeit vergeht

▶ **W** S. V.13 *Zeit*

1. **Liste:** Suchen Sie im Text alle Ausdrücke, die sich auf die Zeit beziehen, und schreiben Sie sie mit genauer Zeilenangabe in eine Liste.

BEISPIELE: zum achten Geburtstag (Zeile 15)
am Morgen (Zeile 21)
am Abend (Zeile 25)

2. **Zeit:** Wieviel Zeit vergeht Ihrer Einschätzung nach vom achten Geburtstag des Kindes bis zu dem Tag, an dem es sich die weißen Mäuse mit nach Hause bringt? Vergleichen Sie Ihre Liste und Ihre Antwort mit denen der anderen Studenten und Studentinnen.

 ## Der Hauptgedanke

1. **Ihre Version:** Was ist Ihrer Meinung nach der Hauptgedanke dieser Geschichte? Formulieren Sie ihn hier.

_____

_____

_____

2. **Eine andere Version:** Vergleichen Sie Ihre Version mit den Versionen der anderen Studenten und Studentinnen. Hat jemand etwas vorgeschlagen, was Ihrer Meinung nach den Hauptgedanken am besten ausdrückt? Wenn ja: Schreiben Sie diese Version hier auf.

_____

_____

_____

 Zur Spekulation

Beantworten Sie die folgenden Fragen. Was meinen Sie? Erklären Sie Ihre Antworten.

G S. 1 Case System: Summary of *der-* and *ein*-Words, Nouns, Adjectives, Pronouns, and Prepositions

1. Was passiert mit den Vögeln? mit den Fischen? mit dem Krallenfrosch? mit den weißen Mäusen?
2. Ist die Hundefrage in dieser Familie mit dem Kauf des Mäusepärchens endlich gelöst? Warum (nicht)?
3. Wird das Kind eines Tages als Elternteil einen Hund für sein eigenes achtjähriges Kind kaufen? Warum (nicht)?
4. Warum hat die Autorin dieser Geschichte den Titel „Ein Hund" gegeben? Schlagen Sie andere Titel vor, die die Autorin der Geschichte hätte geben können.

 Wie würde das Kind die Geschichte erzählen?

G 7.2–7.6 Past Tense

Schreiben Sie eine kurze Zusammenfassung der Geschichte aus der Perspektive des Kindes. Benutzen Sie das Imperfekt. Fangen Sie so an:

> Ich wollte immer einen eigenen Hund haben. Zu meinem achten Geburtstag . . .

 Hilfe von einem Experten / einer Expertin

Wählen Sie eine der folgenden Situationen. Stellen Sie sich vor:

1. Sie sind der Vater / die Mutter des Kindes. Sie glauben, daß Sie alles Mögliche getan haben, um Ihr Kind froh zu machen. Sie geben zu, daß Sie ihm keinen Hund geschenkt haben, aber Sie haben ihm andere Tiere gegeben. Sie glauben, daß es wichtig ist, daß auch Kinder Kompromisse schließen lernen, aber Ihr Kind ist nicht kompromißbereit. Sie wissen nicht mehr ein noch aus. Sie schreiben einem berühmten Psychologen / einer berühmten Psychologin einen Brief.

BEISPIEL:

Dienstag, den 8. November 199–

Sehr geehrter Herr Doktor (Lüttge)! /
Sehr geehrte Frau Doktor (Lüttge)!

x x x x x x x x x x x x x x x x x x x x x x x x x x x x x x x

Ihr/Ihre

(Georg/Käthe Hartwig)

---

2. Sie sind der Psychologe / die Psychologin, an den/die der Elternteil
geschrieben hat. Wie antworten Sie auf so einen Brief? Welche
Ratschläge geben Sie ihm/ihr?

BEISPIEL:

Freitag, den 20. November 199–

Sehr geehrter Herr (Hartwig)! /
Sehr geehrte Frau (Hartwig)!

x x x x x x x x x x x x x x x x x x x x x x x x x x x x x x x

Ihr/Ihre

(Dr. Franz/Helga Lüttge)

---

3. Sie sind das achtjährige Kind. Sie wollen unbedingt einen Hund. Es
braucht kein Rassehund und auch kein großer Hund zu sein. Jeder
x-beliebige kleine Hund wäre Ihnen recht. Sie verstehen nicht, was Ihre
Eltern dagegen haben. Sie schreiben dem Weihnachtsmann einen
Brief. Vielleicht kann er Ihnen einen Hund zu Weihnachten bringen.

BEISPIEL:

Mittwoch, den 1. Dezember 199–

Lieber Weihnachtsmann!

x x x x x x x x x x x x x x x x x x x x x x x x x x x x x x x x

Mit freundlichen Grüßen!
Dein/Deine
(Hans/Hanna Hartwig)

VARIANTE 1: Bilden Sie drei Gruppen. Alle Studenten und Studentinnen in der
ersten Gruppe schreiben einen Brief an den Psychologen / die Psychologin. Alle
in der zweiten Gruppe lesen die Briefe von Gruppe 1 und antworten dann darauf. Alle in der dritten Gruppe schreiben an den Weihnachtsmann.

VARIANTE 2: Bilden Sie Vierergruppen. Zwei von Ihnen spielen die Rolle der
Eltern, einer/eine die Rolle des Kindes und einer/eine die Rolle eines berühmten
Psychologen / einer berühmten Psychologin. Stellen Sie sich vor, daß der Psy-
chologe / die Psychologin heute abend live im Fernsehen erscheint, um die
Fragen von Zuschauern zu beantworten. Das Kind und beide Elternteile rufen
ihn/sie an. Wie beschreiben sie die Situation zu Hause? Was fragen sie den
Psychologen / die Psychologin?

WEITERFÜHRUNG

A *Überredungskünste*

Arbeiten Sie mit einem Partner / einer Partnerin. Stellen Sie sich eine der folgenden Situationen vor, entwickeln Sie einen Dialog zwischen den beiden Personen, und spielen Sie sie ihn der Klasse vor.

1. Sie haben einen Mitbewohner / eine Mitbewohnerin. Sie wollen einen Hund haben. Wählen Sie eine Anzeige, und versuchen Sie Ihren Mitbewohner / Ihre Mitbewohnerin davon zu überzeugen, daß Sie beide sich diesen hier annoncierten Hund kaufen sollten. Ihr Mitbewohner / Ihre Mitbewohnerin wird Ihnen so viele Gründe wie nur möglich geben, warum er/sie diesen Hund (oder Hunde im allgemeinen) nicht haben will. Vielleicht will er/sie einen anderen Hund oder ein anderes Haustier. Oder vielleicht ist er/sie gegen Tiere allergisch.

Tiermarkt

Boxerwelpen verk. ☎ 08545/542

Boxerwelpen verk. ☎ 08545/542

Cockerwelpen, rot u. schwarz, m. Stb. u. Impf. zu verk. ☎ 08543/3407

DK-Welpen abzug., ☎ 09407/1914

Junge Wolfspitze, zu verk., a. DM 50,- ☎ 09428/314

Kl. **Münsterländer-Welpen**, tät., geimpft, Papiere, RS.SPL. ☎ 08543/1462

Roter Perserkater m. Stammbaum, umsth., nur in allerbeste Hände, preisgü., ☎ 0941/73856

Rottweilerwelpen verk. ☎08545/542 42

Schöner Kongo-Graupapagei mit Cites mit od. ohne Käfig zu verk. ☎ 08703/1051

Scotch-Terrier, billig zu verk., ☎ 08545/748 nachmittags

Su. Pflegeplatz f. braven Schäferhund v. 12.8.-3.9. gg. Bezahlung, ☎ 0941/86622

Su. gt. Reiter-/in f. Hafl. gg. Futterkostenbet. 120.-, ☎ 0941/71288 ab 18.30 Uhr

Verk. **s. schöne Perser-Kätzchen** m. Papieren, VP 300-350,- DM. ☎ 08541/1566 o. 7752

Verk. **Hundehütten**. ☎ 08555/8193

Verk. **Berner Sennenwelpen** m. Impf. u. Stammb., ☎ 09932/2970

Verk. **jg. Kanarienvogel** ☎ 09401/80494

Rassehunde

Dobermann, Dt. Doggen, Riesen-, Mittel und Zwergschnauzer, Rehpinscher, Golden Retriever, Samojede, Neufundländer, Karelischer Bärenhund, Eurasier, Boxer, Sibirian Husky, Irish- und Gordon Setter, Collie, Basset, Bobtail, Kl. Münsterländer, Weimaraner, Ung. Vizsla, Wolfspitz, Deutsch Drahthaar, Fox-Terrier, Welsh-Springer-Spaniel, Franz. Bulldogge, Beagle, Amerikan-Cocker-Spaniel, Yorkshire-Terrier, Westhighland Terrier, Malteser, Lhasa Apso, Ital. Windspiel, Cockerspaniel, Dackel.

Zwinger von Ammerreuth
Vilshofen, Tel. 08541/2230

Verk.brave Freizeitpferde, geritten u. gefahren, 100 % ig Straßen u. Verkehrssicher. Preis VB ☎ 09421/80311 od. 09420/952

Berner Sennenwelpen u. jg. **Rauhhaardackel** m. Stv. u. Impf. abzug. ☎ 08543/3895

Bienenvölker, Zandermaß 91er Kö., ev. m. Kästen, ☎ 09409/2145

Verk. 2 junge Ziegen ☎ 0941/82578

Verschmustes kleines Perserkätzchen aus Liebhaberzucht, m. Impfungen u. Stammbaum, abzugeb., ☎ 0941/73856

Welsch-Araberstute, 18 Mon., zu verk., ☎ 09451/1480

2. Sie haben ein Haustier oder mehrere Haustiere (eine Boa constrictor, eine Tarantel, einen alten Kater, __?__), und Sie fahren bald in Urlaub. Versuchen Sie Ihren Nachbarn / Ihre Nachbarin davon zu überzeugen, daß er/sie das Tier / die Tiere während Ihres Urlaubs zu sich nehmen sollte. Er/Sie will das aber nicht und versucht Sie davon zu überzeugen, daß Sie jemand anderen darum bitten sollen.

HILFREICHE AUSDRÜCKE

STUDENT/STUDENTIN 1

Ich möchte gern . . . , weil . . .
Könnten wir / Könntest du . . . ?
Wenn du an meiner Stelle wärest, würdest du . . . ?
Wenn ich an deiner Stelle wäre, würde ich . . .
Könnten wir einen Kompromiß schließen?

STUDENT/STUDENTIN 2

Das stimmt schon, aber . . .
Leider geht das einfach nicht, denn . . .
Ich muß wieder „nein" sagen, weil . . .
Das ist unmöglich, weil . . .
Das ist kein Kompromiß, denn . . .

▶ **G** 9.1–9.2 Subjunctive II: Present Tense and Usage
G 11.4 *denn/dann*

Diskussionsthemen: Tierschutz und Tierquälerei
B

Diskutieren Sie die folgenden Themen. Wenn Sie gegen diese Praktiken sind, schlagen Sie Alternativen vor.

1. Sollte man Robben, Füchse, Leoparden und andere Tiere töten, um Pelzmäntel aus ihren Fellen zu machen? Sollten Tiere wegen ihrer Felle gezüchtet werden? Was halten Sie davon, wenn Menschen Pelzmäntel kaufen oder tragen? Was könnte der Mann im Cartoon dagegen tun?

▶ **G** 6.13 Verbs plus *zu* plus Infinitive
G 6.14 *ohne . . . zu / um . . . zu / damit . . .*
G 5.5 *da-* and *wo-*Compounds
G 5.6 Prepositions with Genitive Case

Der undressierte Mann

2. Denken Sie, daß Menschen das Recht haben, Elefanten wegen ihres Elfenbeins zu töten? Warum (nicht)? Würden Sie Elfenbein kaufen oder verkaufen? Warum (nicht)?
3. Was halten Sie davon, daß man Krokodile, Alligatoren, Schlangen und andere Reptilien tötet, um Schuhe, Handtaschen und Gürtel aus ihrem Leder zu machen? Sollte man solche Artikel kaufen und verkaufen dürfen? Warum (nicht)?

4. Sind Sie dafür oder dagegen, daß man Schildkröten tötet, um mit ihrem Fleisch Suppe zu kochen? um Brillengestelle, Haarspangen, Lampenschirme und andere Sachen aus ihrem Panzer zu machen?

5. Gehen Sie gern in Zoos und Tierparks? Sind die Zoos sauber, die Sie gesehen haben? Sind die Käfige groß genug für die Tiere? Sollten Tiere Ihrer Meinung nach in Zoos leben? Oder sollte man alle Zoos schließen und die Tiere freilassen? Warum (nicht)?

6. Was halten Sie von Tierversuchen (Experimenten mit Tieren)? Sind solche Versuche notwendig, um Heilmittel für Krankheiten zu finden? Warum (nicht)?

C Informationen

Viele Organisationen in Deutschland bemühen sich, Tiere zu retten und zu schützen.

„Rauptiere" sind keine Raubtiere: Aus einer Raupe wird eines Tages ein wunderschöner Schmetterling; ein Raubtier dagegen tötet und frißt andere Tiere.

Naturschutz beginnt im Garten!

Was Sie dazu tun können, erfahren Sie im Buch (32,00 DM + Versandkosten) oder in der Infomappe mit vielen praktischen Tips (11,80 DM + Versandkosten):

BUND-Kampagnenabteilung
Im Rheingarten 7, 5300 Bonn 3

Postgiroamt Köln
Konto-Nr. 204 810-503

Bund für Umwelt und Naturschutz Deutschland e.V.

BUND

Unkenrufe

Der Bund Naturschutz in Bayern (BN) hat schon vielen Amphibien das Leben gerettet. Wenn Sie mehr wissen wollen, schreiben Sie an:

Bund Naturschutz in Bayern e.B.
Schönfeldstraße 8 · 8000 München 22
Spendenkonto: DG-Bank Bayern 10-104 400
(BLZ 701 600 00)

Ein Platz für den Biber!

Mächtige Biberburgen stauen über Nacht Bäche in idyllischen Landschaften im Osten Deutschlands wie z. B. in der Mecklenburgischen Seenplatte.

Die Deutsche Umwelthilfe e. V. unterstützt seit der Wende konkrete Umweltschutzprojekte und den Aufbau der Naturschutzverbände in den neuen Bundesländern.

Unterstützen Sie diese wichtige Arbeit durch eine Spende und fordern Sie das Infoblatt "Naturschutz im Osten Deutschlands" an.

Stadtsparkasse Frankfurt
(BLZ 500 501 02)
Spendenkonto:
7997

☐ Ich bitte um Zusendung des Informationsblattes. DM 1,50 in Briefmarken liegen bei.
☐ Ich unterstütze die Aktion durch eine Spende. Ein Scheck über DM _____ liegt bei.

Name:

Straße:

PLZ/Ort: _____ O3

Deutsche Umwelthilfe
Güttinger Straße 19 · 7760 Radolfzell

1. Schreiben Sie mindestens sechs Fragen auf, die Sie solchen Organisationen stellen könnten. Vielleicht haben Sie Fragen über die Natur im allgemeinen; über die Arbeit der Organisationen; über die Tiere, die sie retten, und ihre Rettungsmethoden; über ihre Veröffentlichungen; über ihre Finanzen oder finanzielle Unterstützung; über ihre Empfehlungen oder Tips für die Öffentlichkeit usw.
2. Wählen Sie eine Anzeige, und schreiben Sie einen Brief an die Organisation Ihrer Wahl, um sich Informationen zu erbitten. Fangen Sie so an: Sehr geehrte Damen und Herren! Erklären Sie, warum Sie sich für die Anzeige beziehungsweise für den Naturschutz interessieren. Bitten Sie um Informationen, und/oder stellen Sie spezifische Fragen.
3. Verbessern Sie Ihren Brief, und berichtigen Sie alle Fehler, bevor Sie ihn abschicken.

WORTSCHATZ

Adjektive und Adverbien

berühmt	famous
endlich	finally
kompromißbereit	ready for compromise
leider	unfortunately
natürlich	natural(ly); of course
neuerdings	recently
sauber	clean
tagsüber	during the day
vorsorglich	precautionary; as a precaution
wieder	again

Substantive

der Abend, -e	evening
das Aquarium, *Pl.* Aquarien	aquarium
die Arbeit, -en	work; paper, essay
der Autor, -en / die Autorin, -nen	author
der Brutkasten, ⸚	incubator
die Feder, -n	feather
das Elfenbein	ivory
der Elternteil, -e *od.* *Pl.* die Eltern	parent
das Fell, -e	fur; coat; fleece
die Ferien (*Pl.*)	vacation; holidays
der Fisch, -e	fish
der Frosch, ⸚e	frog
der Geburtstag, -e	birthday
das Geschenk, -e	present, gift
der Hauptgedanke, -n (*schwach*)	main idea
das Haustier, -e	pet
das Interview, -s	interview
der Käfig, -e	cage
das Kaninchen, -	rabbit
die Kralle, -n	claw
der Kompromiß, *Pl.* Kompromisse	compromise
das Loch, ⸚er	hole
der Mitbewohner, - / die Mitbewohnerin, -nen	other occupant
der Morgen, -	morning
der Nachbar, -n (*schwach*) / die Nachbarin, -nen	neighbor
der Nachwuchs	offspring
der Napf, ⸚e	bowl
der Panzer, -	(*animal*) shell; tank
das Pärchen, -	(little) pair, couple
die Pflege	care
der Psychologe, -n (*schwach*) / die Psychologin, -nen	psychologist
der Sauerstoff	oxygen
die Schildkröte, -n	tortoise
die Schlange, -n	snake
die Schnecke, -n	snail
die Stange, -n	pole, rod
der Tag, -e	day
das Taschengeld	pocket money, allowance
der Urlaub	vacation (*from work*)
der Verkäufer, - / die Verkäuferin, -nen	salesperson
der Wasserfloh, ⸚e	water flea
der Wellensittich, -e	budgie, parakeet
der Wurm, ⸚er	worm

Verben

abbauen (*trenn.*)	to dismantle
antworten (auf + *Akk.*)	to answer, respond (to)
jmdm. antworten	to answer sb.
sich beziehen (auf + *Akk.*)	to refer (to); to relate (to)
(sich) bilden	to educate (oneself)
eintauschen (*trenn.*) (gegen)	to exchange (for)
empfehlen*	to recommend
sich entscheiden*	to decide
fördern	to promote, foster
kochen	to cook
kriegen	to get
legen	to lay, to place (*horizontally*)
retten	to save
schützen	to protect
stellen	to place (*vertically*)
töten	to kill
sich (*Dat.*) überlegen	to consider
überzeugen (von)	to convince (of)
vergehen*	time: to pass by
verhüten	to prevent
versorgen	to supply, provide
verstauen	to stow, stash away
zögern	to hesitate

Nützliche Wörter und Ausdrücke

im/auf Urlaub bleiben*/sein*	to stay/be on vacation
in Urlaub gehen*/ fahren*	to go on vacation

Weitere Wörter, die ich lernen will:

_____

_____

_____

_____

10

Einseitige und vielseitige Bildung

„Relativität" von M. C. Escher (1953)

Zum Nachdenken

Wohin sind wir unterwegs?

Text

„Der Mann mit dem Gedächtnis" von Peter Bichsel, 204

① der Bahnhof, ⁼e
② die Bahn, -en / der Zug, ⁼e
(die Eisenbahn, -en)
③ der Fahrplan, ⁼e
④ die Auskunft
⑤ der Speisewagen, -
⑥ die Bank, ⁼e

► **W** S. V.4 *Berufe*

HINFÜHRUNG

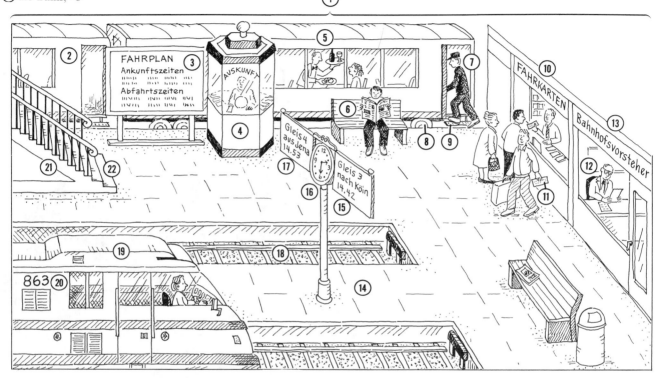

⑦ der Schaffner, - / die
Schaffnerin, -nen /
(*Schweiz*: der Kondukteur,
-e / die Kondukteurin, -nen)
⑧ das Rad, ⁼er
⑨ das Trittbrett, -er
⑩ der Fahrkartenschalter, - /
der Bahnschalter, -
⑪ die Fahrkarte, -n
⑫ der Bahnhofsvorstand, ⁼e
⑬ der Bahnhofsvorsteher, -
der Beamte, -n / die
Beamtin, -nen, der/die dem
Bahnhof vorsteht
⑭ der Bahnsteig
⑮ die Abfahrtszeit, -en / die
Fahrzeit, -en
⑯ die Uhr, -en
⑰ die Ankunftszeit, -en
⑱ das Gleis, -e
⑲ die Lokomotive, -n
⑳ die Zugnummer, -n
㉑ die Bahnhofstreppe, -n / die Treppe, -n
㉒ die Stufe, -n / Treppenstufe, -n

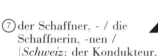

A Auf dem Bahnhof

Schauen Sie sich das Bild an, und beantworten Sie jede Frage mit einem vollständigen Satz.

1. Was kann man durch das Zugfenster sehen? Was für ein Wagen ist das?
2. Welche Informationen stehen auf dem Fahrplan?
3. Wo bekommt man Antworten auf alle möglichen Fragen, die mit dem
   Bahnfahren zu tun haben?
4. Wo sitzt der Mann, der Zeitung liest?
5. Wer steht auf dem Trittbrett?
6. Wovor stehen die Leute Schlange? Warum? Was hat die eine Person
   schon gekauft?
7. Wer ist dafür verantwortlich, daß auf dem Bahnhof alles reibungslos
   abläuft?
8. Wieviel Uhr ist es jetzt?
9. Um wieviel Uhr soll der Zug aus Jena ankommen?
10. Auf welchem Gleis wird der Zug aus Jena einfahren?
11. Wohin fährt der Zug, der auf Gleis 3 steht?

12. Um wieviel Uhr fährt der Zug nach Köln ab?
13. Welche Nummer hat der Zug nach Köln?
14. Wo sitzt die Lokomotivführerin?
15. Wie viele Treppenstufen können Sie zählen? Wie viele Räder? Wagen? Züge? Gleise? __?__

 G 12.3
Element-Subject-Verb Arrangement

 B Die Bahnhofsszene

Beschreiben Sie die Szene in Aktivität A mit eigenen Worten. Erzählen Sie, was die Leute machen. Spekulieren Sie auch darüber, aus welchen Gründen sie heute wohl auf dem Bahnhof sind, warum manche Leute abfahren, warum andere warten und welche Berufe wieder andere ausüben.

 C Rollenspiele: Am Fahrkartenschalter im Bahnhof

1. **Zur Vorbereitung:** Lesen Sie zuerst den Text über die BahnCard.

Die BahnCard.

Ein Jahr Deutschland.
Für alle. Für die Hälfte.

Bahnfahren ist attraktiv. Mit einem neuen Preisangebot, das sich sehen lassen kann. Die BahnCard. Eine Karte, mit der Sie ganz Deutschland zum halben Preis bekommen.

● Mit ihr erhalten Sie 50% Ermäßigung auf den normalen Fahrpreis 2.Klasse, auch im InterCityExpress.
● Sie gilt ein Jahr. An allen Tagen.
● Gültig auf dem gesamten Streckennetz der Deutschen Bundesbahn (DB) und der Deutschen Reichsbahn (DR), innerhalb der Verkehrsverbünde nur in Zügen des Fernverkehrs.

Das ganze Angebot im Überblick.
Die BahnCard wird auf den Namen des Inhabers ausgestellt und ist nicht übertragbar.

Basiskarte	DM 220,–
BahnCard für Senioren (ab 60 Jahre)	DM 110,–
BahnCard für Junioren (18–22 Jahre; Schüler und Studenten bis 26 Jahre)	DM 110,–
Zusatzkarte (für Ehepartner von Besitzern einer Basiskarte oder einer BahnCard für Senioren oder Junioren; ist auch für Fahrten ohne Begleitung des Ehepartners gültig; gleicher Gültigkeitszeitraum)	DM 110,–
BahnCard für Teens (12 – 17 Jahre)	DM 50,–
BahnCard für Kinder (4 – 11 Jahre)	DM 50,–
BahnCard für Familien (bei gemeinsamer Reise von mind. einem Elternteil u. einem Kind)	DM 110,–

2. **Rollenspiel über die BahnCard:** Arbeiten Sie jetzt zu zweit. Stellen Sie sich vor, daß Sie Beamter/Beamtin am Fahrkartenschalter sind. Ihr Partner / Ihre Partnerin übernimmt die Rolle eines Bahnkunden / einer Bahnkundin. Er/Sie stellt Ihnen Fragen über die BahnCard, und Sie beantworten die Fragen mit Informationen aus dem Text. Er/Sie will zum Beispiel wissen,

 G 12.9 Sentence Bracket: Dependent Word Order

- wieviel die BahnCard kostet.
- was für eine Ermäßigung man damit bekommt.
- wie lange die BahnCard gültig ist.
- ob man die BahnCard überall in Deutschland oder nur in manchen Bundesländern benutzen kann.
- ob der Name des Inhabers (Besitzers) darauf steht.

3. **Rollenspiel über Fahrpreise:** Jetzt tauschen Sie die Rollen. Ihr Partner / Ihre Partnerin ist der Beamte / die Beamtin, und Sie sind der/die Reisende. Schauen Sie sich die Tabelle an, und stellen Sie Fragen über Fahrpreise.

ICE einfach.

ICE-Fahrpreise für einfache Fahrt (in DM).

		HAMBURG	HANNOVER	GÖTTINGEN	KASSEL	FULDA	FRANKFURT (M.)	MANNHEIM HBF	KARLSRUHE HBF	STUTTGART	WÜRZBURG HBF	NÜRNBERG HBF	ULM	AUGSBURG	AUGSBURG	MÜNCHEN HBF	MÜNCHEN HBF	BASEL BAD BF	ZÜRICH
Hamburg	1. Kl.	15	82	126	144	188	230	250	274	292	242	274	304	346●	306▲	368●	324▲	348	411,40
	2. Kl.	10	54	86	98	124	156	172	186	200	164	184	206	232●	206▲	248●	218▲	236	276,60
Bremen	1. Kl.	56	108	130	172	220	236		290	216	252	302		324●	276▲	348●	298▲	324	387,40
	2. Kl.	40	74	86	112	144	158		194	142	164	200		218●	186▲	234●	200▲	218	258,60
Hannover	1. Kl.			62	84	126	176	192	214	244	172	208	254	278●	240▲	302●	258▲	286	349,40
	2. Kl.			42	56	82	114	128	142	164	116	140	170	190●	162▲	204●	174▲	190	230,60
Göttingen	1. Kl.				32	64	110	138	168	180	120	156	196	240●	192▲	266●	214▲	238	301,40
	2. Kl.				24	42	78	96	114	124	82	106	136	164●	130▲	180●	144▲	160	200,60
Kassel	1. Kl.				15	54	94	124	150	168	104	140	188●	226●	184▲	248●	204▲	222	285,40
	2. Kl.				10	38	66	88	102	114	72	96	128●	154●	124▲	168●	136▲	150	190,60
Fulda	1. Kl.						56	86	114	120	52	90	142●	190●	134▲	210●	158▲	184	247,40
	2. Kl.						38	62	78	86	38	64	98●	130●	92▲	144●	108▲	124	164,60
Frankfurt	1. Kl.							46	70	106			118●	150●		172●		144	207,40
	2. Kl.							32	48	70			80●	100●		114●		100	140,60
Mannheim	1. Kl.								32	70			98	128		164		110	173,40
	2. Kl.								24	46			64	86		102		76	116,60
Karlsruhe	1. Kl.																	88	151,40
	2. Kl.																	60	100,60
Stuttgart	1. Kl.												42	72		98			
	2. Kl.												32	52		66			
Würzburg	1. Kl.											48			88		112		
	2. Kl.											34			60		78		
Nürnberg	1. Kl.														66		88		
	2. Kl.														46		60		
Ulm	1. Kl.													38		66			
	2. Kl.													28		44			
Augsburg	1. Kl.															34			
	2. Kl.															24			
Basel Bad Bf	1. Kl.																		63,40
	2. Kl.																		40,60

▶ **G 12.1–12.3**
Subject-Verb,
Verb-Subject, and
Element-Verb-Subject
Arrangements

REISENDER/REISENDE

Wieviel kostet eine Fahrkarte von . . . nach . . . ?
Ist das (der Fahrpreis) für einen InterCity- oder einen InterCityExpress-Zug?
Ist das der Preis für die Hin- und Rückfahrt? / für eine einfache Fahrt?
Wieviel kostet eine Fahrkarte von . . . nach . . . mit der BahnCard?
_____ ?

BEAMTE/BEAMTIN

Erster oder zweiter Klasse?
Einfach oder hin und zurück?
Das kostet . . . Mark.
Eine Fahrkarte erster/zweiter Klasse von . . . nach . . . (und zurück) kostet . . .
Haben Sie eine BahnCard?
Möchten Sie eine BahnCard kaufen? Dann kostet Ihre Fahrkarte nur . . . ?
Sie können die Basiskarte oder vielleicht . . . kaufen?
_____ ?

Impressionen

Wenn man mit den neuen ICE-Zügen fährt, kann man unterwegs gut geschäftliche Angelegenheiten erledigen.

 ## Emotionen und Verhalten

1. Was macht jede Cartoonfigur, wenn sie böse ist? wütend? frustriert? besorgt? glücklich?

BEISPIEL: Wenn die eine Cartoonfigur böse ist, beschimpft sie alles und jedermann. Sie beschimpft vielleicht andere Leute, sich selbst, Dinge oder Institutionen. Auch . . . Wenn die andere Cartoonfigur . . .

etwas oder jemanden beschimpfen

Luftsprünge machen

etwas schlagen oder jeman-den schlagen / verprügeln

jemanden um etwas bitten / jemanden beschwören, etwas zu tun / die Hände beschwörend heben

übers ganze Gesicht strahlen

▶ **G** 12.6 Position of
Reflexive Pronouns

G 12.9 Sentence
Bracket: Dependent
Word Order

2. Wie verhalten Sie sich, wenn Sie böse sind? wütend? frustriert? besorgt? glücklich?

BEISPIEL: Wenn ich wütend bin, gehe ich auf mein Zimmer, knalle die Tür zu, drehe meine Stereoanlage auf bis hinten hin und schreie dann wie verrückt. Niemand kann mich schreien hören, und danach fühle ich mich meistens gleich viel besser.

 Ihr Gedächtnis

1. Lesen Sie den kleinen Test, und antworten Sie auf die Fragen. Schreiben Sie hinter jede Frage „ja" oder „nein".

Testen Sie Ihr Gedächtnis!

Unser kleiner Test gibt Aufschluß:

● *Können Sie noch ein Gedicht aus Ihrer Schulzeit aufsagen?*

● *Wissen Sie, wo die nächste Telefonzelle steht?*

● *Welche Fernsehsendung haben Sie zuletzt gesehen?*

● *Kennen Sie das heutige Datum?*

● *Suchen Sie oft Ihre Brille?*

2. Schreiben Sie jetzt hinter jede der folgenden Fragen „ja" oder „nein".

a. Vergessen Sie nur selten (fast nie)

einen Namen? _____

eine Telefonnummer? _____

eine Adresse? _____

einen Schlüssel? _____

Geld? _____

einen Termin? _____

ein Buch? _____

den Geburtstag eines Freundes / einer Freundin oder eines Familien-

mitglieds? _____

b. Erinnern Sie sich an alles,

was Sie lesen? _____

was Sie hören? _____

was Sie aufschreiben? _____

was Sie sehen? _____

was Sie erfahren? _____

Resultate: Wenn Sie 17 ja-Antworten haben, sind Sie entweder ein Gedächt-niskünstler, oder Sie haben vielleicht nicht die ganze Wahrheit gesagt. Fast niemand kann sich immer an alles erinnern.

Wenn Sie 14 bis 16 ja-Antworten haben, haben Sie ein bemerkenswert gutes Gedächtnis. Benutzen Sie oft Notizen als Gedächtnisstütze?

Wenn Sie 10 bis 13 ja-Antworten haben, ist Ihr Erinnerungsvermögen durchschnittlich. Sie haben viel um die Ohren, und manchmal vergessen Sie etwas.

Wenn Sie 5 bis 9 ja-Antworten haben, haben Sie Gedächtnislücken, oder vielleicht sind Sie ein bißchen zerstreut.

Wenn Sie 0 bis 4 ja-Antworten haben, haben Sie unter Umständen ein schweres Gedächtnisproblem. Vielleicht sind Sie aber auch immer nur auf eine Sache fixiert, oder Sie haben zu viele andere Dinge im Kopf.

Fachwissen und Allgemeinwissen

1. Lesen Sie die Anzeige. Sagen Sie dann, welche der Aussagen darüber auf Seite 200 richtig und welche falsch sind. Berichtigen Sie jede falsche Aussage im Sinne der Anzeige.

▶ **G** 6.11
kennen/können/wissen

Was Hänschen nicht lernt...

Kein Mensch weiß alles. Aber manche wissen von allem ein bißchen. Damit kann man dann Quizmaster werden oder Hotelportier. Oder sogar Politiker.

Ingenieur nicht. Denn von ihm erwartet man zu Recht, daß er auf seinem Gebiet absoluter Spezialist ist – mehr noch: daß er sein Wissen ständig erweitert, neueste Entwicklungen und For-schungsergebnisse kennt, Technologien und Prozesse, Materialien und Verfahren in seine Arbeit einbezieht, auch wenn diese zur Zeit seiner Ausbildung noch ganz unbe-kannt waren.

Unsere Wirtschaft braucht hochqualifizierte Spezialisten. Ingenieure und Techniker, Computer- und Wirtschafts-fachleute, die einen großen Beitrag leisten zu dem hohen Ansehen, das die deutsche Industrie weltweit genießt.

Für sie arbeiten wir.

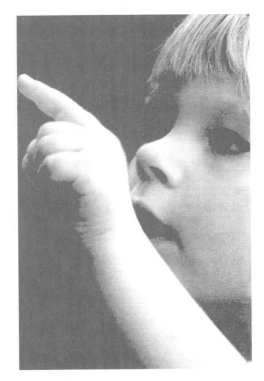

 VOGEL

Vogel Verlag und Druck KG, 97064 Würzburg, Germany

a. Manche Menschen wissen alles.
b. Manche Menschen wissen von allem ein bißchen.
c. Wenn man ein bißchen von allem weiß, kann man Ingenieur/Ingenieurin werden.
d. Niemand muß auf seinem Gebiet absoluter Spezialist sein.
e. Ingenieure und Ingenieurinnen müssen ihr Wissen ständig erweitern.
f. Ingenieure und Ingenieurinnen müssen die neuesten naturwissenschaftlichen und technischen Entwicklungen kennen.
g. Ingenieure und Ingenieurinnen müssen bei ihrer Arbeit nur die Materialien und Verfahren benutzen, die zur Zeit ihrer Ausbildung bekannt waren.
h. Deutschland hat schon mehr als genug hochqualifizierte Spezialisten.

2. Ist das eine Anzeige für ＿＿ Spielzeug? ＿＿ Fachzeitschriften?

＿＿ Computer? ＿＿ eine Schule?

3. Diese Anzeige verwendet das deutsche Sprichwort: „Was Hänschen nicht lernt, lernt Hans nimmermehr." Das bedeutet: Was man als Kind nicht lernt, lernt man als Erwachsener erst recht nicht. Stimmen Sie diesem Sprichwort zu? Warum (nicht)?

Zur Diskussion

▶ **W** S. V.4 *Berufe*

1. Für welche Berufe braucht man Ihrer Meinung nach eine vielseitige Ausbildung?
2. Für welche Berufe sollte man Ihrer Ansicht nach ein intensives und tiefes Verständnis eines Spezialgebiets haben?
3. Natürlich sollte man nicht total einseitig sein. Was sollte ein Arzt / eine Ärztin Ihrer Meinung nach außer medizinischen Fakten noch alles wissen? Womit sollte ein Rechtsanwalt / eine Rechtsanwältin außer dem Rechtswesen noch vertraut sein? ＿?＿
4. Wenn Sie die Wahl hätten, möchten Sie ein weltberühmtes Genie als Lebenspartner/Lebenspartnerin, oder hätten Sie lieber einen Partner / eine Partnerin mit Herzensbildung und durchschnittlicher Intelligenz? Welcher Typ liegt Ihnen mehr: ein intellektueller oder ein praktischer? Warum?
5. Möchten Sie lieber alles in einem einzigen Bereich oder nur ein bißchen in vielen Bereichen wissen? Warum?

TEXTARBEIT

▶ **G** 2.6 Nouns with
der- and *ein*-Words in
the Accusative Case
G 6.11
kennen/können/wissen
G 7.2–7.6 Past Tense

A „Der Mann mit dem Gedächtnis" im Profil

1. Lesen Sie die ersten vier Absätze der Geschichte auf Seite 204. Markieren Sie dann die entsprechenden Informationen im Text, und ergänzen Sie die folgenden Sätze.

a. Der Mann wußte *den ganzen Fahrplan* auswendig.

b. Das einzige, was dem Mann Freude machte, waren

_____ .

c. Der Mann verbrachte seine Zeit

_____ .

d. Der Mann schaute,

 (1) _____ und

 (2) _____ .

e. Der Mann bestaunte

 (1) _____ ,

 (2) _____ ,

 (3) _____ ,

 (4) _____ und

 (5) _____ .

f. Der Mann kannte _____ .

g. Der Mann wußte,

 (1) _____ ,

 (2) _____ ,

 (3) _____ ,

 (4) _____ ,

 (5) _____ ,

 (6) _____ ,

 (7) _____ ,

 (8) _____ ,

 (9) _____ ,

 (10) _____ und

 (11) _____ .

h. Er ging

 (1) _____ ,

 (2) _____ und

 (3) _____ .

i. Er besaß

(1) _____ ,

(2) _____ und

(3) _____ .

j. Er las

(1) _____ und

(2) _____ .

k. Er bekam und las _____ .

2. Mit welchen Adjektiven würden Sie diesen Mann beschreiben? Kreuzen Sie an. Begründen Sie Ihre Antworten mit spezifischen Informationen aus den vorhergehenden Sätzen.

G 4.1 Predicate Adjectives

_____ intelligent _____ exzentrisch _____ einmalig _____ einseitig

_____ vielseitig _____ geisteskrank _____ verrückt _____ einsam

_____ manisch-depressiv _____ _____

BEISPIEL: Der Mann ist offensichtlich sehr intelligent. Er weiß den ganzen Fahrplan auswendig. Ohne große Intelligenz kann man das nicht.

Wie benahm sich der Mann mit dem Gedächtnis?

G 7.2–7.6 Past Tense

G 12.4 Time, Manner, Place

G 12.9 Sentence Bracket: Dependent Word Order

Lesen Sie Absätze 4 bis 23 der Geschichte, und suchen Sie die Antworten auf die folgenden Fragen.

1. In welchen Monaten sah man den Mann einige Wochen lang nicht mehr? Warum?
2. Was passierte, wenn jemand den Mann nach einer Abfahrtszeit fragte?
3. Warum bestieg der Mann selbst nie einen Zug?
4. Warum dachte der Mann, daß alle Leute, die mit der Bahn fuhren, ihre Zeit und ihr Geld verschwendeten?
5. Wie reagierte der Mann, wenn jemand ihm nicht zuhören wollte?
6. Was mußte der Bahnhofsvorstand dem Mann sagen?
7. Was passierte viele Jahre später im Bahnhof?
8. Was fragte der Mann den Beamten, und wie reagierte er auf die Antworten?

Eine Erfolgsstory

G 7.2–7.6 Past Tense

Lesen Sie den Rest der Geschichte. Schreiben Sie dann die Erfolgsstory des Mannes. Füllen Sie zu diesem Zweck die leeren Sprechblasen aus, und schreiben Sie mit eigenen Worten kurze Bildunterschriften. Lesen Sie dabei zur Hilfe noch einmal Absätze 24–29 der Geschichte.

EINE ERFOLGSSTORY

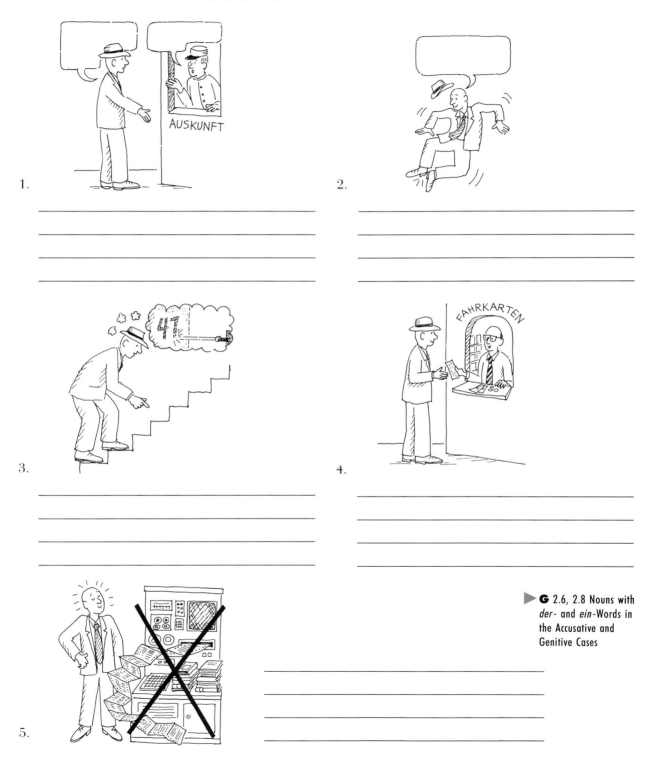

1.

2.

3.

4.

▶ **G** 2.6, 2.8 Nouns with
der- and *ein-*Words in
the Accusative and
Genitive Cases

5.

Lesen Sie jetzt der Klasse Ihre Geschichte laut vor.

Der Mann mit dem Gedächtnis

von Peter Bichsel

¶1 Ich kannte einen Mann, der wußte den ganzen Fahrplan auswendig, denn das einzige, was ihm Freude machte, waren Eisenbahnen, und er verbrachte seine Zeit auf dem Bahnhof, schaute, wie die Züge ankamen und wie sie wegfuhren. Er bestaunte die Wagen, die Kraft der Lokomotiven, die Größe der Räder, bestaunte die aufspringenden Kondukteure und den Bahnhofsvorstand. 5

¶2 Er kannte jeden Zug, wußte, woher er kam, wohin er ging, wann er irgendwo ankommen wird und welche Züge von da wieder abfahren und wann diese ankommen werden.

¶3 Er wußte die Nummern der Züge, er wußte, an welchen Tagen sie fahren, ob sie einen Speisewagen haben, ob sie die Anschlüsse abwarten oder nicht. Er wußte, welche 10 Züge Postwagen führen und wieviel eine Fahrkarte nach Frauenfeld, nach Olten, nach Niederbipp oder irgendwohin kostet.

¶4 Er ging in keine Wirtschaft, ging nicht ins Kino, nicht spazieren, er besaß kein Fahrrad, keinen* Radio, kein Fernsehen, las keine Zeitungen, keine Bücher, und wenn er Briefe bekommen hätte, hätte er auch diese nicht gelesen. Dazu fehlte ihm die Zeit, denn 15 er verbrachte seine Tage im Bahnhof, und nur wenn der Fahrplan wechselte, im Mai und im Oktober, sah man ihn einige Wochen nicht mehr.

¶5 Dann saß er zu Hause an seinem Tisch und lernte auswendig, las den neuen Fahrplan von der ersten bis zur letzten Seite, merkte sich die Änderungen und freute sich über sie. 20

¶6 Es kam auch vor, daß ihn jemand nach einer Abfahrtszeit fragte. Dann strahlte er übers ganze Gesicht und wollte genau wissen, wohin die Reise gehe, und wer ihn fragte, verpaßte die Abfahrtszeit bestimmt, denn er ließ den Frager nicht mehr los, gab sich nicht damit zufrieden, die Zeit zu nennen, er nannte gleich die Nummer des Zuges, die Anzahl der Wagen, die möglichen Anschlüsse, die Fahrzeiten; erklärte, daß man mit diesem Zug 25 nach Paris fahren könne, wo man umsteigen müsse und wann man ankäme, und er begriff nicht, daß das die Leute nicht interessierte. Wenn ihn aber jemand stehenließ und weiterging, bevor er sein ganzes Wissen erzählt hatte, wurde er böse, beschimpfte die Leute und rief ihnen nach: „Sie haben keine Ahnung von Eisenbahnen!"

¶7 Er selbst bestieg nie einen Zug. 30

---

*Im deutschen Sprachstandard: **das Radio, -s**; aber umgangssprachlich und besonders schweizerisch auch: **der Radio, -s**.

¶8   Das hätte auch keinen Sinn, sagte er, denn er wisse ja zum voraus, wann der Zug ankomme.

¶9   „Nur Leute mit schlechtem Gedächtnis fahren Eisenbahn", sagte er, „denn wenn sie ein gutes Gedächtnis hätten, könnten sie sich doch wie ich die Abfahrts- und die An- kunftszeit merken, und sie müßten nicht fahren, um die Zeit zu erleben."   35

¶10   Ich versuchte es ihm zu erklären, ich sagte: „Es gibt aber Leute, die freuen sich über die Fahrt, die fahren gern Eisenbahn und schauen zum Fenster hinaus und schauen, wo sie vorbeikommen."

¶11   Da wurde er böse, denn er glaubte, ich wolle ihn auslachen, und er sagte: „Auch das steht im Fahrplan, sie kommen an Luterbach vorbei und an Deitigen, an Wangen,   40 Niederbipp, Önsingen, Oberbuchsiten, Egerkingen und Hägendorf."

¶12   „Vielleicht müssen die Leute mit der Bahn fahren, weil sie irgendwohin wollen", sagte ich.

¶13   „Auch das kann nicht wahr sein", sagte er, „denn fast alle kommen irgend einmal zurück, und es gibt sogar Leute, die steigen jeden Morgen hier ein und kommen jeden   45 Abend zurück—so ein schlechtes Gedächtnis haben sie."

¶14   Und er begann die Leute auf dem Bahnhof zu beschimpfen. Er rief ihnen nach: „Ihr Idioten, ihr habt kein Gedächtnis." Er rief ihnen nach: „An Hägendorf werdet ihr vor- beikommen", und er glaubte, er verderbe ihnen damit den Spaß.

¶15   Er rief: „Sie Dummkopf, Sie sind schon gestern gefahren." Und als die Leute nur   50 lachten, begann er sie von den Trittbrettern zu reißen und beschwor sie, ja nicht mit dem Zug zu fahren.

¶16   „Ich kann Ihnen alles erklären", schrie er, „Sie kommen um 14 Uhr 27 an Hägendorf vorbei, ich weiß es genau, und Sie werden es sehen, sie verbrauchen Ihr Geld für nichts, im Fahrplan steht alles."   55

¶17   Bereits versuchte er die Leute zu verprügeln.

¶18   „Wer nicht hören will, muß fühlen", rief er.

¶19   Da blieb dem Bahnhofsvorstand nichts anderes übrig, als dem Mann zu sagen, daß er ihm den Bahnhof verbieten müsse, wenn er sich nicht anständig aufführe. Und der Mann erschrak, weil er ohne Bahnhof nicht leben konnte, und er sagte kein Wort mehr,   60 saß den ganzen Tag auf der Bank, sah die Züge ankommen und die Züge wegfahren, und nur hie und da* flüsterte er einige Zahlen vor sich hin, und er schaute den Leuten nach und konnte sie nicht begreifen.

---

* hie und da - hier und da (hin und wieder, manchmal)

Fortsetzung auf Seite 206

¶20   Hier wäre die Geschichte eigentlich zu Ende.

¶21   Aber viele Jahre später wurde im Bahnhof ein Auskunftsbüro eröffnet. Dort saß ein   65
Beamter in Uniform hinter dem Schalter, und er wußte auf alle Fragen über die Bahn eine
Antwort. Das glaubte der Mann mit dem Gedächtnis nicht, und er ging jeden Tag ins
neue Auskunftsbüro und fragte etwas sehr Kompliziertes, um den Beamten zu prüfen.

¶22   Er fragte: „Welche Zugnummer hat der Zug, der um 16 Uhr 24 an den Sonntagen im
Sommer in Lübeck ankommt?"   70

¶23   Der Beamte schlug ein Buch auf und nannte die Zahl.

¶24   Er fragte: „Wann bin ich in Moskau, wenn ich hier mit dem Zug um 6 Uhr 59 ab-
fahre?", und der Beamte sagte es ihm.

¶25   Da ging der Mann mit dem Gedächtnis nach Hause, verbrannte seine Fahrpläne
und vergaß alles, was er wußte.   75

¶26   Am andern Tag aber fragte er den Beamten: „Wie viele Stufen hat die Treppe vor
dem Bahnhof?", und der Beamte sagte: „Ich weiß es nicht."

¶27   Jetzt rannte der Mann durch den ganzen Bahnhof, machte Luftsprünge vor Freude
und rief: „Er weiß es nicht, er weiß es nicht."

¶28   Und er ging hin und zählte die Stufen der Bahnhoftreppe und prägte sich die Zahl in   80
¶29   sein Gedächtnis ein, in dem jetzt keine Abfahrtszeiten mehr waren.

       Dann sah man ihn nie mehr im Bahnhof.

¶30   Er ging jetzt in der Stadt von Haus zu Haus und zählte die Treppenstufen und merkte
sie sich, und er wußte jetzt Zahlen, die in keinem Buch der Welt stehen.

¶31   Als er aber die Zahl der Treppenstufen in der ganzen Stadt kannte, kam er auf den   85
Bahnhof, ging an den Bahnschalter, kaufte sich eine Fahrkarte und stieg zum ersten Mal
in seinem Leben in einen Zug, um in eine andere Stadt zu fahren und auch dort die Trep-
penstufen zu zählen, und dann weiter zu fahren, um die Treppenstufen in der ganzen
Welt zu zählen, um etwas zu wissen, was niemand weiß und was kein Beamter in
Büchern nachlesen kann.

 Ein Steckbrief

Sie wissen, was der Mann mit dem Gedächtnis machte, woran er Interesse hatte
und warum, aber wer war er eigentlich? Was meinen Sie?

▶ **W** S. V.4 *Berufe*

1. **Steckbrief:** Zeichnen Sie ein Bild von dem Mann mit dem Gedächtnis
    oder kleben Sie hier ein Foto oder ein Bild aus einer Zeitung oder
    Zeitschrift ein. Erfinden Sie dann Informationen über ihn.

Vorname: _____ Nachname: _____

Geburtsdatum: _____ Geburtsort: _____

Staatsangehörigkeit: _____

Beruf des Vaters: _____

Beruf der Mutter: _____

Anzahl der Geschwister: _____

Familienstand: _____ ledig _____ verheiratet _____ geschieden _____ verwitwet

Anzahl und Alter der Kinder: _____

Anzahl und Arten der Haustiere: _____

Beruf: _____ Beruf der Frau: _____

Wohnort: _____ Land: _____

Besondere Kennzeichen: _____ Brille _____ Bart _____ Schnurrbart

_____ Narbe (Beschreibung: _____)

_____ Tätowierung (Beschreibung: _____)

Interessen oder Hobbys: _____

Weitere Informationen: _____

_____

2. **Präsentation:** Zeigen Sie den anderen Studenten und Studentinnen Ihren Steckbrief, und erzählen Sie ihnen darüber.

BEISPIEL: Hier ist ein Bild/Foto von . . . Er ist . . . in . . . geboren. . . .

Warum fährt man mit dem Zug?

1. Der Mann mit dem Gedächtnis sagt: „Nur Leute mit schlechtem Gedächtnis fahren Eisenbahn." Wie antwortet ihm der Ich-Erzähler? Wie würden Sie dem Mann antworten? Suchen Sie im Text die Argumente des Mannes und die Argumente des Ich-Erzählers, und tragen Sie sie in Stichworten in die Tabelle ein. Schreiben Sie dann in Stichworten Ihre eigenen Argumente auf.

WARUM FAHREN LEUTE MIT DEM ZUG?

die Argumente des Mannes mit dem Gedächtnis:	
die Argumente des Ich-Erzählers:	
meine eigenen Argumente:	

2. Arbeiten Sie jetzt zu dritt, und diskutieren Sie die Frage: Warum fährt man mit dem Zug? Jedes Gruppenmitglied muß andere Argumente vorbringen und verteidigen: die des Mannes, die des Ich-Erzählers, seine/ihre eigenen. (Siehe Kapitel 4, Textarbeit 3, Aktivität B: Ausdrücke zur Meinungsäußerung.)

 ## Symbole und Bedeutungen

▶ **G 2.6, 2.8 Nouns with** *der-* **and** *ein-***Words in the Accusative and Genitive Cases**

Was symbolisieren für Sie die folgenden Orte/Ereignisse in der Geschichte? Erklären Sie Ihre Antworten.

1. Der Bahnhof symbolisiert
   a. die Welt des Mannes.
   b. das Zentrum menschlicher Interaktionen.
   c. einen Riesencomputer.
   d. einen Bereich des Wissens.
   e. ___?___

2. Das Auskunftsbüro im Bahnhof symbolisiert
   a. Fortschritt.
   b. Modernisierung.
   c. eine Verbesserung des Kundendiensts.
   d. den Ersatz des Mannes, der plötzlich keine Funktion mehr hat.
   e.   __?__

3. Die Stufen symbolisieren
   a. neues Datenmaterial.
   b. einen neuen Forschungsbereich.
   c. die Welt der Vielfältigkeit.
   d. die unendlichen, höheren Stufen der Ausbildung.
   e.   __?__

4. Die erste Reise des Mannes mit dem Zug symbolisiert
   a. seinen ersten Schritt ins wirkliche Leben.
   b. ein neues Leben in der großen, weiten Welt.
   c. seine Meinungsänderung.
   d. neue Richtungen in seinem Leben.
   e.   __?__

Suchen Sie mindestens zwei andere Symbole in der Geschichte, und erklären Sie deren Bedeutung.

Zur weiteren Diskussion

1. Im neunzehnten Absatz (Zeile 60) steht, daß der Mann „ohne Bahnhof nicht leben konnte". Warum war das so? Ist das am Ende der Geschichte noch immer wahr? Warum (nicht)? Welche Rolle spielt der Bahnhof jetzt im Leben des Mannes? Könnte er jetzt ohne Bahnhof leben? Warum (nicht)?

2. Was ist für den Mann mit dem Gedächtnis das Wichtigste im Leben? Warum? Wie wichtig ist das in Ihrem Leben? Warum?

3. Was ist der Hauptunterschied zwischen dem Mann mit dem Gedächtnis und einem „normalen" Menschen? Erklären Sie Ihre Antwort mit Hilfe von Beispielen.

Zur Interpretation

Was sagt Peter Bichsel den Lesern durch seine Geschichte?

- Wählen Sie eine der folgenden Aussagen, und schreiben Sie solide Argumente dafür auf.
- Benutzen Sie Zitate aus dem Text, um Ihre Argumente zu begründen.
- Wenn Sie weitere Hinweise brauchen, lesen Sie Ihre Notizen von Aktivität F noch einmal durch.

AUSSAGEN

▶ **G** 6.11
kennen/können/wissen

Man soll alles in nur einem einzigen Bereich ganz genau wissen, bevor man sich auf einen anderen, zweiten Wissensbereich verlegt.

Es ist nicht leicht, in einer vielseitigen Welt einseitig zu sein.

Es gibt immer etwas Neues zu lernen, was kein anderer Mensch weiß.

Viele Fakten, die wir sammeln und im Gedächtnis mit uns herumtragen, sind völlig wertlos.

Jeder Mensch soll selbst entscheiden, was für ihn wichtig zu lernen und zu wissen ist.

Einseitige Menschen haben es schwer im Leben. Um in der Welt gut zurecht zu kommen, muß man vielseitig sein.

Persönliche Erfahrung ist die beste Lehrmeisterin im Leben.

Bücherwissen allein genügt nicht; man braucht auch eine gute Portion Lebenserfahrung und Herzenstakt, um ein wirklich gebildeter Mensch zu sein.

_____?_____

Was kann man aus Büchern lernen?
Was kann man in keinem Buch nachlesen?

WEITERFÜHRUNG

A Ihr eigener Wissensbereich

1. **Zum Nachdenken:** Wofür interessieren Sie sich besonders? Finden andere Leute das auch so interessant? Wissen Sie einige Tatsachen, die Sie faszinierend finden, die aber die meisten Leute nicht wissen und an denen sie wohl auch kein Interesse haben? Wo und wie haben Sie das alles gelernt?

2. **Zum Aufschreiben:** Schreiben Sie mindestens acht Tatsachen über Ihr Spezialgebiet oder Lieblingshobby auf.

BEISPIEL:

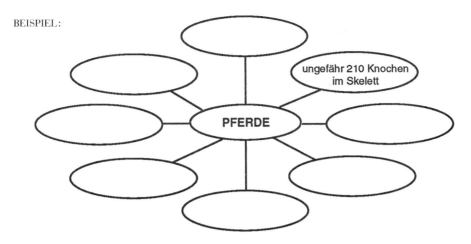

3. **Zum Fragen:** Stellen Sie anderen Studenten und Studentinnen Fragen über die Tatsachen, die Sie aufgeschrieben haben. Wer in der Klasse weiß die Antworten auf Ihre Fragen? Wissen Sie die Antworten auf die Fragen der anderen Studenten und Studentinnen?

BEISPIEL: Wie viele Knochen hat das Skelett eines Pferdes?

4. **Zur Zusammenfassung:** Wofür interessieren sich die anderen Studenten und Studentinnen? Hat jemand dasselbe Interesse wie Sie?

 Eine kurze Erzählung

Dieser Mann hat nur eins im Kopf: Lastwagen und den Lärm, den sie machen. Der Mann mit dem Gedächtnis hatte auch immer nur eins im Sinn: zuerst Züge und dann Stufen.

"Am Verkehrslärm sind nur die Lkw schuld"   Unterwegs nach morgen

Viele Menschen haben ein Problem mit ihrem Gedächtnis: Sie haben vielleicht gar kein Erinnerungsvermögen mehr, eine Gedächtnislücke, ein zu gutes Gedächtnis (vielleicht zu scharf!), oder vielleicht haben sie, wie der Mann mit dem Gedächtnis, nur für ein bestimmtes Wissensgebiet ein gutes Gedächtnis. Schreiben Sie eine kurze Erzählung über so einen Menschen. Die folgende Liste und die folgenden Fragen geben Ihnen Hinweise.

W S. V.4 *Berufe*

MÖGLICHE TITEL

der Umweltschützer /	ohne	
die Umweltschützerin	mit dem schlechten	
der Zoowärter /	beschränkten	
die Zoowärterin	einseitigen	
der Pilot /	guten	Gedächtnis
die Pilotin	scharfen	
der Magier /	fotografischen	
die Magierin	?	
?		

Fragen zum Nachdenken: Kennen Sie jemanden, oder haben Sie von jemandem gehört, . . .

G 3.10 Relative Pronouns

- **der/die sein Erinnerungsvermögen verloren hat?** Was kann dieser Mensch nicht mehr tun? Warum? Was fehlt ihm eigentlich? Wie können Familienmitglieder und Freunde dieser Person helfen? Wie würden Sie das Leben und die tägliche Routine dieser Person beschreiben?
- **der/die ein schlechtes Gedächtnis hat?** Was vergißt diese Person oft? Woran kann sich diese Person fast nie erinnern? Hat das schlechte Gedächtnis einmal ein großes Problem bereitet? Inwiefern?
- **der/die ein beschränktes oder einseitiges Gedächtnis hat?** Woran denkt dieser Mensch immer? Warum? Wie reagieren andere Leute darauf? Was für Probleme ergeben sich daraus?
- **der/die ein gutes oder ein scharfes Gedächtnis hat?** Inwiefern kann das ein Problem sein? War das einmal ein Problem für den Freund (die Freundin, den Chef, die Chefin, den Lehrer, die Lehrerin, den Vater, die Mutter, __?__) dieser Person? Was genau ist passiert?
- **der/die ein fotografisches Gedächtnis hat?** Was für Tatsachen behält dieser Mensch im Kopf? Funktioniert er wie ein Computer? Versucht er manchmal, alles zu vergessen? Was passiert dann? Welche Probleme hat diese Person, weil sie so ein Gedächtnis hat?

Ein exzentrischer Reisender

Leute aus allen Schichten und Berufszweigen fahren mit öffentlichen Verkehrsmitteln, das heißt mit dem Bus, mit der Straßenbahn, mit dem Zug und so weiter. Fahren aber Haustiere normalerweise ohne ihr Herrchen oder Frauchen (ihren Besitzer oder ihre Besitzerin) mit öffentlichen Verkehrsmitteln? Lesen Sie den folgenden Artikel.

Kater auf Reisen

Kater Minusch aus Bern (Schweiz) macht wie alle Kater gerne Ausflüge. Mit einem Unterschied: Minusch fährt mit dem Omnibus. Fast jeden Tag ist er unterwegs — am liebsten mit der Linie 22. Passagiere und Busfahrer haben viel Spaß an dem seltsamen Fahrgast. „Er ist der Star in den Bussen", sagt der Sprecher der Berner Verkehrsbetriebe. Beschwerden hat es noch nie gegeben. Meistens sitzt Minusch neben dem Fahrer und genießt von dort die Aussicht. Manchmal belegt er auch einen Sitzplatz oder den Schoß eines Mitfahrers. Minusch ist ein sicherer Verkehrsteilnehmer. Der Kater steigt wie alle Fahrgäste aus und überquert die Straße mit großer Vorsicht! Trotzdem trägt Minusch die Telefonnummer seiner Besitzerin am Halsband: Damit er auf jeden Fall wieder nach Hause kommt!

1. Suchen Sie die folgenden Informationen im Text.

   - wie der Kater heißt: _____

   - wo er lebt: _____

   - womit er fährt: _____

   - wie oft er fährt: _____

   - wie die Passagiere und Busfahrer reagieren: _____

     _____

   - wo der Kater sitzt, wenn er mit dem Bus fährt: _____

     _____

   - wie er aussteigt und was er dann macht: _____

     _____

   - was er am Halsband trägt: _____

     _____

2. Wenn Minusch sprechen könnte, was würde er über seine Ausflüge sagen? über den Omnibus? den Busfahrer? die Passagiere? die Aussicht von seinem Platz neben dem Busfahrer aus? Was macht er, wenn er sein Reiseziel erreicht? Schreiben Sie einen Absatz über die Erlebnisse von Minusch—und zwar aus der Perspektive und mit den Worten des Katers!

WORTSCHATZ

Adjektive und Adverbien

auswendig	by heart, from memory
besorgt (über + *Akk.*, um)	worried (about)
böse	angry; angrily, nasty; nastily
durchschnittlich	average
einsam	lonely
einseitig	one-sided, narrow
frustriert	frustrated
genau	exact(ly)
hin und zurück	round trip, there and back
stichwortartig	in key words, notes
nur	only
scharf	sharp(ly)
spät	late
verrückt	crazy, mad
vielseitig	many-sided, broad
wahr	true
zuerst	at first
zufrieden	satisfied

Substantive

die Abfahrtszeit, -en	departure time
die Ankunftszeit, -en	arrival time
der Anschluß, *Pl.* Anschlüsse	connection
die Ausbildung	training; education
das Auskunftsbüro, -s	information office
der Beamte, -n (*adj. Dekl.*) / die Beamtin, -nen	official
der Bereich, -e	field, area
die Eisenbahn, -en	railway
der Erfolg, -e	success
der Ersatz	replacement
die Fahrkarte, -n	(travel) ticket
der Fahrkartenschalter, -	ticket window
der Fahrplan, ̈e	travel schedule
das Gedächtnis, -se	memory
der Grundriß, *Pl.* Grundrisse	outline; plan
die Information, -en	*sg.* piece of information; *pl.* information
der Ingenieur, -e / die Ingenieurin, -nen	engineer
der Kopf, ̈e	head
die Lücke, -n (Gedächtnislücke)	gap (memory gap)
der Spezialist, -en (*schwach*) / die Spezialistin, -nen	specialist

der Steckbrief, -e	'wanted' poster
das Stichwort, -e	keyword, note
die Stufe, -n	stair, step
das Symbol, -e	symbol
die Tatsache, -n	fact
die Treppe, -n	staircase
das Verhalten	behavior
der Vorstand, ̈e	executive committee, board; chairperson, head
der Wagen, -	car
die Zahl, -en	number; numeral
die Zeit, -en	time
das Ziel, -e	destination; goal
der Zug, ̈e	train

Verben

abfahren* (*trenn.*) (ist)	to depart
aussteigen* (*trenn.*) (ist)	to disembark, climb out
beginnen*	to begin
begreifen*	to grasp
begründen	to substantiate
beschimpfen	to swear at
bestaunen	to marvel at
einsteigen* (*trenn.*) (ist)	to board, get in
eintragen* (*trenn.*)	to mark in, enter
sich erinnern (an + *Akk.*)	to remember (sth./sb.)
sich freuen (über + *Akk.*)	to be pleased (about)
kosten	to cost
sich (*Dat.*) merken	to remember; to make a mental note of
überfliegen*	to scan
sich verhalten*	to behave
verprügeln	to beat up
verteidigen	to defend
vorbeikommen* (*trenn.*) (ist)	to come by
zahlen	to pay
zählen	to count

Nützliche Wörter und Ausdrücke

eine Frage stellen	to pose a question
erster/zweiter Klasse	(in) first/second class
etwas (Kompliziertes, Neues, ___?___)	something (complicated, new, ___?___)
keine Ahnung haben*	to have no idea
über das ganze Gesicht strahlen	to beam (all over the face)

Weitere Wörter, die ich lernen will:

_____

_____

_____

_____

Beziehungen

Zum Nachdenken

Welcher Mensch hat den Verlauf Ihres Lebens am nachhaltigsten beeinflußt?

Text

„Der Mann im weißen Hemd" von Gabriele Wohmann, 218

Zusätzlicher Text

„Wien-Altenmarkt" von Manfred Richter, 229

► 9 Verbs: Subjunctive
Mood

HINFÜHRUNG

A Eine Familie

Wie definieren Sie eine „Familie"? Beginnen Sie Ihre Erklärung mit einem der
folgenden Satzanfänge.

> Eine Familie ist . . .
> Eine Familie besteht aus . . .
> Das Wort „Familie" bedeutet . . .
> Wenn ich das Wort „Familie" höre,
>   denke ich an . . .
> Eine Gruppe von Menschen, die . . . ,
>   kann man eine „Familie" nennen,
>   weil . . .

Glückliche
Kinder

unsere
Zukunft

Deutsches
Kinderhilfswerk

Deutsches Kinderhilfswerk e. V   Langwieder Hauptstraße 4   8000 München 60

B Ihre Familie

► W S. V.3 *Beziehungen*

Beschreiben Sie Ihre eigene Familie.

- Erklären Sie, wie groß Ihre Familie ist, wer die Familienmitglieder sind und
  wie sie mit Ihnen verwandt sind.
- Wenn möglich, zeigen Sie Fotos von Ihren Familienmitgliedern.
- Wenn Sie wollen, können Sie auch einen Stammbaum mit den Namen und
  dem Alter Ihrer Familienmitglieder und Verwandten zeichnen und als
  Anschauungsmaterial benutzen.

C Jemand in Ihrem Leben

An wen denken Sie, wenn Sie einen bestimmten Geruch oder Geschmack
wahrnehmen? Oder wenn Sie mit etwas in Berührung kommen? Oder bei einem
bestimmten Anblick oder Klang? Wieso?

► G 11.6 *als/wenn/wann*

1. Wenn ich (den Duft von [Rosen/Schokolade], das Aroma von [frischem
   Kaffee], den Geruch von [Pfefferminze], den Geschmack von [frisch
   gebackenem Brot]) wahrnehme, denke ich immer an . . . , weil . . .
2. Wenn ich mit (Katzen, Gras, Wolle, __?__) in Berührung komme, . . .
3. Wenn ich . . . sehe/höre, . . .

TEXTARBEIT

A Ein Mann in einem weißen Hemd

Der Titel der Geschichte auf Seite 218 lautet „Der Mann im weißen Hemd".
Wer könnte dieser Mann sein? Spekulieren Sie.

1. Was könnte der Mann von Beruf sein? Warum?

    _____ Koch   _____ Professor

    _____ Geschäftsmann   _____ Schuhverkäufer

    _____ Karatelehrer   _____ Pilot

    _____ Wissenschaftler   _____ _____

▶ **W** S. V.4 *Berufe*

2. Glauben Sie, daß dieser Mann jung, in den mittleren Jahren oder älter
   ist? Warum? Glauben Sie, daß er Junggeselle oder Ehemann ist?
   Glauben Sie, daß er kinderlos ist oder daß er Kinder, Enkelkinder oder
   vielleicht sogar schon Urenkel hat? Warum?

3. Wo, glauben Sie, findet die Geschichte statt? Warum?

    _____ in einem Restaurant   _____ in einem Geschäft

    _____ in einer Wohnung   _____ in einem Flugzeug

    _____ in einem Fitneßcenter   _____ in einem Hörsaal

    _____ in einem Labor   _____ in einem Park oder Garten

    _____ in einem Zug   _____ an Bord eines Schiffes

▶ **G** 5.4 Prepositions
with either Accusative
or Dative Case

B Zum Lesen

1. **Das war vorher:** Lesen Sie Zeilen 1 bis 13 der Geschichte.
    a. Unterstreichen Sie den Ausdruck „das war vorher" jedesmal, wenn
       Sie ihn sehen. Welche Varianten dieses Ausdrucks finden Sie?
    b. Was war eigentlich „vorher" passiert? Erklären Sie, welchen Satz die
       Frau gesprochen hatte, zu wem und warum? Erklären Sie auch, was
       die Frau gemacht hatte.
    c. Was meinen Sie? Warum wiederholt Wohmann den Ausdruck „das
       war vorher"? Was ist vielleicht „nachher" passiert?

▶ **G** 7.2–7.6 Past Tense
G 7.12 Past Perfect
Tense

2. **Und „nachher":** Lesen Sie jetzt Zeilen 14 bis 27 der Geschichte.
   a. Mit welchem Anblick begann das „Nachher" für die Ich-Erzählerin?
   b. An wen erinnerte der Mann die Ich-Erzählerin plötzlich sehr? Warum?
   c. Wann sah die Ich-Erzählerin den Mann so?
   d. Was machte die Ich-Erzählerin, als sie den Mann zum zweiten Mal gesehen hatte und sie ihr kränkendes Verhalten ihm gegenüber wiedergutmachen wollte?
   e. Was tat die Ich-Erzählerin, als sie den Mann im ganzen Zug nicht finden konnte?
3. **Eine Meditation / Ein Gebet:** Lesen Sie jetzt Zeilen 27 bis 36.
   a. Zu wem sprach die Ich-Erzählerin Ihrer Meinung nach, als sie sagte: „Lieber Vater, . . . "? zu sich selbst? zu ihrem Vater, egal wo er ist? zu Gott? oder vielleicht zu allen dreien?
   b. Welche Gefühle hatte die Ich-Erzählerin Ihrer Meinung nach? Bedauern? Sehnsucht nach der Vergangenheit? Unzufriedenheit mit ihrem Leben? Verzweiflung? Qual? Selbsthaß? Selbstmitleid? existentielle Schuldgefühle? Reue? __?__ Warum?
   c. Mit wem verglich die Ich-Erzählerin sich selbst? Woher wußte sie von solchen Leuten?
4. **Das Warten im Abteil:** Lesen Sie jetzt das Ende der Geschichte, und beschreiben Sie mit eigenen Worten die Frau, die ins Abteil eintrat. Was meinen Sie: Stand diese Frau in einer persönlichen Beziehung zu dem Mann im weißen Hemd? Wenn ja, in welcher? Oder ist die Ich-Erzählerin vielleicht ins falsche Abteil zurückgekehrt? Begründen Sie Ihre Antwort mit Hilfe des Textes.

G 9.4 Subjunctive II: Present Tense and Uses

Der Mann im weißen Hemd

von Gabriele Wohmann

¶1 Das war vorher. Das war alles vorher. Ich versuchte, mich in geheimer Selbstjustiz freizusprechen. Ich versuchte, gleichzeitig die Zeitung zu lesen. Nun hatte ich doch wieder ein leeres Abteil gefunden, also Ruhe! Das war alles alles vorher: Meine ärgerliche Stimme, mein unfreundlicher Satz. Mein abweisendes Gesicht.

¶2 Das war vorher: Mein Verlassen des Abteils, in das er mit zuversichtlichem Ausdruck 5 eingetreten war, erleichtert, vielleicht sogar, weil er sich von mir einen Beistand für seine Reise erhofft hatte. Viel zu viel Gepäck um ihn herum. Er war erschöpft. Er war das Reisen mit der Bahn nicht gewöhnt. Er war zu alt und zu wenig robust für alles, was ihn hier in diesem Zug umgab. Wenn ich mich richtig erinnere, hat er mit mir wie zum Zei-

chen, er sei am Ziel, ein bißchen gelächelt. Das war vorher. Ich habe *ich brauche Ruhe* 10
gesagt. Eine Erklärung wollte ich ihm doch dafür geben, daß ich meine Sachen zusam-
menpackte und mit dem Mantel über dem Arm das Abteil verließ. Trotzdem muß er sich
geradezu räudig vorgekommen sein. Wie einer, den man meidet. Das war alles vorher.
Das war, ehe ich ihn ohne seine Jacke gesehen hatte. Ehe ich sein weißes sauberes
Hemd gesehen hatte, die Ärmel, kürzer gemacht von seiner Frau, über den Ellenbogen 15
zusammengefaltet. Genau so wie von meiner Mutter sah das Machwerk aus zur
Verkürzung seiner Hemdsärmel, wie von meiner Mutter für dich, mein Vater. Er ähnelte
dir, das war nachher, als er an meinem Abteil vorbeikam, wahrscheinlich den
Waschraum suchte, du, Vater, hättest das sein können, in einem deiner weißen Hemden.
Daß jemand, eine fremde Frau, dich kränken würde, konnte ich nicht zulassen. Ich stand 20
auf und suchte den älteren Mann, um ihn zu fragen, ob ich ihm helfen könne. Durch den
ganzen Zug bin ich gelaufen und habe ihn nicht mehr gefunden. Vor verschlossenen
WC-Türen habe ich immer vergeblich gewartet, andere Leute haben die Tür aufgesperrt
und an mir vorbeigesehen. Aber in seinem Abteil, nun leer, stapelte sich noch sein
Gepäck. Ich beschloß, dorthin wieder umzuziehen. Zu spät, etwas rückgängig zu 25
machen, es ist immer zu spät, habe ich gedacht, und nun gar nicht erst versucht, in der
Zeitung zu lesen. Einmal müßte dieser Passagier zurückkehren. Lieber Vater, laß dich nur
nie kränken. Deine Gesellschaft muß jeder Mensch dringend wünschen. Um in deiner
Nähe zu sein, drängeln sich die Anwärter: So ist es doch, nicht wahr? *Ich bin eine Leih-*
gabe, dieses Theologenwort ging mir im Kopf herum. Nicht nur für jedes unnütze Wort, 30
das ich in meinem Leben gesprochen habe, auch für jede unnütze Handlungsweise und
erst recht für jeden unnützen Gedanken, für mein mürrisches Wesen werde ich zur
Rechenschaft gezogen werden. Liebes Jüngstes Gericht, ich sehne mich nach dir. Ich
verlange danach, daß alles Unnütze an mir zur Sprache kommt. Lieber Gott, vergib mir
dann nicht mehr einfach pauschal mit den betrügerischen Lohnmästern, den Kidnappern 35
. . . mir fielen nur die Straftäter ein, von denen ich vorhin in der Zeitung gelesen hatte.

¶3   Die Abteiltür wurde zurückgeschoben, und eine dicke Frau in einem ärmellosen Kleid
trat ein, dann setzte sie sich auf seinen Platz am Fenster. In seiner Reisetasche, die er auf
dem Sitz neben sich abgestellt hatte, fing sie zu wühlen an. Das muß ein Irrtum sein,
wollte ich die Frau zurechtweisen, aber da sah ich sie mit einem Strickzeug aus weißer 40
Wolle herumwerkeln. Ihre nackten Arme, unregelmäßige Fleischwülste, erinnerten an
ungeformten Teig. Ich bin in diesem Abteil dennoch geblieben. Nun war ich es, die
Schutz suchte.

Die äußere Handlung

Was passierte eigentlich in der Geschichte?

1. Bringen Sie die folgenden Sätze in die richtige Reihenfolge, und lesen Sie die Zusammenfassung der äußeren Handlung laut vor, die daraus resultiert.

G 7.2–7.6 Past Tense

G 7.12 Past Perfect Tense

_____ Eine Frau kam ins Abteil und nahm Platz.

_____ Die Ich-Erzählerin ging in das Abteil zurück, in dem sie zuerst gesessen hatte. Das Gepäck des Mannes war noch da, der Mann aber nicht.

_____ Der Mann ging an dem neuen Abteil der Ich-Erzählerin vorbei.

_____ Die Ich-Erzählerin nahm ihre Sachen und flüchtete aus dem Abteil.

_____ Die Ich-Erzählerin sah den Mann dabei in Hemdsärmeln, das heißt ohne seine Jacke.

_____ Die Ich-Erzählerin versuchte noch einmal, die Zeitung zu lesen.

_____ Die Ich-Erzählerin sah den Mann unfreundlich an und sagte: „Ich brauche Ruhe."

_____ Die Frau suchte ihr Strickzeug in der Reisetasche und fing an zu stricken.

1 _____ Ein Mann trat in das Abteil ein, in dem die Ich-Erzählerin saß.

_____ Die Ich-Erzählerin suchte sich ein anderes, leeres Abteil.

_____ Die Ich-Erzählerin suchte im ganzen Zug nach dem Mann, aber sie konnte ihn nicht finden.

2. Suchen Sie dann den Anfang jedes Ereignisses in der Geschichte, und schreiben Sie die Nummer des Ereignisses in blau oder in grün darüber.

Die innere Handlung

Die folgenden Sätze fassen die innere Handlung der Geschichte zusammen. Sie erklären, wie die Ich-Erzählerin sich fühlte, woran sie dachte und was sie wollte.

1. Bringen Sie sie in die richtige Reihenfolge, und lesen Sie die Chronologie der inneren Handlung laut vor, die daraus resultiert.

G 7.2–7.6 Past Tense

G 11.6 als/wenn/wann

_____ Sie dachte an theologische Lehren.

_____ Sie wollte nicht mehr allein im Abteil sein: Sie suchte jetzt nicht länger Ruhe, sondern vielmehr Schutz.

_____ Es wurde ihr klar, daß es im Leben oft unmöglich ist, Fehler rückgängig oder wiedergutzumachen. Auch reflektierte sie über ihre Beziehung zu ihrem Vater.

_____ Ihre Gefühle änderten sich plötzlich, als sie den Mann ohne seine Jacke sah und sein weißes Hemd mit den gekürzten Ärmeln bemerkte.

_____ Ungeformter Teig kam ihr in den Sinn, als sie die dicken, nackten Arme der Frau bemerkte.

_____ Sie fühlte sich wegen ihres früheren Benehmens schuldig: Sie war sehr unhöflich zu einem fremden Mann gewesen, der ihr eigener Vater hätte sein können.

_1_ Sie wurde ärgerlich, als jemand ins Abteil kam. Sie wollte allein sein und Ruhe haben.

_____ Sie wünschte sich, daß Gott einmal mit ihr über jeden einzelnen ihrer Fehler, über jede einzelne ihrer Sünden sprechen werde. Sie wollte keine Generalabsolution, sondern daß Gott ihr jede einzelne Schuld individuell vergebe.

_____ Sie wollte ihr schlechtes Verhalten dem Mann gegenüber wiedergutmachen; sie wollte ihm ihre Hilfe anbieten.

_____ Sie dachte zuerst, daß die dicke Frau einen Fehler machte, als diese etwas in der Reisetasche des Mannes suchte.

_____ Der Mann im weißen Hemd erinnerte sie an ihren Vater.

2. Suchen Sie dann den Anfang jedes Gedankens oder jeder Emotion in der Geschichte, und schreiben Sie die Nummer des zusammenfassenden Satzes in rot oder violett darüber.

 ## *Zur Sprachkenntnis: Wörter und Ausdrücke*

Wie könnte man das anders sagen? Wählen Sie das Synonym für den kursiv gesetzten Ausdruck.

1. „Mein *abweisendes* Gesicht." (unfreundliches / sympathisches)
2. „. . . habe ich immer *vergeblich* gewartet." (geduldig / ohne Erfolg)
3. „. . . , andere Leute haben die Tür *aufgesperrt.*" (geöffnet / geschlossen)
4. „Ich bin *eine Leihgabe.*" (ein Geschenk / kein permanenter Besitz, sondern zeitweise ausgeborgt)
5. „. . . , daß alles Unnütze an mir *zur Sprache kommt.*" (erwähnt wird / vergessen wird)
6. „In seiner Reisetasche, . . . , fing sie *zu wühlen* an." (Ordnung zu machen / etwas zu suchen)
7. „Das muß *ein Irrtum* sein." (eine Verbesserung / ein Fehler)

Zur Sprachkenntnis: Satzteile und Sätze

Wie könnte man das anders ausdrücken? Wählen Sie für jedes Zitat eine passende Interpretation.

G 9.4 Subjunctive I: Present Tense and Uses

G 9.1–9.2 Subjunctive II: Present Tense and Usage

G 10.3 Passive Voice: Future Tense and Modals

_____ 1. „Ich versuchte, mich in geheimer Selbstjustiz freizusprechen."

_____ 2. „. . . hat er mit mir wie zum Zeichen, er sei am Ziel, ein bißchen gelächelt."

_____ 3. „Trotzdem muß er sich geradezu räudig vorgekommen sein."

_____ 4. „Daß jemand, eine fremde Frau, dich kränken würde, konnte ich nicht zulassen."

_____ 5. „. . . in seinem Abteil, nun leer, stapelte sich noch sein Gepäck."

_____ 6. „Ich beschloß, dorthin wieder umzuziehen."

_____ 7. „Zu spät, etwas rückgängig zu machen, . . ."

_____ 8. „Deine Gesellschaft muß jeder Mensch dringend wünschen."

_____ 9. „Um in deiner Nähe zu sein, drängeln sich die Anwärter . . ."

_____ 10. „. . . für mein mürrisches Wesen werde ich zur Rechenschaft gezogen werden."

_____ 11. „. . . mir fielen nur die Straftäter ein . . ."

_____ 12. „. . . da sah ich sie mit einem Strickzeug aus weißer Wolle herumwerkeln."

_____ 13. „Ihre nackten Arme, unregelmäßige Fleischwülste, erinnerten an ungeformten Teig."

a. Ich konnte nichts daran ändern, was ich schon gemacht hatte.

b. Ich konnte nur an die Kriminellen denken, . . .

c. Nichtsdestoweniger hat er sich wahrscheinlich gefühlt, als wäre er ein schäbiger Hund.

d. Ich wollte glauben, daß ich unschuldig war, daß das, was ich gemacht hatte, nicht so schlecht war.

e. Ihre dicken, nackten Arme sahen wie die ungeformte Masse aus, aus der Brot oder Kuchen gemacht wird.

f. Ich entschied mich, mit all meinen Sachen wieder ins erste Abteil zurückzukehren.

g. Ich beobachtete, wie sie sich mit ihrer Handarbeit aus weißer Wolle beschäftigte.

h. Mit seinem Lächeln schien er mir besagen zu wollen, daß er da angekommen war, wo er hingehörte.

i. Es ist undenkbar, daß jemand nicht unbedingt mit dir zusammen sein will.

j. Ich konnte nicht akzeptieren, daß eine Frau, die dich nicht kannte, dich beleidigen würde.

k. So viele Menschen wollen näher bei dir sein, daß es ein großes Schieben und Drücken gibt.

l. Der Mann war nicht mehr im Abteil, aber seine vielen Gepäckstücke waren noch da und nahmen viel Platz ein.

m. Ich werde mich für meine Unfreundlichkeit verantworten müssen.

Impressionen

Viel Glück im neuen Heim

Wie kann man mit Familienmitgliedern, Freunden und Bekannten
Kontakt halten? Wie wichtig ist es
für Sie, mit anderen Menschen in
Kontakt zu stehen?

Blumen
und Präsente

Herzog-Wilhelm-Straße 104
3388 Bad Harzburg 1
Telefon (05322) 6894

Ein Personalausweis für die Ich-Erzählerin

In deutschsprachigen Ländern muß jeder Mensch, der sechzehn Jahre alt oder älter ist, einen Personalausweis oder einen Reisepaß bei sich tragen. Vervollständigen Sie den Personalausweis für die Ich-Erzählerin. Erfinden Sie Informationen über sie, und suchen Sie ein Foto oder ein Bild, das Ihrer Meinung nach die Ich-Erzählerin darstellen könnte.

Vorname: _____

Nachname: _____

Geburtsdatum: _____

Geburtsort: _____

Wohnort: _____

Beruf: _____

Familienstand: _____
(ledig, verheiratet, geschieden, verwitwet)

Kleben Sie hier ein Foto oder ein Bild auf.

Zeigen Sie der Klasse den ausgefüllten Ausweis, und erzählen Sie dabei einige „Tatsachen" über die Ich-Erzählerin.

 ## Spekulation

Spekulieren Sie über die folgenden Themen. Es gibt keine falschen Antworten.

G 7.12 Past Perfect Tense

BEISPIEL: Die Ich-Erzählerin hatte eine langfristige Beziehung beendet und wollte jetzt eine lange Reise mit dem Zug machen, um alles zu vergessen. Sie hatte kein bestimmtes Reiseziel. Sie wollte nur einfach mit dem Zug irgendwohin fahren. Sie wollte unterwegs niemanden sehen, sie wollte mit niemandem sprechen, und sie wollte auf keinen Fall persönliche Fragen beantworten müssen.

Oder: Die Ich-Erzählerin stand unter viel Streß bedingt durch ihre Arbeit, das Leben in der Großstadt und eine chronische Krankheit. Sie war auf dem Weg in einen Kurort, wo sie sich endlich einmal entspannen und erholen wollte. Weil ihre Nerven stark angegriffen waren, wollte sie unterwegs gar keinen Kontakt mit anderen Menschen haben. Sie wollte sich von ihrer Umwelt isolieren und ganz zurückgezogen reisen.

Oder: _____?_____

Spekulieren Sie darüber,

1. wohin die Ich-Erzählerin reiste und warum sie Ruhe brauchte.
2. wann die Ich-Erzählerin ihren Vater zum letzten Mal in so einem weißen Hemd gesehen hatte und was damals geschehen war.
3. was die Ich-Erzählerin ihrem Vater sagen wollte, wenn sie ihn noch einmal sehen könnte / sobald sie ihn wiedersehen würde.
4. was für eine Rolle Religion in der Erziehung der Ich-Erzählerin gespielt hatte.
5. was für eine Beziehung die Ich-Erzählerin zu ihrer Mutter hatte und was ihr in den Sinn kam, wenn sie an ihre Mutter dachte.

Zur Interpretation

Bilden Sie Gruppen. Jede Gruppe diskutiert eins der folgenden Themen und trägt dann eine Zusammenfassung der Diskussion vor.

VARIANTE 1: Jeder Student / Jede Studentin wählt ein Thema und schreibt einen Aufsatz darüber, den er/sie den anderen Studenten und Studentinnen laut vorliest.

VARIANTE 2: Die Diskussion jedes Themas fängt mit einem Brainstorming an. Alle Studenten und Studentinnen in der Klasse tragen ihre Ideen dazu bei.

1. Welche symbolische Bedeutung hat die Farbe Weiß in der Geschichte? Der Mann trug zum Beispiel ein weißes Hemd, und die Frau werkelte mit Strickzeug aus weißer Wolle herum. Wie wäre die Geschichte anders gewesen, wenn das Hemd eine andere Farbe, zum Beispiel Blau, Schwarz oder Gelb gehabt hätte?
2. Was bedeutet der letzte Satz der Geschichte: „Nun war ich es, die Schutz suchte." Wer hatte vorher Schutz gesucht? Wovor? Warum? Wovor suchte die Ich-Erzählerin jetzt Schutz? Warum?
3. Welche Bedeutung hat das folgende Sprichwort für die Geschichte: „Was du nicht willst, daß man dir tu', das füg auch keinem andern zu." Um wen sorgte sich die Ich-Erzählerin letzten Endes eigentlich mehr: um ihren Vater oder sich selbst? Erklären Sie Ihre Antwort.
4. Welche Rolle spielt die dicke Frau in der Erzählung? Was bedeutet ihre Präsenz im Abteil am Ende?
5. Welche Rolle spielen die Vaterfiguren in der Erzählung? Was ist das Verhältnis der Ich-Erzählerin zu ihnen?
6. Suchen Sie Beispiele von humoristischen Elementen und Ironie im Text. Welche Rolle spielen diese Elemente in der Geschichte?

▶ **W** S. V.2 *Farben*

Rollenspiel: Ein Dialog

Arbeiten Sie zu zweit. Schreiben Sie einen Dialog, und spielen Sie ihn dann den anderen Studenten und Studentinnen vor.

DIE MITWIRKENDEN

der Mann im weißen Hemd
die Ich-Erzählerin

SITUATION

Der Mann im weißen Hemd kommt ins Abteil zurück und nimmt Platz.
Die Ich-Erzählerin, die jetzt wieder im Abteil sitzt, spricht mit ihm.

WIE SIE DEN DIALOG ENTWICKELN KÖNNEN

- Die Ich-Erzählerin stellt sich vor und bittet den Mann um Verzeihung für ihre Worte und ihr Benehmen. Wie antwortet ihr der Mann? Nimmt er ihre Entschuldigung an? Stellt er sich (und seine Frau) dann vor? Oder ist er ärgerlich?
- Die Ich-Erzählerin fragt den Mann, wohin er reist und warum, und er stellt ihr ähnliche Fragen.
- Nach ein paar Minuten belangloser Konversation (Smalltalk) erklärt die Ich-Erzählerin dem Mann, daß er sie an ihren Vater erinnert. Sie erzählt ihm auch ein bißchen von ihrem Vater: woher er kam, ob er noch lebt, was er von Beruf ist/war, wo er wohnt/wohnte, was für ein Vater er ist/war, wann sie ihn zum letzten Mal gesehen hat usw.
- Der Mann spricht über seine Familie und vielleicht über eine Tochter oder eine jüngere Schwester oder eine besondere Frau in seinem Leben, an die ihn die Ich-Erzählerin erinnert.

WEITERFÜHRUNG

A Der Werwolf

Schreiben Sie eine Kurzgeschichte über den Mann im Zug, der in der Dunkelheit des Tunnels zum Werwolf wird. (Siehe Cartoon auf der nächsten Seite.) Die folgenden Fragen werden Ihnen Hinweise geben.

BEVOR DER ZUG IN DEN TUNNEL FUHR

Wer saß im Abteil?
Was machten diese Leute?
Wie sah der Mann aus, der mit seiner Frau auf der rechten Seite des Abteils saß?
Wie war die Stimmung im Abteil?

ALS DER ZUG IN DEN TUNNEL FUHR

▶ W S. V.1 *Körperteile*

Wie fing die Verwandlung an?
Wie veränderten sich die Haare des Mannes? die Hände? die Fingernägel? die Zähne? die Ohren? die Augen? __?__

Konnte der Werwolf sprechen? Wenn ja: Was sagte er? Wenn nein: Was
   für Geräusche machte er?
Was machte die Frau des Werwolfs?
Wie reagierten die anderen Leute im Abteil?
Blieben sie die ganze Zeit lang im Abteil?

NACHDEM DER ZUG AUS DEM TUNNEL KAM

Was geschah?
Sprach der Mann über seine Verwandlung? über sein Problem? Wenn ja:
   Was sagte er? Was sagten die Mitreisenden dazu? Wenn nein: Warum
   nicht?
Mußte der Zug durch noch mehr Tunnel fahren?
Stiegen der Werwolf und seine Frau aus, bevor es Nacht wurde?
Erreichten alle Passagiere ihr Reiseziel?

*»Achten Sie nicht weiter auf ihn – sobald wir aus dem Tunnel heraus sind, verwandelt sich
mein Mann wieder zurück!«*

 ## Eine Hand auf der Schulter

Manfred Richter beschreibt im Stil des inneren Monologs eine Reise von Wien
nach Altenmarkt. Diese Strecke kennt er gut, und viele Erinnerungen kommen
ihm in den Sinn, als er die vertrauten Landschaften betrachtet und sich seinem
Reiseziel nähert.

Schauen Sie sich zuerst die Karte an, und lesen Sie die Notizen, bevor Sie dann die Geschichte lesen.

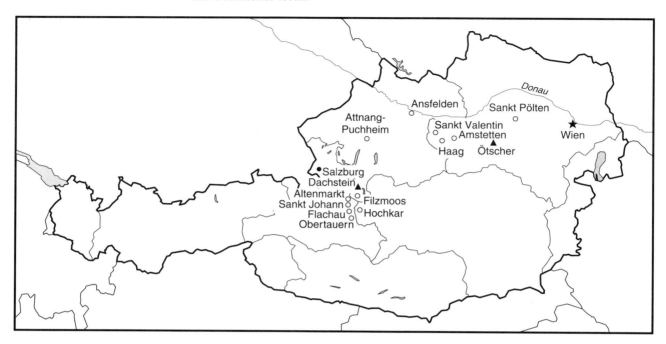

NOTIZEN

die Strecke:	mit dem Zug: von Wien nach Salzburg mit dem Taxi: von Salzburg nach Altenmarkt mit dem Auto des Vaters: von Altenmarkt nach Sankt Johann und dann die Rückfahrt nach Wien

andere Reisen,
  an die der
  Ich-Erzähler
  sich erinnert:
	mit seinem Vater, Hans und den anderen
	mit dem Bus
	mit dem Auto

andere Städte,
  die er
  erwähnt:
	Sankt Pölten, Ansfelden, Amstetten, Haag, St. Valentin, Attnang-Puchheim

Skigebiete (Schigebiete):	Filzmoos, Obertauern, Hochkar, Flachau

Skipisten
  (Schipisten)
  und Berge:
	der Großberg, der Rettenstein, der Dachstein, der Ötscher

Fluß:	die Donau

Sprache:	1. „Im Bus ist . . . die Hölle los." = Die Reisenden im Bus sind sehr laut.
	2. „. . . plötzlich vorbeifetzende Bäume in Griffweite . . ." = die Bäume, an denen der Zug vorbeirast, erscheinen so nah, daß man denkt, man könnte sie ergreifen.
	3. „Dafür kein Strengberg." = Normalerweise sehe ich den Strengberg von der Autobahn aus, aber mit dem Zug geht es an der Donau entlang.
	4. „Bahnhöfe in Städten, von denen man nur die Autobahnausfahrten kennt." = Auf der Autobahn fährt man an den Städten vorbei; mit dem Zug fährt man durch die Städte.
	5. „Meine Kehle ist zugeschnürt." = Mein Hals ist wie zugeschnürt, ich kann vor Aufregung weder schlucken noch atmen.
	6. „. . . bei mir macht's einmal einen Pumperer, und ich bin weg." = Ich werde nicht lange krank sein, sondern einen schnellen Tod sterben. Ich werde wohl einmal einen tödlichen Herzinfarkt haben.
	7. „Fichte, Eiche oder Metall." = Der Sarg, in dem der tote Vater beerdigt werden soll, kann aus Holz (Fichte oder Eiche) oder aus Metall gemacht sein.

Wien–Altenmarkt

von Manfred Richter

¶1 Die Strecke kenne ich wirklich auswendig. Wien–Altenmarkt. Über Salzburg. Wie oft bin ich die schon gefahren? Zwanzigmal? Dreißigmal? Schifahren. Mit Papa. Mit Hans und den anderen. Dann schilehrern in Filzmoos. Und seit sieben Jahren Schikurse in Obertauern. Und wenn ihr jetzt links rausschaut, seht ihr den Dachstein. Bitte laß die Rollo in Ruhe. 5

¶2 Heute ist es leiser. Keiner will was von mir. Keiner redet mich an. Ich bin ganz allein, mein Blick starrt aus dem Fenster. Schon in Niederösterreich liegt Schnee.

¶3 Im Bus ist spätestens ab St. Pölten die Hölle los. Radio leiser, Radio lauter, bitte könnten Sie diese Kassette spielen? Bitte wann bleiben wir stehen? Mittagspause Ansfelden, eine Stunde mindestens, nur nicht zu schnell dort sein, der erste Abend zieht sich. 10

¶4 Ruhig wandernde Felder, plötzlich vorbeifetzende Bäume in Griffweite, dahinter weiße Berge im Abendrot. Ein herrlicher Schitag heute. Auf der Autobahn kann man zwanzig Minuten den Ötscher sehen.

¶5 Schiausflug aufs Hochkar. Das ist jetzt mindestens zwölf Jahre her. Ich hatte erst kurz den Führerschein und lenkte den Wagen. Papas Hand auf meiner Schulter, wie immer, 15 wenn ich zu schnell fuhr.

¶6 Zu dieser Tageszeit bin ich die Strecke noch nie gefahren. Vor allem nicht allein und mit dem Zug. Die Autobahn als Orientierungshilfe fällt weg. Plötzlich die Donau entlang.

Fortsetzung auf Seite 230

Dafür kein Strengberg. Bahnhöfe in Städten, von denen man nur die Autobahnaus-
fahrten kennt. Amstetten. Haag. St. Valentin. 20

¶7   Mit Papa in der Flachau. Er wollte nie zurückstehen, hat sich immer mitgehetzt. Schon
der Onkel hat erzählt, daß die anderen immer auf ihn warten mußten und Papa der
einzige war, der alles durchfuhr. Da haben wir viel gelacht.

¶8   Vielleicht etwas lesen? Ich kann nicht lesen. Nicht essen, nicht trinken. Meine Kehle ist
zugeschnürt, jede Minute tief Luft holen. Wieso gehe ich auf den Gang? Ist es mir zu eng 25
im leeren Abteil? Ich höre dem gleichbleibenden Stakkato des Zuges zu. Quietschende
Bremsen verlangsamen den Rhythmus. Attnang-Puchheim, wie eine Erinnerung an ver-
gangene Zeiten. Endlich steigen ein paar Leute ein, stellen sich neben mich. Ich kann ihre
Fröhlichkeit nicht ertragen. Vor dem Klo rauche ich die dritte Zigarette. Es wird
Nacht. —Was wird Mama jetzt machen? 30

¶9   Die Eltern in Filzmoos. Papa fährt Schi, Mama geht spazieren, dann holt sie ihn zum
Mittagessen ab, punkt zwölf. Voriges Jahr haben wir sie besucht. Na, wie ist der Papa
gefahren? Du, für sein Alter wirklich ganz toll, wenn man bedenkt, daß er nur einmal im
Jahr—Hast du seinen roten Kopf gesehen, sagt Sabine, ich bin direkt erschrocken.

¶10   Salzburg Hauptbahnhof. Nein, jetzt fährt kein Zug Richtung Altenmarkt, erst in zwei 35
Stunden. Mit dem Taxi durch die Nacht. Muß ich mich wirklich rechtfertigen? Was geht
den Chauffeur meine Geschichte an? Was will ich hören?

Und dann mit Mama allein in diesem Zimmer. Zwei Koffer auf dem Kasten, zwei Kaffeeschalen auf dem Tisch, zwei Zahnbürsten beim Waschbecken. Mama ganz klein und
hilflos. Ich schlafe neben ihr im Ehebett. 40

¶12   Nein, nein, ich paß schon auf auf mich, hat er gesagt, zwei-, dreimal den Großberg
oder den Rettenstein, das ist alles. Und außerdem bin ich kerngesund, hat er gesagt, ich
war mein ganzes Leben nie ernsthaft krank.— Wirst sehen, bei mir macht's einmal einen
Pumperer, und ich bin weg, das hat er auch gesagt.

¶13   Der Mann führt mich aus dem gleißenden Licht des verschneiten Friedhofes in einen 45
dunklen Raum. Öffnet den Deckel und zeigt mir das entstellte Gesicht eines toten Schi-
fahrers, der mein Vater sein soll. Zwanzig Minuten allein in der strahlend weißen Kirche.
Nur sitzen und denken. Zu begreifen versuchen. Und weinen, endlich weinen. Dann Be-
hördenwege, mit Papas Auto nach St. Johann. Fichte, Eiche oder Metall.

¶14   Als er um halb eins noch nicht da war, bin ich unruhig geworden, sagt Mama. Wie 50
zwei Gendarmen zu unserem Auto gekommen sind, hab' ich alles gewußt. Auf der Piste
ist er gelegen, aber wo genau, hat mir keiner gesagt.

¶15   Heimfahrt spätnachmittags. Ich vermisse seine Hand auf meiner Schulter.

Zum Verständnis:

1. Warum kennt der Ich-Erzähler diese Strecke „wirklich auswendig"?

   a. Weil er den Fahrplan studiert hat.

   b. Weil er diese Strecke schon oft gefahren ist.

2. „Und wenn ihr jetzt links rausschaut, seht ihr den Dachstein. Bitte laß die Rollo in Ruhe." Wer sagte diese Sätze wahrscheinlich und zu wem?

   a. Der Vater zu seinem Sohn, Hans und den anderen.

   b. Der Ich-Erzähler als Skilehrer zu den jungen Skifahrern, mit denen er im Bus zum Skigebiet fuhr.

3. Was machte der Vater, wenn der Ich-Erzähler zu schnell fuhr?

   a. Er ließ ihn nicht mehr fahren.

   b. Er legte seine Hand auf die Schulter seines Sohnes.

4. Was machten die Eltern in Filzmoos?

   a. Der Vater fuhr Ski, und die Mutter ging spazieren. Um zwölf Uhr holte die Mutter den Vater zum Mittagessen ab.

   b. Beide Eltern fuhren morgens Ski und gingen abends spazieren.

5. Wann besuchten der Ich-Erzähler und Sabine die Eltern zum letzten Mal im Skiurlaub?

   a. Letzten Monat.

   b. Letztes Jahr.

6. Wer könnte Sabine Ihrer Meinung nach sein?

   a. Die Schwester des Ich-Erzählers.

   b. Die Frau des Ich-Erzählers.

   c. ___?___

7. Die Mutter sagte über den Vater: „Für sein Alter (geht es ihm) ganz toll, wenn man bedenkt, daß er nur einmal im Jahr—". Wie wollte die Mutter Ihrer Meinung nach diesen Satz beenden?

   a. . . . zum Arzt geht.

   b. . . . Ski fährt.

   c. ___?___

8. Sabine sagte: „Hast du seinen roten Kopf gesehen? Ich bin direkt erschrocken." Glauben Sie, daß der Kopf des Vaters rot war,

   a. weil er zu lange in der Sonne geblieben war?

   b. weil er zu hohen Blutdruck hatte?

   c. ___?___

9. Wer ist im Hotelzimmer, als der Ich-Erzähler ankommt?

   a. Die Mutter.

   b. Die Mutter und der Vater.

10. Wem gehörten die „zwei Koffer", die „zwei Kaffeeschalen" und die „zwei Zahnbürsten"?

   a. Der Mutter und dem Sohn.

   b. Den Eltern.

11. Was vermißt der Sohn auf der Heimfahrt?

   a. Die Hand seines Vaters auf der Schulter.

   b. Das Skifahren in Filzmoos.

Zur Klarstellung: Suchen Sie die folgenden Erklärungen im Text, und machen Sie einen Kreis um jede.

   1. was der Vater seiner Frau kurz vor seinem Tod sagte
   2. wie die Mutter ihrem Sohn den Tod seines Vaters erklärt

Zur Diskussion: Beschreiben Sie die Beziehung zwischen dem Ich-Erzähler und seinen Eltern. Begründen Sie Ihre Beschreibung mit Beispielen aus dem Text.

Die österreichische Alpenwelt: Ein Skiparadies für Wintersportfans. Auf diesem Bild genießt man Schnee und Sonne im Land Vorarlberg.

 Intertext: Vergleich und Kritik

1. Welche Ähnlichkeiten und welche Unterschiede gibt es zwischen den
   zwei Geschichten?

	„DER MANN IM WEISSEN HEMD"	„WIEN–ALTENMARKT"
Wie reist die Ich-Erzählerin / der Ich-Erzähler? Wohin? Warum?		
Welche Erinnerungen hat die Ich-Erzählerin / der Ich-Erzähler an den Vater? an die Mutter?		
Welche Gefühle und Emotionen zeigt die Ich-Erzählerin / der Ich-Erzähler?		

2. Welche Geschichte hat Ihnen besser gefallen? Warum? Welche
   Geschichte fanden Sie leichter zu lesen? zu verstehen? Warum? Welche
   möchten Sie lieber als Filmversion sehen? Warum?

Eindrücke und Erinnerungen

1. **Zur Vorbereitung:** Lesen Sie die folgenden Informationen, bevor Sie einen inneren Monolog schreiben.

---

1. **Die These:** Ein einfacher Eindruck kann oft lebhafte Erinnerungen und starke Gefühle auslösen—wie zum Beispiel

   - der Blick auf ein weißes Hemd mit gekürzten, zusammengefalteten Ärmeln,
   - die Berührung einer Hand auf der Schulter
   - oder . . .

2. **Zum Nachdenken:** Manche Leute erinnern sich an eine besondere Person oder an ein besonderes Ereignis, wenn sie einen bestimmten Geruch wahrnehmen—wie zum Beispiel

   - den Duft einer bestimmten Seife,
   - den Rauch einer bestimmten Zigarrenmarke,
   - das Aroma frischgebackenen Brotes
   - oder . . .

   Andere Leute reagieren auf Geräusche: Sie hören zum Beispiel

   - den Klang von Gläsern,
   - das Prasseln eines Feuers,
   - die Melodie eines bestimmten Liedes
   - oder . . .

   Dann denken sie plötzlich an jemanden oder an etwas von früher. Solche Erinnerungen können sehr angenehm sein; sie können aber auch beunruhigend oder sogar furchterregend sein. Haben Sie schon einmal solche Erinnerungen gehabt?

---

2. **Ihr innerer Monolog:** Schreiben Sie jetzt einen kurzen inneren Monolog in der ersten Person, in dem Sie eine Ihrer Erinnerungen erklären.

   - Erzählen Sie in Ihrem Monolog alles so, als ob Sie wirklich wieder da wären und alles noch einmal erlebten.
   - Sie brauchen nicht den ganzen Monolog in vollständigen Sätzen zu schreiben, denn Sie schreiben Ihre Gedanken auf, und Gedanken sind oft fragmentiert.

WORTSCHATZ

Adjektive und Adverbien

abweisend	cold(ly), negative(ly)
ärmellos	sleeveless
äußer-	outer
bestimmt	certain(ly); definite(ly)
geradezu	virtually, almost
krank	sick
leer	empty
leise	quiet(ly); soft(ly)
mürrisch	grumpy; grumpily; sullen(ly)
nackt	naked
nachher	after(ward)
räudig	mangy
schuldig	guilty; guiltily
(un)höflich	(im)polite
unnütz	useless, pointless
unterwegs	on the way
vergeblich	futile, vain; in vain
vorher	before

Substantive

das Abteil, -e	compartment
der Arm, -e	arm
der Ärmel, -	sleeve
der Berg, -e	mountain
die Berührung, -en	touch
der Blick, -e (auf + Akk.)	look, glance (at)
der Duft, ⸚e	fragrance
das Ereignis, -se	event, occurrence
die Erinnerung, -en	memory; remembrance
die Erklärung, -en	explanation
das Familienmitglied, -er	family member
die Farbe, -n	color
der Fehler, -	mistake
das Gefühl, -e	feeling
das Gepäck	luggage, baggage
das Geräusch, -e	noise
der Geruch, ⸚e	smell, odor
die Gesellschaft, -en	society
das Gesicht, -er	face
die Heimfahrt, -en	trip home
das Hemd, -en	shirt
die Kehle, -n	throat
der Koffer, -	suitcase
der Monolog, -e	monologue
der Personalausweis, -e	identification card
die Rechenschaft	account
der Reisepaß, Pl. Reisepässe	passport

der Skifahrer, - / die Skifahrerin, -nen	skier
die Schuld	guilt
der Schutz	protection; refuge
die Selbstjustiz	self-administered justice
der Sohn, ⸚e	son
der Straftäter, - / die Straftäterin, -nen	offender
die Strecke, -n	stretch; distance
das Strickzeug	knitting things
die Stunde, -n	hour
der Tunnel, -	tunnel
die Verwandlung, -en	conversion; transformation

Verben

ähneln (+ Dat.)	to resemble (sb. or sth.)
sich ändern	to change
bedenken*	to consider, think about
beschließen*	to decide
sich drängeln	to push (one's way)
sich erinnern (an + Akk.)	to remember (sth./sb.)
erschrecken*	to frighten, scare
freisprechen* (trenn.)	to acquit
helfen* (+ Dat.)	to help
herumwerkeln (trenn.)	to putter around
kränken (jmdn.)	to hurt sb.'s feelings
lachen	to laugh
Ski fahren*	to ski
sich sehnen (nach)	to yearn, long (for)
vermissen	to miss
vorkommen* (trenn.)	to happen
sich vorkommen* (trenn.) wie	to feel like
zeigen	to show
zusammenfalten (trenn.)	to fold up

Nützliche Wörter und Ausdrücke

die Hölle ist los	all hell has broken loose
Sehnsucht nach etw./jmdm. haben*	to yearn to see sth./sb.
mit etwas in Berührung kommen*	to come into contact with sth.
Platz nehmen*	to take a seat
rückgängig machen	to cancel; to undo
zum (letzten) Mal	for the (last) time
zur Sprache kommen*	to be brought up; to be raised

Weitere Wörter, die ich lernen will:

_____

_____

_____

_____

Menschenleben und Menschenwerk

Zum Nachdenken

Was lernen wir aus unseren Erfahrungen?

Texte

„Zwei Denkmäler" von Anna Seghers, 241
„Mensch" von Stephan Krawczyk, 247

*H*INFÜHRUNG

▶ **G** 1 Nouns: Gender,
Plurals, and Types
G 2 Articles and Nouns:
Declension and Case

A Der menschliche Körper: Aussehen

Wie sieht ein Mensch aus? Beschreiben Sie einen typischen menschlichen Körper. Sie können Ihre Sätze zum Beispiel so anfangen:

▶ **W** S. V.1 *Körperteile*

Der typische menschliche Körper besteht aus einem Kopf, . . .
Der menschliche Kopf hat . . .
Im Gesicht befinden sich . . .
Der Hals verbindet . . .
Jede Hand hat . . .
Am Ende der Beine . . .
Wichtige Gelenke des menschlichen Körpers sind . . .
___?___

B Menschliche Aktivitäten

1. **Zum Überleben:** Erklären Sie, was ein Mensch machen muß, um am Leben zu bleiben.

▶ **W** S. V.1 *Körperteile*
(*Verben*)

BEISPIEL: Um am Leben zu bleiben, muß jeder Mensch . . .

2. **Der Alltag:** Alles, was Menschen machen, ist natürlich nicht zum Überleben nötig. Was machen moderne Menschen im Laufe des Tages? Nennen Sie einige typisch menschliche Aktivitäten.

BEISPIELE: Die meisten modernen Menschen stehen morgens auf und frühstücken. Sie . . .
Vielleicht . . .
Im Laufe des Tages gehen Menschen . . .
Einige Menschen . . . , andere Menschen . . . , und wieder andere Menschen . . .
Zu Hause spült man das Geschirr, . . .
Zur Erholung . . .
Zum Spaß . . .

▶ **G** 6.1–6.11 Verbs:
Types of Verbs and
Formation of Present
Tense

3. **Ihre eigene Routine:** Menschen sind oft Gewohnheitstiere, das heißt, ihre alltäglichen Gewohnheiten werden leicht zur Routine. Beschreiben Sie Ihre eigene alltägliche Routine. Wann machen Sie gewöhnlich was?

BEISPIEL: Wochentags stehe ich meistens um sieben Uhr auf. Zuerst . . .

C Kreativität

Was können Menschen machen, was Tiere und andere Lebewesen nicht machen können?

1. Arbeiten Sie in einer Kleingruppe. Erstellen Sie innerhalb von fünf Minuten eine Liste von möglichst vielen spezifisch menschlichen Aktivitäten und Werken.

BEISPIELE: Schriftsprachen
Gedichte schreiben
Bauwerke planen und schaffen
Schiffe bauen
Raumfahrt
Museen

2. Lesen Sie jetzt den anderen Gruppen Ihre Liste laut vor. Wenn die anderen Gruppen Aktivitäten und Werke erwähnen, die nicht auf Ihrer Liste stehen, schreiben Sie sie auf.

„Der singende Mann" von Ernst Barlach

D Denkmäler und Mahnmale

Was ist ein Denkmal? Was ist ein Mahnmal? Ein Denkmal kann ein historischer Bau sein, wie zum Beispiel eine Brücke oder ein Stadttor. Es kann auch ein Gebäude für Gottesdienste sein, also eine Kirche, ein Dom, eine Synagoge, ein Tempel oder eine Moschee. Museen, Rathäuser, Schlösser, Theater und die Geburtshäuser berühmter Menschen können ebenfalls alle zu Denkmälern gemacht werden. Eine Statue oder ein Brunnen kann ein Denkmal sein ebenso wie ein Grabstein oder ein Gedenkstein. Darüber hinaus können die Wunder der Natur als Denkmäler dienen. Man kann einen Baum, einen Berg, einen Wasserfall oder sonst etwas zu einem Naturdenkmal erklären.

Ein Denkmal symbolisiert etwas. Wenn man ein Denkmal sieht, soll man sich an eine besondere Person erinnern oder an etwas, was sich an diesem Ort ereignete. Ein Mahnmal ist eine besondere Art von Denkmal. Es erinnert uns an eine Tragödie und drückt die Hoffnung aus, daß so etwas nicht wieder passiert. Es gibt zum Beispiel Mahnmale in ehemaligen Konzentrationslagern, damit die Welt nie vergißt, welche Verbrechen da begangen wurden.

Welche Denkmäler beziehungsweise Mahnmale kennen Sie? Beschreiben Sie ein Denkmal oder Mahnmal, das besondere Bedeutung für Sie hat. Warum ist es Ihnen wichtig? An wen oder woran erinnern Sie sich, wenn Sie dieses Denkmal/Mahnmal sehen oder daran denken?

TEXTARBEIT 1

A Der Dom zu Mainz

> **G** 10.1–10.2 Passive Voice: Present and Past Tenses, Present Perfect and Past Perfect Tenses
>
> **G** 9.3 Subjunctive II: Past Tense
>
> **G** 9.4 Subjunctive I: Present Tense and Uses

Der Prosatext mit dem Titel „Zwei Denkmäler" auf Seite 241 wurde von Anna Seghers geschrieben.

1. Lesen Sie den ganzen Text mindestens einmal durch, und ergänzen Sie dann die Informationen, die hier fehlen.

   Das eine Denkmal, das die Autorin erwähnt, ist der Dom zu Mainz, den man den Sankt-Martins-Dom nennt. Das andere Denkmal ist _____

   _____

   _____ .

   Dieses zweite Denkmal sollte an _____ erin-

   nern, die _____

   _____

   _____ .

   Die Autorin meint, diese Frau sei _____

   _____ gewesen.

*I*mpressionen

Drei große Denkmäler aus dem Mittelalter
Die deutsche Geschichte des frühen Mittelalters ist mit drei großen romanischen Dombauten verbunden. Der älteste davon ist der St.-Martins-
Dom in Mainz, der größte ist der Dom zu Speyer, und der weitaus
berühmteste ist der Dom zu Worms, wo Martin Luther 1521 am Anfang
der Reformationszeit vor Kaiser Karl V. stand.

2. Der zweite Absatz dieses Prosatextes beschreibt den Dom. Lesen Sie diesen Absatz ein zweites Mal, und ergänzen Sie dann die Informationen, die hier fehlen.

Den europäischen Baustil des frühen Mittelalters nennt man die Romanik; den Stil von der Mitte des 12. bis zum Ende des 15. Jahrhunderts nennt man die Gotik.

Der Mainzer Dom ist auf _____ gebaut, die

tief in die _____ hineingehen und die aus der

romanischen und der gotische Periode stammen. In der Vergangenheit

schadete _____ den

Pfeilern, und man mußte ihre _____ auszemen-

tieren. Ein Lehrer meinte, die romanischen und gotischen Pfeiler seien

aber nichtsdestoweniger _____

als die aus moderneren Zeiten.

Zwei Denkmäler

von Anna Seghers

¶1 In der Emigration begann ich eine Erzählung, die der Krieg unterbrochen hat. Ihr Anfang ist mir noch in Erinnerung. Nicht Wort für Wort, aber dem Sinn nach. Was mich damals erregt hat, geht mir auch heute noch nicht aus dem Kopf. Ich erinnere mich an eine Erinnerung.

¶2 In meiner Heimat, in Mainz am Rhein, gab es zwei Denkmäler, die ich niemals 5 vergessen konnte, in Freude und Angst auf Schiffen, in fernen Städten. Eins ist der Dom.—Wie ich als Schulkind zu meinem Erstaunen sah, ist er auf Pfeilern gebaut, die tief in die Erde hineingehen—damals kam es mir vor, beinahe so tief wie der Dom hochragt. Ihre Risse sind auszementiert worden, sagte man, in vergangener Zeit, da, wo das Grundwasser Unheil stiftete. Ich weiß nicht, ob es stimmt, was uns ein Lehrer erzählte: 10 Die romanischen und gotischen Pfeiler seien haltbarer als die jüngeren.

¶3 Dieser Dom über der Rheinebene wäre mir in all seiner Macht und Größe im Gedächtnis geblieben, wenn ich ihn auch nie wiedergesehen hätte. Aber ebensowenig kann ich ein anderes Denkmal in meiner Heimatstadt vergessen. Es bestand nur aus einem einzigen flachen Stein, den man in das Pflaster einer Straße gesetzt hat. Hieß die 15

Fortsetzung auf Seite 242

Straße Bonifaziusstraße? Hieß sie Frauenlobstraße? Das weiß ich nicht mehr. Ich weiß nur, daß der Stein zum Gedächtnis einer Frau eingefügt wurde, die im ersten Weltkrieg durch Bombensplitter umkam, als sie Milch für ihr Kind holen wollte. Wenn ich mich recht erinnere, war sie die Frau des jüdischen Weinhändlers Eppstein.—Menschenfresserisch, grausam war der erste Weltkrieg, man begann aber erst an seinem Ende mit Luft- 20
angriffen auf Städte und Menschen. Darum hat man zum Gedächtnis der Frau den Stein gesetzt, flach wie das Pflaster, und ihren Namen eingraviert.—

¶4   Der Dom hat die Luftangriffe des zweiten Weltkriegs irgendwie überstanden, wie auch die Stadt zerstört worden ist. Er ragt über Fluß und Ebene. Ob der kleine flache Gedenkstein noch da ist, das weiß ich nicht. Bei meinen Besuchen hab ich ihn nicht mehr 25
gefunden.

¶5   In der Erzählung, die ich vor dem zweiten Weltkrieg zu schreiben begann und im Krieg verlor, ist die Rede von dem Kind, dem die Mutter Milch holen wollte, aber nicht heimbringen konnte. Ich hatte die Absicht, in dem Buch zu erzählen, was aus diesem Mädchen geworden ist. 30

 „Menschenfresserisch" und „grausam"

1. Unterstreichen Sie den Satz im dritten Absatz, in dem die Autorin den Ersten Weltkrieg als „menschenfresserisch" und „grausam" bezeichnet.
2. Sie kennen schon die Wörter „Menschen" und „fressen". (Menschen „essen", aber Tiere „fressen".) Warum beschreibt die Autorin Ihrer Meinung nach Kriege als „menschenfresserisch"?
3. „Grausam" bedeutet „hart, gefühllos, roh". Welche Beispiele gibt die Autorin von der „Grausamkeit" des Krieges?

 Eine Erinnerung

1. **Woran erinnert sich die Autorin?** Am Ende des ersten Absatzes sagt die Autorin: „Ich erinnere mich an eine Erinnerung." Beschreiben Sie diese Erinnerung. Wie lange ist sie schon tief im Gedächtnis der Autorin verwurzelt? Warum?
2. **Woran erinnern Sie sich?** Beschreiben Sie eine Erinnerung, die Sie seit langem haben. Ihre Beschreibung braucht nicht lang zu sein, und Sie müssen nicht die ganze Geschichte erzählen. Beschreiben Sie nur das Bild, das Ihnen in den Sinn kommt, wenn Sie an diese Erinnerung denken.

Was ist aus dem Mädchen geworden?

1. **Text:** Lesen Sie noch einmal den letzten Absatz des Textes von Anna Seghers, und unterstreichen Sie nur die Ausdrücke, die die folgenden Fragen beantworten.

   - Wovon handelte die Erzählung, die die Autorin vor dem Zweiten Weltkrieg zu schreiben begann?
   - Was ist aus dieser Erzählung geworden?

2. **Kontext:** Der Erste Weltkrieg dauerte vom 28. Juli 1914 bis zum 8. November 1918. Am 6. April 1917 erklärten die Vereinigten Staaten den Krieg gegen Deutschland. Während des Krieges wurde ein Mädchen namens Eppstein in Mainz geboren. Ihre Mutter wurde durch Bombensplitter getötet, als sie Milch für das Mädchen holen wollte.

3. **Steckbrief und Aufsatz:** Schreiben Sie einen Aufsatz, in dem Sie erklären, was aus dem Mädchen geworden ist. Machen Sie zuerst einen Steckbrief, in dem Sie in Kurzform Informationen über dieses Mädchen / diese Frau geben. Die folgenden Fragen geben Ihnen Hinweise.

▶ **G** S. 2 Verbs: Summary of Tense, Mood, Voice

STECKBRIEF

Familienname:

Vorname:

Geburtsdatum:

- An welchem Tag wurde das Mädchen geboren?
- An welchem Tag starb die Mutter?
- Wie alt war das Mädchen, als die Mutter starb?
- Hatte das Mädchen Familienangehörige in Mainz? Lebte der Vater noch? Hatte das Kind Geschwister (Brüder und Schwestern)? Hatte es Großeltern? Tanten? Onkel? Cousins und Cousinen? Hatte es Verwandte in der Schweiz oder in England oder in Amerika oder in __?__?
- Wer kümmerte sich nach dem Tod der Mutter um das Mädchen?
- Überlebte das Kind den Ersten Weltkrieg? Wenn ja: Blieb das Kind in Mainz, oder zog es in eine andere Stadt? in ein anderes Land? Wenn nein: Wie kam das Mädchen ums Leben?

(Selbst wenn das Kind Ihrer Meinung nach jung gestorben ist, lesen Sie dennoch weiter. Spekulieren Sie in diesem Fall darüber, welche Erfahrungen es nie sammeln konnte. Um welche schönen Erlebnisse und Freuden hat sein früher Tod es gebracht? Welche schrecklichen Erfahrungen und Leiden sind ihm erspart geblieben?)

- Wo ist das Kind zur Schule gegangen? War das Mädchen eine gute, mittelmäßige oder schlechte Schülerin? Hatte diese Schülerin viele Freundinnen? War sie beliebt? scheu? fröhlich? melancholisch? __?__ War sie oft krank? Vermißte sie ihre Mutter? Wie kam sie mit den Menschen aus, die für sie sorgten? __?__

- Was passierte, als das Mädchen eine junge Frau war?
  — Studierte sie vielleicht? Wenn ja: Was? Wo? Warum? Wenn nein: Was machte sie statt dessen?
  — Übte sie einen Beruf aus? Wenn ja: Welchen? Mußte sie schwer arbeiten? Warum (nicht)?
  — Heiratete sie? Wenn ja: Beschreiben Sie ihren Mann. War ihre Ehe glücklich? Hatte sie Kinder? Wenn nein: Warum heiratete sie nie? Was machte sie gern? Was war ihr wichtig?
  — Überlebte sie als Jüdin die Nazi-Zeit und den Zweiten Weltkrieg? Wenn ja: Blieb sie während dieser Zeit in Europa, oder war sie schon vor 1933 in ein nichteuropäisches Land ausgewandert? Wenn nein: Wann und wie ist sie ums Leben gekommen?
  — Lebt diese Frau heute noch? Wenn ja: Wie alt ist sie jetzt? Ist sie gesund oder krank? Wo wohnt sie? Woran oder an wem hat sie Freude? (an der Natur? an ihren Haustieren? an Politik? an ihren Enkelkindern und Urenkeln? __?__) Welche Erinnerungen hat sie vielleicht an ihre Mutter, die Ende des Ersten Weltkrieges bei einem Bombenangriff umkam?

TEXTARBEIT 2

A Was macht „Mensch"?

Sie haben gerade einen Prosatext über zwei Denkmäler in Mainz gelesen und darüber gesprochen und geschrieben.

1. Überfliegen Sie jetzt den Text auf Seite 247: „Mensch" von Stephan Krawczyk. Welches Mahnmal erwähnt Krawczyk? _____ .

2. Lesen Sie den Text ein zweites Mal. Benutzen Sie dann Verben aus dem Text, und schreiben Sie den Infinitiv auf, der jede der folgenden Aktivitäten beschreibt. Wievielmal macht „Mensch" jede Aktivität in der Geschichte? Schreiben Sie die Zahl hinter den Infinitiv.

G 6.1 Infinitives and Formation of Present Tense

a. _erwachen_ ② _____

b. eine Mücke _____

c. ins Badezimmer _____ (schläfrig ins Badezimmer gehen)

d. _____

e. die Spülung _____

f. die Badewanne _____

g. sich die Zähne _____

h. Tempo, Seife, Sprays für Haut und Haar _____

i. Haushaltsgeräte _____ und _____

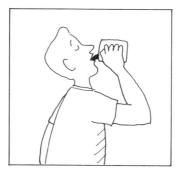

j. _____ (wie ein Tier trinken)

k. _____ (wie ein Tier essen)

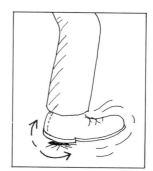

l. auf letztes Exemplar einer vom Aussterben bedrohten Gattung

_____ (Wenn das letzte
Exemplar von einem Tier oder Insekt stirbt, gibt es diese Tierart oder
Insektenart nicht mehr. Die Gattung, wie zum Beispiel alle Gattungen
von Dinosauriern, ist dann ausgestorben.)

m. sich mit dem Absatz darauf _____

n. _____

o. über Fahrstuhl und Rolltreppe zu einem Drehstuhl

_____

p. einen Vortrag _____

q. _____

3. Wählen Sie zehn Verben aus der Aktivität, und benutzen Sie sie, um etwas über sich selbst zu erzählen.

▶ **G** 6.9 Reflexive Verbs

BEISPIEL: Ich stehe jeden Morgen um sieben Uhr auf. Ich dusche mich, putze mir die Zähne, und gehe in die Küche. Dort schalte ich das Radio an, denn ich höre morgens gern Musik, während ich Kaffee mache. . . .

Mensch

von Stephan Krawczyk

Mensch erwacht und erschlägt Mücke. Fleck bleibt an Wand Mahnmal. Mensch schwankt in Badezimmer, entleert sich, drückt Spülung, läßt Wanne vollaufen, putzt Zähne, benutzt Tempo, Seife, Sprays für Haut und Haar, geht in Küche, schaltet an, aus, an, aus, verspielt Chance sich wieder hinzulegen—weil: Genug Schaden angerichtet. Mensch säuft, frißt, geht nach Verrichtung verschiedener Vernichtung aus Haus. Tritt auf letztes Exemplar vom Aussterben bedrohter Gattung, dreht sich darauf mit Absatz um, steigt in nicht steuerlich begünstigten Gebrauchtwagen, fährt, flucht—da nicht allein— fährt, flucht. Mensch kommt an, tritt auf letztes Exemplar anderer vom Aussterben be- drohter Gattung, gelangt über Fahrstuhl, Rolltreppe, Rolltreppe zu Drehstuhl, arbeitet wissenschaftlich an Analyse von Fluch und Verfall der Vierbeiner, fliegt nach Frankfurt, hält Vortrag, fliegt zurück. Steigt in Gebrauchtwagen, fährt, flucht, kommt an, tritt auf letztes Exemplar, geht in Haus, frißt, säuft, schläft, erwacht und erschlägt Mücke. Fleck bleibt an Wand Mahnmal.

Was bedeuten diese Sätze?

„MENSCH"   „MENSCH"

_____ 1. verspielt die Chance   a. beendet seine schädliche
sich wieder hinzulegen.   Routine.

_____ 2. hat genug Schaden   b. analysiert die schlechten
angerichtet.   Zustände im Tierreich.

_____ 3. geht nach Verrichtung   c. könnte ins Bett zurückgehen,
verschiedener Ver-   aber nimmt die Chance nicht
nichtung aus Haus.   wahr und bleibt auf.

_____ 4. steigt in einen nicht   d. verläßt das Haus, nachdem er
steuerlich begünstigten   verschiedene Sachen gemacht
Gebrauchtwagen.   hat, die zur Vernichtung (Zer-
(Steuern sind das Geld,   störung) eines Gegenstandes/
das man von seinem   Lebewesens führen.
Einkommen an den
Staat zahlen muß.)   e. hat einen Gebrauchtwagen, aber
                                                        ein neuer Wagen wäre aus
_____ 5. arbeitet wissenschaft-   steuerlichen Gründen besser.
lich an Analyse von
Fluch und Verfall der
Vierbeiner.

 **Fleck als Mahnmal**

Wenn der Mensch eine Mücke erschlägt, bleibt ein Fleck an der Wand als
Mahnmal.

1. Arbeiten Sie in einer Kleingruppe, und sprechen Sie darüber, was für ein
„Mahnmal" solch ein Fleck an der Wand ist und was dieses Mahnmal
bedeutet.
2. Fassen Sie Ihr Arbeitsergebnis in einem Satz zusammen, und lesen Sie
der ganzen Klasse diesen Satz laut vor.

Thema: Ironie

Besprechen Sie die Ironie in der Geschichte.

1. Beschreiben Sie zuerst den Lebensstil des Menschen. Was für einen Effekt hat dieser Lebensstil auf die Umwelt? auf andere Lebewesen?

2. Beschreiben Sie dann die Arbeit des Menschen. Worin liegt die Ironie? Suchen Sie im Text Beispiele für die folgenden Ideen.

▶ **G** 6 Verbs: Types of Verbs and Formation of Present Tense

Energie verbrauchen
Insekten töten
umweltschädliche Produkte benutzen
(keinen) Respekt vor der Erde und anderen Lebewesen haben
alles zertreten und zerstören
überall großen Schaden anrichten
die Luft und das Wasser verpesten
kein Verständnis für die wirklichen Probleme haben
sich rein theoretisch mit Tieren und Tierschutz beschäftigen
große Reden halten
seine eigenen Lehren nicht beachten
___?___

Stil

1. **Grammatik:** Was fehlt grammatisch im Text vom Stephan Krawczyk? Bearbeiten Sie den Text auf Seite 247, und fügen Sie die fehlenden Artikel (der- und ein-Wörter) ein. Sie könnten so anfangen:

▶ **G** 1.2 Gender and Definite Article
G 2.1 der-Words
G 2.2 Indefinite Article and kein
G 2.3 Possessive Adjectives/ein-Words

Der   *eine Ein*   *der als*
Mensch erwacht und erschlägt Mücke. Fleck bleibt an Wand Mahnmal.

Ihre Version sollte grammatisch richtig sein, aber es gibt natürlich mehr als eine Möglichkeit, den Text zu bearbeiten. Sie könnten zum Beispiel auch andere Wörter einfügen.

die ihn während der Nacht gestochen hat.

Der blutige

Ein dreißigjähriger   *eine*   *der weißen*   *als*   *zurück.*
Mensch erwacht und erschlägt Mücke. Fleck bleibt an Wand Mahnmal.

2. **Zum Vergleich und zur Diskussion:** Vergleichen Sie Ihre Version des Textes und die Versionen von anderen Studenten und Studentinnen mit dem Original, und besprechen Sie die folgenden Fragen.

- Warum hat der Autor den Text „Mensch" Ihrer Meinung nach in diesem vereinfachten Stil geschrieben?
- Was bedeutet die Auslassung der Artikel?
- Verschlechtert oder verbessert die Einfügung von Artikeln und anderen Wörtern Ihrer Meinung nach den Text? Warum?

(Das) Alltagsleben (eines/einer)...

Wählen Sie eine einzige Person oder eine Kombination von Personen aus der folgenden Liste. Schreiben Sie einen Absatz, in dem Sie den typischen Tag von so einem Menschen oder von solchen Menschen beschreiben. Schreiben Sie zwei Versionen des Absatzes.

PERSONEN

▶ **W** S. V.4 *Berufe*

W S. V.3 *Beziehungen*

Kind
Mädchen / Junge
Familie / Eltern (*Pl.*) / Vater / Mutter / Tochter / Sohn / <u> ? </u>
Ehepaar / Mann / Frau
Fußballspieler / Fußballspielerin
Präsident / Präsidentin
<u> ? </u>

1. Schreiben Sie den Absatz zuerst im normalen Stil mit allen Artikeln.

BEISPIEL: Die junge Fußballspielerin wacht auf, springt aus dem Bett und läuft in ihre kleine Küche.

2. Schreiben Sie den Absatz dann ohne Artikel im Stil eines Telegramms. Vielleicht gibt es auch andere Wörter, die Sie in dieser verkürzten Version auslassen könnten.

BEISPIEL: Fußballspielerin wacht auf, springt aus Bett und läuft in Küche.

 ## Intertext: Unterschiede

Suchen Sie Unterschiede zwischen den zwei Menschen (Mutter und Kind) aus „Zwei Denkmäler" und dem Menschen aus „Mensch"! Beantworten Sie die folgenden Fragen, und begründen Sie Ihre Antwort, wenn möglich, mit Ausdrücken oder Sätzen aus den Texten.

BEISPIELE: Ist das Kind ein Mädchen oder ein Junge? / Ist „Mensch" ein Mann oder eine Frau?
Das Kind ist ein Mädchen. (Zeilen 28–29: „Ich hatte die Absicht, in dem Buch zu erzählen, was aus diesem Mädchen geworden ist.")
„Mensch" könnte entweder ein Mann oder eine Frau sein. Es gibt keine Antwort auf diese Frage im Text. Mit und ohne Artikel kann das Wort „Mensch" beide Geschlechter repräsentieren. Auch kann das Wort „Mensch" nicht nur einen bestimmten, individuellen Menschen repräsentieren, sondern die Menschheit als solche.

„ZWEI DENKMÄLER"	„MENSCH"
1. Wo wohnten die Frau und das Kind?	Wo wohnt „Mensch"?
2. Wie alt war die Frau ungefähr, als sie starb? Wie alt war ihr Kind?	Wie alt ist „Mensch" ungefähr?
3. Was war die Frau von Beruf? Und ihr Mann?	Was ist „Mensch" von Beruf?
4. Wie hieß die Frau? das Kind?	Wie heißt „Mensch"?
5. Welche Religion hatten die Frau und ihr Kind?	Welche Religion hat „Mensch"?
6. Was machte die Frau an ihrem Todestag? Glauben Sie, daß dieser Tag typisch oder untypisch für die Frau war? Warum?	Was macht „Mensch" an dem Tag, den der Text beschreibt? Glauben Sie, daß dieser Tag typisch oder untypisch für „Mensch" ist? Warum?
7. Wann lebte die Frau?	Während welcher Periode lebt(e) „Mensch"? (in den dreißiger/ vierziger/__?__ Jahren?)

Zur Diskussion: Mit wem hat die Frau mehr gemeinsam? Mit der Mücke oder mit „Mensch"? Inwiefern?

Intertext: Konstruktive und destruktive Tendenzen

1. Suchen Sie in beiden Texten Beispiele von den konstruktiven sowie den destruktiven Taten der Menschheit. Machen Sie sich mit eigenen Worten Notizen dazu (in der Tabelle hier und auf der nächsten Seite).

	„ZWEI DENKMÄLER"	„MENSCH"
konstruktive Taten:		

	„ZWEI DENKMÄLER"	„MENSCH"
destruktive Taten:		

"Die Natur kommt sehr wohl ohne den Menschen aus, nicht aber der Mensch ohne die Natur."

2. Erklären Sie die Bedeutung des Satzes links. Benutzen Sie Ideen aus Ihrer ausgefüllten Tabelle, und geben Sie auch aktuelle Beispiele.
3. Inwiefern sind Menschen anders als Tiere? Sind Menschen oder Tiere Ihrer Meinung nach intelligenter? kreativer? destruktiver? komischer? komplexer? umweltfreundlicher? umweltfeindlicher? toleranter? ___?___ Erklären Sie Ihre Antworten.

 Intertext: Lebensphilosophie

Beantworten Sie die folgenden Fragen.

1. Was hält Anna Seghers Ihrer Meinung nach vom menschlichen Leben? Was hält Stephan Krawczyk Ihrer Meinung nach davon?
2. Wie wichtig ist in jedem Text das Individuum? Wie wichtig ist die Menschheit als Ganze?
3. Welcher Text enthält Ihrer Meinung nach mehr Hoffnung für die Zukunft? Warum?
4. Welcher Text reflektiert Gedanken Ihrer eigenen Lebensphilosophie? Inwiefern?

WEITERFÜHRUNG

A Die Mainzer Geschichte

G 10.1 Passive Voice: Present and Past Tenses

38 v. Chr. (vor Christus)	etablierten die Römer zum Schutz der Rheingrenze einen Stützpunkt, den sie *Mogontiacum* nannten und der später die Hauptstadt der römischen Provinz *Germania superior* wurde.
747 n. Chr. (nach Christus)	wurde Mainz ein Zentrum der deutschen Christenheit, als Bonifatius die Stadt zum Erzbischofssitz machte.
975	begann man mit dem Bau des Mainzer Domes.
1002	wurde Heinrich II. von Erzbischof Willigis im Dom zum Kaiser gekrönt.
1184	gab Kaiser Friedrich Barbarossa ein großes Fest auf der Maaraue, wobei seine zwei Söhne zu Rittern geschlagen wurden.
1320	wurde in Mainz Papier produziert. (Papier wurde 105 n. Chr. von den Chinesen erfunden.)
ca. 1446	erfand Johannes Gutenberg den Buchdruck mit beweglichen Lettern.
1456	wurde die Bibel von Johannes Gutenberg in Mainz gedruckt.
1477	gründete Erzbischof Diether von Isenburg die Mainzer Universität.
1792–1793	war Mainz eine Republik.
1803	wurde Mainz die Hauptstadt des französischen Département Donnersberg. Am Ende des achtzehnten Jahrhunderts gab es in Deutschland Hunderte von Fürstentümern und über tausend Kleinstaaten. Sie gehörten dem „Heiligen Römischen Reich Deutscher Nation" an, einem Staatenbund, der weder „heilig" noch „römisch", weder Reich noch Nation war. Das Ende der alten deutschen Kleinstaaterei begann 1789 mit dem Anfang der Französischen Revolution. Am 12. Juli 1806 ging das „Heilige Römische Reich" im Zuge der Napoleonischen Eroberungskriege unter, und 1815, als Napoleon endlich besiegt war, begann in Deutschland ein neuer Staatenbund.

1816	wurde Mainz die Hauptstadt der Provinz Rheinhessen.
1861–1888	herrschte Wilhelm I. über Preußen und Deutschland, und Deutschland wurde unter Bismarck vereinigt. Während der Herrschaft von Wilhelm II. brach am 28. Juli 1914 der Erste Weltkrieg aus, der am 11. November 1918 endete. 1919 gründete man die Weimarer Republik. 1933 kamen Adolf Hitler und die Nationalsozialisten an die Macht. Am 1. September 1939 begann der Zweite Weltkrieg, als deutsche Truppen in Polen einmarschierten.
1945	waren am Ende des Zweiten Weltkriegs 80 bis 90 Prozent der Stadt Mainz durch Bombardierung zerstört.
1946	eröffnete man die Johannes-Gutenberg-Universität.
1950	wurde Mainz die Hauptstadt des Bundeslandes Rheinland-Pfalz.
1984	vollendete Marc Chagall seine Arbeit an den Chorfenstern der Sankt-Stephans-Kirche. (Siehe Weiterführung C.)

Ein Gespräch über Geschichte: Arbeiten Sie mit einem Partner / einer Partnerin, und stellen Sie einander Fragen über die Mainzer Geschichte und auch über die Geschichte Deutschlands. Benutzen Sie dabei die folgenden Fragewörter: wann, warum, was, wer, wie, wieviel, wie viele, wo, woher, wohin.

B Die Geschichte einer Stadt

G S. 1 Case System: Summary of *der-* and *ein-*Words, Nouns, Adjectives, Pronouns, and Prepositions

G S. 2 Verbs: Summary of Tense, Mood, Voice

G 4.15 Extended Adjective Modifiers

Schreiben Sie eine kurze Chronologie von der Geschichte Ihrer Heimatstadt, Ihrer Universitätsstadt oder Ihrer Lieblingsstadt. Orientieren Sie sich dabei am Format in Aktivität A.

C Mensch und Werk

1. **Foto und Text:** Schauen Sie sich das Foto an, und lesen Sie dann den Text über die Chagall-Fenster.

Die St.-Stephans-Kirche und die Chagall-Fenster

Auf dem Stephansberg oberhalb des Domes liegt die St.-Stephans-Kirche. die um 990 von Erzbischof Willigis erbaut wurde. Im Zweiten Weltkrieg wurde diese Kirche fast total zerstört.

Bei der Restaurierung des Ostchores wollte man die alten Notfenster durch künstlerisch gestaltete neue Fenster ersetzen. Die Chorfenster sollten nicht nur die Friedensbotschaft Gottes zeigen, sondern auch die deutsch-französische Freundschaft, die Völkerverständigung (Kommunikation und Wohlwollen unter Völkern und Nationen) und die jüdisch-christliche Verbundenheit. Der in Rußland geborene und in Frankreich lebende jüdische Künstler Marc Chagall —„Meister der Farbe und der biblischen Botschaft" genannt —wurde gebeten, diese besonderen Fenster zu schaffen.

Ende 1976 begann Chagall in seinem 90. Lebensjahr mit der Arbeit für das erste von neun Fenstern. Er vollendete die letzten drei am 6. November 1984, wenige Monate vor seinem Tod am 28. März 1985.

2. **Aufsatz über einen begabten Menschen:** Schreiben Sie jetzt einen kurzen Aufsatz über einen Menschen, den Sie für besonders begabt oder talentiert halten. Dieser Mensch kann weltberühmt oder auch ganz unbekannt sein. Auch kann dieser Mensch entweder noch leben oder schon lange tot sein. Dieser Mensch kann Künstler(in), Komponist(in), Sänger(in), Architekt(in), Präsident(in), Autor(in), Schauspieler(in), Lehrer(in), ein Freund / eine Freundin, ein Familienmitglied oder ähnliches sein. Beschreiben Sie das Talent dieses Menschen, und erzählen Sie, was dieser Mensch Ihnen persönlich beziehungsweise der ganzen Welt durch seine Begabung geschenkt hat.

▶ **W** S. V.4 *Berufe*

WORTSCHATZ

Adjektive und Adverbien

bedroht	threatened
begabt	gifted; talented
destruktiv	destructive(ly)
flach	flat
gotisch	Gothic
grausam	cruel(ly)
menschenfresserisch	cannibalistic(ally)
konstruktiv	constructive(ly)
letzt-	last
menschlich	human(ly)
modern	modern
romanisch	Romanesque
römisch	Roman
schädlich	harmful
typisch	typical(ly)
wissenschaftlich	scholarly; scientific(ally)

Substantive

der Absatz, ⸚e	heel; paragraph
die Analyse, -n	analysis
das Aussterben	extinction
das Badezimmer, -	bathroom
der Bau, -ten	building; construction
die Chance, -n	chance
das Denkmal, ⸚er	monument
der Dom, -e	cathedral
der Drehstuhl, ⸚e	swivel chair
das Ehepaar, -e	married couple
das Exemplar, -e	specimen, example; sample
der Fahrstuhl, ⸚e	elevator
der Fleck, -e	stain
der Fluch, ⸚e	curse
die Gattung, -en	genus (*biological class*); genre
der Gebrauchtwagen, -	used car
der Gedenkstein, -e	memorial plaque
die Hauptstadt, ⸚e	capital city
die Hoffnung, -en	hope
die Ironie	irony
der Körper, -	body
der Krieg, -e	war
die Küche, -n	kitchen; cuisine
der Künstler, - / die Künstlerin, -nen	artist
der Lebensstil, -e	lifestyle
das Lebewesen, -	living thing
der Luftangriff, -e	air attack, air raid
das Mahnmal, -e	memorial
das Mittelalter	Middle Ages
die Mücke, -n	mosquito
der Pfeiler, -	pillar
die Rolltreppe, -n	escalator
die Routine, -n	routine
der Schaden, ⸚	damage
die Tat, -en	act; deed
die Umwelt	environment
die Vernichtung	destruction; extermination
die Verrichtung, -en	carrying out; performance

Verben

analysieren	to analyze
anrichten (*trenn.*)	to cause
aufwachen (*trenn.*) (ist)	to wake up
bauen	to build, construct
besprechen*	to discuss, talk over
bestehen* aus	to consist of
einfügen (*trenn.*)	to fit in; to adapt
erfinden*	to invent
fluchen	to curse, swear
holen	to fetch
schaffen*	to create
steigen* (ist)	to climb
sterben* (ist)	to die
treten* (ist)	to step
überleben	to survive
umkommen* (*trenn.*) (ist)	to die, be killed
verbinden*	to connect
zerstören	to destroy

Nützliche Wörter und Ausdrücke

der Erste/Zweite Weltkrieg	First/Second World War (WW I/II)
er ist/wurde geboren	he was born (**ist/wurde**: sb. still living; **wurde**: sb. no longer living)
im Laufe des Tages	in the course of the day
zur Macht kommen*	to come to power

Weitere Wörter, die ich lernen will:

_____

_____

_____

WORTSCHATZ MIT BILDERN

Körperteile

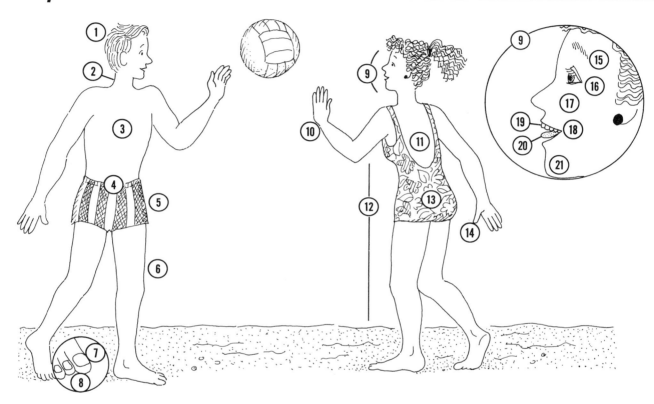

1 der Kopf, ⸚e
2 der Hals, ⸚e
3 die Brust, ⸚e
4 der Bauch, ⸚e
5 die Hüfte, -n
6 das Bein, -e
7 der Zehennagel, ⸚
8 die Zehe, -n
9 das Gesicht, -er
10 das Handgelenk, -e
11 der Rücken, -
12 der Körper, -
13 das Gesäß, -e
14 der Daumen, -
15 die Augenbraue, -n
16 das Auge, -n
17 die Wange, -n
18 der Mund, ⸚er
19 der Zahn, ⸚e

20 die Zunge, -n
21 das Kinn, -e

Weitere Wörter

der Arm, -e
der Bart, ⸚e
der Ellbogen, -
der Finger, -
der Fingernagel, ⸚
der Fuß, ⸚e
das Haar, -e
die Hand, ⸚e
das Kinn, -e
das Knie, -
die Lippe, -n
die Nase, -n
der Schnurbart, ⸚e
  (Schnauzbart, ⸚e)
die Schulter, -n

Verben

baden
denken*
sich duschen
gehen* (ist)
hören
sich kämmen
küssen
lächeln
lachen
lesen*
lieben
plaudern
sich (Dat.)
  die Zähne putzen
sich rasieren
reden
rufen*
schlafen*

sich (Dat.) die Haare schneiden
  lassen*
schreien*
schreiben*
schwimmen* (ist/hat)
sehen*
sich setzen
singen*
sitzen*
spielen
sprechen*
tanzen
sich unterhalten*

Kleidung

1	die Brille, -n	
2	die Krawatte, -n	
3	das Hemd, -en	
4	der Anzug, ⁼e	
5	die Brieftasche, -n	
6	der Halbschuh, -e	
7	die Halskette, -n	
8	das Halstuch, ⁼er	
9	das Kostüm, -e	
10	der Rock, ⁼e	
11	die Handtasche, -n	
12	der Stiefel, -	
13	der Absatz, ⁼e	
14	die Strickjacke, -n	
15	der Knopf, ⁼e	
16	der Mantel, ⁼	
17	das Kleid, -er	
18	der Handschuh, -e	
19	die Strumpfhose, -n	
20	der Schal, -e	

21 die Mütze, -n
22 der Reißverschluß, *Pl.*
     Reißverschlüsse
23 der Kragen, -
24 die Tasche, -n
25 der Gürtel, -
26 der Ärmel, -
27 die Hose, -n
28 der Turnschuh, -e

Weitere Wörter

der Bademantel, ⁼
die Bluse, -n
die Jacke, -n
die Jeans (*Pl.*)
der Jogginganzug, ⁼e
der Joggingschuh, -e
der Hut, ⁼e
der Ohrring, -e
der Pullover, -

der Regenmantel, ⁼
der Ring, -e
die Sandale, -n
die Shorts (*Pl.*)
die Socke, -n
das Sweatshirt, -s
das T-Shirt, -s
die Unterhose, -n
das Unterhemd, -en
die Unterwäsche

Verben

anhaben* (*trenn.*)
anprobieren (*trenn.*)
(sich) anziehen* (*trenn.*)
auspacken (*trenn.*)
einpacken (*trenn.*)
kaufen
tragen*
waschen*

Farben

blau	golden	grün	purpur	rot	türkis
braun	goldgelb	himmelblau	rosa	schwarz	violett
gelb	grau	orange	rosarot	silbern	weiß
goldbraun					

Beziehungen

ledig (unverheiratet)
verheiratet
geschieden
verwitwet
der Bruder, ⸚ (Halbbruder,
  Stiefbruder)
der Cousin, -s / die Cousine, -n (*auch*:
  der Vetter, -n / die Kusine, -n)
die Eltern (*Pl.*) (Großeltern,
  Urgroßeltern)
  der Elternteil, -e
die Frau, -en (Ehefrau, Ex-Frau)
der Freund, -e / die Freundin, -nen
  (Ex-Freund)

das Kind, -er (Enkelkind [*auch*: der
  Enkel, - / die Enkelin, -nen;
  Enkelsohn/Enkeltochter],
  Patenkind)
der Mann, ⸚er (Ehemann, Ex-Mann)
die Mutter, ⸚ (Großmutter,
  Urgroßmutter, Schwiegermutter,
  Stiefmutter)
der Neffe, -n (*schwach*) (Großneffe)
die Nichte, -n (Großnichte)
der Onkel, - (Großonkel, Patenonkel)
der Partner, - / die Partnerin, -nen
  (Ehepartner, Lebenspartner
  [*auch*: der Lebensgefährte, -n

(*adj. Dekl.*) / die Lebens-
  gefährtin, -nen])
der Pate, -n (*schwach*) / die Patin,
  -nen
der Schwager, ⸚ / die Schwägerin, -nen
die Schwester, -n (Halbschwester,
  Stiefschwester)
der Sohn, ⸚e (Adoptivsohn,
  Schwiegersohn, Stiefsohn)
die Tante, -n (Großtante, Patentante)
die Tochter, ⸚ (Adoptivtochter,
  Schwiegertochter, Stieftochter)
der Vater, ⸚ (Großvater, Urgroßvater,
  Schwiegervater, Stiefvater)

Tiere

der Hai, -e (der Haifisch, -e)
(Siehe auch die Bilder auf Seite 126,
  172 und 180.)

der Affe, -n (*schwach*)
der Alligator, -en
der Bär, -en (*schwach*)
das Chamäleon, -s
der Delphin, -e
der Elefant, -en (*schwach*)
der Elch, -e
die Ente, -n
die Eule, -n
der Fisch, -e
der Flamingo, -s
der Frosch, ⸚e
der Fuchs, ⸚e
die Giraffe, -n
das Gnu, -s
der Goldfisch, -e
der Gorilla, -s
der Hamster, -
der Hund, -e
der Jaguar, -e
das Känguruh, -s
der Kardinal, -e

die Katze, -n
das Krokodil, -e
die Kuh, ⸚e
das Lama, -s
der Leopard, -en (*schwach*)
der Löwe, -n (*schwach*)
die Maus, ⸚e
das Meerschweinchen, -
das Nilpferd, -e
der Orang-Utan, -s
der Otter, -
der Pelikan, -e
das Pferd, -e
der Pudel, -
der Pinguin, -e
die Ratte, -n
der Salamander, -
das Schaf, -e
der Schimpanse, -n (*schwach*)

die Schlange, -n
der Schwan, ⸚e
das Schwein, -e
die Tarantel, -n
der Tiger, -
der Tukan, -e
der Wal, -e
der Wasserfloh, ⸚e
das Wiesel, -
der Wurm, ⸚er
der Wolf, ⸚e
das Zebra, -s
die Ziege, -n

Verben

fangen*
fressen*
füttern
galoppieren* (ist)
kriechen
laufen* (ist)
saufen*
schützen
traben (ist)
züchten

Zahlen

0	null	10	zehn	20	zwanzig
1	eins	11	elf	30	dreißig
2	zwei	12	zwölf	40	vierzig
3	drei	13	dreizehn	50	fünfzig
4	vier	14	vierzehn	60	sechzig
5	fünf	15	fünfzehn	70	siebzig
6	sechs	16	sechzehn	80	achtzig
7	sieben	17	siebzehn	90	neunzig
8	acht	18	achtzehn		
9	neun	19	neunzehn		

100	(ein)hundert
1 000	(ein)tausend
1 000 000	eine Million
2 000 000	zwei Millionen
1 000 000 000	eine Milliarde
1 000 000 000 000	eine Billion

21	einundzwanzig
567	fünfhundertsiebenundsechzig
8 901	achttausendneunhunderteins

5.25%   fünf Komma
    fünfundzwanzig
    Prozent

5.250 DM ⎫
5 250 DM ⎬ fünftausend-
    zweihundert-
    fünfzig Mark

Berufe

1   der Chirurg, -en (*schwach*) /
      die Chirurgin, -nen
2   der Arzt, ⁼e / die Ärztin, -nen
3   der Krankenpfleger, - / die
      Krankenpflegerin, -nen (die
      Krankenschwester, -n)
4   der Klempner, - / die Klempnerin,
      -nen
5   der Maler, - / die Malerin, -nen
6   der Tischler, - / die Tischlerin, -nen
      (der Zimmermann, *Pl.*
      Zimmerleute; der Zimmer-
      meister, - / die Zimmer-
      meisterin, -nen)
7   der Künstler, - / die Künstlerin, -nen
8   der Modeschöpfer, - / die
      Modeschöpferin, -nen
9   der Schneider, - / die Schneiderin,
      -nen
10 der Richter, - / die Richterin, -nen
11 der Rechtsanwalt, ⁼e / die
      Rechtsanwältin, -nen

12 der Forscher, - / die Forscherin, -nen
    (Siehe auch Seite 136.)

Weitere Wörter

der Apotheker, - / die Apothekerin,
    -nen
der Architekt, -en (*schwach*) / die
    Architektin, -nen
der Astronaut, -en (*schwach*) / die
    Astronautin, -nen
der Bäcker, - / die Bäckerin, -nen
der Bankangestellte, -n (*adj. Dekl.*) /
    die Bankangestellte, -n
der Bauer, - (*schwach*) / die Bäuerin,
    -nen (der Landwirt, -e / die
    Landwirtin, -nen)
der Beamte, -n (*adj. Dekl.*) / die
    Beamtin, -nen
der Bibliothekar, -e / die
    Bibliothekarin, -nen

der Brauer, - / die Brauerin, -nen
der Briefträger, - / die Briefträgerin,
    -nen
der Buchhändler, - / die
    Buchhändlerin, -nen
der Busfahrer, - / die Busfahrerin, -nen
der Chemiker, - / die Chemikerin,
    -nen
der Computerfachmann, *Pl.*
    Computerfachleute / die
    Computerfachfrau, -en
der Dichter, - / die Dichterin, -nen
der Dramatiker, - / die Dramatikerin,
    -nen
der Drogist, -en (*schwach*) / die
    Drogistin, -nen
der Elektroniker, - / die
    Elektronikerin, -nen
der Erzieher, - / die Erzieherin, -nen
    (der Kindergärtner, - / die
    Kindergärtnerin, -nen)

der Fabrikarbeiter, - / die
  Fabrikarbeiterin, -nen
der Fahrer, - / die Fahrerin, -nen
  Busfahrer/Busfahrerin
  Lastkraftwagenfahrer/ Lastkraft-
    wagenfahrerin (LKW-Fahrer/
    LKW-Fahrerin)
  Taxifahrer/Taxifahrerin
der Filmregisseur, -e / die Film-
  regisseurin, -nen
der (Film)schauspieler, - / die
  (Film)schauspielerin, -nen (der
  Filmstar, -s)
der Förster, - / die Försterin, -nen
der Fotograf, -en (schwach) / die
  Fotografin, -nen
der Friseur, -e / die Friseuse, -n
der Gärtner, - / die Gärtnerin, -nen
der Gastwirt, -e / die Gastwirtin, -nen
der Geschäftsmann, Pl. Geschäftsleute /
  die Geschäftsfrau, -en
der Hausmeister, - / die
  Hausmeisterin, -nen
der Historiker, - / die Historikerin,
  -nen
der Ingenieur, -e / die Ingenieurin, -nen
der Journalist, -en (schwach) / die
  Journalistin, -nen
der Kassierer, - / die Kassiererin, -nen
der Kellner, - / die Kellnerin, -nen
der Koch, ⁻e / die Köchin, -nen
der Komponist, -en (schwach) / die
  Komponistin, -nen
der Kraftfahrzeugmechaniker, - / die
  Kraftfahrzeugmechanikerin, -nen
der Lehrer, - / die Lehrerin, -nen
der Lokomotivführer, - / die
  Lokomotivführerin, -nen
der Manager, - / die Managerin, -nen
der Mathematiker, - / die
  Mathematikerin, -nen

der Musiker, - / die Musikerin, -nen
der Physiker, - / die Physikerin, -nen
der Pilot, -en (schwach) / die Pilotin,
  -nen
der Politiker, - / die Politikerin, -nen
der Polizist, -en (schwach) / die
  Polizistin, -nen
der Präsident, -en (schwach) / die
  Präsidentin, -nen
der Professor, -en / die Professorin,
  -nen
der Programmierer, - / die
  Programmiererin, -nen
der Psychologe, -n (schwach) / die
  Psychologin, -nen
der Raumpfleger, - / die
  Raumpflegerin, -nen (die
  Reinemachefrau, -en, die
  Putzfrau, -en)
der Reporter, - / die Reporterin, -nen
der Sänger, - / die Sängerin, -nen
  der Opernsänger, - / die
    Opernsängerin, -nen
  der Popstar, -s
  der Rocksänger, - / die
    Rocksängerin, -nen
der Schriftsteller, - / die
  Schriftstellerin, -nen (der Autor,
  -en / die Autorin, -nen)
der Sekretär, -e / die Sekretärin, -nen
der Soldat, -en (schwach) / die
  Soldatin, -nen
der Soziologe, -n (schwach) / die
  Soziologin, -nen
der (Fußball)spieler, - / die
  (Fußball)spielerin, -nen
der Steward, -s / die Stewardeß, Pl.
  Stewardessen
der Tänzer, - / die Tänzerin, -nen
  Balletttänzer/Balletttänzerin

der Techniker, - / die Technikerin,
  -nen
der technische Assistent, -en
  (schwach) / die technische
  Assistentin, -nen
der Tierarzt, ⁻e / die Tierärztin, -nen
der Trainer, - / die Trainerin, -nen
der Verkäufer, - / die Verkäuferin,
  -nen
der Zahnarzt, ⁻e / die Zahnärztin,
  -nen

Verben

arbeiten (als Mechaniker(in); an einem
  Projekt; in einer Bäckerei; bei
  einer Firma; für eine
  Organisation)
(Arbeit, Befehle, Operationen)
  ausführen
(einen Beruf) ausüben (trenn.)
bauen
(Patienten/Patientinnen) behandeln
(Rollen in Theaterstücken, Opern oder
  Filmen) darstellen
(einen Bus) fahren*
lehren
(eine Karriere) machen
(Häuser, Zimmer, Kunstwerke) malen
singen
(Fußball, Tennis, Klavier, __?__)
  spielen
tanzen
unterrichten
Geld verdienen

Getränke und Speisen

das Getränk, -e

das Bier, -e: dunkles Bier, helles Bier,
  Pils, alkoholfreies Bier
das/die Cola, -s
der Cocktail, -s
der Kaffee (mit Sahne/Milch/Zucker)
  der Eiskaffee (=Kaffee mit
  Eiscreme)
die Limonade
  Orangenlimonade
  Zitronenlimonade
die Milch
  Bananenmilch

Buttermilch
Erdbeermilch
Schokoladenmilch
Magermilch/Vollmilch
das Mineralwasser (der Sprudel)
der Saft, ⁻e
  Apfelsaft
  Orangensaft
  Tomatensaft
die Schokolade (der Kakao)
  heiße Schokolade (heißer Kakao)
  Eisschokolade (=Schokolade mit
  Eiscreme)

der Tee (mit Milch/Zitrone/
  Rum/Zucker)
  Eistee
der Wein, -e
  Rotwein
  Weißwein
  Schaumwein (der Sekt, -e; der
  Champagner, -)

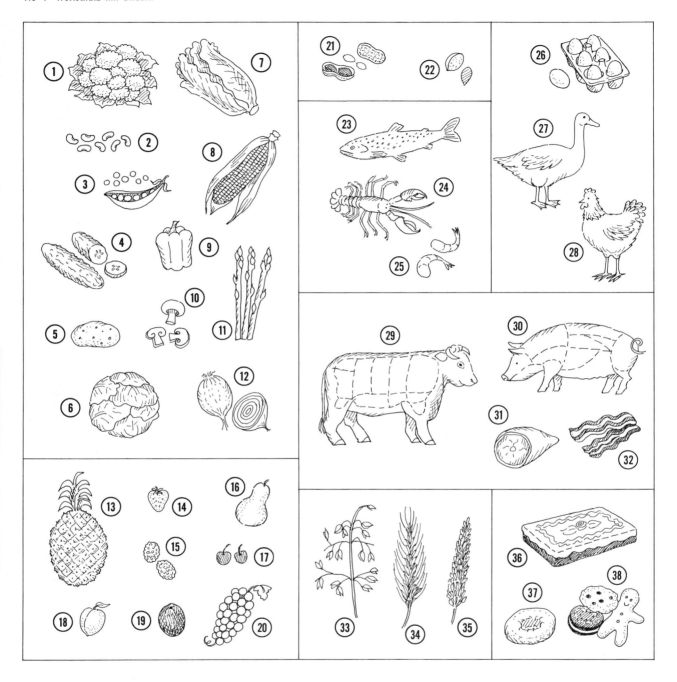

das Gemüse, *Pl.* Gemüsesorten

   die Artischocke. -n
1 der Blumenkohl. -e
2 die Bohne. -n
3 die Erbse. -n
4 die Gurke. -n

5 die Kartoffel. -n
    Bratkartoffeln (Röstkartoffeln)
    gebackene Kartoffel
    der Kartoffelchip. -s
    der Kartoffelpuffer. - (der Kartoffel-
      pfannkuchen. -)

    der Kartoffelsalat. -e
    Pommes frites
6 der Kohl. -e
    Rotkohl
    Weißkohl
7 der Kopfsalat. -e

8 der Mais; der Maiskolben, -
   die Möhre, -n (die Karotte, -n)
9 die Paprikaschote, -n
10 der Pilz, -e; der Champignon, -s
   der (od. die) Sellerie, -s
11 der (od. die) Spargel, -
   der Spinat
   die Tomate, -n
12 die Zwiebel, -n

das Obst, *Pl.* Obstsorten

13 die Ananas, -
   der Apfel, ⁼
   die Apfelsine, -n (die Orange, -n)
   die Aprikose, -n
   die Banane, -n
   die Beere, -n
      Blaubeere (Heidelbeere)
14   Erdbeere
15   Himbeere
16 die Birne, -n
17 die Kirsche, -n
   die Kiwi, -s
   die Melone, -n
      Honigmelone
      Wassermelone
18 der Pfirsich, -e
19 die Pflaume, -n
20 die Traube, -n (Weintraube); die
      Rosine, -n (getrocknete
      Weintraube)
   die Zitrone, -n
   die Nuß, *Pl.* Nüsse
21   Erdnuß
      Haselnuß
      Walnuß
22   die Mandel, -n

die Meeresfrüchte (Fische usw.)

   die Auster, -n
23 die Forelle, -n
   der Heilbutt, -e
   der Hering, -e
24 der Hummer, -
   der Karpfen, -
25 die Krabbe, -n
   die Muschel, -n
   der Thunfisch, -e

das Fleisch und das Geflügel

26 das Ei, -er
27 die Gans, ⁼e
      Gänsebraten
      Gänsebrust
28 das Huhn, ⁼er
      Hühnerbrust
   das Lamm, ⁼er
      Lammbraten
      das Lammkotelett, -s

29 das Rindfleisch
   der Rinderbraten
30 das Schweinefleisch
   der Schweinebraten
   das Schweinekotelett, -s
   das Schweinerippchen, -
31 der Schinken
32 der Speck
   das Steak, -s
   die Wurst, ⁼e
      das Frankfurter Würstchen, -
      Leberwurst
      die Salami, -s
      Weißwurst
      Wiener Würstchen

der Salat, -e

   Gurkensalat
   Fleischsalat
   Kartoffelsalat
   Tomatensalat

die Suppe, -n

   Blumenkohlcremesuppe
   Bohnensuppe
   Champignoncremesuppe
   Erbsensuppe
   Fischsuppe
   Gemüsesuppe
   Goulaschsuppe
   die Hühnerbrühe
   Hühnersuppe
   Kartoffel(creme)suppe
   Linsensuppe
   Nudelsuppe (mit/ohne
      Würstchen)
   Pilzsuppe
   Rinderbrühe

das Milchprodukt, -e

   die Butter
   der Joghurt
   der Käse, -
      Butterkäse
      der Brie
      der Camembert
      Emmentaler Käse (Schweizer Käse)
      der Gouda
   der Quark (ein Produkt aus
      saurer Milch)

die Mehlspeise, -n

   der Pfannkuchen, -
      Apfelpfannkuchen
      Kirschpfannkuchen
   die Waffel, -n

das Getreide, *Pl.* Getreidearten

33 der Hafer
34 der Roggen
35 der Weizen

die Backware, -n

   das Brot, -e
      Bauernbrot
      Roggenbrot
      Sechskornbrot
      Vollkornbrot
      Weißbrot (Weizenbrot)
      der Pumpernickel
   das Brötchen, - (die Semmel, -n)
      Sesambrötchen
      Roggenbrötchen
      Zwiebelbrötchen

die Konditoreiware, -n

36 der Amerikaner, -
37 der Berliner, - (Berliner Pfannkuchen)
   die Torte, -n
      Buttercremetorte
      Erdbeertorte
      Kirschtorte (Schwarzwälder
         Kirschtorte)
      Marzipantorte
      Obsttorte
      Schokoladentorte
   der Kuchen, -
      Apfelkuchen
      Käsekuchen
      Marmorkuchen
      Nußkuchen
      Pflaumenkuchen
      Schokoladenkuchen
38 das Plätzchen, -
      Butterplätzchen
      Schokoladenplätzchen

die Süßigkeit, -en

   der Bonbon, -s (der Zuckerstein, -e)
   das Gummibärchen, -
   die Praline, -n
   die Schokolade
      Milchschokolade
      Mokkaschokolade
      Nußschokolade
      Zartbitterschokolade
      weiße Schokolade

Verben

backen*
bestellen
essen*
kochen
servieren
speisen
trinken*
zubereiten (*trenn.*)

Stadt und Umgebung

1 das Denkmal, ⸚er
2 der Brunnen, -
3 der Wolkenkratzer, -
4 das Tor, -e
5 die Kirche, -n
6 der Turm, ⸚e

Weitere Wörter

die Bibliothek, -en (*ein Gebäude, in dem man eine große Sammlung von Büchern findet*)

das Bürohaus, ⸚er (*ein Gebäude mit Büros oder Arbeitsräumen*)

der Dom, -e (*eine große, wichtige Kirche; eine Kathedrale*)

die Fabrik, -e (*ein industrieller Betrieb, in dem Waren und Produkte hergestellt werden*)

das Kaufhaus, ⸚er (*ein großes Geschäft, in dem man Kleidung für Männer, Frauen und Kinder und auch viele andere Waren kaufen kann*)

das Kino, -s (*ein Gebäude, in dem man Filme sehen kann*)

die Konditorei, -en (*ein Geschäft, in dem man Süßigkeiten und Feingebäck kaufen kann*)

das Krankenhaus, ⸚er (*ein großes Gebäude, in dem man medizinische Behandlung bekommen kann*)

das Lebensmittelgeschäft, -e (*ein Geschäft, in dem man Produkte zum Essen oder Trinken kaufen kann*)

der Marktplatz, ⸚e (*ein wichtiger Platz, der gewöhnlich vor dem Rathaus liegt; am „Markttag" gibt es hier viele Stände, an denen man frisches Obst und Gemüse direkt von den Bauern kaufen kann*)

das Mietshaus, ⸚er (*ein Gebäude mit Wohnungen, die man mietet*)

das Modegeschäft, -e (*ein Geschäft, in dem man Kleidung kaufen kann*)

das Rathaus, ⸚er (*das Gebäude, in dem der Bürgermeister / die Bürgermeisterin und andere Beamten einer Stadt oder Gemeinde arbeiten*)

das Reformhaus, ⸚er (*ein Geschäft, in dem man Vitamine und Lebensmittel kaufen kann, die nicht chemisch behandelt sind*)

der Spielplatz, ⸚e (*eine Fläche, auf der Kinder spielen können*)

die Tierhandlung, -en (*ein Geschäft, in dem man kleinere Tiere wie zum Beispiel Hamster, Kanarienvögel, Katzen und Hunde kaufen kann*)

Noch weitere Wörter

das Antiquitätengeschäft, -e
die Apotheke, -n

die Bäckerei, -en
die Bank, -en
die Bar, -s (*auch:* die Kneipe, -n)
die Boutique, -n
die Buchhandlung, -en (*auch:* der Buchladen, ⸚)
die Bushaltestelle, -n
das Café, -s
das Delikatessengeschäft, -e; die Delikatessenhandlung, -en
die Drogerie, -n
die Galerie, -n
der Garten, ⸚
das Hotel, -s (*auch:* die Pension, -en)
die Jugendherberge, -n
das Juweliergeschäft, -e
das Museum, *Pl.* Museen
das Opernhaus, ⸚er
der Park, -s
das Postamt, ⸚er
das Restaurant, -s (*auch:* die Gaststätte, -n; der Gasthof, ⸚e)
das Schreibwarengeschäft, -e
die Schule, -n
der Supermarkt, ⸚e
der Taxistand, ⸚e
die Telefonzelle, -n
das Theater, -
die Universität, -en

Verkehr

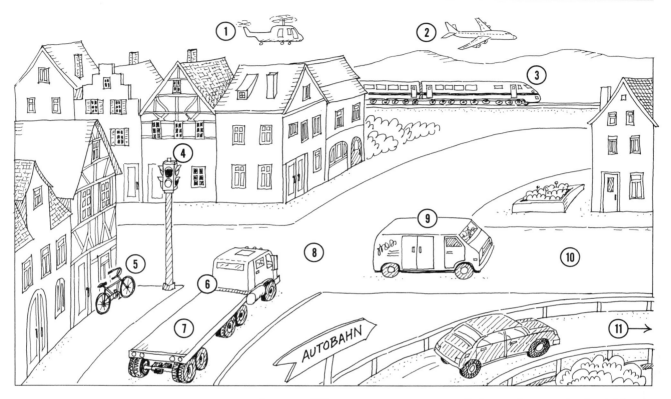

1 der Hubschrauber, -
2 das Flugzeug, -e
3 der Zug, ̈e
4 die Ampel, -n
5 das Fahrrad, ̈er
6 der Lastwagen, - (der LKW, -s)
7 der Anhänger, -
8 die Kreuzung, -en
9 der Lieferwagen, -
10 die Straße, -n (die Gasse, -n)
11 die Autobahn, -en

Weitere Wörter

der Bahnhof, ̈e (*hier kommen Züge
    an und fahren ab*)
der Flughafen, ̈ (*hier landen
    Flugzeuge und fliegen ab*)
der Hafen, ̈ (*Anker- und Liegeplatz
    für Schiffe*)
die Tankstelle, -n (*hier kann man
    Benzin für Autos und andere
    Fahrzeuge bekommen*)

Noch weitere Wörter

das Auto, -s
das Boot, -e
    Fischerboot
    Motorboot
    Ruderboot
    Segelboot
der Bus, -se
die Fähre, -n
das Kanu, -s
das Motorrad, ̈er
der Öltanker, -
das Schiff, -e
das Taxi, -s
der Wagen, -
    Feuerwehrwagen
    Krankenwagen (*auch:* das
        Krankenauto, -s; der
        Ambulanzwagen, -; die
        Ambulanz, -en)
    Polizeiwagen

Verben und verwandte Ausdrücke

abfahren* (*trenn.*) (ist) / die Abfahrt,
    -en; die Abfahrtszeit, -en
abfliegen* (*trenn.*) (ist)
abreisen* (*trenn.*) (ist)
absegeln* (*trenn.*) (ist)
ankommen* (*trenn.*) (ist) / die
    Ankunft, ̈e; die Ankunftszeit,
    -en
fahren* (ist/hat) / mit dem/der . . .
    fahren (ist)
fliegen* (ist/hat) / der Flug, ̈e
gehen* (ist) / zu Fuß gehen
halten* / die Bushaltestelle, -n
kommen (ist)
landen (ist)
parken / der Parkplatz, ̈e
reisen (ist) / die Reise, -n
rudern (ist/hat)
segeln (ist/hat)
spazierengehen* (*trenn.*) (ist) / der
    Spaziergang, ̈e

Wohnen

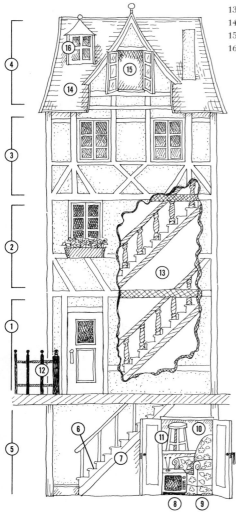

13 das Treppenhaus, ⸚er
14 das Dach, ⸚er
15 die Dachkammer, -n
16 das Dachfenster, -

Wohnbauten

das Altersheim, -e
der Bungalow, -s
das Haus, ⸚er
  Bauernhaus
  [Ein]familienhaus
  das [ein]stöckige/[ein]geschos-
    sige Haus
  Ferienhaus
  Hochhaus
  Mietshaus (*Gebäude mit Wohnungen,*
    die man mieten kann)
  Wohnhaus
die Hütte, -n
das Schloß, *Pl.* Schlösser (die Burg,
  -en; das Palais, -; der Palast, ⸚e)
die Villa, *Pl.* Villen
das Wohnheim, -e
  Ferien(wohn)heim
  Studenten(wohn)heim
die Wohnung, -en
  (Ein)zimmerwohnung
  Dachwohnung (*Wohnung, die*
    oben unter dem Dach ist)
  Kellerwohnung (*Wohnung, die*
    unten im Keller ist)

Zimmer und Räume

das Atrium, *Pl.* Atrien
das Bad, ⸚er / das Badezimmer, -
der Balkon, -e od. -s
der Flur, -e (die Diele, -n; der
    Eingang, ⸚e; die Eingangshalle,
    -n; der Korridor, -e)
die Garage, -n
die Küche, -n (die Kochecke, -n / die
    Kochnische, -n)
  Waschküche
der Raum, ⸚e
der Stock, ⸚e: im [ersten] Stock
    wohnen; eine Wohnung im
    [zweiten] Stock haben; die Etage,
    -n; das Geschoß, *Pl.* Geschosse;
    das Stockwerk, -e
die Terrasse, -n
das WC, -s (das Klo, -s; die Toilette, -n)
die Werkstatt, ⸚en

das Zimmer, -
  Arbeitszimmer
  Eßzimmer
  Familienzimmer
  Gästezimmer
  Kinderzimmer
  Musikzimmer
  Schlafzimmer
  Spielzimmer
  Studierzimmer
  Wohnzimmer

Möbel

das Bett, -en
  Etagenbett
  Doppelbett
  Sofabett
  Wasserbett
der Computer, -
der Schrank, ⸚e
  Geschirrschrank
  Hochschrank
  Kinderzimmerschrank
  Kleiderschrank
  Schrank mit (zwei) Türen / der
    eintürige Schrank
  Schrankwand
  Spiegelschrank
  Wandschrank (*in die Wand*
    eingebauter Schrank)
das Sofa, -s (die Couch, -s)
die Stereoanlage, -n
der Stuhl, ⸚e
  Drehstuhl
  Küchenstuhl
  Schreibtischstuhl
  Stuhl mit/ohne Armlehne
der Teppich, -e
der Teppichboden, ⸚
der Tisch, -e
  Arbeitstisch
  Couchtisch
  Eß(zimmer)tisch
  Gartentisch
  Kaffeetisch
  Küchentisch
  Nachttisch
  Picknicktisch
  Schreibtisch
  Spieltisch
  Telefontisch
der Videorecorder, -

1 das Erdgeschoß, *Pl.* Erdgeschosse
2 der erste Stock (das erste Stockwerk;
    das erste Geschoß)
3 der zweite Stock (das zweite
    Stockwerk; das zweite Geschoß)
4 das Dachgeschoß (das oberste
    Stockwerk); der Dachboden, ⸚
5 der Keller, - (das Kellergeschoß, *Pl.*
    Kellergeschosse)
6 die Treppenstufe, -n
7 die Treppe, -n (die Kellertreppe, -n)
8 der Fernseher, -
9 der Sessel, -
10 die Abstellkammer, -n (der Abstellraum, ⸚e)
11 der Hocker, -
12 der Zaun, ⸚e

Draußen

das Blumenbeet, -e
die Einfahrt, -en
der Garten, ⸚
die Hecke, -n

der Hof, ⸚e
   Innenhof
der Platz, ⸚e
   Reitplatz
   Tennisplatz
das Schwimmbecken, -

Verben

besuchen
bleiben* (ist)
dekorieren
mieten
suchen

vermieten
wohnen
übernachten
umziehen* (trenn.)
   (ist) (in + Akk.; nach)
verbringen*

Landschaften

1 die Bergkette, -n (das Gebirge, -:
   Mittelgebirge; Hochgebirge; der
   Gebirgszug, ⸚e)
2 der Berg, -e
3 der Gipfel, -
4 das Tal, ⸚er
5 die Hügelkette, -n
6 die Höhle, -n
7 der Hügel, -
8 der Felsen, -
9 der Teich, -e
10 der Strand, ⸚e
11 der See, -n
12 das Ufer, -

Weitere Wörter

der Acker, ⸚ (das Feld, -er)
der Bach, ⸚e
die Bucht, -en (*wie die San Francisco
   „Bay“*)
der Cañon, -s
die Düne, -n
die Ebene, -n (das flache Land; das
   Flachland)

der Fluß, *Pl.* Flüsse (*wie der Rhein,
   die Donau usw.*)
der Gletscher, -
die Insel, -n
   Halbinsel (*wie Italien*)
das Land, ⸚er
   Grasland
   Umland
das Meer, -e (die See, -n; der Ozean, -e)
das Plateau, -s
der Wald, ⸚er (*wie der Schwarzwald in
   Deutschland*)
die Wiese, -n
die Wüste, -n (*wie die Sahara in
   Nordafrika*)

Orte

das Dorf, ⸚er
   Nachbardorf
das Gebiet, -e (die Region, -en)
der Staat, -en
die Stadt, ⸚e
   Kleinstadt
   Großstadt

Hauptstadt
Nachbarstadt

Richtungen

der Norden; nördlich; nordwestlich;
   nordöstlich
der Osten; östlich
der Süden; südlich; südwestlich;
   südöstlich
der Westen; westlich

Verben

anfangen* (*trenn.*)
aufhören (*trenn.*)
sich erstrecken
grenzen an (+ *Akk.*)
kommen* (ist)
liegen*
geben*: es gibt
finden*: man findet
   sich befinden*
umgeben*

Länder, Kontinente, Nationalitäten, Adjektive und Sprachen _____

(das) Afrika
  der Afrikaner, - / die
    Afrikanerin, -nen
  afrikanisch
(das) Ägypten
  der Ägypter, - / die Ägypterin, -nen
  ägyptisch
(das) Amerika
  (Mittel/Nord/Süd)amerika
  der Amerikaner, - / die
    Amerikanerin, -nen
  (Mittel/Nord/Süd)amerikaner
  Afroamerikaner
  Amerikaner (spanischer)
    Abstammung
  (Deutsch)amerikaner
  der Ureinwohner, - / die Urein-
    wohnerin Amerikas
  amerikanisch
der Araber, - / die Araberin, -nen
(das) Asien
  der Asiat, -en (*schwach*) / die
    Asiatin, -nen
  asiatisch
(das) Argentinien
  der Argentinier, - / die
    Argentinierin, -nen
  argentinisch
(das) Australien
  der Australier, - / die
    Australierin, -nen
  australisch
(das) Brasilien
  der Brasilianer, - / die
    Brasilianerin, -nen
  brasilianisch
(das) Bulgarien
  der Bulgare, -n (*schwach*) /
    die Bulgarin, -nen
  bulgarisch (*Adj.*) / (das)
    Bulgarisch (*Sprachw.*)
(das) Chile
  der Chilene, -n (*schwach*) /
    die Chilenin, -nen
  chilenisch
(das) China
  der Chinese, -n (*schwach*) /
    die Chinesin, -nen
  chinesisch (*Adj.*) / (das)
    Chinesisch (*Sprachw.*)
(das) Dänemark
  der Däne, -n (*schwach*) / die
    Dänin, -nen
  dänisch (*Adj.*) / (das) Dänisch
    (*Sprachw.*)
(das) Deutschland
  der/die Deutsche, -n (*adj.
    Dekl.*)

deutsch (*Adj.*) / (das) Deutsch
  (*Sprachw.*)
(das) England
  der Engländer, - / die
    Engländerin, -nen
  englisch (*Adj.*) / (das)
    Englisch (*Sprachw.*)
(das) Europa
  der Europäer, - / die Europäerin,
    -nen
  europäisch
(das) Frankreich
  der Franzose, -n (*schwach*) /
    die Französin, -nen
  französisch / (das)
    Französisch (*Sprachw.*)
(das) Ghana
  der Ghanaer, - / die Ghanaerin,
    -nen
  ghanaisch
(das) Griechenland
  der Grieche, -n (*schwach*) /
    die Griechin, -nen
  griechisch
(das) Guatemala
  der Guatemalteke, -n
    (*schwach*) / die
    Guatemaltekin, -nen
  guatemalisch
(das) Indien
  der Inder, - / die Inderin, -nen
  indisch
(das) Indonesien
  der Indonesier, - / die
    Indonesierin, -nen
  indonesisch
der Irak
  der Iraker, - / die Irakerin,
    -nen
  irakisch (*Adj.*) / (das) Irakisch
    (*Sprachw.*)
der Iran
  der Iraner, - / die Iranerin, -nen
  iranisch (*Adj.*) / (das) Iranisch
    (*Sprachw.*)
(das) Irland
  der Irländer, - / die Irländerin,
    -nen (*auch*: der Ire, -n
    [*schwach*] / die Irin, -nen)
  irländisch (*auch*: irisch)
(das) Israel
  der/die Israeli, -s
  israelisch
(das) Italien
  der Italiener, - / die Italienerin, -nen
  italienisch (*Adj.*) / (das)
    Italienisch (*Sprachw.*)
(das) Japan

der Japaner, - / die Japanerin, -nen
japanisch (*Adj.*) / (das)
  Japanisch *Sprachw.*)
(das) Kambodscha
  der Kambodschaner, - / die
    Kambodschanerin, -nen
  kambodschanisch
(das) Kanada
  der Kanadier, - / die Kanadierin,
    -nen
  kanadisch
(das) Kenia
  der Kenianer, - / die
    Kenianerin, -nen (*auch*: der
    Keniate, -n [*schwach*] / die
    Keniatin, -nen)
  kenianisch
(das) Korea
  der Koreaner, - / die Koreanerin,
    -nen
  koreanisch (*Adj.*) / (das)
    Koreanisch (*Sprachw.*)
(das) Kuba
  der Kubaner, - / die Kubanerin,
    -nen
  kubanisch
(der) Libanon
  der Libanese, -n (*schwach*) /
    die Libanesin, -nen
  libanesisch
(das) Liberia
  der Liberianer, - / die Liberianerin,
    -nen
  liberianisch
(das) Mexiko
  der Mexikaner, - / die Mexikanerin,
    -nen
  mexikanisch
(das) Nicaragua
  der Nicaraguaner, - / die
    Nicaraguanerin, -nen
  nicaraguanisch
(das) Nigeria
  der Nigerianer, - / die Nigerianerin,
    -nen
  nigerianisch
(das) Norwegen
  der Norweger, - / die Norwegerin,
    -nen
  norwegisch (*Adj.*) / (das)
    Norwegisch (*Sprachw.*)
(das) Österreich
  der Österreicher, - / die Öster-
    reicherin, -nen
  österreichisch
(das) Pakistan
  der Pakistaner, - / die Pakistanerin,
    -nen (*auch*: der/die Pakistani, -s)

pakistanisch
(das) Peru
   der Peruaner, - / die Peruanerin, -nen
   peruanisch
die Philippinen
   der Philippiner, - / die Philippinerin,
   -nen
(das) Polen
   der Pole, -n (*schwach*) / die Polin,
   -nen
   polnisch (*Adj.*) / (das) Polnisch
   (*Sprachw.*)
(das) Portugal
   der Portugiese, -n / die Portugiesin,
   -nen
   portugiesisch (*Adj.*) / (das)
   Portugiesisch (*Sprachw.*)

(das) Rumänien
   der Rumäne, -n (*schwach*) / die
   Rumänin, -nen
   rumänisch (*Adj.*) / (das)
   Rumänisch (*Sprachw.*)
der Russe, -n (*schwach*) / die Russin, -nen
   russisch (*Adj.*) / (das) Russisch
   (*Sprachw.*)
(das) Schweden
   der Schwede, -n (*schwach*) / die
   Schwedin, -nen
   schwedisch (*Adj.*) / (das)
   Schwedisch (*Sprachw.*)
die Schweiz
   der Schweizer, - / die Schweizerin,
   -nen

schweizerisch
die Türkei
   der Türke, -n (*schwach*) / die
   Türkin, -nen
   türkisch (*Adj.*) / (das) Türkisch
   (*Sprachw.*)
(das) Ungarn
   der Ungar, -n (*schwach*) / die
   Ungarin, -nen
   ungarisch (*Adj.*) / (das) Ungarisch
   (*Sprachw.*)
(das) Vietnam
   der Vietnamese, -n (*schwach*) / die
   Vietnamesin, -nen
   vietnamesisch (*Adj.*); (das)
   Vietnamesisch (*Sprachw.*)

Zeit

Uhrzeit

die Minute, -n
die Stunde, -n
Um wieviel Uhr fängt der Film an?
Wie spät ist es?
Wieviel Uhr ist es?
Es ist (sieben) Uhr.
   (fünf [Minuten]) vor/nach (acht).
   halb (neun).
   Viertel vor / Viertel nach (elf).
   (zwölf) Uhr (fünfundzwanzig).

Tage und Wochen

der Montag
   am (Montag)
der Dienstag
der Mittwoch
der Donnerstag
der Freitag
der Samstag / der Sonnabend
der Sonntag
der Morgen, -
der Tag, -e
   Wochentag
der Nachmittag, -e
der Abend, -e
die Nacht, ̈e
die Woche, -n
   in/während der Woche
das Wochenende, -n
   (am) Wochenende

Adverbien

montags
dienstags
mittwochs
donnerstags
freitags
samstags/sonnabends
sonntags
(Montag)/morgens
(Dienstag)/nachmittags
(Mittwoch)/abends

Monate und Jahre

der Monat, -e
der Januar
   im (Januar)
der Februar
der März
der April
der Mai
der Juni
der Juli
der August
der September
der Oktober
der November
der Dezember
das Jahr, -e

Jahreszeiten

der Frühling
   im (Frühling)
der Sommer
der Herbst
der Winter

PROGRAMM–Vokabular

Abbreviations and Terms

German		English	
Adj. = Adjektiv	*adjective*	adj.	*adjective*
adj. Dekl. = adjektivische Deklination	*(noun) declined as an adjective*	coll.	*colloquial*
Adv. = Adverb	*adverb*	lang.	*language*
Akk. = Akkusativ	*accusative*	pl.	*plural*
Art. = Artikel	*article*	sb.	*somebody*
Dat. = Dativ	*dative*	sg.	*singular*
dial. = dialektal	*dialectal*	sth.	*something*
etw. = etwas	*something*		
for. = formell	*formal*		
Gen. = Genitiv	*genitive*		
infor. = informell	*informal*		
jmdm. = jemandem	*someone (dative case)*		
jmdn. = jemanden	*someone (accusative case)*		
Jugendspr. = Jugendsprache	*youth language, slang*		
Kon. = Konjunktiv	*subjunctive*		
Konj. = Konjunktion	*conjunction*		
od. = oder	*or*		
österr. = österreichisch	*Austrian*		
Pl. = Plural	*plural*		
Präp. = Präposition	*preposition*		
schwach	*weak*		
schweiz. = schweizerisch	*Swiss*		
Sg. = Singular	*singular*		
südd. = süddeutsch	*southern German*		
trenn. = trennbar	*separable (prefix)*		
ugs. = umgangsprachlich	*colloquial*		
veralt. = veraltet	*archaic*		
(wz) = Warenzeichen	*® = registered trademark*		

A

abbauen (*trenn.*) to dismantle; to reduce
abbrechen (bricht ab), brach ab, hat/ist abgebrochen to break off; **sich** (*Dat.*) **abbrechen** to break (itself) off
der **Abdruck, ⸚e** mark; imprint
der **Abdruck, -e** printing
der **Abend, -e** evening
das **Abendbrot, -e** evening meal; supper
das **Abendessen, -** evening meal; dinner
der **Abendkurs, -e** evening class
das **Abendrot** red evening sky
abends in the evening; evenings
die **Abendvorstellung, -en** evening performance
das **Abenteuer, -** adventure

abenteuerlich adventurous
aber but; however; yet
abermals once again
abfahren (fährt ab), fuhr ab, ist abgefahren to depart
die **Abfahrtszeit, -en** departure time
der **Abflug** departure
die **Abhängigkeit** dependence
abheben, hob ab, hat abgehoben to lift off; to withdraw (*money*); to rise
abholen (*trenn.*) to pick up
abkommen, kam ab, ist abgekommen (von) to lose one's way; to stray, digress (*from*)
ablehnen (*trenn.*) to decline, turn down

abmontieren to take off, remove
abnagen (*trenn.*) to gnaw off
abnehmen (nimmt ab), nahm ab, hat abgenommen to take off; to lose weight; to remove
das **Abonnement, -e** subscription
abrücken (*trenn.*), **ist/hat abgerückt** to move away
abrupt abrupt(ly)
der **Absatz, ⸚e** heel; paragraph
der **Abschnitt, -e** section
die **Absicht, -en** intention
absolut absolute(ly)
die **Abstammung, -en** descent, ethnic heritage, nationality

abstehend protruding
abstellen (*trenn.*) to turn/switch off
die **Abstraktion, -en** abstraction
das **Abteil, -e** (train) compartment
die **Abteiltür, -en** door to a (train) compartment
abwarten (*trenn.*) to wait; to await
die **Abwechslung, -en** change; **zur Abwechslung** for a change
abweichen, wich ab, ist abgewichen (**von**) to deviate; to differ (from)
abweisen, wies ab, hat abgewiesen to turn away; to reject
abweisend negative; cold(ly)
sich **abwenden** (*trenn.*) (**von**) to turn away (from); to turn one's back (on)
abzeichnen (*trenn.*) to copy; to initial; **sich abzeichnen** to stand out; to show through
ächzen to groan; to creak
ächzend groaning; creaking
der **Acker, ⁻** (cultivated) field
das **Acryl** acrylic
das **Adjektiv, -e** adjective
die **Adresse, -n** address
das **Adverb, -ien** adverb
aggressiv aggressive(ly)
agitatorisch agitative; inflammatory
ähneln (+ *Dat.*) to resemble
ahnen to suspect; to guess, have an idea
ähnlich (+ *Dat.*) similar (to)
die **Ähnlichkeit, -en** similarity
die **Ahnung, -en** feeling, hunch; **keine Ahnung haben** to have no idea
der **Ahornsirup** maple syrup
die **Aktion, -en** action; sale
die **Aktivierung** mobilization; intensification; reactivation
die **Aktivität, -en** activity
aktuell current(ly); relevant
akut acute(ly)
akzeptieren to accept
albern silly
der **Alkohol, -e** alcohol
alkoholisch alcoholic
all- all
allein alone
der/die **Alleinlebende, -n** (*adj. Dekl.*) person who lives alone
allem: vor allem above all
allemal any time
alleranghenehmst- most pleasant of all
allerdings though; certainly; to be sure
allererst- very first
allergisch (**gegen**) allergic (to)
allerhand all kinds/sorts of
alles everything; **alles Mögliche** everything possible; **alles ist alle** everything is gone
das **Allgemeinwissen** general knowledge
der **Alligator, -en** alligator
alljährlich annual(ly)
der **Alltag, -e** weekday; everyday; workaday routine; humdrum
alltäglich everyday, ordinary
das **Alltagsleben** everyday life

die **Alltagssprache** everyday language
die **Alltagswelt** everyday world
allzu all too
als (*Konj.*) when; as
also so; therefore; thus
als ob (+ *Kon.*) as if
alt, älter-, ältest- old, older, oldest
das **Alter, -** age
die **Alternative, -n** alternative
die **Altersgruppe, -n** age group
das **Altersheim, -e** home for senior citizens
altmodisch old-fashioned
die **Altstadt** old part of the city
am = an dem
die **Amarettoschokolade** chocolate with amaretto
der **Amazonas** the Amazon (River)
(**das**) **Amerika** America
amerikanisch American
das **Ampelnetz, -e** system of traffic lights
die **Amphibie, -n** amphibian
das **Amt, ⁻er** post, position; office; task
amüsant amusing(ly)
sich **amüsieren** to have fun; to amuse oneself
an (+ *Akk./Dat.*) up to; at; on
die **Analyse, -n** analysis
analysieren to analyze
anbieten, bot an, hat angeboten to offer
der **Anblick, -e** sight
(**sich**) **ändern** to change (oneself)
anders different(ly)
anderswo elsewhere
die **Änderung, -en** change
andrerseits: andererseits on the other hand
aneinander (of; to) one another
der **Anfang, ⁻e** beginning, start
anfangen (fängt an), fing an, hat angefangen to begin, start
anfassen (*trenn.*) to take hold of; to touch
anfertigen (*trenn.*) to make; to do; to prepare; to create
anfordern (*trenn.*) to request; to order, send for
das **Angebot, -e** offer
angehen, ging an, ist angegangen to come/go on; to start; (*with* **haben**) ask; to concern
die **Angelegenheit, -en** matter, concern
angenehm pleasant(ly); **angenehm!** pleased to meet you!
angesichts (+ *Gen.*) in view of; in light of
angreifen, griff an, hat angegriffen to attack; to weaken; to affect
die **Angst, ⁻e** fear
anhalten (hält an), hielt an, hat angehalten to stop; to urge; to go on, last
anhand (+ *Gen.*) with the help of; on the basis of
der **Anhänger, -** trailer
anheften (*trenn.*) to tack (on), attach
der **Ankauf, ⁻e** purchase
ankommen, kam an, ist angekommen to arrive

ankreuzen (*trenn.*) to mark with an X
die **Ankunftszeit, -en** arrival time
anlasten (*trenn.*): **jmdm. ein Verbrechen anlasten** to accuse sb. of a crime
die **Anleitung, -en** instructions
anmelden (*trenn.*) to enroll; to register
die **Anmeldung** enrollment; registration; notification
annehmen (nimmt an), nahm an, hat angenommen to accept
die **Annonce, -n** ad, advertisement
annoncieren to advertise, announce
anonym anonymous(ly)
der **Anrainerstaat, -en** neighboring country
anrauhen (*trenn.*) to roughen
anreden (*trenn.*) to address
anregend stimulating
die **Anregung, -en** stimulation; sharpening; suggestion
anrichten (*trenn.*) to cause; to prepare
anrücken, ist angerückt to advance, move forward
anrufen, rief an, hat angerufen to call up, telephone
anschalten (*trenn.*) to switch on
sich **anschauen** (*trenn.*) to look at
anschlagen (schlägt an), schlug an, hat angeschlagen to strike, sound; to put up, post
sich **anschließen, schloß an, hat angeschlossen** (+ *Dat.*) to join; to endorse; to follow; to grow close to
anschließend afterwards; subsequent(ly)
der **Anschluß,** *Pl.* **Anschlüsse** connection
der **Anschlußflug, ⁻e** connecting flight
ansehen (sieht an), sah an, hat angesehen to look at; **jmdn. groß ansehen** to look at sb. with big eyes
die **Ansicht, -en** view
ansprechbar available (*to talk to*), accessible
ansprechen (spricht an), sprach an, hat angesprochen to speak to, address; to appeal to
der **Anspruch, ⁻e** claim, demand
anständig decent(ly); respectable; respectably; proper(ly)
anstatt (+ *Gen.*) instead of
anstellen (*trenn.*) to turn/switch on
anstoßen, stieß an, ist angestoßen (**an** + *Akk.*) to press (against)
die **Anstrengung, -en** effort
der **Anteil, -e** share, interest
die **Anthurie, -n** anthurium (*flower*)
das **Anti-Märchen, -** anti-fairy tale
das **Antonym, -e** antonym
der **Antrag, ⁻e** application, request
die **Antwort, -en** answer
antworten to answer; **jmdm. antworten** to answer sb.; **antworten auf** (+ *Akk.*) to respond to
die **Antwortmöglichkeit, -en** answer possibility
der **Anwärter, -** candidate, contender
die **Anweisung, -en** instruction(s)
die **Anzahl** number

das **Anzeichen, -** sign, indication
die **Anzeige, -n** ad, advertisement
anzeigen (*trenn.*) to report; to show, indicate; to inform, notify; to advertise
das **Anzeigenblatt, ⁼er** advertising sheet
der **Anzeigenteil, -e** advertising section (*of a newspaper*)
anziehen, zog an, hat angezogen to attract, draw; to tighten; (**sich**) **anziehen, zog an, hat angezogen** to put on (one's own) (*clothes*), to dress
der **Anzug, ⁼e** (*man's*) suit
der **Apfel, ⁼** apple
der **Apfelkuchen, -** apple cake
die **Apfelrolle, -n** apple roll
der **Apfelsaft** apple juice
die **Apotheke, -n** pharmacy
der **Apotheker, -** / die **Apothekerin, -nen** pharmacist
appellieren (**an** + *Akk.*) to appeal (to)
der **Aprikosenschnitte, -n** apricot pastry
das **Aquarium**, *Pl.* **Aquarien** aquarium
die **Araberstute, -n** Arabian mare
(das) **Arabisch** Arabic (*lang.*)
die **Arbeit, -en** work; paper
arbeiten (**an** + *Dat.*) to work (on)
der **Arbeiter, -** / die **Arbeiterin, -nen** worker
der **Arbeitgeber, -** / die **Arbeitgeberin, -nen** employer
das **Arbeitsergebnis, -se** result of work
die **Arbeitskraft, ⁼e** capacity for work; work force
arbeitslos unemployed
der/die **Arbeitslose** (*adj. Dekl.*) unemployed (person)
die **Arbeitslosigkeit** unemployment
der **Arbeitsmantel, ⁼** lab coat
der **Arbeitsplatz, ⁼e** workplace
die **Arbeitssuche** job search
der/die **Arbeitssuchende** (*adj. Dekl.*) person looking for work
die **Arbeitsteilung** division of labor
die **Arche Noah** Noah's Ark
der **Architekt, -en** (*schwach*) / die **Architektin, -nen** architect
die **Architektur, -en** architecture
ARD = Arbeitsgemeinschaft der öffentlich rechtlichen Rundfunkanstalten der Bundesrepublik Deutschland
der **Ärger** annoyance
ärgerlich annoyed; angry
ärgern to annoy; **sich ärgern** (**über** + *Akk.*) to get annoyed (with)
das **Argument, -e** argument
argumentieren to argue
der **Arm, -e** arm
der **Ärmel, -** sleeve
ärmellos sleeveless
das **Aroma**, *Pl.* **Aromen** aroma; flavor
die **Art, -en** kind; sort; style
die **Arterienablagerung, -en** arterial deposit
die **Arterienverkalkung** hardening of the arteries
der **Artikel, -** article

die **Arznei, -en** medicine
das **Arzneimittel, -** medicine, drug
der **Arzneistoff, -e** drug; substance
der **Arzt, ⁼e** / die **Ärztin, -nen** doctor, physician
der **Aschermittwoch** Ash Wednesday
der **Aspekt, -e** aspect
der **Asphalt, -e** asphalt
der **Aspirant, -en** (*schwach*) / die **Aspirantin, -nen** candidate
das **Aspirin** aspirin
assoziieren to associate
das **Asthma** asthma
der **Astronaut, -en** (*schwach*) / die **Astronautin, -nen** astronaut
das **Asyl, -e** asylum
der/die **Asylsuchende** (*adj. Dekl.*) person seeking asylum
das **Atelier, -s** studio
atemberaubend breathtaking(ly)
der **Atlantik** Atlantic (Ocean)
atmen to breathe
die **Atmosphäre, -n** atmosphere
die **Atomwaffe, -n** atomic/nuclear weapon
die **Attraktion, -en** attraction
attraktiv attractively
auch too, also
auf (*Akk. od. Dat.*) on; upon; onto; **auf Wiedersehen** goodbye; **auf einmal** all at once
der **Aufbau** construction, building
aufbewahren (*trenn.*) to keep, store
aufblasbar inflatable
aufdringlich pushy, insistent, pestering
der **Aufenthaltsort, -e** (place of) residence
aufessen (**ißt auf**), **aß auf, hat aufgegessen** to eat up
die **Aufforderung, -en** request; demand
auffressen (**frißt auf**), **fraß auf, hat aufgefressen** to eat up (*like an animal*); to swallow up
sich **aufführen** to behave
die **Aufgabe, -n** task
aufgesperrt opened wide; unlocked
aufgehen, ging auf, ist aufgegangen to rise, go up; to open; to come undone; to burst
aufhängen (*trenn.*) to hang up
aufhören (*trenn.*) to stop
aufkommen, kam auf, ist aufgekommen to spring up; to start; to arise
aufladen (**lädt auf**), **lud auf, hat aufgeladen** (**auf** + *Akk.*) to load (onto)
auflisten (*trenn.*) to list
aufmachen (*trenn.*) to open
die **Aufmerksamkeit, -en** attention
aufmucken (*trenn.*) to make a fuss
aufnötigen (*trenn.*): **jmdm. etw. aufnötigen** to force sth. on sb.
sich **aufopfern** (*trenn.*) (**für**) to devote oneself sacrificingly (to)
aufpassen (*trenn.*) (**auf** + *Akk.*) to watch out, pay attention (to)
aufpicken (*trenn.*) to peck up (*bird*); to pick up

aufräumen (*trenn.*) to tidy up; to clear/put away
aufrecht upright; straight
aufregend exciting(ly)
die **Aufregung** excitement
aufs = auf das
aufsagen (*trenn.*) to recite
der **Aufsatz, ⁼e** essay, composition
das **Aufsatzthema**, *Pl.* **Aufsatzthemen** composition topic
der **Aufschlag, ⁼e** impact; extra charge; cuff; (tennis) serve
aufschlagen (**schlägt auf**), **schlug auf, ist/hat aufgeschlagen** (*with sein:*) to hit, strike; to go up (*price, costs*); (*with haben:*) to open; to crack
der **Aufschluß**, *Pl.* **Aufschlüsse** information; key
aufschreiben, schrieb auf, hat aufgeschrieben to write down, make written note of, jot down
aufsitzen, saß auf, ist aufgesessen to mount, get on; to sit up
aufspringend jumping; bouncing
aufstehen, stand auf, ist aufgestanden to get up; to stand up
auftragen (**trägt auf**), **trug auf, hat aufgetragen** to wear out; to apply, put on; **jmdm. auftragen, etw. zu tun** to instruct sb. to do sth.
auftreten (**tritt auf**), **trat auf, ist aufgetreten** to tread; to behave; to appear
aufwachen, ist aufgewacht to wake up, awaken
aufwachsen (**wächst auf**), **wuchs auf, ist aufgewachsen** to grow up
aufzählen (*trenn.*) to enumerate, list
aufziehen, zog auf, hat aufgezogen to pull open; to draw back; to undo; to bring up (*children*); to rear (*animals*); to raise (*crops*)
das **Auge, -n** eye
die **Augenbraue, -n** eyebrow
ausatmen (*trenn.*) to breathe out, exhale
ausbauen (*trenn.*) to remove; to build up; to expand
die **Ausbildung** education; training
ausborgen (*trenn.*): **sich** (*Dat.*) **etw. von jmdm. ausborgen** to borrow sth. from sb.
ausbrechen (**bricht aus**), **brach aus, ist ausgebrochen** to break out
(sich) **ausbreiten** (*trenn.*) to spread out; to open out
der **Ausbruch, ⁼e** escape, break out
sich (*Dat.*) **etw. ausdenken** to think of sth.; to think sth. up; to imagine
der **Ausdruck, ⁼e** expression
(sich) **ausdrücken** (*trenn.*) to express (oneself)
auseinandernehmen (**nimmt auseinander**), **nahm auseinander, hat auseinandergenommen** to take apart
die **Auseinandersetzung, -en** examination; discussion; argument; clash

**ausfallen (fällt aus), fiel aus, ist ausge-
fallen** to fall out; to be cancelled
**ausfechten (ficht aus), focht aus, hat
ausgefochten** to fight out
der **Ausflug, ⁼e** outing; excursion
ausführlich detailed, in detail,
thorough(ly), full(y)
die **Ausführung, -en** carrying out; perform-
ing; explanation
ausfüllen (*trenn.*) to fill out
**ausgeben (gibt aus), gab aus, hat aus-
gegeben** to give out; to spend
ausgewachsen fully grown
ausgezeichnet excellent(ly)
sich **auskennen, kannte aus, hat aus-
gekannt** to know one's way around
**auskommen, kam aus, ist ausgekom-
men** to manage, get by; **mit jmdm.
auskommen** to get along with sb.
die **Auskunft, ⁼e** information
das **Auskunftsbüro, -s** information office
auslachen (*trenn.*): **jmdn. auslachen** to
laugh at sb.
die **Auslage, -n** expenses, outlay
der **Ausländer, - / die Ausländerin,
-nen** foreigner
der/die **Ausländerbeauftragte, -n** (*adj.
Dekl.*) person in charge of foreigners'
affairs
die **Ausländerfeindlichkeit** hostility
toward foreigners
der **Ausländerhaß** hatred of foreigners,
xenophobia
ausländisch foreign
**auslassen (läßt aus), ließ aus, hat
ausgelassen** to leave out, omit
die **Auslassung, -en** omission
auslösen (*trenn.*) to trigger; to set off; to
release; to provoke; **sich auslösen** to
go off
ausmachen (*trenn.*) to make out
die **Ausnahme, -n** exception
das **Auspolstern** padding
auspolstern to pad
ausreichend sufficient, enough
das **Ausrufezeichen, -** exclamation point
die **Aussage, -n** statement; message
ausschalten (*trenn.*) to switch off
der **Ausschank, ⁼e** serving (of alcoholic
beverages); bar, counter
ausschauen (*trenn.*) (**nach**) to look out
(for)
der **Ausschlag** rash; deflection; swing
**ausschreiben, schrieb aus, hat ausge-
schrieben** to write out
**aussehen (sieht aus), sah aus, hat
ausgesehen** to appear, look (*a certain
way*)
das **Aussehen** appearance
außen outside
die **Außensteuerung, -en** outside controls
äußer- outer
außerdem as well; besides; anyway
außergewöhnlich unusual
außerhalb (+ *Gen.*) outside of
äußern to express, voice

sich **äußern** (**über** + *Akk.*) to give one's
view (on)
das **Aussortieren** sorting out
aussortieren (*trenn.*) to sort out
ausspielen (*trenn.*) to act out
**aussprechen (spricht aus), sprach aus, hat
ausgesprochen** to pronounce; to speak
ausspucken (*trenn.*) to spit out
aussteigen, stieg aus, ist ausgestiegen (**aus**)
to get out (of); to get off
ausstellen (*trenn.*) to exhibit
das **Ausstellungsstück, -e** display item;
exhibit
die **Ausstellung, -en** exhibition
das **Aussterben** extinction
**aussterben (stirbt aus), starb aus, ist aus-
gestorben** to die out, become extinct
sich (*Dat.*) **aussuchen** (*trenn.*) to choose,
pick
austauschen (*trenn.*) to exchange
australisch Australian (*adj.*)
austreiben, trieb aus, hat ausgetrieben to
cast out; to drive (*cattle*); to bring forth;
to produce
ausüben (*trenn.*) to practice
die **Auswahl** choice
die **Auswahlmannschaft, -en** (selected)
team
auswandern, ist ausgewandert to emigrate
auswegslos hopeless(ly)
auswendig by heart, from memory
auszementieren (*trenn.*) to fill in with
cement
der/die **Auszubildende, -n** (*adj.
Dekl.*) trainee, apprentice
der **Auszug, ⁼e** excerpt
authentisch authentic
das **Auto, -s** car, automobile
die **Autobahn, -en** freeway
die **Autobahnausfahrt, -en** freeway exit
das **Autofahren** driving
der **Autor, -en / die Autorin, -nen** author
avancieren, ist avanciert to be promoted
die **Axt, ⁼e** axe
AZ = Allgemeine Zeitung

B

das **Baby, -s** baby
der **Bach, ⁼e** stream, brook
backen (bäckt), backte, hat gebacken to
bake
der **Bäcker, - / die Bäckerin, -nen** baker
der **Bäckermeister, - / die Bäckermei-
sterin, -nen** master baker
der **Bademantel, ⁼e** bathrobe
baden to bathe; to swim
die **Badewanne, -n** bathtub
das **Badezimmer, -** bathroom
die **Bahn, -en** railway
die **BahnCard** *discount card issued by the*
Deutsche Bundesbahn
der **Bahnhof, ⁼e** railway station
die **Bahnhofsszene, -n** scene at a railway
station
die **Bahnhofstreppe, -n** railway station
stairs/staircase

der **Bahnhofsvorstand, ⁼e** person(s) in
charge of railway station
die **Bahn(fahr)karte, -n** railway ticket
der **Bahnschalter, -** railway station ticket
window
der **Bahnsteig, -e** platform (*at a railway
station*)
bald soon
der **Balkon, -s** *od.* **-e** balcony
der **Ball, ⁼e** ball
das **Ballett** ballet
das **Bananensplit, -s** banana split
die **Bank, ⁼e** bench
die **Bank, -en** bank
bankrott bankrupt
das **Banner, -** banner
die **Bar, -s** bar
die **Barriere, -n** barrier
der **Bart, ⁼e** beard
basarähnlich bazaar-like
die **Baseballmütze, -n** baseball cap
die **Basis, *Pl.* Basen** basis
die **Basiskarte, -n** basic card
der **Basketball, ⁼e** basketball
das **Basketballspiel, -e** basketball game
der **Basketballspieler, - / die Basketball-
spielerin, -nen** basketball player
der **Basketballverein, -e** basketball club
der **Bau, *Pl.* Bauten** building; construction
der **Bauch, ⁼e** belly, stomach
bauen to build, construct
der **Bauer, -n** (*schwach*) / die **Bäuerin,
-nen** farmer; peasant
das **Bauernhaus, ⁼er** farmhouse, country
house
der **Bauernhof, ⁼e** farm
das **Bauernkind, -er** country child; peasant
child
die **Bauernstube, -n** room furnished in
rustic style
der **Bauklotz, ⁼e** building block
der **Baum, ⁼e** tree
die **Baumwolle** cotton
der **Bauplan, ⁼e** building plans, design
der **Baustil, -e** construction/building style
das **Bauwerk, -e** building; structure
bayerisch Bavarian (*adj.*)
(das) **Bayern** Bavaria
beachten to observe, follow
der **Beamte, -n** (*adj. Dekl.*) / die **Beamtin,
-nen** official (*person*), civil servant
beantworten to answer
die **Beantwortung** answer, reply (*to a
letter*)
bearbeiten to work on, revise, edit
der **Becher, -** glass; sundae dish; beaker;
cup
das **Becken, -** bowl; basin
bedauerlich regrettable; regrettably; unfor-
tunate(ly)
bedauern (+*Akk.*) to feel sorry for, to
regret
bedecken to cover
bedenken, bedachte, hat bedacht to consider, think about
das **Bedenken** reflection; doubt, reservation

bedeuten to mean, signify
die Bedeutung, -en meaning, significance
die Bedienung service; server
bedrohen to threaten, endanger
bedroht threatened
bedrucken to print
das Bedürfnis, -se need
sich beeilen to hurry
beeindrucken to impress
beeinflussen to influence
beenden to end
der Befehl, -e order, command
befehlen (befiehlt) befahl, hat befohlen to order
sich befinden, befand, hat befunden to be; to be located
befolgen to follow, obey
befragen to question; to ask, consult
befühlen to feel; to run one's fingers over; to fondle
befürchten to fear
begabt talented; gifted
die Begabung, -en talent; gift
begegnen, ist begegnet (+ Dat.) to encounter, meet
die Begegnung, -en encounter
begehrlich longing(ly); greedy; greedily
die Begehung commiting, perpetrating; inspection (on foot)
begeistern to inspire; **sich begeistern (für)** to be enthusiastic (about)
begeistert enthusiastic(ally), avid(ly)
die Begierde, -n desire
der Beginn beginning
beginnen, begann, hat begonnen to begin
begleiten to accompany
die Begleitung, -en accompaniment; escort
begreifen, begriff, hat begriffen to grasp, understand
begründen to substantiate; to give reasons for
begrüßen to greet
begünstigt favored, favorable
behäbig solid and portly; slow(ly) and ponderous(ly)
der Behälter, - container
das Behältnis, -se container
behandeln to treat, handle
die Behandlung, -en treatment
(sich) behaupten to maintain; to assert (oneself)
beheimatet (being a) native, resident (of)
der/die Behinderte, -n (adj. Dekl.) handicapped (person)
der Behördenweg, -e bureaucratic channels
behüten (vor + Dat.) to protect (from)
behutsam careful(ly), cautious(ly)
bei (+ Dat.) near; by; with; at
beibringen, brachte bei, hat beigebracht: jmdm. etw. beibringen to teach sb. sth.
beide both
beifügen (trenn.) to add
die Beilage, -n supplement; side dish; enclosure (in a letter)
beim = bei dem
das Bein, -e leg

beinah(e) almost, nearly
beinhalten to involve
das Beispiel, -e example, model
der Beistand aid, assistance, help
der Beitrag, ⸚e contribution
bejahend affirmative(ly)
bekannt known
bekanntlich as is well known
der/die Bekannte, -n (adj. Dekl.) acquaintance
(sich) bekanntmachen (trenn.) (mit) to introduce (oneself) (to); to acquaint (oneself) (with)
die Bekanntschaft, -en acquaintance
das Bekleben sticking, adhering
bekommen, bekam, hat bekommen to get, receive
bekräftigen to reinforce; to confirm, strengthen
belanglos trivial
belästigen to bother
belegen to cover; **das belegte Brot** sandwich
beleidigen to insult
beleidigend insulting(ly)
der Beleidigungsfall, ⸚e case of insult
(das) Belgien Belgium
belgisch Belgian (adj.)
beliebt popular(ly)
bellen to bark
das Bellen barking
belohnen to reward
bemalen to paint
das Bemalen (act of) painting
bemerken to notice
bemerkenswert notable; notably
die Bemerkung, -en remark; comment; note
bemühen to trouble; **sich bemühen** to try, make an effort
das Benehmen behavior
sich benehmen (benimmt), benahm, hat benommen to behave
benötigen to need
benutzen to use
das Benzin gasoline
beobachten to observe
bequem comfortable; comfortably
beraten (berät), beriet, hat beraten to advise; **sich mit jmdm. über etw. beraten** to discuss sth. with sb.
die Beratung, -en advice; consultation
berauben to rob
berechnen to calculate; to predict
der Bereich, -e area, field
bereit ready
bereits already
der Berg, -e mountain
bergen (birgt), barg, hat geborgen to hide; to rescue; to salvage
das Bergwerk, -e mine
der Bericht, -e report
berichten to report
berichtigen to correct
berlinerisch Berlin (adj.)
der Beruf, -e profession

beruflich professional(ly)
die Berufsbildung occupational training
der Berufsplan, ⸚e plan for a profession
der Berufsstarter, - someone starting out in a profession
berufstätig working, employed
der/die Berufstätige, -n (adj. Dekl.) working person
(sich) beruhigen to calm (oneself) down
berühmt famous
berühren to touch
die Berührung, -en touch
die Beschaffung getting, obtaining
beschäftigen: jmdn. beschäftigen to be on sb.'s mind; **sich beschäftigen mit etw.** to occupy oneself with sth.
der Bescheid, -e decision, ruling; information; **(in einer Stadt) Bescheid wissen, wußte, hat gewußt** to know one's way around (a city)
bescheiden modest; simple
beschimpfen to verbally abuse, swear at
beschließen, beschloß, hat beschlossen to decide
beschränkt limited
beschreiben, beschrieb, hat beschrieben to describe
die Beschreibung, -en description
die Beschwerde, -n complaint
die Beschwichtigung, -en pacification, appeasement
beschwören, beschwor, hat beschworen to swear
beseitigen to remove, eliminate
besetzen to occupy
besetzt occupied
besingen, besang, hat besungen to celebrate in verse/song
der Besitz possession(s); property
besitzen, besaß, hat besessen to possess, own
der Besitzer, - / die Besitzerin, -nen owner
das Besitztum, ⸚er possession
besoffen drunk, intoxicated
besonder- special; particular
Besonderes: nichts Besonderes nothing special
besonders especially
besorgen to get; to buy; to look after
besprechen (bespricht), besprach, hat besprochen to discuss, talk about
besser better
best best; **am besten** best of all
der Bestand stock; continued existence
der Bestandteil, -e component, element, ingredient
bestätigen to confirm; to endorse; to acknowledge
bestaunen to marvel at
das Besteck, -e cutlery setting
bestehen, bestand, hat bestanden to exist; **bestehen (aus)** to consist (of)
bestehend existing
besteigen, bestieg, hat bestiegen to climb; to board

bestellen to order
bestimmt definite(ly)
der **Bestimmungsmoment** moment of fate, destiny
der **Besuch** visit; **Besuch haben** to have company; **zu Besuch kommen** to come for a visit
besuchen to visit
der **Besucher, -** / die **Besucherin, -nen** visitor
betasten to feel (*with one's fingers*)
beteuern to affirm; to assert
der **Beton, -s** *od.* **-e** concrete
betonen to stress, emphasize
betont stressed; accented
betrachten to look at, observe; to consider
der **Betrag, ̈e** sum, amount
betreten (betritt), betrat, hat betreten to walk on; to enter
Betreten verboten! keep off!
der **Betrieb, -e** business
betrügen, betrog, hat betrogen to deceive
betrügerisch deceitful
betrunken drunk, intoxicated
das **Bett, -en** bed
(sich) **beugen** to bend (over); to bow
beunruhigend worrying, upsetting
beurteilen to evaluate
die **Beurteilung, -en** evaluation
der **Beutel, -** bag; pouch; purse
das **Beutelchen, -** little bag; little purse
die **Bevölkerungsgruppe, -n** population group
bevor (*Konj.*) before
bevorzugen to prefer
bewährt proven
der **Bewährungshelfer, -** / die **Bewährungshelferin, -nen** probation officer
(sich) **bewegen** to move
der **Beweggrund, ̈e** motive
beweglich movable; mobile
bewegt eventful; turbulent
die **Bewegung, -en** movement
der **Beweis, -e** proof
bewirken to bring about, cause
bewußt conscious; deliberate
bezahlen to pay
die **Bezahlung** payment
bezeichnen to mark; to denote
sich **beziehen, bezog, hat bezogen (auf +** *Akk.*) to refer (to)
die **Beziehung, -en** relationship
beziehungsweise that is; and . . . respectively; or
der **Bezirk, -e** district
bezug: in bezug auf (*+ Akk.*) concerning, regarding
die **Bibel, -n** Bible
der **Biber, -** beaver
die **Biberburg, -en** beaver lodge
biblisch biblical
die **Biene, -n** bee
das **Bienenvolk, ̈er** bee colony
das **Bier, -e** beer
der **Bierkeller, -** beer cellar, pub
das **Bierzelt, -e** beer tent

der **Biestmilchkuchen, -r** (*veralt.*) (pan)cake made with cow's milk
bieten, bot, hat geboten to offer
die **Bilanz, -en** balance sheet; outcome
das **Bild, -er** picture
der **Bildbestandteil, -e** component of a picture
(sich) **bilden** to form (oneself, itself); to educate (oneself)
das **Bilderbuch, ̈er** picture book
der **Bilderrahmen, -** picture frame
bilderreich full of pictures
die **Bildung, -en** education
die **Bildungsstätte, -n** educational institution
die **Bildunterschrift, -en** caption
billig cheap(ly)
der **Binnensee, -n** lake (*within a region or country*)
die **Birke, -n** birch (tree)
bis (*+ Akk.*) until; up to
bisher up to now
bißchen: ein bißchen a little
bitte please
bitten, bat, hat gebeten (um) to request, ask (for)
blasen (bläst), blies, hat geblasen to blow
die **Blaskapelle, -n** brass band
das **Blatt, ̈er** leaf; page
der **Blattfresser, -** leaf-eater
blau blue
blaugestrichen painted blue
bleiben, blieb, ist geblieben to stay, remain
bleibend lasting
der **Bleistift, -e** pencil
die **Bleistiftmine, -n** lead of a pencil
der **Blick, -e (auf +** *Akk.*) view (of)
blicken to look; to glance
blitzen: es blitzt there's a flash of lightning
blitzsauber sparkling clean, spotless
blitzschnell lightning fast; **in** *od.* **mit Blitzesschnelle** at lightning speed
blond blond
bloß bare(ly); mere(ly); only; simply
das *od.* der **Blouson, -s** blouson
der **Bluff, -s** bluff
die **Blume, -n** flower
der **Blumenanbau** flower cultivation
der **Blumenbau** growing of flowers
blumenbedruckt printed with flowers
das **Blumenfeld, -er** field of flowers
die **Blumenfirma,** *Pl.* **Blumenfirmen** company that deals in flowers
die **Blumenindustrie** flower industry
die **Blumenkiste, -n** (*österr.* **Blumenkisterl**) flowerbox
der **Blumenmarkt, ̈e** flower market
die **Blumenplantage, -n** flower plantation
der **Blumenschmuck** floral decoration
der **Blutdruck** blood pressure
die **Blüte, -n** flower; bloom
die **Boa, -s** boa constrictor
der **Bock, ̈e** (*veralt.*) back
der **Boden, ̈** ground; floor
der **Bogen, -** (*südd./österr.* ̈) curve; arc

die **Bombardierung, -en** bombardment
der **Bombenangriff, -e** air raid
der **Bombensplitter, -** bomb fragment
der (*od. österr. das*) **Bonbon, -s** candy
das **Boot, -e** boat
das **Bord, -e** shelf
der **Bord: an Bord** on board
die **Börse, -n** stock market; purse
botanisch botanical
böse wicked; evil; mean; bad; angry
die **Botschaft, -en** message; embassy
die **Boulevardzeitung, -en** tabloid
die **Boutique, -s** *od.* **-n** boutique
boxen to box
das **Brainstorming** brainstorming
die **Branche, -n** (branch of) industry, field
der **Brand, ̈e** fire
brandneu brand new
die **Bratpfanne, -n** frying pan
brauchen to need
braun brown
brav good; well-behaved
brechen (bricht), brach, ist/hat gebrochen to break
breit broad(ly); wide(ly)
die **Bremse, -n** brake
bremsen to brake; to slow down; to stop
das **Brettspiel, -e** board game
die **Brezel, -n** pretzel
der **Brief, -e** letter
die **Briefformel, -n** phrase used in a letter
das **Briefpapier** stationery
die **Brigade, -n** work team (*in former East Germany*)
die **Brille, -n** (pair of [eye])glasses
das **Brillengestell, -e** frame for (eye)glasses
bringen, brachte, hat gebracht to bring
der **Brocken, -** hunk, chunk; lump; (*name of highest mountain in the Harz range*)
die **Broschüre, -n** brochure
das **Brot, -e** bread
der **Brotbeutel, -** bread bag
das **Brötchen, -** roll
die **Brücke, -n** bridge
der **Bruder, ̈** brother
brüllen to roar; to shout
der **Brunnen, -** fountain
der **Brustbeutel, -** purse (*worn around the neck*)
der **Brutkasten,** *Pl.* **Brutkästen** incubator
der **Bub, -en** (*schwach*) boy; lad
das **Buch, ̈er** book
der **Buchdruck** book printing
die **Buche, -n** beech (tree)
das **Bücherregal, -e** (set of) bookshelves
der **Bücherschrank, ̈e** bookcase
das **Bücherwissen** book knowledge
der **Buchstabe, -n** (*schwach*) letter (of the alphabet)
buchstabieren to spell
buddhistisch Buddhist
der **Bund, ̈e** association
der **Bundesfamilienminister, -** / die **Bundesfamilienministerin, -nen** Federal Minister for Family Affairs
das **Bundesland, ̈er** (federal) state

der **Bundespräsident, -en** (*schwach*) / die
   Bundespräsidentin, -nen (Federal)
   President
der **Bundesrat** Upper House of (Federal)
   Parliament
die **Bundesregierung** Federal government
der **Bundestag** Lower House of (Federal)
   Parliament
die **Bundfaltenhose, -n** (pair of) trousers
   with front pleats
das **Bündnis, -se** alliance
bunt colorful, brightly colored
buntbemalt colorfully painted
der **Bürger, -** / die **Bürgerin, -nen** citizen
das **Bürgerfest, -e** public celebration
der **Bürgermeister, -** / die **Bürgermeisterin,**
   -nen mayor
der **Bürgersaal,** *Pl.* **Bürgersäle** citizens'
   hall
der **Bus, -se** bus
der **Busfahrer, -** / die **Busfahrerin, -nen**
   bus driver
die **Butter** butter
die **Butterdose, -n** butter dish

C

das **Café, -s** café
die **Cafeteria, -s** cafeteria
der **Cappuccino, -** cappuccino
der **Caritasverband** (*Catholic welfare orga-*
   nization)
der od. das **Cartoon, -s** cartoon
die **Cartoonfigur, -en** cartoon character
der **CD-Spieler, -** compact-disc player
die **Chance, -n** chance
der **Charakter, -e** character (*in literary*
   work)
die **Charaktereigenschaft, -en**
   characteristic, trait
charakterisieren to characterize
charmant charming(ly)
der **Chauffeur, -e** driver
chauvinistisch chauvinistic
der **Chef, -s** / die **Chefin, -nen** boss
(das) **China** China
das **Chinchilla, -s** chinchilla
der **Chinese, -n** (*schwach*) / die **Chinesin,**
   -nen Chinese (person)
chinesisch Chinese (*adj.*)
das **Chorfenster, -** choir window
die **Christenheit** Christendom
christlich Christian
(der) **Christus** Christ
die **Chronologie, -n** chronology
die **Chrysantheme, -n** chrysanthemum
der **Cocktailrührer, -** cocktail stirrer
das od. die **Cola, -s** cola
der **Computer, -** computer
der **Computerkonzern, -e** computer group
   (of companies)
der **Cord** corduroy
die **Courage** courage
der **Cousin, -s** / die **Cousine, -n** cousin
die **Crêpe, -s** crêpe
das **Croissant, -s** croissant

D

da there; (*Konj.*) since; because
das **Dach, -̈er** roof
der **Dachdecker, -** / die **Dachdeckerin,**
   -nen roofer
der **Dachstein, -e** roofing slab
der **Dackel, -** dachshund
dafür for it/them
dahingehend to the effect
dahinter behind it/them
daliegen, lag da, hat (*südd., österr., schweiz.*
   ist) **dagelegen** to lie there
damals at that time
die **Dame, -n** lady
das **Damenmodengeschäft, -e** women's
   clothing store
der **Damm, -̈e** dam
dämmrig dim; **es ist dämmrig** day is
   breaking / night is falling
danach after it/that; then
dänisch Danish (*adj.*)
der **Dank** thanks
dankbar grateful(ly)
danke thank you; **danke bestens** thanks
   a lot
danken (+ *Dat.*) to thank
dann then
daraufhin as a result (of this/that); there-
   upon
darin in it/them
darstellen (*trenn.*) to portray
darüber about it/them
darunter under it/them, among them
daß (*Konj.*) that
dasselbe, derselbe, dieselbe, *Pl.* **dieselben**
   the same
dastehen, stand da, hat (*südd., österr.* **ist**)
   dagestanden to stand there
das **Datum,** *Pl.* **Daten** date
dauern to last
die **Daumenschrauben** (*Pl.*) thumbscrews
davonführen (*trenn.*) to lead away
davonkriechen, kroch davon, ist davon
   gekrochen to crawl away
davorstehen, stand davor, hat (*südd.,*
   österr. **ist**) **davorgestanden** to stand in
   front of it/them
dazugeben (gibt dazu), gab dazu, hat
   dazugegeben to give towards it/them;
   to add
die **Decke, -n** blanket; cover
der **Deckel, -** lid
defekt defective, faulty
definieren to define
die **Definition, -en** definition
der **Dekorateur, -e** / die **Dekorateurin,**
   -nen decorator
die **Delikatesse, -n** delicacy; treat
demnächst in the near future; shortly
die **Demonstration, -en** demonstration
demonstrieren to demonstrate
denken, dachte, hat gedacht (**über** + *Akk.*;
   an + *Akk.*) to think (about; of); **sich**
   (*Dat.*) **denken, dachte, hat gedacht** to
   think; to imagine
das **Denkmal, -̈er** monument

denn because, for (*conj.*); then; *untrans-*
   lated particle that signals curiosity in
   questions
dennoch nevertheless, even so
depressiv depressive
derart in such a manner, so much, to such
   a degree
dergleichen such, like that
derjenige, dasjenige, diejenige, *Pl.*
   diejenigen the one (who/that)
derselbe, dasselbe, dieselbe, *Pl.* **dieselben**
   the same
deshalb therefore; for that reason
destruktiv destructive
deswegen because of that
deuten (**auf** + *Akk.*) to point (to); to
   interpret
deutlich clear(ly)
deutsch German (*adj.*); **auf deutsch** in
   German (*lang.*); **die Deutsche Bundes-**
   bahn (DB) German Federal Railway;
   die (ehemalige) Deutsche Demokrati-
   sche Republik (DDR) (former) German Democratic Republic (GDR [East
   Germany]); **die deutsche Dogge, -n**
   great Dane; **die Deutsche Mark**
   (DM) German mark; **die Deutsche**
   Reichsbahn (DR) German Reich Railway
der/die **Deutsche, -n** (*adj. Dekl.*) German
   (person)
deutschfranzösisch German-French
(das) **Deutschland** Germany
deutschsprachig German-speaking
der **Dezember** December
der **Dialog, -e** dialogue
dialogisch in dialogue form
dicht dense(ly)
der **Dichter, -** / die **Dichterin, -nen** poet
dichterische Freiheit poetic license
dick fat, thick, plump
der **Dickhäuter, -** pachyderm
diejenige, derjenige, dasjenige, *Pl.*
   diejenigen the one(s) (who/that)
dienen (+ *Dat.*) to serve
der **Diener: einen Diener machen** to bow
der **Dienst, -e** service
der **Dienstag, -e** Tuesday; **dienstags**
   (*Adv.*) (on) Tuesdays
dieselbe, derselbe, dasselbe, *Pl.* **diesel-**
   ben the same
dieser, dieses, diese, *Pl.* **diese** this, *pl.*
   these
diesmal this time
das **Dilemma, -s** dilemma
das **Ding, -e** thing
der **Dinosaurier, -** dinosaur
das **Diplom, -e** diploma
Diplom- qualified
direkt direct(ly)
der **Direktor, -en** / die **Direktorin,**
   -nen director
der **Dirigent, -en** (*schwach*) / die
   Dirigentin, -nen conductor (*of an*
   orchestra)
diskriminieren to discriminate

die **Diskriminierung, -en** discrimination
der **Diskriminierungsakt, -en** act of discrimination
die **Diskussion, -en** discussion
der **Diskussionsteilnehmer, -** / die **Diskussionsteilnehmerin, -nen** participant in a discussion
das **Diskussionsthema**, *Pl.* **Diskussionsthemen** discussion topic
diskutieren to discuss, debate
DM = deutsche Mark German mark
der **Dobermann, ⁼er** Doberman (pinscher)
doch but; all the same; still; nevertheless; *often untranslated particle that signals emphasis in statements or commands*
die **Dohle, -n** jackdaw (*bird*)
der **Doktor, -en** / die **Doktorin, -nen** doctor
der **Dolmetscher, -** / die **Dolmetscherin, -nen** interpreter
der **Dom, -e** cathedral
das **Domino, -s** dominoes
die **Donau** Danube (*River*)
donnern to thunder
der **Donnerstag, -e** Thursday; **donnerstags** (*Adv.*) (on) Thursdays
Donnerwetter! damn!
doppelt double
das **Dorf, ⁼er** village
der **Dorfbewohner, -** / die **Dorfbewohnerin, -nen** villager
der **Dorfplatz, ⁼e** village square
dort there
dorthin (to) there
die **Dose, -n** can
die **Drachenwerkstatt**, *Pl.* **Drachenwerkstätte** kite workshop
der **Drahthaardackel, -** wire-haired dachshund
dramatisch dramatic(ally)
dramatisieren to dramatize
die **Dramatisierung, -en** dramatization
sich **drängeln** to push one's way
sich **drängen** to crowd, throng
draufdrucken (*trenn.*) to print on it/them
draußen outside
der **Dreck** dirt; filth; mud; muck
dreckig dirty
(sich) **drehen (um)** to turn (oneself) (around)
der **Drehstuhl, ⁼e** swivel chair
das **Dreieck, -e** triangle
die **Dreieinigkeit** trinity
dreimal three times
der **Dreivierteltakt** three-four time
drin: darin in it/them
dringend urgent(ly)
dritt: zu dritt by threes
die **Dritte Welt** Third World
das *od.* (*schweiz.* der) **Drittel, -** third
drittwichtigst- third most important
die **Droge, -n** drug
der **Drogenkonsum** drug use
die **Drogensucht** drug addiction
drohen (jmdm. mit etw.) to threaten (sb. with sth.)

drüben: da/dort drüben over there
drücken to press; to squeeze
sich **ducken** to duck
der **Duft, ⁼e** fragrance
dumm dumb, stupid
der **Dummkopf, ⁼e** nitwit, fool, blockhead
dunkel dark
dunkelgrün dark green
die **Dunkelheit** darkness
dünn thin(ly)
durch (*Präp. + Akk.*) through
die **Durchblutung** circulation (of blood)
durcheinander through one another; mixed up
durcheinandergeraten (gerät durcheinander), geriet durcheinander, ist durcheinandergeraten to get in a muddle
durchfahren (fährt durch), fuhr durch, ist/hat durchgefahren to travel/go without stopping; to go through; to drive through
durchlesen (liest durch), las durch, hat durchgelesen to read through
der **Durchschnitt, -e** average
durchschnittlich average; on the average
dürfen (darf), durfte, hat gedurft to be permitted to; may
der **Durst** thirst; **Durst haben** to be thirsty
sich **duschen** to shower, take a shower
dynamisch dynamic(ally)

E

eben just; flat; precisely
die **Ebene, -n** plain
ebenfalls likewise
ebenso just as
ebensowenig just as little
echt genuine(ly)
das **Eck, -e** (*südd., österr.*) corner
die **Ecke, -n** corner
der **Effekt, -e** effect
effektiv effective(ly)
egal: es ist (mir) egal it makes no difference (to me), (I) don't care
egoistisch egotistical(ly)
ehe before
das **Ehebett, -en** marriage bed
ehemalig former
der **Ehemann, ⁼er** married man
das **Ehepaar, -e** married couple
der **Ehepartner, -** / die **Ehepartnerin, -nen** marriage partner, spouse
der **Ehewunsch, ⁼e** personal ad for marriage
der **Ehrenpreis, -e** special prize, award
ehrlich honest(ly)
die **Ehrlichkeit** honesty
die **Eiche, -n** oak (tree)
die **Eidechse, -n** lizard
der **Eidgenosse, -n** (*schwach*) Swiss citizen; confederate
der **Eierkuchen, -** cake made with eggs
der **Eierpfannkuchen, -** egg pancake
die **Eifersucht** jealousy

das **Eigelb, -e** egg yolk
eigen (one's) own
die **Eigenart, -en** particular nature; peculiarity
die **Eigeninitiative** initiative of one's own
die **Eigenschaft, -en** quality; characteristic
eigentlich actual(ly)
eilen, ist geeilt to hurry
eilig hurried
ein paar a few
einander each other, one another
der **Einblick, -e** insight
einbrechen (bricht ein), brach ein, ist/hat eingebrochen to break in
der **Einbruch, ⁼e** break-in; burglary
der **Eindruck, ⁼e** impression
eindrücken (*trenn.*) to press in
einerlei of the same kind; **es ist (mir) einerlei** it's all the same (to me)
einerseits on the one hand
einfach simple; simply
einfahren (fährt ein), fuhr ein, ist/hat eingefahren to come/pull in; to drive in
der **Einfall, ⁼e** idea, notion
einfallen (fällt ein), fiel ein, ist eingefallen to collapse; to fall, set in; **jmdm. einfallen** to occur to sb.
das **Einfamilienhaus, ⁼er** single-family house
einfangen (fängt ein), fing ein, hat eingefangen to capture
der **Einfluß**, *Pl.* **Einflüsse** influence
einfügen (*trenn.*) to insert
die **Einfügung** insertion, addition
einfühlsam sensitive
einführen (*trenn.*) to import
der **Eingang, ⁼e** entrance
eingeben (gibt ein), gab ein, hat eingegeben to give, submit
die **Eingebung** inspiration
eingedeutscht germanized
eingravieren (*trenn.*) to engrave
einheimisch native
die **Einheit, -en** unit
einholen (*trenn.*) to pull/haul in; to obtain; to catch up
einig: sich (*Dat.*) **einig sein** to be in agreement
einig- several
der **Einkauf, ⁼e** buying; purchase
einkaufen (*trenn.*) to shop
die **Einkaufsliste, -n** shopping list
der **Einkaufsstandort, -e** shopping location
das **Einkommen, -** income
einladen (lädt ein), lud ein, hat eingeladen to invite
einladend inviting(ly)
die **Einladung, -en** invitation
sich **einleben** (*trenn.*) to settle down; to get acclimated
die **Einleitung, -en** introduction
einlullen (*trenn.*) to lull (sb.) to sleep
einmal once
einmalig unique
einmarschieren (*trenn.*), **ist einmarschiert** to march in

einnehmen (nimmt ein), nahm ein, hat eingenommen to take (in)
einnicken, ist eingenickt to nod off
einprägen (*trenn.*) to leave an imprint; **sich** (*Dat.*) **einprägen** to memorize
einräumen (*trenn.*) to put away; to admit, concede
einreichen (*trenn.*) to submit, hand in
der **Einrichtungsplan, ̈-e** furnishings plan
einsam lonely
die **Einsamkeit** loneliness
der **Einsatz, ̈-e** inset; compartment; use
die **Einschätzung** judging
einschlafen (schläft ein), schlief ein, ist eingeschlafen to fall asleep
einschließen, schloß ein, hat eingeschlossen to include; to lock up
(sich) **einschreiben, schrieb ein, hat eingeschrieben** to enroll (oneself)
einsehen (sieht ein), sah ein, hat eingesehen to see into; to understand
einseitig one-sided
einsetzen (*trenn.*) to insert
einsinken, sank ein, ist eingesunken to sink in
einsperren (*trenn.*) to lock up
das **Einstandsgeschenk, -e** present in celebration of new job
einsteigen, stieg ein, ist eingestiegen to get in, board
die **Einstellung** employment, hiring; attitude
eintauschen (*trenn.*) to exchange
einteilen (*trenn.*) to divide up; to economize
das **Eintopfgericht, -e** stew
der **Eintrag, ̈-e** entry
eintragen (trägt ein), trug ein, hat eingetragen to enter; to mark in
eintreten (tritt ein), trat ein, ist eingetreten to step in
einverstanden sein (mit) to be in agreement (with)
der **Einwohner, - / die Einwohnerin, -nen** inhabitant
der **Einzelhändler, -** retailer
einzeln individual
das **Einzelteil, -e** separate part
einziehen, zog ein, ist eingezogen to move in
einzig only
das **Eis** ice cream
die **Eiscreme** ice cream
die **Eisenbahn, -en** railway
das **Eisenwarengeschäft, -e** hardware store
der **Eiskaffee** coffee with ice cream
die **Eisschale, -n** ice cream bowl
die **Eisspezialität, -en** ice cream specialty
das **Eiweiß, -e** egg white
der **Elefant, -en** (*schwach*) elephant
elegant elegant(ly)
elektrisch electric(ally)
die **Elektrizität** electricity
die **Elektronik** electronics
das **Element, -e** element
das **Elfenbein** ivory

der **Ellenbogen, -** elbow
elliptisch elliptical(ly)
die **Eltern** (*Pl.*) parents
der **Elternteil, -e** *od. Pl.* **Eltern** parent
die **Emigration, -en** emigration
emigrieren, ist emigriert to emigrate
die **Emotion, -en** emotion
der **Empfang, ̈-e** receipt; reception (desk)
empfehlen (empfiehlt), empfahl, hat empfohlen to recommend
die **Empfehlung, -en** recommendation
empfinden, empfand, hat empfunden to feel
empört outraged
das **Ende, -n** end
enden to end
endlich finally
endlos endless(ly)
die **Endsilbe, -n** end syllable
die **Endung, -en** ending
die **Energie** energy
eng narrow(ly)
(das) **England** England
englisch English (*adj.*); **auf englisch** in English (*lang.*)
das **Enkelkind, -er** grandchild
entcoffeiniert *Siehe* **entkoffeiniert.**
entdecken to discover
die **Ente, -n** duck
entfallen (entfällt), entfiel, ist entfallen to slip/fall (*from memory*)
entfernt remote; away
entgegen (+ *Dat.*) toward; against; contrary to
enthalten (enthält), enthielt, hat enthalten to contain
enthusiastisch enthusiastic(ally)
entkoffeiniert decaffeinated
entkommen, entkam, ist entkommen (+ *Dat.*) to escape
entkräften to weaken
entlang (+ *Akk.*; *Präp. + Dat.*) along
entlangrollen, ist entlanggerollt to roll along
entlassen (entläßt), entließ, hat entlassen to release; to dismiss, fire
sich **entleeren** to evacuate (bowels, bladder)
entmenschlichend dehumanizing
sich **entpuppen: sich als etw./jmd. entpuppen** to turn out to be sth./sb.
(sich) **entscheiden, entschied, hat entschieden** to decide
sich **entschließen, entschloß, hat entschlossen (zu)** to decide, make up one's mind (to do sth.)
der **Entschluß**, *Pl.* **Entschlüsse** decision
entschuldigen to excuse
die **Entschuldigung** excuse; **Entschuldigung!** excuse me!
entsetzen to horrify
sich **entspannen** to relax
entspannend relaxing
die **Entspannung, -en** relaxation
entsprechend corresponding; in accordance

entstehen, entstand, ist entstanden to originate
entstellen to disfigure; to distort
entweder . . . oder either . . . or
entwenden to steal, purloin
entwickeln to develop
die **Entwicklung, -en** development
sich **entziehen, entzog, hat entzogen** to escape
enzyklopädisch encyclopedic(ally)
erbauen to build
die **Erbse, -n** pea
die **Erbsensuppe** pea soup
das **Erdbeereis** strawberry ice cream
die **Erde** Earth; earth, ground
(sich [*Dat.*]) **erdenken, erdachte, hat erdacht** to think up
erdichten to manufacture, fabricate (*a story, lie*)
das **Ereignis, -se** event
erfahren (erfährt), erfuhr, hat erfahren to learn, experience
die **Erfahrung, -en** experience; **die Erfahrung machen** to have the experience
erfinden, erfand, hat erfunden to invent
die **Erfindung, -en** invention
der **Erfolg, -e** success
erfolgreich successful
die **Erfolgsstory, -s** success story
erfüllen to grant; **sich erfüllen** to come true (*wish*)
ergänzen to complete; to supply
das **Ergebnis, -se** result
ergreifen, ergriff, hat ergriffen to grab
ergriffen moved
erhalten (erhält), erhielt, hat erhalten to receive
erhältlich obtainable
erhitzen to heat
sich (*Dat.*) **erhoffen** to expect; to hope for
erhöhen to increase, raise
sich **erholen** to relax, recuperate
die **Erholung** rest, relaxation, recuperation
erinnern (jmdn. an etw. [*Akk.*]) to remind (sb. of sth.); **sich erinnern (an jmdn./ etw.)** to remember (sb.)
die **Erinnerung (an + *Akk.*)** memory (of)
das **Erinnerungsvermögen** memory
erkennen, erkannte, hat erkannt to recognize
erklären to explain
die **Erklärung, -en** explanation
erlauben (+ *Dat.*) to allow
die **Erlaubnis, -se** permission
erleben to experience
das **Erlebnis, -se** experience
erledigen to deal with; **sich erledigen** to resolve itself
erleichtern to make easier; to relieve
die **Ermangelung: in Ermangelung** (+ *Gen.*) in the absence of
die **Ermäßigung, -en** discount
ermitteln to determine
ermöglichen to enable, make possible
ermorden to murder; to assassinate
die **Ernährung** feeding, nourishment

erneut renewed; once again

ernst serious(ly)

ernsthaft serious(ly)

erobern to conquer

eröffnen to open

die **Erotik** eroticism

erregen to annoy; to arouse; **sich erregen** to get excited

erreichen to reach

der **Ersatz** replacement

erscheinen, erschien, ist erschienen to appear; to seem

die **Erscheinung, -en** appearance

erschießen, erschoß, hat erschossen to shoot dead

erschlagen worn out; flabbergasted

erschlagen (erschlägt), erschlug, hat erschlagen to strike dead

erschöpft exhausted

erschrecken to frighten, scare

ersehen (ersieht), ersah, hat ersehen (aus) to understand, gather (from)

ersehnen to long for

ersparen to save

erst first; not until

die **Erstattung, -en** reimbursement

das **Erstaunen** amazement

erstenmal: beim erstenmal the first time; **zum erstenmal** for the first time

erstmals for the first time

ertragen (erträgt), ertrug, hat ertragen to bear

erwachen, ist erwacht to awake, to wake up

erwachsen grown up

der/die **Erwachsene, -n** (*adj. Dekl.*) adult

die **Erwachsenenwelt** adult world

erwähnen to mention

erwarten to expect

die **Erwartung, -en** expectation

(sich) **erweitern** to widen, broaden

der **Erwerb** acquisition; living; earnings

erwischen to catch; to grab

erzählen to tell, narrate; to relate

der **Erzähler, - / die Erzählerin, -nen** narrator

die **Erzählung, -en** story

der **Erzbischof, -e** archbishop

erziehen, erzog, hat erzogen to bring up; to educate

die **Erziehung** upbringing; education

der **Espresso, -s** *od. Pl.* **Espressi** espresso (coffee)

das **Espresso, -(s)** espresso bar

die **Espressobar, -s** espresso bar

der *od. das* **Essay, -s** essay

essen (ißt), aß, hat gegessen to eat

die **Essensgewohnheiten** (*Pl.*) eating habits

(sich) **etablieren** to establish (oneself)

das **Etablissement, -s** establishment

die **Ethik, -en** ethics

ethnisch ethnic(ally)

etwas something; **etwas anderes** something else; **etwas Ähnliches (Komisches Kompliziertes, Merkwürdiges, Neues, Verbotenes, Verrücktes, Wildes)** something similar (funny, complicated, strange, new, forbidden, crazy, wild)

die **Eule, -n** owl

(das) **Europa** Europe

europäisch European

evangelisch Protestant; evangelical

eventuell possible; possibly

die **Evidenz, -en** (self-)evidence; convincingness

die **Evolution, -en** evolution

exklusiv exclusive

das **Exemplar, -e** specimen; example; sample; copy

existieren to exist

exotisch exotic

das **Experiment, -e** experiment

der **Experte, -n** (*schwach*) / die **Expertin, -nen** expert

der **Export, -e** export

exportieren to export

das **Exportland, -er** exporting country

das **Exquisithemd, -en** shirt sold at an Exquisitladen

der **Exquisitladen, -** *shop selling foreign or luxury goods in former East Germany*

extravertiert/extrovertiert extrovert(ed)

exzentrisch eccentric

F

die **Fabel, -n** fable

die **Fabrik, -en** factory

das **Fachgeschäft, -e** specialty shop

das **Fachwissen** expertise (in a specialized field)

die **Fachzeitschrift, -en** technical journal

die **Fähigkeit, -en** ability, capability

das **Fahren** driving; journey

fahren (fährt), fuhr, ist/hat gefahren to go, travel; to drive

der **Fahrer, - / die Fahrerin, -nen** driver

der **Fahrgast, -e** passenger

die **Fahrkarte, -n** ticket

der **Fahrkartenschalter, -** ticket window

der **Fahrplan, -e** schedule (*for trains, buses*)

der **Fahrpreis, -e** fare

der **Fahrpreisanzeiger, -** taximeter

das **Fahrrad, -er** bicycle

der **Fahrradkorb, -e** bicycle basket

das **Fahrradfahren** bicycle riding

der **Fahrstuhl, -e** elevator

die **Fahrt, -en** trip, journey

die **Fahrzeit, -en** travel time

das **Fahrzeug, -e** vehicle

fair fair

der **Fall** case; **auf jeden Fall** in any case

fallen (fällt), fiel, ist gefallen to fall

fällen to fell (*a tree*)

falsch wrong(ly), incorrect(ly)

familiär family; familiar(ly); informal(ly)

die **Familie, -n** family

die **Familienbibel, -n** family Bible

das **Familienmitglied, -er** family member

der **Familienname, -n** (*schwach*) last name

das **Familienproblem, -e** family problem

der **Familienstand** marital status

fangen (fängt), fing, hat gefangen to catch

fantastisch *Siehe* **phantastisch.**

die **Farbe, -n** color

der **Fasching** carnival time (*southern Germany, Austria*); der **Fas(t)nacht/ Fasnet** (*southern Germany/Switzerland*)

fassen to grasp, comprehend

die **Fassung** composure; **Fassung, -en** setting; frame; version

fassungslos stunned

fast almost

faszinierend fascinating

faulig foul, putrid

fechten, ficht, hat gefochten to fence (*sport*)

die **Feder, -n** feather

fehlen: es fehlt (ihm) (he's) missing, (he) lacks

fehlend missing

der **Fehler, -** mistake, error

fein fine(ly)

der **Feind, -e** enemy

das **Feld, -er** field

das **Fell, -e** fur; coat; fleece

feministisch feminist

das **Fenster, -** window

der **Fensterplatz, -e** window seat

die **Ferien** (*Pl.*) holidays, vacation

das **Ferkel, -** piglet

fern distant, far-off

fernsehen (sieht fern), sah fern, hat ferngesehen to watch TV

der **Fernseher, -** TV set

die **Fernsehlotterie** television lottery

der **Fernverkehr** long-distance travel

fertig finished, done

fest solid, firm

das **Fest, -e** celebration; party

festbinden, band fest, hat festgebunden to tie (up)

festhalten (hält fest), hielt fest, hat festgehalten to hold on to

festlich festive(ly)

feststellen (*trenn.*) to establish

festwachsen (wächst fest), wuchs fest, ist festgewachsen (an *od.* **auf + Dat.)** to grow on (to)

die **Festwoche, -n** festival week

das **Fett** fat

fettgedruckt boldfaced

das **Feuer, -** fire

die **Fichte, -n** spruce

die **Figur, -en** figure; character

fiktiv fictitious

der **Film, -e** movie, film

die **Filmversion, -en** movie version

der (*od. das*) **Filter, -** filter

die **Finanzen** (*Pl.*) finances

finanziell financial

finden, fand, hat gefunden to find

der **Finger, -** finger

der **Fingernagel, -** fingernail

die **Firma,** *Pl.* **Firmen** firm, company

der **Fisch, -e** fish

der **Fischkasten, -** crate; box

das **Fischlein**, - little fish
der **Fischotter**, - otter
die **Fitneß** fitness
das **Fitneßcenter**, - fitness center
flach flat
der **Flachbau**, -ten low building (*one- to two-story with a flat roof*)
der **Flamingo**, -s flamingo
die **Flasche**, -n bottle
der **Fleck**, -e stain, spot
das **Fleisch** meat
der **Fleischer**, - / die **Fleischerin**, -nen butcher
das **Fleischgericht**, -e meat dish
die **Fleischwülste**, -n fat bulge
fleißig diligent(ly)
der **Flickenteppich**, -e patchwork rug
fliegen, flog, ist/hat geflogen to fly
fließen, floß, ist geflossen to flow
flink nimble, sharp, quick
die **Flosse**, -n fin
flöten to speak in an affected way
der **Fluch**, ⁻e curse; oath
die **Flucht** flight, escape
flüchten, ist geflüchtet to flee; to escape
der **Flüchtling**, -e refugee
der **Flügel**, - wing
der **Flughafen**, ⁻ airport
das **Flugzeug**, -e airplane
der **Fluß**, *Pl.* **Flüsse** river
die **Flüssigkeit**, -en liquid, fluid
flüstern to whisper
die **Folge**, -n consequence; result
folgen, ist gefolgt (+ *Dat.*) to follow
folgend following
folgendermaßen as follows; in the following way
fördern to promote; to foster
die **Form**, -en form
das **Format**, -e size; format
die **Formel**, -n formula
formell formal
der **Förster**, - / die **Försterin**, -nen forester, ranger
der **Forstpraktikant**, -en (*schwach*) / die **Forstpraktikantin**, -nen forestry trainee
fortfahren (fährt fort), fuhr fort, ist fortgefahren to leave; to go/drive away
fortgehen, ging fort, ist fortgegangen to leave; to go/walk away
fortlaufen (läuft fort), lief fort, ist fortgelaufen to run away
fortrennen, rannte fort, ist fortgerannt to run away
der **Fortschritt**, -e progress
die **Fortsetzung**, -en continuation
das **Foto**, -s photo
die **Fotocollage**, -n photo collage
fotografisch photographic
die **Frage**, -n (**über** + *Akk.*) question (about); **eine Frage stellen** to pose a question
fragen to ask; to question; **sich fragen** to wonder
fragend questioning(ly)

der **Frager**, - / die **Fragerin**, -nen asker, interrogator
das **Fragewort**, ⁻er interrogative word
das **Fragezeichen**, - question mark
fragil fragile
fragmentieren to fragment
(das) **Frankreich** France
der **Franzose**, -n (*schwach*) / die **Französin**, -nen French person
französisch French (*adj.*)
die **Französische Revolution** French Revolution
die **Frau**, -en woman; wife
das **Frauchen**, - mistress (*of a dog*)
die **Frauenbrigade**, -n women's work team (*in former East Germany*)
der **Frauentyp**, -en type of woman
das **Fräulein**, - young lady; spinster
frech impertinent; impudent; cheeky, fresh
die **Frechheit**, -en impertinence; impudence
die **Freesie**, -n freesia (*flower*)
frei free(ly)
die **Freiheit**, -en freedom
freilassen (läßt frei), ließ frei, hat freigelassen to set free, release
freisprechen (spricht frei), sprach frei, hat freigesprochen to acquit
der **Freitag**, -e; Friday; **freitags** (*Adv.*) on Fridays
die **Freizeit**, -en leisure time
die **Freizeitaktivität**, -en leisure time activities
die **Freizeitbeschäftigung**, -en hobby
fremd foreign, strange
der/die **Fremde** (*adj. Dekl.*) foreigner, stranger
die **Fremdenfeindlichkeit**, -en hostility toward foreigners/strangers
fressen (frißt), fraß, hat gefressen to eat (*as an animal*)
das **Frettchen**, - ferret
die **Freude**, -n joy; **vor Freude** for joy
freudig joyful(ly)
freuen: es freut mich, Sie kennenzulernen I'm pleased to meet you
sich freuen (über + *Akk.*) to be happy (about)
der **Freund**, -e / die **Freundin**, -nen friend; boyfriend/girlfriend
freundlich friendly
die **Freundschaft**, -en friendship
freundschaftlich friendly, amicable
der **Frieden** peace
die **Friedensbotschaft**, -en message of peace
der **Friedhof**, ⁻e cemetery
friedlich peaceful
frisch fresh(ly)
frischgebacken freshly baked
frischmelkend fresh milking (*cow*)
der **Friseur**, -e / die **Friseuse**, -n hairdresser
die **Frisur**, -en hairstyle, hairdo
froh happy; cheerful
fröhlich cheerful(ly); happy; happily

die **Fröhlichkeit** cheerfulness
der **Frosch**, ⁻e frog
die **Frucht**, ⁻e fruit
der **Früchtebecher**, - fruit sundae
der **Früchtekuchen**, - fruitcake
früh early
früher earlier
der **Frühling**, -e spring
frühlingshaft springlike
das **Frühmittelalter** Early Middle Ages
frühmorgens (in the) early mornings
das **Frühstück**, -e breakfast
frühstücken to eat breakfast
die **Frühstücksbar**, -s breakfast bar
frustriert frustrated
der **Fuchs**, ⁻e fox
sich fühlen to feel (*a certain way*)
führen to lead
der **Führerschein**, -e driver's license
füllen to fill
das **Fundbüro**, -s lost and found office
fünfmal five times
die **Funktion**, -en function
funktionieren to function; to work
für (+ *Akk.*) for
furchtbar awful, dreadful
sich fürchten (vor + *Dat.*) to be afraid, frightened (of)
fürs = **für das**
die **Fürsorge** care
das **Fürstentum**, ⁻er principality
der **Fuß**, ⁻e foot
der **Fußball**, ⁻e soccer; soccer ball
das **Fußballspiel**, -e soccer game
der **Fußballspieler**, - / die **Fußballspielerin**, -nen soccer player
der **Fußboden**, ⁻ floor
die **Fußgängerzone**, -n pedestrian mall
die **Fußmatte**, -n doormat
das **Futter** feed, chow
füttern to feed
der **Futternapf**, ⁻e feeding bowl

G

die **Galerie**, -n gallery
der **Galopp**, -s *od.* -e gallop
der **Gang**, ⁻e walk; gait; gear; course (*of a meal*); bout; **auf den Gang** into the hall/corridor
die **Gans**, ⁻e goose
der **Gänserich**, -e gander
ganz quite; complete(ly)
das **Ganze** whole
die **Ganzkopfmaske**, -n whole-head mask
gar done, through (*in cooking*); **gar nicht** not at all
die **Garantie**, -n guarantee
garantiert guaranteed
die **Gardine**, -n curtain
die **Gardinenstange**, -n curtain rod
der **Garten**, ⁻ garden
der **Gast**, ⁻e guest
der **Gastarbeiter**, - / die **Gastarbeiterin**, -nen guest worker
das **Gasthaus**, ⁻er inn
gastieren to give a guest performance

die **Gastlichkeit** hospitality
die **Gaststätte, -n** restaurant
die **Gattung, -en** genus; kind, sort
der **Gaul, ⸚e** nag; horse
das **Gebäck** cakes and pastries
gebacken baked
das **Gebäude, -** building
geben (gibt), gab, hat gegeben to give; **sich geben** to act, behave
geben: es gibt there is/are
das **Gebet, -e** prayer
das **Gebiet, -e** region; area
gebildet educated
gebirgig mountainous
geboren: ist/wurde geboren was born
das **Gebot, -e: die zehn Gebote** The Ten Commandments
der **Gebrauchtwagen, -** used car
das **Geburtsdatum,** *Pl.* **Geburtsdaten** date of birth
das **Geburtshaus, ⸚er** house of birth
das **Geburtsland, ⸚er** country of birth
der **Geburtsort, -e** place of birth
der **Geburtstag, -e** birthday
das **Geburtstagsgeschenk, -e** birthday present
das **Gedächtnis, -se** memory
die **Gedächtnishilfe, -n** mnemonic device, memory aid
die **Gedächtnislücke, -n** gap in memory
das **Gedächtnisproblem, -e** memory problem
die **Gedächtnisstütze, -n** mnemonic device, memory aid
der **Gedanke, -n** (*schwach*) thought
der **Gedenkstein, -e** memorial stone
das **Gedicht, -e** poem
die **Gedichtzeile, -n** line of a poem
geduldig patient(ly)
geehrt: sehr geehrter Herr . . . / sehr geehrte Frau . . . Dear Mr. . . . / Dear Mrs. . . .
die **Gefahr, -en** danger
die **Gefährdung** endangerment
gefährlich dangerous(ly)
gefallen (gefällt), gefiel, hat gefallen (+ *Dat.*) to please; **das gefällt mir** I like that
der **Gefallen, -** favor
das **Gefallen** pleasure
gefällig helpful, obliging
der/die **Gefangene, -n** (*adj. Dekl.*) prisoner
das **Gefängnis, -se** prison
das **Gefilde, -** clime, lofty regions (*poetic*)
das **Gefühl, -e** feeling
gefühllos without feeling
gefürchtet dreaded, feared
die **Gegebenheit, -en** condition; fact; state of affairs
gegen (+ *Akk.*) against; toward (*a certain time*)
das **Gegenargument, -e** counter-argument
die **Gegend, -en** region
gegeneinander against each/one another
der **Gegensatz, ⸚e** opposite
gegenseitig mutual, reciprocal

der **Gegenstand, ⸚e** object
das **Gegenteil, -e** opposite
gegenteilig opposite
gegenüber (+ *Dat.*) opposite
die **Gegenwart** present (*time*)
die **Gehaltserhöhung, -en** salary increase
das **Gehäuse, -** casing; housing; shell; core
geheim secret
das **Geheimnis, -se** secret
gehen, ging, ist gegangen to go
geheuer: nicht geheuer sein to be eerie
das **Gehirn, -e** brain
die **Gehirndurchblutung** blood circulation to the brain
gehorchen (+ *Dat.*) to obey
der **Gehorsam** obedience
der **Gehörsinn** sense of hearing
geisteskrank mentally ill, insane
geistig intellectual; mental
der/die **Geistliche, -n** (*adj. Dekl.*) clergyman, minister, priest
geklappt: es hat geklappt it worked out
gekürzt shortened
das **Gelände, -** ground, terrain
gelb yellow
das **Geld, -er** money
die **Geldangelegenheit, -en** finances
die **Geldbörse, -n** money bag, purse
das **Geldproblem, -e** money problem
gelegen: günstig gelegen convenient
die **Gelegenheit, -en** opportunity
gelegentlich occasional(ly)
das **Gelenk, -e** joint
gelingen, gelang, ist gelungen (+ *Dat.*) to succeed; **es gelang ihm, das zu tun** he succeeded in doing that
gemächlich leisurely
gemein nasty; mean; common
gemeinsam common; **etwas gemeinsam haben** together; to have something in common
gemischt mixed
das **Gemüse, -** vegetable
die **Gemüsesorte, -n** kind of vegetable
der **Gemüsestand, ⸚e** vegetable stand
das **Gemüt, -er** nature; disposition
gemütlich cozy, cozily; comfortable; comfortably
genau exact(ly)
genaugenommen strictly speaking
genausoviel just as much
der **Gendarm, -en** (*schwach*) local police officer, constable
die **Generation, -en** generation
generell general(ly)
(das) **Genf** Geneva
das **Genie, -s** genius
genießen, genoß, hat genossen to enjoy
das **Genre, -s** genre
genug enough
genügen (+ *Dat.*) to be enough (for)
der **Genuß,** *Pl.* **Genüsse** pleasure
geöffnet open
die **Geographie** geography
das **Gepäck** luggage, baggage
die **Gepäckaufbewahrung** left-luggage area

gepflastert cobblestoned, paved
gepflegt neat; cultured; sophisticated; stylish well-kept
gerade straight; just
geradeaus straight ahead
geradezu really; directly; almost; indeed
der **Geräteschuppen, -** tool shed
geräumig spacious
das **Geräusch, -e** sound; noise
gerben to tan (*hides*)
die **Gerbera, -** gerbera (*daisy-like flower*)
das **Gericht, -e;** dish; court (of law); **das Jüngste** Last Judgment
gering low
gern; lieber; am liebsten (*Adv.*): **er geht gern ins Kino** he likes to go to the movies; **er spielt lieber Tennis** he prefers to play tennis; **am liebsten tanzt er** best of all he likes to dance
der **Geruch, ⸚e** smell
der **Geruchssinn** sense of smell
die **Gesamtbevölkerung** total population
gesamtdeutsch all-German
das **Gesäß, -e** seat, buttocks
das **Geschäft, -e** shop, store; business
geschäftlich business, business-like; on business
der **Geschäftsmann,** *Pl.* **Geschäftsleute** / die **Geschäftsfrau, -en** businessperson
geschehen, geschah, ist geschehen to happen
das **Geschenk, -e** present
die **Geschichte, -n** story; history
die **Geschichtenerzählung** storytelling
geschieden divorced
das **Geschirr** dishes
das **Geschlecht, -er** gender; sex
geschlossen closed
die **Geschlechtsdifferenzierung, -en** (greater) differentiation among the sexes
geschlechtsspezifisch gender specific
der **Geschlechtsstereotyp, -e** stereotype based on sex
geschlechtstypisch typical(ly) for one sex or the other
der **Geschmack, ⸚e** taste
die **Geschmackssache** matter of taste
der **Geschmackssinn** sense of taste
geschminkt wearing makeup
das **Geschöpf, -e** creature; creation
geschwind swift(ly), quick(ly)
das **Geschwister, -** sibling, *pl.* brothers and sisters
geschwungen curved
die **Gesellschaft, -en** society
gesellschaftlich social(ly)
das **Gesetz, -e** law
das **Gesicht, -er** face
das **Gesindel** riff-raff
das **Gespräch, -e** conversation
der **Gesprächspartner, -** / die **Gesprächspartnerin, -nen** conversation partner
das **Gesprächsprotokoll, -e** record of a conversation, protocol

das **Gesprächsthema**, *Pl.* **Gesprächsthemen** topic of conversation

gestalten to shape

die **Gestaltung**, **-en** shaping; designing

gestattet allowed, permitted

die **Geste**, **-n** gesture

gestern yesterday

gestreckt full (gallop); flat

gestreift striped

gestreßt stressed

gestrichen (*Adj.*) painted

gesund healthy

die **Gesundheit** health

das **Getränk**, **-e** drink, beverage

die **Getränkekarte**, **-n** beverage menu

getrennt separate

getupft speckled

das **Gewächshaus**, **ˉer** greenhouse

die **Gewalt**, **-en** force; violence

der **Gewaltakt**, **-en** act of violence

gewaltig massive(ly), enormous(ly)

die **Gewebestruktur**, **-en** tissue structure; musculature

der/die **Gewerbetreibende**, **-n** (*adj. Dekl.*) tradesperson

gewinnen, gewann, hat gewonnen to win

gewiß certain(ly)

das **Gewissen**, **-** conscience

gewissenhaft conscientious(ly)

sich **gewöhnen** (**an** + *Akk.*) to get used (to), get accustomed (to)

die **Gewohnheit**, **-en** habit

das **Gewohnheitstier**, **-e** creature of habit

gewöhnlich usual(ly)

gießen; goß, hat gegossen to pour

die **Gitarre**, **-n** guitar

die **Gladiole**, **-n** gladiolus (*flower*)

glänzen to shine, gleam

glänzend shining

das **Glas**, **ˉer** glass

der **Glasbecher**, **-** glass cup

das **Glasbecken**, **-** glass basin, bowl

das **Glashaus**, **ˉer** glass house

die **Glastür**, **-en** glass door

die **Glaswand**, **ˉe** glass wall

glauben (**jmdm.** (*Dat.*) / **etw.** (*Akk.*) to believe (sb./sth.); **glauben** (**an** + *Akk.*) to believe (in)

glaubhaft believable, credible

gleich same; equal(ly)

gleichbleibend remaining the same, constant

gleichen (+ *Dat.*) to be like, resemble

gleichermaßen equally

gleichklingend sounding the same

gleichmäßig regular(ly), even(ly)

gleichwertig evenly matched; of equal value

gleichzeitig at the same time, simultaneous(ly)

das **Gleis**, **-e** (railway) track

gleißend blazing

gleiten, glitt, ist geglitten to glide

glimpflich mild(ly); lenient(ly); **glimpflich davonkommen** to get off lightly

das **Glück** luck; **zum Glück** luckily, fortunately; **der Weg zum Glück** road to happiness

glücken, ist geglückt (+*Dat.*) to succeed, be successful; **etw. glückt jmdm.** sb. is successful with sth.

glücklich happy; happily; lucky; luckily

die **Glücklichkeit** happiness

gnädiges Fräulein madam, miss (*spoken address*)

das **Gold** gold

golden golden

goldgelb golden yellow

das **Goldpapier** gold(-colored) paper

(das) **Golf** golf

die **Gotik** Gothic (style)

gotisch Gothic

Gott God; **in Gottes Namen** in God's name

der **Gottesdienst**, **-e** religious service

das **Grab**, **ˉer** grave

der **Grabstein**, **-e** headstone; tombstone

grad. = graduiert graduate (*adj.*)

grade *Siehe* **gerade.**

der **Graf**, **-en** (*schwach*) / die **Gräfin**, **-nen** count/countess; earl

die **Grammatik** grammar

grammatisch grammatical(ly)

das **Gras**, **ˉer** grass

grasen to graze

der **Grashalm**, **-e** blade of grass

die **Gratulation**, **-en** congratulations

grau gray

grausam cruel

die **Grausamkeit** cruelty

die **Gravur**, **-en** *od.* **Gravüre** engraving

greifen, griff, hat gegriffen to seize, grasp

grenzen (**an** + *Akk.*) to border (on)

grenzenlos borderless, limitless

der **Grenzgang**, **ˉe** regular commute across a border

der **Griff**, **-e** grip; grasp

grob course; rough

grimassenhaft with a grimace

groß big, large; great

großartig magnificent(ly)

der **Großbuchstabe**, **-n** (*schwach*) capital/ upper-case letter

die **Größe**, **-n** size

der **Großeinkauf** big shopping; bulk purchase

die **Großeltern** (*Pl.*) grandparents

großgeschrieben capitalized

großgewachsen (*ugs.*) grown-up

die **Großmutter**, **ˉ** grandmother

großschreiben, schrieb groß, hat großgeschrieben to write in capital letters

die **Großschreibung** capitalization

die **Großstadt**, **ˉe** big city

der **Großvater**, **ˉ** grandfather

großziehen, zog groß, hat großgezogen to bring up

grün green

der **Grund**, **ˉe** reason; **aus welchem Grund** for what reason; **im Grunde** basically

gründen to found

gründlich thorough(ly)

der **Grundriß**, *Pl.* **Grundrisse** (construction) plan

das **Grundstück**, **-e** lot, plot (of land)

das **Grundwasser** ground water

die **Grünfläche**, **-n** green space; lawn

die **Grünpflanze**, **-n** foliage plant

die **Gruppe**, **-n** group

die **Gruppenmeinung**, **-en** group opinion

der **Gruß**, **ˉe** greeting; **mit freundlichen Grüßen** sincerely yours (*at end of letter*)

grüßen to greet; **grüß (Sie) Gott** / **grüß dich/euch** hello

gucken (*ugs.*) to look; to peep

gültig valid

der **Gültigkeitszeitraum** period of validity

der *od.* das **Gummi** rubber

das **Gummibärchen**, **-** gummi bear (*candy*)

günstig favorable; favorably

der **Guppy**, **-s** guppy

der **Gürtel**, **-** belt

gustieren to taste; to try

gut good; well; **guten Appetit!** enjoy your meal!; **guten Morgen** good morning; **guten Tag** hello; **alles Gute!** all the best!; **etwas Gutes** something good

gutsituiert well-situated. well-off

H

das **Haar**, **-e** hair

die **Haarspange**, **-n** barrette

haben (**hat**), **hatte, hat gehabt** to have

hacken to chop; to hoe

der **Haferflockenbrei**, **-e** oatmeal porridge

die **Hagerkeit** gauntness, thinness

der **Hahn**, **ˉe** rooster

der **Haifisch**, **-e** shark

der **Haken**, **-** hook

halb half

der **Halbaffe**, **-n** (*schwach*) half-ape, prosimian

halbbedeckt partially cloudy

die **Hälfte**, **-n** half

die **Halle**, **-n** hall

hallo hello

der **Hals**, **ˉe** neck

das **Halsband**, **ˉer** necklace; dog collar

haltbar nonperishable

halten (**hält**), **hielt, hat gehalten** to hold; to keep; to stop; **halt in Gottes Namen!** stop in the name of God!; **halten für** think, consider, take for; **halten von** to think of; **sich halten** to hold/carry oneself

die **Haltung**, **-en** posture

der **Hammer**, **ˉ** hammer

der **Hamster**, **-** hamster

die **Hand**, **ˉe** hand

der **Händedruck**, **-e** hand squeeze

handeln to trade; to act; **handeln von etw.** to be about sth., deal with sth.; **es handelt sich um** it's about, it concerns

handgeschnitzt hand-carved

der **Händler**, **-** / die **Händlerin**, **-nen** tradesperson; merchant die **Handlung, -en** handling, treatment; plot

das **Handlungsschema, -s** *od.* **-ta** plot; scheme

die **Handlungsweise** behavior, conduct

die **Handpuppe, -n** hand puppet

der **Handschuh, -e** glove

die **Handtasche, -n** handbag

das **Handtuch, ¨er** towel

das **Handwerk, -e** craft

der **Handwerker, -** / die **Handwerkerin, -nen** tradesperson, craftsperson

der **Handwerksberuf, -e** (skilled) trade

hängen, hing, hat gehangen to hang, be suspended

hängen, hängte, hat gehängt to hang up

(das) **Hänschen: was Hänschen nicht lernt, lernt Hans nimmermehr** what you don't learn as a child, you'll never learn as an adult (*proverb*)

die **Harmonie** harmony

hart hard

der **Hase, -n** (*schwach*) hare

der **Haß** hate, hatred

hassen to hate

häßlich ugly

die **Haubitze: voll wie eine Haubitze sein** to be drunk

hauchen (**auf** + *Akk.*) to breathe (on)

der **Haufen, -** pile; der **Haufen Laub** pile of leaves

häufig frequent(ly)

der **Hauptbahnhof, ¨e** main railway station

das **Hauptereignis, -se** main event

der **Hauptgedanke, -n** (*schwach*) main idea

der **Hauptgrund, ¨e** main reason

die **Haupthandlung, -en** main action/plot

die **Hauptmahlzeit, -en** main meal

der **Hauptplatz, ¨e** main square

die **Hauptrolle, -n** main role

die **Hauptsache** main thing, most important thing

hauptsächlich mainly, chiefly

die **Hauptschule, -n** secondary modern school

die **Hauptspeise, -n** main dish

die **Hauptstadt, ¨e** capital city

die **Hauptstadtfrage** *question of which city should be the capital of unified Germany*

die **Hauptstraße, -n** main street

der **Hauptunterschied, -e** main difference

das **Haus, ¨er** house; **nach Hause** (*to*) home; **zu Hause** (at) home

die **Hausantenne, -n** exterior antenna

der **Hausarzt, ¨e** / die **Hausärztin, -nen** family doctor

die **Hausaufgabe, -n** homework assignment

das **Häuschen, -** little house

die **Hausfassade, -n** house front

der **Hausgebrauch** domestic use

der **Haushalt, -e** household

das **Haushaltsgerät, -e** household appliance

der **Hausmeister, -** / die **Hausmeisterin, -nen** custodian; manager of a building; caretaker

das **Haustier, -e** pet

das **Haustor, -e** entry gate (*to a house/building*)

die **Haustür, -en** front door

die **Haut** skin

die **Hautfarbe, -n** skin color

die **Haxe, -n** (*südd.*): die **Hachse, -n** lower part of the leg of a calf or pig

die **Heilige Dreieinigkeit** Holy Trinity

der **Heilige Geist** Holy Spirit

das **Heilige Römische Reich** Holy Roman Empire

das **Heilmittel, -** remedy

die **Heimat** home town; homeland

das **Heimatdorf, ¨er** home village

das **Heimatland, ¨er** homeland, native land

die **Heimatstadt, ¨e** home town

heimbringen, brachte heim, hat heimgebracht to bring home

die **Heimfahrt, -en** trip home

heimkommen, kam heim, ist heimgekommen to come home

heiraten to marry

heiß hot(ly)

heißa! (**heisa!**) hooray!

heißen, hieß, hat geheißen to be called; **das heißt** that is; **ich heiße** my name is

heiter cheerful

die **Heiterkeit** cheerfulness

die **Hektik** hectic rush

der **Held, -en** (*schwach*) / die **Heldin, -nen** hero/heroine

heldenmütig heroic(ally)

helfen (**hilft**)**, half, hat geholfen** (+ *Dat.*) to help

hell bright; light

die **Helligkeit** brightness

das **Hemd, -en** shirt

der **Hemdkragen, -** shirt collar

der **Hemdsärmel, -** shirtsleeve

die **Hemisphäre, -n** hemisphere

die **Henne, -n** hen

herantreten (**tritt heran**)**, trat heran, ist herangetreten** to come/go up

heraufkommen, kam herauf, ist heraufgekommen to come up

sich **herausbeugen** (*trenn.*) to lean out

herausfinden, fand heraus, hat herausgefunden to find out

herausfordern (*trenn.*) to challenge; to provoke

herausholen (*trenn.*) to bring out

herauslassen (**läßt heraus**)**, ließ heraus, hat herausgelassen** to leave out

herausstecken (*trenn.*) to stick out

der **Herbst, -e** fall, autumn

hereintragen (**trägt herein**)**, trug herein, hat hereingetragen** to carry in

herholen (*trenn.*) to fetch

herkommen, kam her, ist hergekommen to come here

die **Herkunft, ¨e** origin, descent

herlaufen (**läuft her**)**, lief her, ist hergelaufen** to run (to here)

der **Herr, -en** (*schwach*) Mr.; gentleman; **Herr Ober!** waiter!

das **Herrchen, -** master (*of a dog*)

die **Herrenjacke, -n** (gentle)man's jacket

das **Herrenmodengeschäft, -e** clothing store for (gentle)men

herrlich marvelous(ly)

die **Herrschaft, -en** rule; power

herrschen to rule

herrufen, rief her, hat hergerufen to call over

herstellen (*trenn.*) to manufacture; to produce

herum around

herumgaloppieren (*trenn.*)**, ist herumgaloppiert** to gallop around

herumgehen, ging herum, ist herumgegangen to go around

herumhüpfen (*trenn.*)**, ist herumgehüpft** to hop around

herumlaufen (**läuft herum**)**, lief herum, ist herumgelaufen** to run around

herumschauen (*trenn.*) to look around

herumschlendern, ist herumgeschlendert to stroll around

herumstehen, stand herum, hat (*südd., österr., schweiz.* **ist**) **herumgestanden** to stand around

herumwerkeln (*trenn.*) to putter around

hervorbringen, brachte hervor, hat hervorgebracht to bring out; to produce

hervorragend projecting, standing out

das **Herz, -en** (*schwach*) heart

die **Herzensbildung** sensitivity

der **Herzinfarkt, -e** heart attack

herzlich warm; kind

das **Heu** hay

heuer this year

die **Heugabel, -n** pitchfork

heute today; **heute abend** this evening; tonight; **heute nachmittag** this afternoon

heutzutage nowadays

die **Hexe, -n** witch

hie und da here and there

hier here

hierzulande (here) in these parts

hiesig local

die **Hilfe, -n** help; **mit Hilfe** (+ *Gen.*) with the help of

hilflos helpless(ly)

hilfreich helpful

der **Himmel, -** sky; heaven

das **Himmelreich** kingdom of heaven

hin und her back and forth

hin und wieder (every) now and then

hin und zurück there and back, round trip

hinausrollen (*trenn.*) to roll out

hinausschauen (*trenn.*) to look out

hinausspringen, sprang hinaus, ist hinausgesprungen to jump out

hinaustreten (**tritt hinaus**)**, trat hinaus, ist hinausgetreten** to step out

hinbringen, brachte hin, hat hingebracht to take to

hineingehen, ging hinein, ist hinein-gegangen to go in(to)
hineinschauen (*trenn.*) to look in(to)
sich hineinsetzen (*trenn.*) to sit down in
hineinstecken (*trenn.*) to stick in(to)
hineinwachsen (wächst hinein), wuchs hinein, ist hineingewachsen to grow into
die **Hinführung** leading into, lead-in
hingehen, ging hin, ist hingegangen to go (there)
hinken, hat gehinkt to limp; to have a limp; **ist gehinkt** to limp (*somewhere*)
sich hinlegen (*trenn.*) to lie down
hinsetzen to put/set (down); **sich hinsetzen** to sit down
die **Hinsicht: in mancher Hinsicht** in some respects
hinter (*Präp. + Akk. od. Dat.*) behind
die **Hinterbacke, -n** buttock
der **Hintergrund, ⸚e** background
hinterher behind; afterwards
der **Hinterhof, ⸚e** backyard
hinterlassen (hinterläßt), hinterließ, hat hinterlassen to leave behind; to bequeath
hinterweltlerisch (hinterwäldlerisch) backwoods, hick (*adj.*)
das **Hinterzimmer, -** backroom
hintun, tat hin, hat hingetan to put
hinüberkommen, kam hinüber, ist hinübergekommen to get across
hinübertragen (trägt hinüber), trug hinüber, hat hinübergetragen to carry over
hinweg away (with)
der **Hinweis, -e** hint, tip
hinweisen, wies hin, hat hingewiesen (auf + Akk.) to point (to)
hinzaubern (*trenn.*) to produce (as if) by magic
die **Historie, -n** story, tale; history
historisch historic(ally)
das **Hobby, -s** hobby
hoch (hoh-), höher, am höchsten high, higher), highest
die **Hochebene, -n** plateau
hochgradig extreme(ly)
hochqualifiziert highly qualified
hochragen (*trenn.*) to rise/tower up
hochwertig high-quality
die **Hochzeit, -en** wedding
die **Hochzeitsreise, -n** honeymoon trip
der **Hof, ⸚e** courtyard; farm
hoffentlich hopefully
die **Hoffnung, -en** hope
hoffen (auf + Akk.) to hope (for)
höflich polite(ly)
hoh- *Siehe* **hoch.**
die **Höhe, -n** height
der **Höhepunkt, -e** high point, climax
holen to get, fetch
Hölle: die Hölle ist los all hell has broken loose
das **Holz** wood

der **Holzarbeiter, -** / die **Holzarbeiterin, -nen** woodworker
der **Holzhacker, -** / die **Holzhackerin, -nen** woodcutter, woodchopper
die **Holzmöbel** (*Pl.*) wood furniture
die **Holzschnitzerei** wood carving
der **Honig** honey
die **Honoratioren** (*Pl.*) notabilities
hören to hear
das **Horn, ⸚er** horn
das **Hörnchen, -** little horn
der **Hörsaal**, *Pl.* **Hörsäle** lecture hall
die **Hose, -n** (pair of) pants
das **Hotel, -s** hotel
das **Hotelzimmer, -** hotel room
hübsch pretty
das **Hufeisen, -** horseshoe
der **Hugenotte, -n** (*schwach*) Huguenot
das **Huhn, ⸚er** chicken
die **Hülse, -n** pod; hull; container
der **Humor** humor
humpeln, ist gehumpelt to limp
der **Hund, -e** dog
die **Hundeanschaffungsdiskussion** discussion regarding the purchase of a dog
das **Hundeausführen** walking (the) dog
das **Hundebett, -en** dog's bed
das **Hundeersatztier, -e** substitute pet for a dog
die **Hundefrage, -n** question about a dog
das **Hundefressen** dog food
das **Hundefutter** dog food
das **Hundehalsband, ⸚er** dog collar
die **Hundehütte, -n** dog house
der **Hundekuchen, -** dog biscuit
hundert hundred
die **Hundesteuer, -n** dog license fee
der **Hüne, -n** (*schwach*) giant
der **Hunger** hunger; **Hunger haben** to be hungry
hungern to hunger; **es hungert mich** I'm hungry
der **Hungertod** death from starvation
hungrig hungry
der **Hut, ⸚e** hat
hüten to look after
der **Hutmacher, -** / die **Hutmacherin, -nen** hatter, hatmaker
die **Hütte, -n** hut
hysterisch hysterical(ly)

I

der **Ich-Erzähler, -** / die **Ich-Erzählerin, -nen** first-person narrator
die **Idee, -n** idea
ideenreich full of ideas, inventive
identifizieren to identify
die **Identifizierung, -en** identification
die **Identität** identity
die **Identitätssuche** search for (one's) identity
der **Idiot, -en** (*schwach*) / die **Idiotin, -nen** idiot
die **Idylle, -n** idyll
die **Illustration, -en** illustration
im = in dem

die **Imbißbude, -n** (*ugs.*) hot dog stand
(sich) immatrikulieren to register (oneself)
immer always
die **Immobilien** (*Pl.*) real estate
der **Imperativsatz, ⸚e** imperative sentence
das **Imperfekt** imperfect (tense)
die **Impfung, -en** vaccination
implizieren to imply
der **Import, -e** import
importieren to import
in (*Akk. od. Dat.*) in(to)
indem (*Konj.*) by; in that
der **Indikativ** indicative mood
indisch Indian (*adj.*)
indiskret indiscreet(ly)
die **Individualität** individuality
das **Individuum**, *Pl.* **Individuen** individual
indonesisch Indonesian (*adj.*)
die **Industrie, -n** industry
ineffektiv ineffective(ly)
der **Infinitiv, -e** infinitive
die **Inflation** inflation
das **Infoblatt, ⸚er** information sheet
die **Information, -en** piece of information; *pl.* information
informieren to inform
der **Ingenieur, -e** / die **Ingenieurin, -nen** engineer
der **Inhaber, -** / die **Inhaberin, -nen** owner; proprietor
der **Inhalt, -e** content; contents
das **Initial, -e** initial (letter)
innen inside
die **Innenstadt, ⸚e** inner city
die **Innenwand, ⸚e** inner wall
inner inner
innerhalb (+ *Gen.*) inside of
das **Insekt, -en** insect
die **Insektenart, -en** type of insect
die **Insel, -n** island
insgesamt in all, altogether
die **Instantsuppe, -n** instant soup
instinktiv instinctive(ly)
insultieren to insult
intellektuell intellectual(ly)
intelligent intelligent(ly)
die **Intelligenz** intelligence
intensiv intensive(ly)
die **Intention, -en** intention
der **InterCityExpress (Zug) (ICE)** *fast, modern train* (*network*)
interessant interesting
das **Interesse, -n** interest; **Interesse an etw.** (*Dat.*) **haben** to be interested in sth.
sich interessieren für to be interested in
international international(ly)
die **Interpretation, -en** interpretation
interpunktieren to punctuate
die **Interpunktion** punctuation
der **Intertext** intertextual (activity)
das **Interview, -s** interview
der **Interviewbericht, -e** interview report
interviewen to interview
das **Interviewformat, -e** interview format
die **Intoleranz, -en** intolerance

die **Inventur, -en** stocktaking
investieren to invest
die **Investition, -en** investment
inwiefern in what way(s), to what extent
inzwischen in the meantime; since (then)
irgendein some; any
irgend etwas something (or other)
irgend jemand somebody (or other)
irgendwann some time (or other)
irgendwelch some; any
irgendwie somehow
irgendwo somewhere
irgendwoher (from) somewhere (or other)
irgendwohin (to) somewhere (or other)
die **Ironie** irony
ironisch ironic(ally)
der **Irrtum, ̈-er** mistake; error
islamisch Islamic
der **Isländer, -** Icelander; Icelandic pony
das **Islandpferd, -e** Icelandic pony
der **Italiener, -** / die **Italienerin, -nen**
　　Italian (*person*)
(das) **Italienisch** Italian (*lang.*)

J

ja yes
die **ja-Antwort, -en** yes answer, affirmative
　　answer
die **Jacke, -n** jacket
die **Jackentasche, -n** jacket pocket
der **Jagdverein, -e** hunting club
jäh sudden(ly), abrupt(ly)
das **Jahr, -e** year
die **Jahreszeit, -en** season
der **Jahrgang, ̈-e** year, age group
das **Jahrhundert, -e** century
(das) **Japan** Japan
je ever; (for) each; per
die **Jeansjacke, -n** denim jacket
der **Jeansstoff** denim; jeans material
jedenfalls certainly, definitely; at any rate,
　　in any case, anyway
jeder, jedes, jede each, every
jedesmal each time
jedoch however
jemals ever
jemand, jemandem (*Dat.*), **jemanden**
　　(*Akk.*)
　　someone
jetzt now
jeweils every time; currently; at the time
der **Jingle, -s** jingle
der **Job, -s** job
der *od.* das **Joghurt** yogurt
das **Journal, -e** journal; periodical; diary
der **Journalist, -en** (*schwach*) / die **Journa-**
　　listin, -nen journalist
journalistisch journalistic
judäisch Judaic
jüdisch Jewish
jüdisch-christlich Judeo-Christian
die **Jugendherberge, -n** youth hostel
der/die **Jugendliche, -n** (*adj. Dekl.*) young
　　person; youth
(das) **Jugoslawien** Yugoslavia
der **Juli** July

jung young
der **Junge, -n** (*schwach*) boy
der **Junggeselle, -n** (*schwach*) bachelor
das **Jüngste Gericht** Last Judgment
Jura law
der **Juwelier, -** / die **Juwelierin, -nen**
　　jeweller
das **Juweliergeschäft, -e** jewelry store

K

das **Kabarett, -s** *od.* **-e** cabaret
der **Käfer, -** beetle
der **Kaffee** coffee
das **Kaffeegeschirr** coffee service
die **Kaffeekanne, -n** coffeepot
die **Kaffeeschale, -n** coffee cup
der **Kaffeeskandal, -e** coffeehouse scandal
die **Kaffeespezialität, -en** coffee specialty
die **Kaffeetasse, -n** coffee cup
der **Käfig, -e** cage
der **Kaiser, -** / die **Kaiserin; -nen**
　　emperor/empress
der **Kakadu, -s** cockatoo
der **Kakao** cocoa
der **Kalender, -** calendar
kalorienarm low-calorie
kalt cold(ly)
die **Kamera, -s** camera
der **Kamillentee** chamomile tea
der **Kamm, ̈-e** comb
die **Kampagnenabteilung** campaign
　　department
kämpfen (um) to fight (for)
der **Kampffisch, -e** fighting fish
das **Kampffischmännchen, -** male fighting
　　fish
das **Kampffischpärchen, -** pair of fighting
　　fish
das **Kampffischweibchen, -** female fighting
　　fish
der **Kanarienvogel, ̈-** canary
der **Kandidat, -en** (*schwach*) / die **Kandi-**
　　datin, -nen candidate
das **Kaninchen, -** rabbit
die **Kanne, -n** pot; (*old-fashioned milk or*
　　beer) can
die **Kapelle, -n** chapel; band, small
　　orchestra
der **Kapitän, -e** captain
das **Kapitel, -** chapter
kaputt broken
der **Kapuziner, -** (*österr.*) cappuccino
die **Karaffe, -n** carafe
der **Karatelehrer, -** / die **Karatelehrerin,**
　　-nen karate instructor
der **Karneval** carnival (time), Mardi Gras
(das) **Kärnten** Carinthia (*Austrian state*)
die **Karte, -n** card; ticket
die **Kartoffel, -n** potato
die **Kartoffelchips** (*Pl.*) potato chips
der **Kartoffelpfannkuchen, -** potato
　　pancake
der **Kartoffelsalat** potato salad
der **Karton, -s** carton; box
das **Karussel, -s,** *od.* **-e** merry-go-round,
　　carousel

der **Käse, -** cheese
das **Käsegeschäft, -e** cheese shop
der **Käsekuchen, -** cheesecake
die **Käsetasche, -n** cheese turnover
die **Kasse, -n** cash register
die **Kassenbrille, -n** (*ugs.*) (*pair of [eye]*)
　　glasses provided under an insurance plan
die **Kassette, -n** cassette
der **Kassettenrecorder, -** cassette recorder
der **Kasten, ̈** box; crate
katastrophal catastrophic
die **Katastrophe, -n** catastrophe
die **Kategorie, -n** category
der **Kater, -** tomcat
die **Kathedrale, -n** cathedral
katholisch Catholic
die **Katze, -n** cat
kauen to chew
der **Kauf, ̈-e** buying, purchasing
kaufen to buy
der **Käufer, -** / die **Käuferin, -nen** buyer
das **Kaufhaus, ̈-er** department store
der **Kaufmann,** *Pl.* **Kaufleute** / die **Kauf-**
　　frau, -en businessperson; merchant;
　　shopkeeper
der *od.* das **Kaugummi, -s** chewing gum
kaum hardly
die **Keckheit, -en** impertinence
die **Kehle, -n** throat
kein no, not any
der **Keks, -e** cookie; tea biscuit; cracker
der **Keller, -** cellar
die **Kellertreppe, -n** cellar stairs/staircase
der **Kellner, -** / die **Kellnerin, -nen** server;
　　waiter/waitress
kennen, kannte, hat gekannt to know, be
　　acquainted with
kennenlernen (*trenn.*) to become ac-
　　quainted, get to know
das **Kennzeichen, -** sign; mark
kennzeichnen to characterize; to mark
kerngesund fit as a fiddle
die **Kerze, -n** candle
die **Kettengeschichte, -n** chain story
keuchen to pant; to gasp for breath
der **Kidnapper, -** / die **Kidnapperin, -nen**
　　kidnapper
das **Kind, -er** child
das **Kindchen, -** (little) child, baby
der **Kinderarzt, ̈-e** / die **Kinderärztin, -nen**
　　pediatrician
kinderfeindlich hostile toward children
kinderfreundlich friendly toward children
die **Kindergeschichte, -n** children's story
kinderlos childless
kinderreich with many children
das **Kinderspiel, -e** children's game; child's
　　play
die **Kinderstube, -** upbringing
die **Kinderwelt, -en** children's world
das **Kinderzimmer, -** children's room;
　　nursery
die **Kindesbeine: von Kindesbeinen an**
　　since childhood
die **Kindheit** childhood
kindisch childish(ly)

das **Kino, -s** movie theater; **ins Kino gehen** to go to the movies
der **Kinohit, -s** (*ugs.*) hit movie
der **Kiosk, -e** kiosk
die **Kirche, -n** church
der **Kirchengeher, -** / die **Kirchengeherin, -nen** churchgoer
die **Kirschrolle, -n** cherry roll
das **Kissen, -** pillow
die **Kiste, -n** box; crate
die **Kladde, -n** thick notebook
klagen to complain
die **Klammern** (*Pl.*) parentheses
die **Klamottenkiste** box of old clothes
der **Klang, ⁼e** sound
klappern to rattle
klar clear(ly)
die **Klarstellung, -en** clarification
die **Klasse, -n** class; **erster/zweiter Klasse** first/second class
der **Klassenkamerad, -en** / die **Klassenkameradin, -nen** classmate
der **Klatsch** gossip
die **Klatschbase, -n** gossip (*person*)
klatschen to gossip
das **Klavier, -e** piano
kleben to stick; to glue
klebrig sticky
das **Kleid, -er** dress; *pl.* clothes
der **Kleiderbügel, -** clothes hanger
der **Kleiderschrank, ⁼e** clothes closet
die **Kleidung** clothing
das **Kleidungsstück, -e** article of clothing
klein little, small
die **Kleinanzeige, -n** small ad
der/die **Kleine, -n** (*adj. Dekl.*) little one
das **Kleingeld** small change
kleingeschrieben lowercased
die **Kleingruppe, -n** small group
der **Kleinkram** (*ugs.*) odds and ends
der **Kleinstaat, -e** small state
die **Kleinstaaterei** *consisting of many smaller states*
der **Klempner, -** / die **Klempnerin, -nen** plumber
klettern, ist geklettert to climb
die **Kletterstange, -n** climbing pole
das **Klima, -s** climate
die **Klinik, -en** clinic
das **Klo, -s** toilet
klopfen (**an** + *Akk.*) to knock (on)
das **Kloster, ⁼** convent; monastery
die **Klosterbrauerei, -en** convent brewery
klug clever(ly)
der **Klumpen, -** lump
die **Kneipe, -n** bar
der **Knicks, -e** curtsy
das **Knie, -** knee
der **Knochen, -** bone
knurren to growl, snarl
der **Koch, ⁼e** / die **Köchin, -nen** cook
die **Kochanleitung** cooking instructions
kochen to cook
das **Kocherlebnis, -se** cooking experience
der **Kochlöffel, -** cooking spoon
die **Kochplatte, -n** hotplate

der **Koffer, -** suitcase
der **Kollege, -n** (*schwach*) / die **Kollegin, -nen** colleague
(das) **Köln** Cologne
der **Kolumbianer, -** / die **Kolumbianerin, -nen** Colombian (*person*)
(das) **Kolumbien** Colombia
die **Kombination, -en** combination
kombinieren to combine
der **Komfort** comfort
komisch funny, odd
das **Komma, -s** *od.* **-ta** comma
kommen, kam, ist gekommen to come; **in den Sinn kommen** to come to mind
kommend coming
der **Kommentar, -e** commentary
die **Kommode, -n** dresser
die **Kommune, -n** municipality; commune
die **Kommunikation, -en** communication
die **Kommunikationsmöglichkeit, -en** communication possibility
der **Kommuniongeher, -** / die **Kommuniongeherin, -nen** person who goes to communion
kommunistisch Communist
komplex complex(ly)
das **Kompliment, -e** compliment
komplizieren to complicate
kompliziert complicated
der **Komponist, -en** (*schwach*) / die **Komponistin, -nen** composer
das **Kompott, -e** stewed fruit; compote
der **Kompromiß, *Pl.* Kompromisse** compromise; **einen Kompromiß schließen** to make a compromise
kompromißbereit ready to compromise
der **Kondukteur, -e** / die **Kondukteurin, -nen** (train) conductor
die **Konferenz, -en** conference
der **Konferenzraum, ⁼e** conference room
der **Kongreß, *Pl.* Kongresse** congress; conference
der **Konjunktiv** subjunctive (mood)
konkret concrete(ly)
konkurrenzfähig competitive
konkurrieren to compete
können (kann), konnte, hat gekonnt to be able to, can
die **Konsequenz, -en** consequence
konservativ conservative(ly)
die **Konservenbüchse, -n** can
das **Konstantbleiben** constancy
konstruieren to construct
konstruktiv constructive(ly)
das **Konsumgut, ⁼er** consumer item/goods
konsumieren to consume
das **Konsumverhalten** consumer behavior
der **Kontakt, -e** contact
der **Kontext, -e** context
kontinuierlich continuous(ly)
kontra contra
der **Kontrast, -e** contrast
die **Kontrolle, -n** control
kontrovers controversial(ly)
das **Konzentrationslager, -** concentration camp

sich konzentrieren (**auf** + *Akk.*) to concentrate (on)
das **Konzert, -e** concert
die **Konzession, -en** concession
die **Koordination, -en** coordination
der **Kopf, ⁼e** head
das **Kopfkissen, -** pillow
der **Kopfsalat, -e** lettuce
die **Kopie, -n** copy
das **Korn, ⁼er** seed; grain
der **Körper, -** body
der **Körperbau** (physical) build
die **Körperhaltung** posture
körperlich physical(ly)
die **Körperpflege** care of the body
der **Körperteil, -e** part of the body
korrespondieren to correspond
kostbar valuable; expensive(ly)
kosten to cost; to taste
der **Kostenvorteil, -e** cost advantage
die **Kostümparty, -s** costume party
der **Krach** noise
die **Kraft, ⁼e** strength
das **Kraftfahrzeug, -e** vehicle
das **Kraftfahrzrug/kennzeichen, -** vehicle identification sticker
kräftig strong, powerful
kraftvoll powerful(ly)
die **Kralle, -n** claw
der **Krallenfrosch, ⁼e** clawed frog
krank ill, sick
der/die **Kranke, -n** (*adj. Dekl.*) sick person
kränken: jmdn. kränken to hurt sb.'s feelings
das **Krankenhaus, ⁼er** hospital
die **Krankenkasse, -n** health insurance company
die **Krankenversicherung** health insurance
die **Krankheit, -en** illness, disease
krankenversichert (health-)insured
das **Kraut, ⁼er** herb
die **Krawatte, -n** tie
kreativ creative(ly)
die **Kreativität** creativity
die **Kreatur, -en** creature
der **Kreis, -e** circle
kreisförmig circular
der **Kreislauf** circulation
kreuzen to cross
die **Kreuzung, -en** intersection
kriechen, kroch, ist gekrochen to creep, crawl
das **Kriechtier, -e** reptile
der **Krieg, -e** war
kriegen to get, receive
das **Kriegsgefangenenlager, -** prisoner-of-war camp
die **Kriminalität** crime
die **Kriminalpolizei** criminal investigation department
der/die **Kriminelle, -n** (*adj. Dekl.*) criminal
die **Krise, -n** crisis
die **Kritik, -en** review; criticism
kritisch critical(ly)
das **Krokodil, -e** crocodile
krönen to crown

die **Krücke, -n** crutch
der **Krückstock, ¨e** walking stick
der **Krug, ¨e** pitcher (for wine)
krumm crooked
die **Küche, -n** kitchen; cuisine
der **Kuchen, -** cake
die **Kuchenkarte, -n** cake menu
der **Küchenschrank, ¨e** kitchen cupboard
die **Kugel, -n** sphere; ball
die **Kuh, ¨e** cow
kühl cool(ly)
der **Kühlschrank, ¨e** refrigerator
die **Kuckucksuhr; -en** cuckoo clock
die **Kultur, -en** culture
kulturell cultural
sich **kümmern um** to care for/look after
der **Kunde, -n** (schwach) / die **Kundin, -nen** customer
die **Kundschaft** clientele
die **Kunst, ¨e** art
die **Kunstausstellung, -en** art exhibition
das **Kunsthandwerk** craftwork
der **Künstler, -** / die **Künstlerin, -nen** artist
künstlerisch artistic
der **Kupon, -s** (der **Coupon, -s**) coupon
die **Kuppe, -n** (rounded) hilltop
der **Kurort, -e** health resort
kursiv gedruckt italicized
das **Kursschiff, -e** *ship that sails a certain course on a regular schedule*
kurz short(ly); **seit kurzem** recently
die **Kurzerzählung, -en** short story
die **Kurzform, -en** short form
die **Kurzgeschichte, -n** short story
kürzlich recently, not long ago
kurzweilig entertaining
die **Kusine, -n** (female) cousin
küssen to kiss

L

das **Labor, -s** (auch: -e) laboratory
das **Labyrinth, -e** maze; labyrinth
das **Lächeln** smile
lächeln to smile
lachen to laugh
die **Lackfolie** lacquered foil
der **Lackschuh, -e** patent leather show
der **Laden, ¨** store
laden (lädt), lud, hat geladen to load
das **Ladenmädchen, -** female trainee in a retail shop
die **Lage, -n** situation; location
lagern to store; to keep
die **Lampe, -n** lamp
das **Lampenöl** lamp oil
der **Lampenschirm, -e** lampshade
das **Land, ¨er** country; land
landen, ist/hat gelandet to land
der **Landeplatz, ¨e** landing place
die **Landeshauptstadt, ¨e** state capital
die **Landeskunde** regional studies; study of a country and its culture
die **Landkarte, -n** map
der **Landkreis, -e** district, county
das **Landleben** country life

die **Landschaft, -en** scenery; landscape
lang long; tall; **wie lange** how long
langfristig long-standing, long-term
langhaarig long-haired
langsam slow(ly)
langweilig boring
Langzeit- long-term
der **Lärm** noise
lassen (läßt), ließ, hat gelassen to leave; to allow, let; **in Ruhe lassen** to leave alone
lästig annoying
der **Lastwagen, -** truck
das **Laub** leaves, foliage
der **Lauf** course; **im Laufe des Tages** in the course of the day
laufen (läuft), lief, ist/hat gelaufen to run
laut loud(ly); aloud
lauten to be, run; to read, state, go
lautstark loud(ly), vociferous(ly)
lax lax(ly)
leben to live
das **Lebensende, -n** end of (one's) life
das **Lebensjahr, -e** year of (one's) life
das **Lebensmittel, -** groceries, food
der **Lebenspartner, -** / die **Lebenspartnerin, -nen** partner in life
die **Lebensphilosophie** philosophy of life
der **Lebensraum, ¨e** living space, biosphere
der **Lebensstil, -e** lifestyle
der **Lebensunterhalt** livelihood, living, means of subsistence
die **Lebensweisheit** wisdom
das **Lebewesen, -** living thing; creature
das **Lebewohl, -** od. **-e** farewell
lebhaft lively
das **Leder, -** leather
die **Lederhose, -n** leather shorts
die **Lederjacke, -n** leather jacket
die **Lederkappe, -n** leather cap
das **Ledersofa, -s** leather sofa
der **Lederstiefel, -** leather boots
ledig single, unmarried
leer empty
legen to lay, place, put
der **Legostein, -e** (wz) Lego® brick, piece
der **Leguan, -e** iguana
lehren to teach
der **Lehrer, -** / die **Lehrerin, -nen** teacher, instructor
der **Lehrgang, ¨** (**für, in** + Dat.) course (in)
der **Lehrmeister, -** / die **Lehrmeisterin, -nen** teacher; mentor
der **Leib, -er** body, torso
leicht easy; easily
das **Leid, -en** grief; sorrow
leid: es tut mir leid I'm sorry
leiden (an, unter + Dat.) to suffer (from)
die **Leidenschaft, -en** passion
leider unfortunately
die **Leihgabe** loan
die **Leine, -n** (lead) rope; leash
das **Leinen** linen
das **Leinöl** linseed oil

leise quiet(ly), soft(ly)
sich (Dat.) **leisten** to afford
das **Leitbild, -er** model
der **Leiter, -** / die **Leiterin, -nen** director; head teacher; headmaster/headmistress, principal
lenken to steer
der **Leopard, -en** (schwach) leopard
lernen to learn, study
das **Lernerlebnis, -se** learning experience
der **Lernprozeß, Pl. Lernprozesse** learning process
lesen (liest), las, hat gelesen to read
der **Leser, -** / die **Leserin, -nen** reader
der **Leserbrief, -e** letter to the editor
der **Leseschritt, -e** step in reading
der **Lesestoff, -e** reading material
die **Letter, -n** letter, type (printing)
letzt- last
der **Leuchter, -** candelabrum; candlestick; chandelier
die **Leute** (Pl.) people
das **Lexikon, Pl. Lexika** od. **Lexiken** encyclopedia; lexicon
das **Licht, -er** light
lieb likable, nice; dear
Liebe . . . / Lieber . . . Dear . . . (informal greeting in letter)
lieben to love
lieber rather, instead
die **Liebesbeziehung, -en** (love) affair
die **Liebesgeschichte, -n** love story
liebevoll loving(ly)
der **Liebling, -e** darling
Lieblings- favorite
lieblos loveless; heartless; unfeeling
liebsten: am liebsten most of all
das **Lied, -er** song
liefern (an + Akk.) to deliver (to)
liegen, lag, hat gelegen to lie, rest, be situated
der **Liegestuhl, ¨e** deck chair, lounge chair
die **Liga, Pl. Ligen** league
die **Likörflasche, -n** liqueur bottle
die **Limonade, -n** soft drink
die **Linde, -n** lime/linden tree
die **Linie, -n** line
link- left
der/die **Linke, -n** (adj. Dekl.) left-winger; leftist
links on the left
die **Lippe, -n** lip
die **Liste, -n** list
die **Lizenz, -en** license
das **Loch, ¨er** hole
die **Locke, -n** curl
locken (aus; in + Akk.) to lure, entice (out of; into); to tempt
locken to curl
locker loose
der **Löffel, -** spoon
logisch logical(ly)
der **Lohn, ¨e** wages
sich **lohnen** to be worthwhile, to be worth it
das **Lokal, -e** pub; bar

die **Lokomotive, -n** engine
der **Lokomotivführer, -** / die **Lokomotivführerin, -nen** engineer (on a train)
los: die Hölle ist los all hell has broken
loose
lösen to solve
**loslassen (läßt los), ließ los, hat los-
gelassen** to let loose
die **Lösung, -en** solution
**loswerden (wird los), wurde los, ist
losgeworden** to get rid of
das **Lotto, -s** national lottery
die **Luft, ̈e** air
der **Luftangriff, -e** air attack, air raid
das **Luftbläschen, -** air bubble
der **Luftsprung, ̈e** leap in the air
die **Luftverschmutzung** air pollution
lügen, log, hat gelogen to lie
der **Lurch, -e** amphibian
der **Lustgarten, ̈** pleasure ground
lustig merry; merrily; happy; happily;
funny, amusing(ly)
lutschen to suck
der **Lutscher, -** lollipop
luxuriös luxurious(ly)
der **Luxus** luxury
das **Luxushotel, -s** luxury hotel
das **Luxuskreuzfahrtschiff, -e** luxury
cruise ship
der **Luxuswagen, -** luxury car
lyrisch lyrical(ly)

M

die **Maaraue** *island meadow in the Rhine
near Mainz*
machen to do; to make
die **Macht, ̈e** power; **zur an die Macht
kommen, kam, ist gekommen** to come
to power
mächtig powerful(ly); mighty, mightily
das **Machwerk** shoddy effort
das **Mädchen, -** girl
das **Mädel, -** (*südd., österr.*) girl
das **Magazin, -e** magazine
der **Magier, -** magician
magisch magical(ly)
mähen to cut, reap; to mow
die **Mahlzeit, -en** meal; **Mahlzeit!** enjoy
your meal! bon appetit!
die **Mähne, -n** mane
das **Mahnmal, -e od.** (*seltener*) **̈er**
memorial
der **Mai** May
der **Maikäfer, -** May-bug, cockchafer
der **Mainzer, -** / der **Mainzerin, -nen**
resident of Mainz
das **Make-up, -s** makeup
das **Mal, -e** time; **zum ersten/letzten
Mal** for the first/last time
malen to paint
die **Mama, -s** momma
man one; you; they; people
manch ein many a
manch (*Pl.*) some; many
manchmal sometimes
der **Mangel, ̈** defect

die **Manier, -en** manner
manipulieren to manipulate
manisch-depressiv manic-depressive
der **Mann, ̈er** man
das **Männchen, -** little male
die **Männerbrigade, -n** men's work team
(*in former East Germany*)
der **Männerschirm, -e** men's umbrella
männlich masculine
die **Mannschaft, -en** team
der **Mantel, ̈** coat
das **Märchen, -** fairy tale
märchenhaft as in a fairy tale; magical(ly);
fantastic(ally); fabulous(ly)
die **Margarine** margarine
die **Margerite, -n** marguerite, daisy
die **Mark, -** mark (*currency*); **Deutsche
Mark (DM)** German mark
die **Marke, -n** brand
markieren to mark
der **Markt, ̈e** market
die **Marmelade, -n** jam; marmelade
der **Marmorkuchen, -** marble cake
marxistisch Marxist
der **März** March
die **Masse, -n** mass; mixture
das **Massiv, -e** massif, mountain mass
die **Maßnahme, -n** measure
mästen to fatten
das **Material, -ien** material
materialistisch materialistic
materiell material
die **Mauer, -n** wall
das **Maul, ̈er** mouth
die **Maus, ̈e** mouse
das **Mäusepärchen, -** pair of mice
die **Mäusezahl, -en** number of mice
das **Medikament, -e** medicine
meditieren to meditate
die **Medizin** (field of) medicine
medizinisch medical
die **Meeresfrüchte** (*Pl.*) seafood
der **Meeresgrund** floor of the sea
das **Meerschweinchen, -** guinea pig
das **Mehl** flour
die **Mehlspeise, -n** *dish with flour as the
main ingredient;* sweet; dessert; cake
mehr more
mehrere several
mehrmals several times
die **Mehrzahl** majority; plural
meiden, mied, hat gemieden to avoid
meinen to think; to mean
die **Meinung, -en** opinion; **meiner
Meinung nach** in my opinion
die **Meinungsänderung, -en** change of
mind/opinion
die **Meinungsäußerung, -en** (expression
of) opinion
die **Meinungsumfrage, -n** (public) opinion
poll
meist- most
meist(ens) mostly; usually
der **Meister, -** / die **Meisterin, -nen** master
die **Meisterschaft, -en** championship
meistgelesen most-read

melancholisch melancholy
melden to register
die **Melodie, -n** melody
die **Menagerie, -n** menagerie
die **Menge, -n** quantity, amount
die **Mensa,** *Pl.* **Mensen** cafeteria, dining
hall (*at a college or university*)
der **Mensch, -en** (*schwach*) human being;
person
menschenfresserisch cannibalistic
die **Menschengruppe, -n** group of
people
menschenleer deserted
die **Menschenrasse** human race
das **Menschenwerk, -e** human work
die **Menschenwürde** human dignity
die **Menschheit** humanity
menschlich human
die **Mentalität, -en** mentality
der **Mercedes, -** Mercedes (*car*)
merken to notice; **sich** (*Dat.*) **etw.
merken** to remember sth.
das **Merkmal, -e** feature, characteristic
merkwürdig strange(ly), odd(ly),
peculiar(ly)
das **Messer, -** knife
messingbeschlagen brass-plated
die **Messung, -en** measurement
das **Metall, -e** metal
der **Meteorologe, -n** (*schwach*)
meteorologist
der *od.* das **Meter, -** meter
die **Methode, -n** method
der **Metzger, -** / die **Metzgerin, -nen**
butcher
(das) **Mexiko** Mexico
miauen to meow
die **Miete, -n** rent
das **Mietshaus, ̈er** apartment house
die **Milch** milk
militant militant(ly)
militaristisch militaristic(ally)
die **Milliarde, -n** billion
mindestens at least
das **Mineralwasser** mineral water
der **Minirock, ̈e** miniskirt
das **Minuszeichen, -** minus sign
die **Minute, -n** minute
mischen to mix
die **Mischung, -en** mixture
der **Mißbrauch** abuse; misuse
die **Mißgeburt, -en** monster; monstrosity
mißraten (mißrät), mißriet, ist mißraten
to turn out badly
das **Mißtrauen** distrust
mißtrauisch distrustful(ly)
das **Mißverständnis, -se** misunderstanding
**mißverstehen, mißverstand, hat
mißverstanden** to misunderstand
der **Mist** dung
die **Mistel, -n** mistletoe
mit (+ *Dat.*) with
die **Mitarbeiter, -** / die **Mitarbeiterin, -nen**
co-worker
der **Mitbewohner, -** / die **Mitbewohnerin,
-nen** housemate, apartment mate

mitbringen, brachte mit, hat mitgebracht to bring along; **sich etw. mitbringen** to bring sth. back for oneself

miteinander with each other, with one another

der **Mitfahrer, -** / die **Mitfahrerin, -nen** fellow passenger

das **Mitglied, -er** member

mitkommen, kam mit, ist mitgekommen to come along

das **Mitleid** pity, compassion

mitleidend sympathetic

mitmachen (*trenn.*) to participate

mitnehmen (nimmt mit), nahm mit, hat mitgenommen to take with

der/die **Mitreisende, -n** (*adj. Dekl.*) fellow traveler

der **Mitschüler, -** / die **Mitschülerin, -nen** classmate

mitspielen (*trenn.*) to join in the game

der **Mittag, -e** midday; **gegen Mittag** around noon; **zu Mittag essen** to have lunch

das **Mittagessen, -** lunch

mittags at midday, at lunchtime

die **Mittagspause, -n** midday break

die **Mittagsstunde, -n** noon hour, lunch hour

die **Mittagszeit** lunchtime

die **Mitte, -n** middle

mitteilen (*trenn.*) to inform, notify

das **Mittelalter** Middle Ages

mittelgroß medium-sized

mittelmäßig mediocre; indifferent

der **Mittelpunkt, -e** center, midpoint

die **Mitternacht** midnight

mittler- middle

der **Mittwoch, -e** Wednesday; **mittwochs** (*Adv.*) (on) Wednesdays

das **Möbelstück, -e** piece of furniture

mobil mobile, mobilized

das **Modalverb, -en** modal verb

die **Mode, -n** fashion

das **Modell, -e** model, example

modern modern

die **Modernisierung** modernization

modisch fashionable

mögen to like, care for; **ich möchte** I would like

möglich possible, possibly

die **Möglichkeit, -en** possibility

möglichst: möglichst viel as many/much as possible

die **Möhre, -n** carrot

die **Molkerei, -en** dairy

der **Moment, -e** moment

momentan present(ly); at the moment; momentarily

der **Monat, -e** month

der **Mond, -e** moon

das **Mondlicht** moonlight

der **Monolog, -e** monologue

der **Montag, -e** Monday; **montags** (*Adv.*) (on) Mondays

die **Moral** moral; morality; morals

moralisch moral(ly)

der **Mord, -e** murder

der **Morgen, -** morning

morgens (in the) mornings

die **Moschee, -n** mosque

das **Motiv, -e** motive

das **Motorrad, ¨er** motorcycle

die **Mücke, -n** mosquito

müde tired

der **Müll** garbage, trash

(das) **München** Munich

der **Mund, ¨er** mouth

munden to taste good

mündlich oral(ly)

murmeln to mumble; to mutter

mürrisch grumpy; grumpily

das **Museum, Pl. Museen** museum

die **Musik** music

der **Muskat, -e** nutmeg

der **Muskelkater** stiff/aching muscles

die **Muskulatur, -en** musculature

müssen (muß), mußte, hat gemußt to have to, must

der **Mut** courage

die **Mütter, ¨** mother

mutterlos motherless

die **Muttersprache, -n** native language, mother tongue

die **Mutti, -s** mommy

die **Mütze, -n** cap

N

na well

nach (+ *Dat.*) after

der **Nachbar, -n** (*schwach*) / die **Nachbarin, -nen** neighbor

das **Nachbarhaus, ¨er** (apartment) house next door

das **Nachbarskind** child next door

nachblicken (*trenn.*) (+ *Dat.*) to look back

nachdem (*Konj.*) after

das **Nachdenken** thought, reflection, thinking, musing; **zum Nachdenken** for pondering, reflecting

nachfolgend following; subsequent

der **Nachfolger, -** / die **Nachfolgerin, -nen** successor

nachgehen, ging nach, ist nachgegangen (+ *Dat.*) to follow

nachher afterwards; later (on)

nachhumpeln, ist nachgehumpelt (+ *Dat.*) to hobble after

der **Nachkomme, -n** (*schwach*) offspring; descendant

die **Nachkriegszeit** postwar time

die **Nachlese** gleaning

nachlesen (liest nach), las nach, hat nachgelesen to look up; to check

der **Nachmittag, -e** afternoon

nachmittags (in the) afternoons

der **Nachmittagskaffee** afternoon coffee

die **Nachricht, -en** (piece of) news

nachrufen, rief nach, hat nachgerufen (+ *Dat.*) to call after

nachschauen (*trenn.*) (+ *Dat.*) to look/gaze after

nächst- nearest; next

nächststehend closest/nearest (standing)

die **Nacht, ¨e** night

der **Nachteil, -e** disadvantage

das **Nachthemd, -en** nightshirt, nightgown

der **Nachtisch, -e** dessert

das **Nachtlokal, -e** nightclub

nachts (at) nights

der **Nachwuchs** offspring

der **Nacken, -** back/nape of neck

nackt naked

der **Nagel, ¨** nail

nah, näher, nächst- near, close

die **Nähe** closeness; vicinity; **in der Nähe** in the vicinity, nearby

nähen to sew

sich nähern (+ *Dat.*) to approach

die **Nahrung** food

naiv naive(ly)

der **Name, -n** (*schwach*) name

namens by the name of; called

nämlich namely

der **Napf, ¨e** bowl

die **Narbe, -n** scar

die **Narzisse, -n** narcissus (flower)

die **Nase, -n** nose

die **Nasenspitze, -n** tip of the nose

naß wet

die **Nation, -en** nation

das **Nationalgericht, -e** national dish

nationalistisch nationalist(ically)

die **Nationalität, -en** nationality

der **Nationalsozialist, -en** (*schwach*) / die **Nationalsozialistin, -nen** National Socialist, Nazi

die **Natur** nature

der **Naturkostladen, ¨** health food store

natürlich natural(ly); of course

der **Naturschutz** (nature) conservation

das **Naturschutzgebiet, -e** nature reserve

neben (+ *Akk./Dat.*) next to

nebenan next door

nebeneinander next to each other/one another

der **Nebenfluß, Pl. Nebenflüsse** tributary

die **Nebenrolle, -n** supporting role

der **Nebensatz, ¨e** subordinating clause

die **Nebenwirkung, -en** side effect

neblig foggy

der **Neffe, -n** (*schwach*) nephew

negativ negative(ly)

nehmen (nimmt), nahm, hat genommen to take; **Platz nehmen** to take a seat; **zu sich nehmen** to eat

der **Neid** envy, jealousy

die **Neigung, -en** inclination, leaning

nein no

die **Nelke, -n** carnation

nennen, nannte, hat genannt to call, name

der **Nerv, -en** nerve; **jmdm. auf die Nerven gehen** to get on sb.'s nerves

nervös nervous(ly)

nett nice(ly)

das **Netz, -e** net; system

neu new(ly)

neuerdings recently

der **Neufundländer, -** Newfoundland (dog)

neugierig curious(ly)
neulich recently; the other day
neutral neutral
nicht not
die **Nichte, -n** niece
nichteuropäisch non-European
nichts nothing
nichtsdestotrotz nevertheless, none the less
nichtsdestoweniger nevertheless, none the less
nicken to nod
das **Nickerchen, -** snooze; nap
nie never
nieder lower
(das) **Niederbayern** Lower Bavaria
die **Niederlande** (*Pl.*) the Netherlands
niederländisch Dutch
die **Niederlassung** setting up of a business or practice
(das) **Niederösterreich** Lower Austria (*name of state*)
(das) **Niedersachsen** Lower Saxony
niedlich sweet; cute
niedrig low; short; lowly
niemals never
niemand, niemandem (*Dat.*), **niemanden** (*Akk.*) no one, nobody
der **Nil** the Nile (River)
nimmermehr nevermore
noch still
nochmals (once) again
das **Nomen,** *Pl.* **Nomina** noun
(das) **Nordamerika** North America
nordbayerisch north Bavarian
(das) **Norddeutschland** northern Germany
nördlich northern; (to the) north; northward
die **Norm, -en** norm
normal normal(ly)
normalerweise normally, usually
die **Normalität** normality
die **Note, -n** note; grade
der **Notfall, ⁻e** emergency
(sich [*Dat.*]) **notieren** to make a note of sth.
nötig necessary; urgently
die **Notiz, -en** note
das **Notizbuch, ⁻er** notebook
der **Notruf, -e** emergency call
notwendig necessary, necessarily
der **November** November
die **Nudel, -n** noodle
null zero
numerieren to number
die **Nummer, -n** number
das **Nummernschild, -er** license plate
nun now, well (now)
nur only
der **Nußkuchen, -** nut cake
nützen (+ *Dat.*) to be of use to
das **Nylon** nylon
die **Nylonsocke, -n** nylon sock
die **Nymphe, -n** nymph

O

ob (*Konj.*) whether

das **Obdach** shelter, protection
obdachlos homeless
oben above
der **Ober, -** waiter; **Herr Ober!** waiter!
oberhalb (+ *Gen.*) above
das **Oberhaupt, ⁻er** head, leader
(das) **Obertauern** *region in Austria*
obgleich although
das **Objekt, -e** object
das **Obst** fruit
obwohl although
oder or
der **Ofen, ⁻** oven
offen open
offenbar obvious(ly)
offensichtlich obvious(ly); evident(ly)
öffentlich public(ly)
die **Öffentlichkeit** public
öffnen to open
die **Öffnung, -en** opening
die **Öffnungszeit, -en** business hours
oft often
ohne (+ *Akk.*) without
oho oho; oh no; watch out
das **Ohr, -en** ear
der **Oktober** October
das **Öl, -e** oil
die **Öllampe, -n** oil lamp
die **Oma, -s** grandma
das **Omelett, -e** omelette
der **Omnibus, -se** omnibus; coach
der **Onkel, -** uncle
die **Oper, -n** opera
operieren to operate (on)
orange orange (*color*)
die **Orange, -n** orange
der **Orangensaft** orange juice
der **Orden, -** order
ordentlich (neat and) tidy; orderly
der **Ordner, -** file
die **Ordnung** order; tidiness; **in Ordnung sein** to be all right
das **Organ, -e** organ
die **Organisation, -en** organization
organisieren to organize
sich **orientieren** to get one's bearings, to orient oneself
die **Orientierung, -en** orientation
die **Orientierungshilfe, -n** aid to orientation
das **Original, -e** original
die **Originalfassung, -en** original version
der **Ort, -e** place
die **Ortskenntnis, -se** knowledge of a place; **Ortskenntnisse haben** to know a place
(das) **Ost-Berlin** East Berlin
der **Ostchor, ⁻e** *od.* **-e** east choir loft
ostdeutsch East German
Ostdeutschland East Germany
der **Osten** east
Österreich Austria
der **Österreicher, -** / die **Österreicherin, -nen** Austrian (*person*)
österreichisch Austrian
der **Ostfriese, -n** (*schwach*) / die **Ostfriesin, -nen** East Frisian (*person*)

Ostfriesland East Friesland
oval oval
das **Oxygenium** oxygen
das **Ozonloch** hole in the ozone layer

P

das **Paar, -e** pair, couple
paar: ein paar a few
das **Päckchen, -** package
der **Packen, -** pile; stack; bundle
die **Packung, -en** packet, pack
das **Paket, -e** package
der **Palast,** *Pl.* **Paläste** palace
der **Panzer, -** shell; armor
der **Papa, -s** daddy
der **Papagei, -e(n)** *od.* **-s** parrot
das **Papier, -e** paper
die **Pappe, -n** cardboard
das **Pärchen, -** little pair/couple
Pardon! (I beg your) pardon!
der **Park, -s** *od.* **-e** park
die **Parkbank,** *Pl.* **Parkbänke** park bench
das **Parlament, -e** parliament
die **Partei, -en** (political) party
der **Partner, -** / die **Partnerin, -nen** partner
die **Partnerarbeit** partner work, teamwork
die **Party, -s** party
der **Passagier, -e** passenger
der **Passant, -en** (*schwach*) / die **Passantin, -nen** passerby
passen (+ *Dat.*) to fit
passend appropriate, suitable, right
passieren, ist passiert to happen
die **Passion, -en** passion
der **Pastor, -en** / die **Pastorin, -nen** pastor
der **Pate, -n** (*schwach*) / die **Patin, -nen** godparent; godfather/godmother; sponsor
der **Patenonkel, -** / die **Patentante, -n** godfather/godmother; sponsor
der **Patient, -en** (*schwach*) / die **Patientin, -nen** patient
pauschal all-inclusive; overall, all in all
peinlich embarrassing
der **Pelzmantel, ⁻** fur coat
die **Pendeluhr, -en** pendulum clock
das **Perfekt, -e** perfect (tense)
die **Periode, -n** period (of time)
die **Perle, -n** pearl
der **Perserkater, -** / die **Perserkatze, -n** (*male/female*) Persian cat
die **Person, -en** person
die **Personalabteilung** personnel department
der **Personalausweis, -e** identity card
die **Personalien** (*Pl.*) personal details
persönlich personal(ly)
die **Persönlichkeit, -en** personality
die **Perspektive, -n** perspective
perspektivenreich full of perspective
die **Perücke, -n** wig
das **Pestizid, -e** pesticide
der **Petticoat, -s** petticoat
die **Pfanne, -n** frying pan
der **Pfannkuchen, -** pancake

die **Pfannkuchengeschichte, -n** pancake story

die **Pfannkuchenjagd, -en** pancake chase

die **Pfannkuchenmischung, -en** pancake mix

das **Pfannkuchenrezept, -e** pancake recipe

der **Pfarrer, -** / die **Pfarrerin, -nen** parish priest; pastor; minister; chaplain

die **Pfefferminze** peppermint

der **Pfefferminztee** peppermint tea

pfeifen, pfiff, hat gepfiffen to whistle

der **Pfeiler, -** pillar

pferchen to cram; pack

das **Pferd, -e** horse

das **Pferdegespann, -e** team of horses

das **Pflaster** road surface; pavement

der **Pflasterstein, -e** paving stone, cobblestone

die **Pflaume, -n** plum

die **Pflege** care

pflücken to pick

der **Pflücker, -** / die **Pflückerin, -nen** picker

das **Pfund, -e** pound

die **Phantasie, -n** imagination; fantasy

der **Phantasiehund, -e** fantasy dog

phantastisch fantastic

die **Philippinen** (*Pl.*) the Philippines

der **Philippiner, -** / die **Philippinerin, -nen** Philippine (person)

die **Phrase, -n** phrase

piepsen to peep

der **Pilot, -en** (*schwach*) / die **Pilotin, -nen** pilot

die **Pinnwand, ⸚e** bulletin board

die **Piste, -n** ski run

das **Pitabrot, -e** pita bread

die **Pizza,** *Pl.* **Pizzen** pizza

das **Plakat, -e** poster

der **Plan, ⸚e** plan

planen to plan

die **Plastiküberdachung, -en** plastic roofing

der **Platz, ⸚e** place; seat; **Platz nehmen** to take a seat

die **Platzreservierung, -en** seat reservation

plaudern to chat

plausibel plausible, plausibly

plötzlich sudden(ly)

der **Plural, -e** plural

das **Plus** plus, advantage

das **Plüschtier, -e** stuffed animal (toy)

das **Pluszeichen, -** plus sign

die **Podiumsdiskussion, -en** panel discussion

poetisch poetic(ally)

die **Pointe, -n** point; punch line

das *od.* der **Poker** poker

(das) **Polen** Poland

die **Politik** politics

der **Politiker, -** / die **Politikerin, -nen** politician

politisch political(ly)

die **Polizei** police

der **Polizist, -en** (*schwach*) / die **Polizistin, -nen** police officer

der **Polyester, -** polyester

die **Pommes frites** (*Pl.*) French fries

der **Pool, -s** pool

der **Popsänger, -** / die **Popsängerin, -nen** pop singer

der **Popstar, -s** pop star

der *od.* das **Porridge** porridge

der **Porsche** Porsche (*car*)

das **Porträt, -s** portrait

portugiesisch Portuguese

die **Porzellandose, -n** porcelain jar

positiv positive(ly)

die **Post** mail; post office

der **Posten, -** job, position

das **Postamt, ⸚er** post office

das *od.* der **Poster, -** poster

das **Postgiroamt, ⸚er** post office with checking account facilities

der **Postwagen, -** mail car

die **Pracht** splendor

prächtig splendid(ly)

prachtvoll magnificent(ly), splendid(ly), gorgeous(ly)

prägen to emboss; to mint; to shape, mold

prahlen to show off

die **Praktik, -en** practice

der **Praktikant, -en** (*schwach*) / die **Praktikantin, -nen** trainee

praktisch practical(ly)

die **Präposition, -en** preposition

das **Präsens** present (tense)

die **Präsentation, -en** presentation

präsentieren to present

der **Präsident, -en** (*schwach*) / die **Präsidentin, -nen** president

prasseln to pelt down; to clatter; to crackle

das **Präteritum** preterite (tense), simple past (tense)

der **Preis, -e** price; prize

das **Preisangebot, -e** sale price; prize offering

preiswert reasonably priced

(das) **Preußen** Prussia

der **Priester, -** / die **Priesterin, -nen** priest; pastor

primitiv primitive(ly)

die **Priorität, -en** priority

privat private(ly)

der **Privathund, -e** personal dog

privilegiert privileged

pro per; **pro Woche** per week

das **Pro: (das) Pro und (das) Kontra** pros and cons

probieren to try

das **Problem, -e** problem

problematisch problematic(ally)

die **Problemlösung, -en** solution to (a) problem

das **Produkt, -e** product

produzieren to produce

der **Professor, -en** / die **Professorin, -nen** professor

der **Profi, -s** professional

das **Profil, -e** profile

der **Profit, -e** profit

profitieren to profit

das **Projekt, -e** project

die **Promenadenmischung, -en** mongrel, mutt

prominent prominent(ly)

prophylaktisch prophylactic(ally)

proportionieren to proportion

das **Prosastück, -e** prose piece

der **Prosatext, -e** prose text

das **Prost** toast; **prost!** cheers

der **Protest, -e** protest

protestantisch Protestant

protestieren to protest

die **Provinz, -en** province

provozieren to provoke

das **Prozent, -e** percent

prüfen to test

die **Prüfung, -en** test

der **Psychiater, -** / die **Psychiaterin, -nen** psychiatrist

der **Psychologe, -n** (*schwach*) / die **Psychologin, -nen** psychologist

die **Psychologie** psychology

die **Publikation, -en** publication

das **Publikum** audience

der **Pudding, -e** *od.* **-s** pudding

der **Pudel, -** poodle

der **Pullover, -** pullover; sweater

pumpen to pump

der **Pumperer, -** (*dial.*) heart attack; **bei mir macht's einmal einen Pumperer** some day I'll have a heart attack

die **Pumphose, -n** (pair of) harem pants

der **Pumps, -** pump (*shoe*)

der **Punkt, -e** point; period

die **Puppe, -n** doll

das **Puppenhaus, ⸚er** dollhouse

putzen to clean; **sich** (*Dat.*) **die Zähne putzen** to brush (one's) teeth

die **Pyramide, -n** pyramid

der **Python, -s** *od.* **en** (die **Pythonschlange, -n**) python

Q

die **Qual, -en** torment

die **Quälerei, -en** torment

die **Qualität, -en** quality

das **Quartier, -e** accommodation

der **Quatsch** (*ugs.*) rubbish

die **Quelle, -n** source

quellen (quillt), quoll, ist gequollen to gush, stream

quietschend squeaking, squealing

die **Quittung, -en** receipt

das **Quiz, -** quiz

R

die **Rache** revenge

das **Rad, ⸚er** wheel; bicycle

radfahren (fährt Rad), fuhr Rad, ist radgefahren to ride a bicycle

das **Radieschen, -** radish

das (*südd., österr., schweiz.* der) **Radio, -s** radio

raffiniert ingenious(ly); refined

ragen to loom, tower

der **Rand, ⸚er** edge
die **Rangfolge** order of dominance
der **Rangkampf, ⸚e** fight for dominance
die **Rangordnung, -en** order of rank, ranking
rasch quick(ly), rapid(ly)
der **Rasen, -** grass; lawn
rasen, ist gerast to race
die **Rasiercreme, -s** shaving creme
sich **rasieren** to shave
das **Rasierzeug** shaving things
die **Rasse, -n** race; breed
rasseln to rattle
der **Rassehund, -e** pedigreed dog
das **Rassenvorurteil** racial prejudice
der **Rat,** *Pl.* **Ratschläge** (piece of) advice
raten (rät), riet, hat geraten (+ *Dat.*) to advise
das **Rathaus, ⸚er** city hall
der **Ratschlag, ⸚e** piece of advice
das **Rätsel, -** puzzle
rauben: jmdm. etw. rauben to rob sb. of sth.
der **Räuber, - /** die **Räuberin, -nen** robber
die **Raubkatze, -n** wild cat
das **Raubtier, -e** predator
der **Rauch** smoke
rauchen to smoke
räudig mangy
rauf und runter (herauf und herunter) up and down
raufkommen (heraufkommen), kam rauf, ist raufgekommen to come up
der **Raum, ⸚e** room, space, area
räumen to clear (away), clean
die **Raumfahrt** space travel
die **Raupe, -n** caterpillar
rausragend (herausragend) rising out, towering out
rausschauen (herausschauen) (*trenn.*) to look out
reagieren (auf + *Akk.*) to react (to)
die **Reaktion, -en** reaction
realisieren to realize, achieve, bring about
realistisch realistic(ally)
die **Realität, -en** reality
die **Rechenschaft** account; **jmdn. für etw. zur Rechenschaft ziehen** to bring sb. to account for sth.
rechnen to calculate; to estimate
der **Rechner, -** calculator
die **Rechnung, -en** bill
recht right; **recht haben** to be right; **jmdm. recht sein** to be all right with sb.
das **Recht, -e** law; right
sich **rechtfertigen (vor +** *Dat.*) to justify oneself (to)
rechts (on the) right
der **Rechtsanwalt, ⸚e /** die **Rechtsanwältin, -nen** lawyer
die **Redaktion, -en** editorial staff
das **Redaktionsteam, -s** editorial team
die **Rede, -n** speech
reden to speak; to say
reflektieren to reflect

das **Reflexivverb, -en** reflexive verb
die **Reformationszeit** Reformation era
das **Regal, -e** (set of) shelves
die **Regel, -n** rule
regelmäßig regular(ly)
der **Regen, -** rain
sich **regen** to move, stir
der **Regenbogen, -** rainbow
der **Regenmantel, ⸚** raincoat
registriert registered
regnen to rain
das **Reh, -e** roe deer
das **Rehkitz, -e** fawn
reiben, rieb, hat gerieben to rub
reich rich
das **Reich, -e** empire, realm
reichen (+ *Dat. od.* + **für**) to be enough; **jetzt reicht's mir aber!** now I've had enough
der **Reichtum** wealth
die **Reihe, -n** row
reihen to string
die **Reihenfolge, -n** order, sequence
der **Reim, -e** rhyme
sich **reimen (auf +** *Akk.*) to rhyme (with)
rein pure(ly)
reinspringen, sprang rein, ist reingesprungen to jump in
der **Reis** rice
die **Reise, -n** trip
die **Reiseanzeige, -n** travel ad
das **Reisen** traveling
reisen, ist gereist to travel
der/die **Reisende, -n** (*adj. Dekl.*) traveler
der **Reisepaß,** *Pl.* **Reisepässe** passport
der **Reisescheck, -s** traveler's check
die **Reisetasche, -n** travel bag
das **Reisewörterbuch, ⸚er** travel dictionary
das **Reiseziel, -e** destination
reißen, riß, hat/ist gerissen to rip, tear
reiten, ritt, ist/hat geritten to ride
der **Reiterhof, ⸚e** equestrian facility
der **Reitunterricht** riding instruction/lessons
der **Reitweg, -e** bridle path
die **Reklame, -n** advertising; publicity; ad
das **Reklameplakat, -e** advertising poster
das *od.* der **Reklameposter, -** advertising poster
der **Rekordhalter, -** record holder
relativ relative(ly)
die **Religion, -en** religion
religiös religious(ly)
rennen, rannte, ist/hat gerannt to run, race
die **Renovation, -en** renovation
renovieren to renovate
die **Renovierung, -en** renovation
der **Rentner, - /** die **Rentnerin, -nen** pensioner
die **Reparatur, -en** repair
die **Reparaturwerkstatt,** *Pl.* **Reparaturwerkstätten** repair shop
die **Reportage, -n** report
repräsentieren to represent
das **Reptil, -ien** reptile

die **Republik, -en** republic
der **Respekt** respect; **Respekt vor** (+ *Dat.*) **haben** to have respect for
respektieren to respect
respektlos disrespectful(ly)
die **Respektlosigkeit** disrespect
respektvoll respectful(ly)
der **Rest, -e** rest, balance, remainder
das **Restaurant, -s** restaurant
die **Restaurierung, -en** restoration
das **Restguthaben, -** remaining (credit) balance
das **Resultat, -e** result
resultierend resulting
retten to save
die **Rettungsmethode, -n** rescue method
das **Rezept, -e** recipe; prescription
rezeptfrei prescription-free
der **Rhein** Rhine
die **Rheinebene, -n** Rhine plain
die **Rheingrenze, -n** Rhine border
Rheinland-Pfalz the Rhineland-Palatinate
der **Rhythmus,** *Pl.* **Rhythmen** rhythm
sich **richten (nach)** to follow; to comply (with), to adhere (to)
richtig right(ly), correct(ly)
die **Richtigkeit** correctness
die **Richtung, -en** direction
riechen, roch, hat gerochen (nach) to smell (of)
der **Riese, -n** (*schwach*) / die **Riesin, -nen** giant
der **Riesencomputer, -** giant computer
riesengroß gigantic
der **Riesenschnuller, -** giant pacifier
der **Riesenschrank, ⸚e** huge cabinet
riesig gigantic, huge, enormous(ly); vast(ly)
der **Rinnstein, -e** gutter (of a street)
das **Risiko,** *Pl.* **Risiken** (*österr.* **Risken**) risk
der **Riß,** *Pl.* **Risse** crack
der **Ritter, -** knight
der **Ritus,** *Pl.* **Riten** rite
ritzen (in + *Akk.*) to scratch (into); to carve (into)
der **Rivale, -n** (*schwach*) / die **Rivalin, -nen** rival
die **Robbe, -n** seal
robust robust(ly)
der **Rock, ⸚e** skirt
das **Rockkonzert, -e** rock concert
roh raw, uncooked; rough(ly), coarse(ly)
die **Rolle, -n** role
rollen, ist gerollt to roll
das **Rollenspiel, -e** role play
der **Rollentausch, -e** exchange of roles
das **Rollo, -s** (roller) blind, window shade
das **Rollschuhlaufen** rollerskating
der **Rollstuhl, ⸚e** wheelchair
die **Rolltreppe, -n** escalator
die **Romanik** Romanesque (period)
romanisch Romanesque
romantisch romantic(ally)
der **Römer, - /** die **Römerin, -nen** Roman (*person*)
römisch Roman

die **Rose, -n** rose
rot red
das **Rote Kreuz: Rotes Kreuz** Red Cross
der **Rottweiler, -** Rottweiler (*dog*)
die **Routine, -n** routine
der **Rücken, -** back
die **Rückfahrt, -en** return trip
rückgängig machen to cancel; to break off; to return
der **Rückhalt** support, backing
die **Rückkehr** return
der **Rucksack, ⁼e** backpack
der **Rückspiegel, -** rearview mirror
rückwärts backwards
der **Rudersport** rowing
rufen, rief, hat gerufen to call
die **Ruhe** silence; (peace and) quiet; **in Ruhe lassen** to leave alone/in peace
ruhen to rest
der **Ruhetag, -e** *day when a business is closed*
ruhig quiet(ly)
rühren to stir; to move
rund round
die **Runde, -n** circle; round; (track) lap
runden to round off; **sich runden** to become round
runzelig wrinkled
der **Rüssel, -** snout; trunk
(das) **Rußland** Russia

S

sachdienlich useful, helpful
die **Sache, -n** thing; matter
(das) **Sachsen** Saxony
der **Sack, ⁼e** sack
der **Saft, ⁼e** juice
die **Säge, -n** saw
sagen to say
die **Sägespäne** (*Pl.*) wood shavings
die **Sahne** whipped cream
die **Saison, -s** season
der *od.* das **Sakko, -s** jacket
die **Salami, -(s)** salami
der **Salat, -e** salad
die **Salatschüssel, -n** salad bowl
das **Salz** salt
Samarkand *city in the republic of Uzbek*
sammeln to collect
der **Sammelordner, -** collection file
der **Samstag, -e** Saturday; **samstags** (*Adv.*) (on) Saturdays
der **Samt, -e** velvet
der **Sand** sand
der **Sandhaufen, -** sand pile
der **Sandkuchen, -** sand cake (*made with Madeira, an amber-colored wine*)
der *od.* das **Sandwich, -(e)s** sandwich
sanft gentle, gently; soft(ly)
der **Sänger, -** / die **Sängerin, -nen** singer
sanitär sanitary; sanitarily
der **Sarg, ⁼e** coffin
der **Satin, -s** satin
satirisch satirical(ly)
der **Satz, ⁼e** sentence
der **Satzteil, -e** part of a sentence

sauber clean
die **Sauerei, -en** scandal; mess
der **Sauerstoff** oxygen
die **Sauerstoffpumpe, -n** oxygen pump
die **Sauerstoffversorgung** oxygen supply
saufen (säuft), soff, hat gesoffen to drink (like an animal); to booze
das **Säugetier, -e** mammal
säumen to hem
sausen to roar; to buzz
schäbig shabby
(das) **Schach** chess
das **Schachbrett, -er** chessboard
die **Schachfigur, -en** chess piece; chessman
schade: das/es ist schade! that's/it's a pity!
die **Schädelform, -en** skull form
schaden (+ *Dat.*) to damage, harm
der **Schaden, ⁼** damage
schädlich harmful
der **Schäferhund, -e** German shepherd
das **Schaffell, -e** sheepskin
schaffen, schuf, hat geschaffen to create
schaffen to manage, accomplish
der **Schalter, -** window; counter
die **Schar, -en** swarm; horde; crowd
scharf sharp(ly)
der **Schatz, ⁼e** treasure
schätzen (auf + *Akk.*) to guess, estimate (at)
das **Schaubild, -er** chart, diagram
schauen (auf + *Akk.*) to look at
der **Schauer, -** (rain) shower
schaufeln to shovel, dig
das **Schaufenster, -** display window
der **Schaufensterbummel, -** window shopping stroll
die **Schaufensterdekoration, -en** decoration in display window
die **Schaufensterpuppe, -n** mannequin
die **Schaukel, -n** swing
schaukeln to swing
das **Schaukelpferd, -e** rocking horse
das **Schauspiel, -e** drama; play
der **Schauspieler, -** / die **Schauspielerin, -nen** actor/actress
das **Schauspielhaus, ⁼er** playhouse, theater
die **Scheibe, -n** slice
scheinbar apparent(ly); seemingly
scheinen, schien, hat geschienen to seem; to appear
schellen to ring
schenken to give (as a present)
scheu shy(ly)
Schiausflug *Siehe* **Skiausflug.**
die **Schicht, -en** shift; layer
schicken to send
das **Schicksal, -e** fate, destiny
schieben, schob, hat geschoben to push; to wheel; to shove; **sich schieben** to push (one's way)
schielen to squint; to steal a glance
das **Schifahren** *Siehe* **Skifahren.**
Schi fahren *Siehe* **Ski fahren.**
das **Schiff, -e** ship
das **Schigebiet, -e** *Siehe* **Skigebiet.**

der **Schikurs, -e** *Siehe* **Skikurs.**
schildern to portray, describe
die **Schildkröte, -n** tortoise
der **Schilehrer** *Siehe* **Skilehrer.**
der **Schirm, -e** umbrella
der **Schirmstock, ⁼e** umbrella handle
der **Schitag, -e** *Siehe* **Skitag.**
schlafen (schläft), schlief, hat geschlafen to sleep
die **Schlafmütze, -n** sleeping cap
schläfrig sleepy; sleepily
der **Schlafsack, ⁼e** sleeping bag
schlagen (schlägt), schlug, hat geschlagen to hit; to beat; to strike
der **Schlagersänger, -** / die **Schlagersängerin, -nen** pop singer
die **Schlange, -n** snake; **Schlange stehen** to stand in line
schlank slim, slender
schlappen to shuffle; to lap (up)
schlecht bad(ly); poor(ly)
schleichen, schlich, ist geschlichen to creep; to sneak
(das) **Schlesien** Silesia
schlesisch Silesian (*adj.*)
schließen, schloß, hat geschlossen to close
schließlich finally; in the end
das **Schlimmste** the worst part/thing
das **Schlittschuhlaufen** ice skating
das **Schloß**, *Pl.* **Schlösser** castle, palace
der **Schluß**, *Pl.* **Schlüsse** end; conclusion; **zum Schluß** finally, at the end, in conclusion
der **Schlüssel, -** key
der **Schlüsselanhänger, -** key chain
schmal, schmäler, schmälst- narrow; slim
schmatzen to smack one's lips
schmecken (nach) to taste (of); **das/es schmeckt** that/it tastes good
der **Schmerz, -en** pain
der **Schmetterling, -e** butterfly
der **Schmuck** jewelry
schmusen to cuddle
der **Schmutz** dirt
schmutzig dirty
schnappen (*Dat.***)** to snap (at); **schnappen, ist geschnappt** to spring up (with a snap)
der **Schnaps, ⁼e** liquor, spirits
die **Schnapsflasche, -n** bottle of liquor
schnaufen to puff, pant
die **Schnauze, -n** muzzle; snout; nose
die **Schnecke, -n** snail
der **Schnee** snow
der **Schneider, -** / die **Schneiderin, -nen** tailor; dressmaker
schneien to snow
schnell fast; quick(ly)
schnellen, ist geschnellt (aus; in + *Akk.***)** to shoot (out of; into); **schnellen, hat geschnellt** to send flying
der **Schnick-schnack** trinkets
der **Schnitt, -e** piece; cut; section
schnitzen to carve
der **Schnupfen, -** (head) cold

die **Schnur, ⸚e** piece of string
der **Schnurrbart, ⸚e** mustache
der **Schnürschuh, -e** lace-up shoes
schnurstracks straight
der **Schock, -s** shock
die **Schokolade, -n** chocolate
der **Schokoladenkuchen, -** chocolate cake
schon already
die **Schönheit, -en** beauty
der **Schoß, ⸚e** lap
schräg slanted
der **Schrank, ⸚e** (freestanding) closet; armoire; cupboard
schrecklich terrible, terribly; horrible, horribly
die **Schreibaktivität, -en** writing activity
schreiben, schrieb, hat geschrieben (**an** + *Akk.*) to write (to)
das **Schreibthema, *Pl.* Schreibthemen** writing topic/theme
der **Schreibtisch, -e** desk
schreien, schrie, hat geschrie(e)n to scream; to yell
der **Schreihals, ⸚e** bawling child
die **Schrift, -en** script (system); text; Scripture
schriftlich in writing
die **Schriftsprache, -n** written language
der **Schriftsteller, -** / die **Schriftstellerin, -nen** writer
der **Schritt, -e** step
schrittweise step by step
die **Schublade, -n** drawer
schüchtern shy, timid
der **Schuh, -e** shoe
der **Schuhmacher, -** / die **Schuhmacherin, -nen** shoemaker
der **Schuhverkäufer, -** / die **Schuhverkäuferin, -nen** shoe salesperson
die **Schularbeit, -en** schoolwork
die **Schulaufgabe, -n** school assignment; homework
die **Schuld** guilt; blame; fault
das **Schuldgefühl, -e** feeling of guilt
schuldig guilty; guiltily
die **Schule, -n** school
der **Schüler, -** / die **Schülerin, -nen** pupil; *student in a school other than a college or university*
der **Schulfreund, -** / die **Schulfreundin, -nen** school friend
der **Schulkamerad, -en** / die **Schulkameradin, -nen** schoolmate
das **Schulkind, -er** schoolchild
das **Schulkochbuch, ⸚er** school cookbook
der **Schultag, -e** school day
die **Schulter, -n** shoulder
das **Schulterblatt, ⸚er** shoulder blade
die **Schultüte, -n** *large paper cone of sweets given to a child on the day he/she starts school*
der **Schulunterricht** school lessons
die **Schuppe, -n** scale, flake
die **Schürze, -n** apron
der **Schuß, *Pl.* Schüsse** shot
die **Schüssel, -n** bowl

der **Schuster, -** shoemaker, cobbler
der **Schutz** (**vor** + *Dat.*; **gegen**) protection; refuge (from; against)
schützen to protect
schwach weak(ly)
schwanken, ist/hat geschwankt to sway; to rock; to roll; to swing
der **Schwanz, ⸚e** tail
schwänzen to skip, cut (*class*)
schwarz black
der **Schweif, -e** tail
schweigen, schwieg, hat geschwiegen to keep quiet; to say nothing
das **Schwein, -e** pig
das **Schweinchen, -** piglet, little pig, piggy
die **Schweinegeschichte, -n** pig story
der **Schweinekörper, -** pig body
der **Schweineverkauf** sale/selling of pigs
die **Schweiz** Switzerland
der **Schweizer, -** / die **Schweizerin, -nen** Swiss (*person*)
schwer hard, difficult; heavy
die **Schwere** weight
das **Schwert, -er** sword
die **Schwester, -n** sister
schwierig difficult
die **Schwierigkeit, -en** difficulty
schwimmen, schwamm, ist/hat geschwommen to swim
schwimmend swimming, floating
die **Schwimmhaut, ⸚e** web (*of a webbed foot*)
sich **schwingen, schwang, hat geschwungen** to swing oneself; to jump
schwören, schwor, hat geschworen to swear
der **See, -n** lake
die **See, -n** sea
seelisch mental(ly)
die **Seenplatte, -n** lakeland
der **Seetang** seaweed
segeln to sail
sehen (sieht), sah, hat gesehen to see
sehenswürdig worth seeing
sich **sehnen (nach)** to long (for)
die **Sehnsucht (nach)** longing, yearning (for)
sehr very
das **Sehvermögen** (sense of) sight
die **Seide, -n** silk
das **Seidenkleid, -er** silk dress
die **Seife, -n** soap
sein his
sein (ist), war, ist gewesen to be
seit (+ *Dat.*) since, for (*time span*); **seit wann** since when
seitdem since; since then
die **Seite, -n** side; page
die **Sektionsratsgattin, -nen** wife of a departmental councillor
der **Sektkühler, -** champagne cooler
selbst I myself; you yourself; he himself; we ourselves; you yourselves; they themselves; even; **selbst wenn** even when
selbständig independent(ly)
die **Selbsteinschätzung** self-assessment

der **Selbsthaß** self-hatred
die **Selbstjustiz** self-administered justice
die **Selbstlosigkeit** selflessness
das **Selbstmitleid** pity
der **Selbstmord, -e** suicide
die **Selbstsüchtigkeit** selfishness
selbstverständlich natural(ly); of course
selten seldom; rare(ly)
seltsam strange(ly), odd(ly), peculiar(ly)
der **Senf, -e** mustard
der **Senior, -en** (*schwach*) / die **Seniorin, -nen** senior (*citizen*)
die **Sensation, -en** sensation
sensationell sensational
der **Sensationsbericht, -e** sensational report
der **Sensationsreporter, -** / die **Sensationsreporterin, -nen** reporter of sensational news
sensibel sensitive(ly)
sensorisch sensory
der **September** September
die **Sequenz, -en** sequence
seriös serious(ly)
servieren to serve
setzen to place, put, set; **sich setzen** to sit down
seufzen to sigh
der **Sex-Appeal** sex appeal
sexuell sexual(ly)
'sgott! *Siehe* **grüssen: grüß Gott!**
die **Shorts** (*Pl.*) shorts
der **Showstar, -s** showstar
sicher certain; safe, secure
sicherlich certainly
sicherstellen (*trenn.*) to impound; to seize; to confiscate; to guarantee
die **Sicherung, -en** safeguarding, protection
sichten to sight
sieben seven
sieben to sift
die **Sie-Form** form with **Sie** (*formal "you"*)
siegen to win, be victorious
der **Sinn, -e** sense; meaning; **dem Sinn nach** according to the meaning; **im Sinn** in mind; **in den Sinn kommen** to come to mind
das **Sinnbild, -er** symbol
sinnvoll sensible; sensibly
die **Sitte, -n** custom
die **Situation, -en** situation
der **Sitz, -e** seat
sitzen, saß, hat gesessen to sit
die **Sitzung, -en** meeting; sitting; session
skandalös scandalous(ly)
das **Skelett, -e** skeleton
der **Ski, -er** *od.* **-** ski; **Ski fahren** to ski, go skiing
das **Skifahren** skiing
das **Skigebiet, -e** ski area
die **Skijacke, -n** ski jacket
der **Skikurs, -e** ski course
der **Skilehrer, -** / die **Skilehrerin, -nen** ski instructor
die **Skimütze, -n** ski cap
der **Skitag, -e** ski day
das **Skiwachs** ski wax
skizzieren to sketch; to outline

der **Slang** slang
der **Sliwowitz** *type of plum brandy*
der **Slogan, -s** slogan
der *od.* das **Small talk** small talk
der **Smoking, -s** dinner jacket; tuxedo
die **Smoking-Hose, -n** (pair of) tuxedo pants
so so; like this/that; in that way
sobald (*Konj.*) as soon as
die **Socke, -n** sock
das **Sofa, -s** sofa
sofort immediately
sogar even
sogenannt so-called
der **Sohn, ‥e** son
solang(e) as long as
solch ein such a
solche (*Pl.*) such
solide (*österr.* **solid**) solid(ly)
sollen (**soll**), **sollte, hat gesollt** to be supposed to
der **Sommer, -** summer
der **Sommermantel, ‥** summer coat
sommers (in the) summers
sondern but (rather)
der **Sonnabend, -e** Saturday; **sonnabends** (*Adv.*) (on) Saturdays
die **Sonne, -n** sun
die **Sonnenbrille, -n** (pair of) sunglasses
der **Sonnenstrahl, -en** sun ray; (sun / beach) umbrella
der **Sonnenschirm, -e** (sun / beach) umbrella
sonnig sunny
der **Sonntag, -e** Sunday; **sonntags** (*Adv.*) (on) Sundays
die **Sonntagsbeilage** Sunday supplement
sonst otherwise
sonstig- other, further; **Sonstiges** miscellaneous
sooft (*Konj.*) as often as, whenever
die **Sorge, -n** worry; care
sorgen (**für**) to take care (of), to care (for); **sich sorgen** (**um**) to worry (about)
sorgsam careful(ly)
die **Sorte, -n** sort, kind, type
soviel as much as
soweit as far as
sowie (*Konj.*) as well as, as soon as
sowohl ... als (*od.* **wie**) **auch ...** ... as well as ...
die **Sozialdemokratie** social democracy
sozialkulturell social-cultural(ly)
die **Sozialleistung, -en** social welfare benefit
der **Spalt, -e** opening; crack
die **Spalte, -n** crack; column (*of printed text*)
spannend exciting
die **Spannung** excitement, suspense
sparen to save
die **Sparkasse, -n** savings bank
spartanisch spartan
der **Spaß** fun; **Spaß haben: ich hatte viel Spaß** I had a lot of fun; **Spaß machen: Deutsch macht Spaß**

German is fun; **jmdm. Spaß machen: Tanzen macht mir Spaß** I have fun dancing, I like to dance; **zum Spaß** for fun
spät late
später later
spätestens at the latest
spätnachmittags (in the) late afternoons
der **Spatz, -en** (*schwach*) sparrow
spazierengehen, ging spazieren, ist spazierengegangen to take a walk
der **Spaziergang, ‥e** walk, stroll
der **Spazierstock, ‥e** walking stick
der **Speck** bacon
die **Speise, -n** dish; food
speisen to eat, dine
das **Speiseöl, -e** cooking oil
der **Speisewagen, -** dining car
die **Spekulation, -en** speculation
spekulieren (**über** + *Akk.*) to speculate (about)
die **Spende, -n** donation
das **Spendenkonto** *Pl.* **Spendkonten** *od.* **-s** donations account
das **Spezialgebiet, -e** special area
der **Spezialist, -en** (*schwach*) / die **Spezialistin, -nen** specialist
die **Spezialität, -en** specialty
das **Spezialvogelfutter** special bird feed
spezifisch specific(ally)
der **Spiegel, -** mirror
das **Spiegelbild, -er** reflection
das **Spiegelchen, -** little mirror
das **Spiel, -e** game; play
spielen to play
der **Spieler, -** / die **Spielerin, -nen** player
der **Spielkamerad, -en** (*schwach*) / die **Spielkameradin, -nen** playmate
der **Spielplatz, ‥e** playground
die **Spielwaren** (*Pl.*) toys
das **Spielwarengeschäft, -e** toy store
das **Spielzeug** toy; toys
die **Spielzeugfabrik, -en** toy factory
der **Spion, -e** spy; spyhole; telltale mirror
die **Spirituose, -n** spirits, liquor
die **Spitze, -n** top; point, tip
spontan spontaneous(ly)
der **Sport** sports
die **Sportart, -en** type of sport
die **Sportveranstaltung, -en** sports organization/event
die **Sprache, -n** language; **zur Sprache kommen** to come up (in conversation)
die **Sprachkenntnisse** (*Pl.*) knowledge of a language/languages
der *od.* das **Spray, -s** spray
die **Sprechblase, -n** speech bubble
sprechen (**spricht**), **sprach, hat gesprochen** (**über** + *Akk.*; **von**) to speak (about; of)
das **Sprechenlernen** learning to speak
das **Sprichwort, ‥er** proverb
springen, sprang, ist gesprungen to jump
der **Sprung, ‥e** jump; leap
spucken to spit
spülen to flush (*the toilet*); **Geschirr spülen** to do the dishes

die **Spülung, -en** flush (of the toilet)
die **Spur, -en** track; trace; clue; sign
spüren to sense
der **Staat, -en** state
der **Staatenbund, ‥e** confederation
staatlich state-owned, of the state
die **Staatsangehörigkeit, -en** nationality
die **Stabilität** stability
die **Stadt, ‥e** city
stadtbekannt well-known in the town/city
das **Stadtbild, -er** townscape, cityscape
der **Stadtbus, -se** city bus
das **Stadtgartenamt, ‥er** municipal park/garden authority
das **Stadtleben** city life
die **Stadtleute** (*Pl.*) city people
das **Stadtmagazin, -e** city magazine
der **Stadtplan, ‥e** city map
der **Stadtrand** outskirts of a city/town
das **Stadttor, -e** city gate
die **Stadtwohnung, -en** city apartment
das **Stadtzentrum,** *Pl.* **Stadtzentren** city center, center of town
das **Stakkato, -s** *od. Pl.* **Stakkati** staccato
der **Stammbaum, ‥e** family tree; pedigree
(das) **Standarddeutsch** standard German
die **Standgebühr, -en** stand fee (*for occupying a certain place/space*)
ständig constant(ly)
der **Standort, -e** position
der **Standpunkt, -e** standpoint
(sich) **stapeln** to pile up
stark strong(ly)
starren to stare
stattdessen instead (of this)
stattfinden, fand statt, hat stattgefunden to take place
die **Statue, -n** statue
die **Statur, -en** stature
das **Staubsaugerproblem, -e** vacuuming problem
(sich) **stauen** to dam (up)
staunen (**über** + *Akk.*) to be amazed (at)
der **Steckbrief, -e** description (of a wanted person); "wanted" poster; personal details
die **Steckdose, -n** socket; electrical outlet
stecken to put, stick
stehen, stand, hat (*südd., schweiz., österr.* **ist**) **gestanden** to stand; **das/es steht mir gut** that/it looks good on me; that/it suits me
stehenbleiben, blieb stehen, ist stehengeblieben to remain standing
stehenlassen (**läßt stehen**), **ließ stehen, hat stehengelassen** to leave standing
stehlen (**stiehlt**), **stahl, hat gestohlen** to steal
steif stiff(ly)
steifgestärkt stiffly starched
steigen, stieg, ist gestiegen to climb
sich steigern to intensify, go up, increase
die **Steigerung, -en** intensification; increase
der **Stein, -e** stone
die **Stelle, -n** place; position; **an meiner Stelle** in my position

stellen to place, put; **eine Frage
stellen** to pose a question
das **Stellengesuch** "job wanted" ad
die **Stellung, -en** position; posture
stemmen to brace; **sich stemmen (gegen)**
to brace oneself (against); to resist
der **Stempel, -** stamp
das **Stempelkissen, -** stamp pad
stempeln to stamp
sterben (stirbt), starb, ist gestorben to die
stereotypisch stereotypical(ly)
der **Stern, -e** star
das **Sternchen, -** little star
die **Stetigkeit** constancy
die **Steuer, -n** tax
steuerlich for tax purposes
der **Stich, -e** stab; sting
das **Stichwort, -er** key word
stichwortartig in key words
der **Stiefel, -** boot
stiften to found, establish; to cause, create;
to bring about
der **Stil, -e** style
still silent(ly); still
das **Stilmittel, -** stylistic devices
die **Stimme, -n** voice
stimmen to be right, correct; **das stimmt**
that's right; that's all right, keep the
change
die **Stimmung, -en** mood
der **Stimmzettel, -** ballot
der **Stock, -e** stick
stockbesoffen totally drunk
der **Stoff, -e** material; stuff
das **Stofftier, -e** stuffed animal (toy)
stöhnen to moan, groan
stoppen to stop
störend disturbing(ly)
die **Störung, -en** disturbance
stoßen (stößt), stieß, hat gestoßen to
push; to punch; to kick
das **Stövchen, -** (teapot etc.) warmer
der **Straftäter, -** offender; criminal
strahlen to beam; **über das ganze Gesicht
strahlen** to beam all over one's face
strahlend shining, beaming, bright
der **Strand, -e** beach
die **Strandhaubitze: voll wie eine Strandhaubitze sein** to be totally drunk
der **Strang, -e** rope
die **Straße, -n** street
die **Straßenbahn, -en** streetcar
das **Straßencafé, -s** sidewalk café
der **Straßenverkehr** traffic
die **Strecke, -n** stretch; distance
das **Streckennetz, -e** route network
streichen, strich, hat gestrichen to paint;
to stroke
das **Streifenhörnchen, -** chipmunk
sich **streiten, stritt, hat gestritten** to
quarrel
streng strict(ly); severe(ly)
der **Streß** stress; **im Streß sein** to be
under stress
stricken to knit
die **Strickjacke, -n** cardigan (sweater)

die **Strickwolle, -n** knitting wool
das **Strickzeug** knitting things
der **Strom** electricity, electrical power
strömen, ist geströmt to stream; to pour;
to flow
die **Strophe, -n** stanza
der **Strumpf, -e** stocking
die **Strumpfhose, -n** (pair of) tights
das **Stück, -e** piece; play
das **Stückchen, -** little piece
der **Student, -en** (schwach) / die **Studentin,
-nen** student
das **Studentenleben** student life
das **Studentenzimmer, -** student room
die **Studienqualifikation, -en** academic
qualification
studieren to study
das **Studium, Pl. Studien** study (at a
college or university)
die **Stufe, -n** step; level
der **Stuhl, -e** chair
stumm silent(ly)
der **Stummfilm, -e** silent film
stumpf blunt(ly); dull
die **Stunde, -n** hour
stürmisch stormy
stürzen, ist gestürzt to fall, plunge,
plummet
die **Stütze, -n** support; prop
der **Stützpunkt, -e** base
das **Subjekt, -e** subject
das **Substantiv, -e** noun
die **Suche, -n (nach)** search (for)
suchen to look for, to search for
süchtig addicted
süddeutsch southern German
(das) **Süddeutschland** southern Germany
der **Süden** south
(das) **Südeuropa** southern Europe
süffig (very) drinkable
summen to buzz; to hum
die **Sumpfschildkröte, -n** swamp turtle
die **Sünde, -n** sin
der **Supermarkt, -e** supermarket
die **Suppe, -n** soup
süß sweet(ly)
die **Süßigkeit, -en** sweet, candy
das **Sweatshirt, -s** sweatshirt
das **Symbol, -e** symbol
symbolisch symbolic(ally)
symbolisieren to symbolize
sympathisch likable, congenial(ly)
die **Synagoge, -n** synagogue
das **Synonym, -e** synonym
SZ = Süddeutsche Zeitung
die **Szene, -n** scene

T

der **Tabak, -e** tobacco
die **Tabelle, -n** table, chart
das **Tablett, -s od. -e** tray
der **Tag, -e** day; **eines Tages** one day,
someday
tagaus, tagein day in, day out
das **Tagebuch, -er** diary
tagein: tagaus, tagein day in, day out

tagelang (lasting for) days
die **Tageszeit, -en** time of day
täglich daily
tagsüber during the day
der **Taillenumfang, -e** waist measurement
die **Taktik, -en** tactic
taktlos tactless(ly)
taktvoll tactful(ly)
das **Talent, -e** talent
talentiert talented
die **Tante, -n** aunt
der **Tanz, -e** dance
tanzen to dance
das **Tanzlokal, -e** bar/establishment with
dancing
die **Tarantel, -n** tarantula
der **Tarif, -e** charge; tariff
die **Tasche, -n** pocket; bag
die **Taschenbibel, -n** pocket bible
das **Taschenbuch, -er** pocket book
das **Taschenformat, -e** pocket size
das **Taschengeld** pocket money
der **Taschenkalender, -** pocket calendar
der **Taschenkamm, -e** pocket comb
die **Taschenlampe, -n** flashlight
der **Taschenmantel, -** coat that folds up
and fits in a pocket
das **Taschenmesser, -** pocketknife
das **Taschenradio, -s** pocket radio
der **Taschenrechner, -** pocket calculator
der **Taschenschirm, -e** telescopic umbrella
der **Taschenspiegel, -** pocket mirror
das **Taschentuch, -er** handkerchief
die **Tasse, -n** cup
der **Tastsinn** sense of touch
die **Tat, -en** deed, act
der **Täter, - / die Täterin, -nen** culprit
tätig active; **tätig sein** to work, be
employed
tätigen to transact
die **Tätigkeit, -en** activity
die **Tatsache, -n** fact
tatsächlich actual(ly); real(ly)
die **Taube, -n** pigeon
tauchen to dive
tauschen to exchange, swap
die **Tausende (Pl.)** thousands
der **Taxameter, -** taximeter
das **Taxi, -s** taxi
der **Taxifahrer, - / die Taxifahrerin, -nen**
cabdriver
die **Taxifahrt, -en** taxi trip
die **Taxi-Funk-Vermittlung** taxi radio
dispatch
der **Taxistand, -e** taxi stand
die **Technik, -en** technique
der **Techniker, - / die Technikerin, -nen**
technician
der **Teddybär, -en** (schwach) teddy bear
der **Tee, -s** tea
der **Teenager, -** teenager
die **Teetasse, -n** teacup
der **Teig, -e** dough
der **Teil, -e** part
der **Teilnehmer, - / die Teilnehmerin, -nen**
participant

das **Telefon, -e** telephone
die **Telefondirektwahl** (*telephone*) direct dial
telefonieren to (tele)phone
die **Telefonnummer, -n** (tele)phone number
die **Telefonzelle, -n** (tele)phone booth
das **Telegramm, -e** telegram
der **Teller, -** plate
der **Tempel, -** temple
das **Temperament, -e** temperament
das **Tempo, -s** pace
Tempo (wz)- **Taschentuch, ⁼er** Tempo® tissue
die **Tendenz, -en** tendency
das **Tennis** tennis
die **Tennissocke, -n** tennis sock
der **Teppich, -e** rug
der **Termin, -e** appointment
der **Terror** terrorism
der **Test, -s** *od.* **-e** test
teuer expensive(ly)
der **Text, -e** text
die **Textarbeit** work with *or* on a text
die **Textilien** (*Pl.*) textiles
die **Textsorte, -n** type of text
das **Theater, -** theater
die **Theaterkasse, -n** theater box office
die **Theatervorstellung, -en** theater performance
das **Thema,** *Pl.* **Themen** theme
das **Thermalbad, ⁼er** thermal bath
das **Theologenwort, -e** theologian's word
die **Theologie, -n** theology
die **These, -n** thesis
ticken to tick
tief deep(ly)
das **Tier, -e** animal
die **Tierart, -en** type of animal
der **Tierarzt, ⁼e** / die **Tierärztin, -nen** veterinarian
der **Tierfreund, -e** / die **Tierfreundin, -nen** friend of animals
der **Tierhimmel** animal heaven
das **Tierleben** animal life
die **Tierliebe** love of animals
der **Tierpark, -s** *od.* **-e** zoo, animal park
die **Tierpflege** care of animals
das **Tierrecht, -e** animal right
das **Tierreich, -e** animal kingdom
der **Tierschutz** animal protection
der **Tierversuch, -e** experiment on animals; animal testing
die **Tinte, -n** ink
der **Tip, -s** tip
der **Tisch, -e** table
die **Tischmanieren** (*Pl.*) table manners
die **Tischreservierung, en** table reservation
das **Tischtennis** table tennis
der **Titel, -** title
toben to romp about; to go wild
die **Tochter, ⁼** daughter
der **Tod** death
der **Todestag, -e** day of sb.'s death
die **Todsünde, -n** mortal sin
tolerant tolerant
toll mad, crazy, wild; fantastic, great

die **Tomate, -n** tomato
die **Tomatensoße, -n** tomato sauce
der **Ton, ⁼e** sound
der **Tonfilm, -e** sound film
die **Tonleiter, -n** scale (*music*)
die **Topologie** topology
das **Tor, -e** gate
die **Toreinfahrt, -en** entry gate
die **Tortilla, -s** tortilla
tot dead
total total(ly)
töten to kill
die **Totenstille** silence of death
der **Tourist, -en** (*schwach*) / die **Touristin, -nen** tourist
die **Tradition, -en** tradition
traditionell traditional(ly)
tragen (**trägt**)**, trug, hat getragen** to wear; to carry
die **Trägerschürze, -n** pinafore
tragisch tragic(ally)
die **Tragödie, -n** tragedy
der **Trainer, -** / die **Trainerin, -nen** trainer
trainieren to train
das **Training** training
die **Trainingsjacke, -n** training jacket
der **Traktor, -en** tractor
der **Traktor-Anhänger, -** tractor trailer
die **Transportbranche, -n** transport business
transportieren to transport
der **Traum, ⁼e** dream
träumen to dream
träumerisch dreamy; dreamily
die **Traumwäscherei, -en** dream laundry
traurig sad(ly)
treffen (**trifft**)**, traf, hat getroffen** to meet; **sich treffen** (**mit**) to meet (with)
der **Treffpunkt, -e** meeting point
treiben, trieb, hat getrieben to pursue; **Sport treiben** to go out for sports
der **Trendsetter, -** trendsetter
die **Treppe, -n** staircase; stairs
die **Treppenstufe, -n** stair
treten (**tritt**)**, trat, ist getreten** to step
die **Treue** loyalty
der **Trick, -s** trick
trickreich wily; artfully
trinken, trank, hat getrunken to drink
das **Trinkgeld** tip
trippeln, ist getrippelt to trip; to patter; to mince
trist dreary, dismal
das **Trittbrett, -er** step; running board
trocken dry
der **Trog, ⁼e** trough
der **Tropf, ⁼e: armer Tropf** (*ugs.*) poor fool
der **Tropfen, -** drop
der **Trott** trot
trotzdem nevertheless
trübsinnig melancholy; gloomy; gloomily
die **Truppe, -n** unit; troops; team
der **Truthahn, ⁼e** turkey
das **Tuch, ⁼er** cloth
die **Tulpe, -n** tulip

sich **tummeln** to romp (about); to splash about
tun, tat, hat getan to do
der **Tunnel, -** tunnel
die **Tür, -en** door
turbulent turbulent
der **Türgriff, -e** door handle
der **Türke, -n** (*schwach*) / die **Türkin, -nen** Turk
die **Türkei** Turkey
türkisch turkish
die **Turnhalle, -n** gymnasium
die **Tüte, -n** sack
der **Typ, -en** type
typisch typical(ly)

U

üben to practice
über (*Präp.* + *Akk. od. Dat.*) over; about
überall everywhere
überallhin (to) everywhere
überaus extremely
der **Überblick, -e** overall view; **den Überblick verlieren** to lose track
überfallen (**überfällt**)**, überfiel, hat überfallen** to attack; to hold up; to descend on
überfliegen, überflog, hat überflogen to skim (*through a text*)
überhaupt in general; **überhaupt nicht** not at all
überkommen, überkam, hat überkommen to overcome
überleben to survive
(sich [*Dat.*]) **überlegen** to think over, to consider
übernachten to stay overnight
überqueren to cross
überraschen to surprise
überreden to persuade
die **Überredung** persuasion
die **Überredungskunst** art of persuasion
das **Überredungsmittel** means of persuasion
übers = über das
die **Überschrift, -en** headline; heading
übersetzen to translate
die **Übersetzung, -en** translation
übersiedeln, ist übersiedelt (**nach**) to move (to)
übersprudeln to bubble over
überstehen, überstand, hat überstanden to come through; to get over; to withstand
der **Übertopf, ⁼e** outer pot
übertragbar transferable
übertreiben, übertrieb, hat übertrieben to exaggerate
überweisen, überwies, hat überwiesen to transfer; to refer
überzeugen: jmdn. von etw. überzeugen to convince sb. of sth.
überzeugend convincing
die **Überzeugung** convincing, persuasion; conviction
üblich usual; normal; customary
übrig remaining, left (over)

die **Übung, -en** exercise
die **Uhr, -en** clock; **um wieviel Uhr** (at) what time
der **Uhrmachermeister, -** / die **Uhrmachermeisterin, -nen** master watchmaker/ clockmaker
die **Uhrzeit, -en** time
umarmen to embrace
der **Umbau, -ten** rebuilding; reconstruction
umdrehen (*trenn.*) to turn around; **sich umdrehen** to turn oneself around; to turn one's head
die **Umfrage, -n** poll; questionnaire; **eine Umfrage machen** to take a poll
der **Umgang** contact; dealings
die **Umgangsformen** (*Pl.*) manners
die **Umgangssprache** colloquial language
umgeben (**umgibt**), **umgab, hat umgeben** to surround
umgedreht turned around, the other way around
umgehen, ging um, ist umgegangen to go around; to circulate
umgehen, umging, hat umgangen to evade, avoid, circumvent
umgekehrt reverse, opposite
umkommen, kam um, ist umgekommen to die; to get killed
umhängen to hang, drape (around)
der **Umlegekragen, -** turned-down collar
umranden to ring; to border
der **Umriß**, *Pl.* **Umrisse** outline
sich **umschauen** (*trenn.*) to look around
umschulen (*trenn.*) to transfer a child to another school; to retrain
der **Umstand, ⁼e** circumstance
umsteigen, stieg um, ist umgestiegen to change (trains); to transfer
umtauschen (*trenn.*) to exchange
die **Umwelt** environment
umweltfeindlich hostile to the environment
umweltfreundlich friendly to the environment
umweltschädlich harmful to the environment
der **Umweltschützer, -** / die **Umweltschützerin, -nen** environmentalist; conservationist
der **Umwelttag, -e** environmental awareness day
die **Umweltverschmutzung** environmental pollution
umziehen, zog um, ist umgezogen (**in** + *Akk.,* **nach**) to move (into, to)
der **Umzug, ⁼e** move; procession
die **Unabhängigkeit** independence
unangenehm unpleasant(ly)
unbändig boisterous; wild(ly)
unbedingt absolute(ly)
unbekannt unknown
unbezahlbar prohibitive(ly); expensive
und and; **und so weiter** (**usw.**) and so forth, et cetera (etc.)
undurchdringlich impenetrable; impenetrably; pitch-dark

die **Unehrlichkeit** dishonesty
unendlich unending(ly), endless(ly)
unerhört incredible; incredibly; tremendous(ly); unheard of
unerwünscht unwanted, unwelcome
unfair unfair(ly)
der **Unfall, ⁼e** accident
unfreundlich unfriendly
ungefähr approximate(ly), general(ly)
ungeformt unformed
ungeheuer enormous(ly), immense(ly), tremendous(ly)
ungern reluctantly; **etw. ungern tun** to dislike doing sth.
ungeschickt clumsy, awkward(ly)
unglaubhaft implausible
das **Unglück, -e** accident; mishap; misfortune
unglücklicherweise unfortunately
das **Unheil** disaster
unhöflich impolite(ly)
die **Uni, -s** *Kurzform von* **Universität**
die **Uniform, -en** uniform
uniformiert uniformed
die **Universität, -en** university
der **Universitätstag, -e** day at the university
die **Universitätsstadt, ⁼e** university city, college town
der **Unkenruf, -e** prophecy of doom
unklar unclear(ly)
unlogisch unlogical(ly)
unlösbar insoluble; not solvable
unmittelbar immediate(ly); direct(ly)
unmöglich impossible
unmoralisch immoral(ly)
unnormal abnormal(ly)
unnütz useless; pointless
das **Unnütze** (*adj. Dekl.*) (everything) useless
die **Unordnung** disorder
unpassend inappropriate(ly)
unrealistisch unrealistic(ally)
das **Unrecht: im Unrecht sein** to be (in the) wrong; **sich ins Unrecht setzen** to put oneself in the wrong; **zu Unrecht** wrongly
unregelmäßig irregular(ly)
unruhig restless(ly); anxious(ly)
unsanft rough; hard
unschuldig not guilty, innocent(ly)
unsensibel insensitive(ly)
unsereins the likes of us, our sort
unten down, below
unter (+ *Akk./Dat.*) under
unterbrechen (**unterbricht**), **unterbrach, hat unterbrochen** to interrupt
unterbringen, brachte unter, hat untergebracht to put (up); to place
sich **unterhalten** (**unterhält**), **unterhielt, hat unterhalten** to talk, converse
unterhaltend entertaining
unterhaltsam entertaining
die **Unterhaltszahlung, -en** maintenance payment
die **Unterhaltung** support; entertainment

unterheben, hob unter, hat untergehoben to fold in (*ingredients in food preparation*)
das **Unterhemd, -en** undershirt
die **Unterhose, -n** (pair of) underpants
die **Unterkunft, ⁼e** accommodation, lodging
unterlaufen (**unterläuft**), **unterlief, ist unterlaufen** to occur; to evade
unternehmen (**unternimmt**), **unternahm, hat unternommen** to undertake
der **Unterricht** instruction; class(es), lesson(s)
unterrichten to instruct, teach
sich **unterscheiden, unterschied, hat unterschieden** to differ
unterscheidbar distinguishable
die **Unterscheidung, -en** differentiation
der **Unterschied, -e** difference
unterschiedlich different, various
unterschreiben, unterschrieb, hat unterschrieben to sign
die **Unterschriftensammlung, -en** collection of signatures, petition
der **Untersetzer, -** mat; coaster
unterstreichen, unterstrich, hat unterstrichen to underline
unterstützen to support
die **Unterstützung** support
die **Unterwäsche** underwear
unterwegs on the way
die **Unterweisung, -en** instruction
untragbar unbearable; unbearably
untreu disloyal; untrue; unfaithful
untypisch untypical(ly); unusual(ly)
unverheiratet unmarried
unversehrt unscathed, unhurt
unvollständig incomplete
unwichtig unimportant
unwiderstehlich irresistible; irresistibly
die **Unzufriedenheit, -en** dissatisfaction
der **Uraltpreis, -e** very old (reasonable) price
das **Urenkelkind, -er** great-grandchild
der **Urlaub, -e** vacation; **auf Urlaub sein** to be on vacation; **in Urlaub gehen/fahren** to go on vacation
die **Urlaubsunterbringung, -en** vacation accommodation
ursprünglich original(ly)
urteilen to form an opinion
usw. = und so weiter etc. = et cetera, and so forth

V

die **Variante, -n** variant; variation
das **Varieté, -s** variety theater; variety show
der **Vater, ⁼** father
die **Verabredung, -en** date, appointment
sich **verabschieden** (**von jmdm.**) to say goodbye (to sb.), take leave (of sb.)
(sich) **verändern** to change
die **Veränderung, -en** change
veranlagt: (melancholisch) veranlagt sein to be of a (melancholy) disposition; **(künstlerisch) veranlagt sein** to be of an (artistic) bent

veranstalten to organize; to hold, give (a party)

die **Veranstaltung, -en** event

verantwortlich responsible, responsibly

die **Verantwortlichkeit, -en** responsibility

das **Verantwortungsbewußtsein** sense of responsibility

das **Verb, -en** verb

der **Verband, ⸚e** association

verbergen (verbirgt), verbarg, hat verborgen to hide, conceal

verbessern to improve

die **Verbesserung, -en** improvement; correction

sich **verbeugen (vor + Dat.)** to bow (to)

verbieten, verbat, hat verboten to forbid

verbinden, verband, hat verbunden to combine, connect

verblüffen to astonish, amaze

verblüfft astounded; dumbfounded; baffled

die **Verblüffung, -en** astonishment, amazement

das **Verbot, -e** ban

verboten forbidden

verbrauchen to consume

der **Verbraucher, - / die Verbraucherin, -nen** consumer

das **Verbrechen, -** crime

die **Verbreiterung, -en** widening

die **Verbreitung, -en** dissemination

verbrennen, verbrannte, ist verbrannt to burn; to burn to death

verbringen, verbrachte, hat verbracht to spend (time)

sich **verbünden** to form an alliance

die **Verbundenheit** closeness

der **Verdacht, -e od. ⸚e** suspicion

verdächtig suspicious(ly)

verderben (verdirbt), verdarb, hat verdorben to spoil, ruin

verdienen to earn

verehren to worship; to revere; to admire

vereinfacht simplified

vereinigen to unite, merge, bring together

die **Vereinigten Staaten** United States

die **Vereinigung** unification; **Vereinigung, -en** organization

verfahren (Adj.) muddled, dead-end (situation)

das **Verfahren, -** method; procedure, process

verfahren (verfährt), verfuhr, hat verfahren to use up (by driving around); (sich) **verfahren** to lose (one's) way

der **Verfall** decay, delapidation

verfolgen to pursue

die **Verfolgungsjagd, -en** pursuit; chase

verführen to tempt

verfüttern to feed; to use (up) food

vergangen (Adj.) past

die **Vergangenheit** past

vergeben (vergibt), vergab, hat vergeben: jmdm. etw. vergeben to forgive (sb. for sth.)

vergeblich futile, vain; in vain

vergehen, verging, ist vergangen (time:) to pass (by)

die **Vergeltung** repayment; revenge

vergessen (vergißt), vergaß, hat vergessen to forget

der **Vergleich, -e** comparison

vergleichen, verglich, hat verglichen to compare

das **Vergnügen, -** pleasure

vergnüglich amusing(ly), entertaining(ly)

vergnügt cheerful(ly); happy; happily

vergraben to bury

das **Vergrößerungsglas, ⸚er** magnifying glass

sich **vergucken (ugs.)** to fall for (coll.)

das **Verhalten** behavior

sich **verhalten (verhält), verhielt, hat verhalten** to behave; to react

das **Verhältnis, -se** relationship

verhaßt hated; detested

verheißungsvoll promising; full of promise

verheiratet married

verhindern to prevent

verhüten to prevent

verkaufen to sell

der **Verkäufer, - / die Verkäuferin, -nen** salesperson

der **Verkehr** traffic

die **Verkehrsbetriebe (Pl.)** transport services

der **Verkehrslärm** traffic noise

das **Verkehrsmittel, -** means of transportation

das **Verkehrsproblem, -e** traffic problem

das **Verkehrssystem, -e** traffic system

verkehrt wrong(ly); reversed

verkrustet crusted

verkünden to announce; to pronounce

verkürzen to shorten

die **Verkürzung** shortening; reduction

der **Verlag, -e** publishing house

(sich) **verlagern** to shift

verlangen to demand

verlangsamen to slow down

verlassen (verläßt), verließ, hat verlassen to leave (a place)

verleihen, verlieh, hat verliehen to hire out; to award

(sich) **verletzen** to injure (oneself), hurt (oneself)

verletzt injured, wounded

sich **verlieben (in + Akk.)** to fall in love (with)

verlieren, verlor, hat verloren to lose

verloren lost

sich **vermehren** to multiply, breed

die **Vermehrung, -en** reproduction; increase

vermeiden, vermied, hat vermieden to avoid

vermeintlich supposedly

vermischen to mix

vermissen to miss

vernehmen (vernimmt), vernahm, hat vernommen to hear; to question; to examine

verneinen to say no, answer negatively

die **Vernichtung, -en** extermination; destruction

vernünftig sensible, sensibly

veröffentlichen to publish

die **Veröffentlichung, -en** publication

das **Verpackungsmaterial, -ien** packing material

verpassen to miss (train, bus, etc.)

verpesten to pollute

verpflichten to oblige; to commit; to engage

verprügeln to beat up

verraten (verrät), verriet, hat verraten to betray; to give away; to show

die **Verrichtung** performance; carrying out (of chores); **Verrichtung, -en** (daily) chores

verringern to reduce

verrückt crazy, mad

verrühren to stir together, mix

der **Vers, -e** verse

versalzen to put too much salt in/on

versammeln to assemble; to gather (together)

die **Versandspesen (Pl.)** mail-order expenses

verschachtelt higgeldy-piggeldy

verschenken to give away

verschieden different

verschiedenartig diverse

verschlagen (Adj.) sly(ly); shifty, shiftily

verschlagen (verschlägt), verschlug, hat verschlagen (dial.) to wallop

verschlechtern to make worse

verschlossen (Adj.) taciturn, tight-lipped

verschmust cuddly (said of child or animal)

verschneit snow-covered

verschweigen, verschwieg, hat verschwiegen to conceal; to keep quiet

verschwinden, verschwand, ist verschwunden to disappear

versehen (versieht), versah, hat versehen to provide, to equip; to perform

versetzen to move; **jmdm. etw. versetzen** to give sb. sth.

versichern to assert, affirm

versinken, versank, ist versunken to sink

die **Version, -en** version

versorgen to supply; to provide

die **Versorgung** supplying; supporting

verspielen to spend playing; to gamble away; to waste

versprechen (verspricht), versprach, hat versprochen: jmdm. etw. versprechen to promise sb. sth.; **sich versprechen** to make a slip of the tongue

verständigen to notify, inform

das **Verständnis** understanding

verstauen to stow

das **Verstecken** hide-and-seek

(sich) **verstecken** to hide (oneself)

das **Versteckspiel, -e** game of hide-and-seek

verstehen, verstand, hat verstanden to understand

der **Versuch, -e** try, attempt; experiment
versuchen to try
die **Versuchung, -en** temptation
versüßen to sweeten
verteilen (auf, unter + *Akk.*) to distribute (over, among); **sich verteilen** to spread out, be distributed
die **Vertiefung, -en** deepening; strengthening
vertrauen auf (+*Akk.*) to trust, have confidence in; **sich** (*Dat.*) **selbst vertrauen** to have confidence in oneself; to trust in oneself
vertraut close, intimate; familiar
vertreten (vertritt), vertrat, hat vertreten to represent
der **Vertreter, -** / die **Vertreterin, -nen** representative
der **Vertrieb** sale; marketing
verüben to commit (*crime*)
verursachen to cause
vervollständigen to complete
die **Verwandlung, -en** transformation
verwandt related
der/die **Verwandte, -n** (*adj. Dekl.*) relation, relative
verwechseln to confuse
verwenden to use
verwirklichend realizing
verweigern to refuse
verwirrend confusing, bewildering
verwirrt (*Adj.*) confused; bewildered; tangled
verwitwet widowed
verwundern to astonish, amaze
verwirren to entangle, tangle; **sich verwirren** to get tangled up; to become confused
verwirrend bewildering
verwurzelt deeply rooted
die **Verzeihung** pardon; **Verzeihung!** excuse me!, sorry!
verzerren to distort
der **Verzicht, -e** renunciation; abandonment
verzichten (auf + *Akk.*) to do without, make sacrifices
verziehen, verzog, hat verzogen to twist
verzweifelt (*Adj.*) despairing; full of despair
die **Verzweiflung** despair
der **Vetter, -n** cousin
der **Videorecorder, -** video recorder
das **Videospiel, -e** video game
der **Videotext, -e** video text
viel much, a lot; **vielen Dank!** thanks a lot
viele many; **viele Grüße!** best wishes!
vielfältig many and diverse
die **Vielfältigkeit** variety, diversity
vielleicht maybe
vielmal(s): danke vielmals! thanks very much!
vielmehr much more
vielseitig many-sided
der **Vierbeiner, -** four-legged animal
vierköpfig (*family*) of four

viermal four times
vietnamesisch Vietnamese
die **Villa,** *Pl.* **Villen** villa
die **Viper, -n** viper
die **Visitenkarte, -n** visiting card
der **Vogel, ⁼** bird
das *od.* der **Vogelbauer, -** birdcage
das **Vogelfutter** bird feed
der **Vogelkäfig, -e** birdcage
die **Vokabel, -n** vocabulary (item, word)
die **Vokabelliste, -n** vocabulary list
das **Volk, ⁼er** folk, people
die **Völkerverständigung** international understanding
die **Volksbühne, -n** folk/popular stage
das **Volksmärchen, -** folktale
der **Volkswagen, -** Volkswagen
voll full; **voll wie eine Haubitze sein** to be drunk
vollaufen (läuft voll), lief voll, ist vollgelaufen to fill up; **sich vollaufen lassen** to get drunk
vollenden to complete, finish
voller full of
völlig fully
sich **vollschmieren** (*trenn.*) to get/smear all over oneself
vollständig complete
vom = von dem
von (*Präp. + Dat.*) from; by; of
vor (*Präp. + Akk. od. Dat.*) in front of; before; **vor allem** above all
voraus (*Präp. + Dat.*) in front of, ahead of
vorausgesetzt (daß) provided (that)
die **Voraussetzung, -en** assumption
vorbauen (*trenn.*) to make provision
vorbei past; by
vorbeifahren (fährt vorbei), fuhr vorbei, ist/hat vorbeigefahren to go/travel by; to drive by
vorbeifetzen (*trenn.*) to pass by rapidly, rush by
vorbeigehen, ging vorbei, ist vorbeigegangen to go by
vorbeikommen, kam vorbei, ist vorbeigekommen to come by
vorbeiziehen, zog vorbei, ist vorbeigezogen to pass, go past
(sich) **vorbereiten** (*trenn.*) to prepare (oneself)
die **Vorbereitungsklasse, -n** preparatory class
vorbeugend precautionary, bending forward
das **Vorbild, -er** model
vorbringen, brachte vor, hat vorgebracht to take up/forward; to say; to propose
der **Vordergrund, ⁼e** foreground
der **Vorfahr, -en** *od.* **Vorfahre, -n** (*schwach*) / die **Vorfahrin, -nen** ancestor
der **Vorfall, ⁼e** incident, occurrence
vorführen (*trenn.*) to bring forward
vorhaben (hat vor), hatte vor, hat vorgehabt to have planned
der **Vorhang, ⁼e** curtain

die **Vorhangstange, -n** curtain rod
vorher before
vorhergehend preceding, previous
vorhersagbar foreseeable; foreseeably
vorhin just now, a moment ago
vorig- last
vorkommen, kam vor, ist vorgekommen to happen, occur; **es kommt (mir) vor** it seems to (me)
(sich *Dat.*) **vorlesen (liest vor), las vor, hat vorgelesen** to read aloud (to oneself)
vorletzt- next to last
der **Vorname, -n** (*schwach*) first name
vornherein: von vornherein from the start
der **Vorrat, ⁼e** supply, stock
der **Vorschein: zum Vorschein bringen** to produce; to bring to light; **zum Vorschein kommen** to appear; to turn up; to come to light
der **Vorschlag, ⁼e** suggestion
vorschlagen (schlägt vor), schlug vor, hat vorgeschlagen to suggest
vorsichtig careful(ly)
die **Vorsorge** precautions
vorsorglich precautionary; as a precaution; to be on the safe side
die **Vorspeise, -n** appetizer
vorspielen (*trenn.*) to act out, perform
vorstehen, stand vor, hat vorgestanden to project, jut out
(sich) **vorstellen** to introduce (oneself); **sich** (*Dat.*) **vorstellen** to imagine
die **Vorstellung, -en** performance
der **Vorteil, -e** advantage
der **Vortrag, ⁼e** lecture; **einen Vortrag halten** to give a lecture
vorübergehen, ging vorüber, ist vorübergegangen to go/walk past; to walk/pass by
vorübergehend temporary; temporarily
das **Vorurteil, -e** bias; prejudice
vorwärts forward

W

wachsen (wächst), wuchs, ist gewachsen to grow; to rise
der **Wachtmeister, -** / die **Wachtmeisterin, -nen** patrol officer
die **Waffe, -n** weapon
die **Waffel, -n** waffle
der **Wagen, -** car; wagon
die **Wahl, -en** choice; vote; election
wählen to choose; to vote
wählerisch choosy
das **Wahlplakat, -e** campaign poster
der **Wahlzettel, -** ballot, voting slip
wahr true; **nicht wahr?** right? isn't that so?
wahren to preserve, maintain
während (*Präp. + Gen.*) during; (*Konj.*) while
die **Wahrheit, -en** truth
wahrnehmen (nimmt wahr), nahm wahr, hat wahrgenommen to perceive
wahrscheinlich probably
der **Wald, ⁼er** forest

die **Wand, ⁼e** wall
die **Wanderjacke, -n** hiking jacket
wandern to hike; to wander
wann when
die **Wanne, -n** tub
der **Waran, -e** monitor lizard
die **Ware, -n** goods, wares
warm warm(ly)
die **Wärme** warmth, heat
warten (auf + *Akk.*) to wait (for)
der **Warteraum, ⁼e** waiting room
die **Warteschlange, -n** waiting line
warum why
was what; **was für** what kind(s) of
das **Waschbecken, -** (wash) basin
die **Wäsche** laundry; underwear
waschen (wäscht), wusch, hat gewaschen to wash; **sich** (*Dat.*) **die Hände waschen** to wash one's hands
die **Waschgelegenheit, -en** washing facilities
die **Waschküche, -n** laundry room
das **Waschmittel, -** detergent
der **Waschraum, ⁼e** laundry area
das **Wasser** water
der **Wasserfall, ⁼e** waterfall
das **Wasserfest, -e** water festival
das **Wasserfloh, ⁼e** water flea
wässerig (*auch:* **wäßrig**) watery
die **Wasserleitung, -en** water pipe/main
der **Wassernapf, ⁼e** water bowl
die **WC-Tür, -en** door to the toilet
wechseln to change; to exchange
wechselnd changing
wecken to arouse, waken
weder... noch neither... nor
weg away
der **Weg, -e** way
wegen (*Präp.* + *Gen.*) because of
wegfahren (fährt weg), fuhr weg, ist/hat weggefahren to go away; to drive away
wegfallen (fällt weg), fiel weg, ist weggefallen to be discontinued; to no longer apply; to be omitted
wegkriechen, kroch weg, ist weggekrochen to crawl away
weglaufen (läuft weg), lief weg, ist weggelaufen to run away
wegnehmen (nimmt weg), nahm weg, hat weggenommen to take away
wegstellen (*trenn.*) to put away; to put aside
wegwerfen (wirft weg), warf weg, hat weggeworfen to throw away
wegwischen (*trenn.*) to wipe away; to erase; to dispel
wegziehen, zog weg, hat weggezogen to pull away; to draw back
weh: es tut (mir) weh (I'm) sorry; (**das Bein) tut (ihm) weh** (his leg) hurts
wehen to blow
sich **wehren** to defend oneself
das **Weib, -er** (*veralt.*) woman; female; wife
weiblich feminine, female
weich soft(ly); gentle, gently
weichgekocht soft-boiled

die **Weidetruhe, -n** wicker trunk
das **Weihnachten, -** Christmas
der **Weihnachtsbraten, -** Christmas roast
das **Weihnachtsgeschenk, -e** Christmas present
der **Weihnachtsmann, ⁼er** (*Pl.*) Father Christmas; Santa Claus
weil (*Konj.*) because
die **Weile: eine Weile** a while
die **Weimarer Republik** Weimar Republic
der **Wein, -e** wine
weinen to cry
das **Weinglas, ⁼er** wine glass
der **Weinhändler, -** wine merchant
der **Weinkühler, -** wine cooler
weise wise(ly)
die **Weisheit** wisdom
weiß white
das **Weißblech** tin plate
das **Weißbrot, -e** white bread
der **Weißwein, -e** white wine
weit far
weiter farther, further
sich **weiterentwickeln** (*trenn.*) to develop (further)
die **Weiterführung** continuing/leading further
weitergehen, ging weiter, ist weitergegangen to go further
weiterkommen, kam weiter, ist weitergekommen to come further
weiterlaufen (läuft weiter), lief weiter, ist weitergelaufen to run further
weiterlesen (liest weiter), las weiter, hat weitergelesen to read further
weitermachen (*trenn.*) to carry on
weiters (*österr.*) in addition, furthermore
weiterwachsen (wächst weiter), wuchs weiter, ist weitergewachsen to continue to grow
der **Weizen, -** wheat
das **Weizenmehl** wheat flour
welcher, welches, welche which
die **Wellenlinie, -n** wavy line
der **Wellensittich, -e** budgie, parakeet
das **Wellensittichpärchen, -** pair of budgies
der **Welpe, -n** (*schwach*) pup; cub
die **Welt, -en** world
weltberühmt world famous
der **Weltkrieg, -e** world war; **der Erste/ Zweite Weltkrieg** World War I/II
weltweit worldwide
die **Weltwirtschaft** world economy
wem (*Dat.*) (to/for) whom
wen (*Akk.*) whom
die **Wende, -n** change; turn
wenig little, not much
wenige (*Pl.*) few
weniger less; fewer
wenigst- least; fewest
wenigstens at least
wenn (*Konj.*) whenever; if
wer who
die **Werbeagentur, -en** advertising agency

die **Werbekampagne, -n** advertising campaign
werben (wirbt), warb, hat geworben to advertise
die **Werbesendung, -en** (TV) commercial
der **Werbeslogan, -s** advertising slogan
der **Werbetext, -e** advertising copy
die **Werbung, -en** advertising; ad, advertisement
werden (wird), wurde, ist geworden to become
werfen (wirft), warf, hat geworfen to throw
das **Werk, -e** work
die **Werkstatt, ⁼en** workshop
das **Werkzeug, -e** tool; tools
der **Wert, -e** value; worth
wertvoll valuable
der **Werwolf, ⁼e** werewolf
das **Wesen, -** being; creature
wesentlich fundamental(ly), essential(ly)
weshalb why
wessen whose
der **Westen** west
(das) **Westdeutschland** West Germany
der **Wettbewerb, -e** competition
das **Wetter** weather
der **Wetterfrosch, ⁼e** (*ugs.*) weatherman
wichtig important(ly)
der **Widder, -** ram; Aries
widerlegen to refute
widersprechen (widerspricht), widersprach, hat widersprochen (+ *Dat.*) to contradict
der **Widerspruch, ⁼e** opposition; contradiction
der **Widerstand** resistance
wie how; as, like
wieder again
wiederfinden, fand wieder, hat wiedergefunden to find again
wiedergutmachen (*trenn.*) to make good; to put right, to make amends
wiederholen to repeat
die **Wiederholung, -en** repetition; repeat
Wiederhören: (auf) Wiederhören! goodbye (*at end of phone conversation*)
wiederkommen, kam wieder, ist wiedergekommen to come again
wiedersehen (sieht wieder), sah wieder, hat wiedergesehen to see again; **(auf) Wiedersehen!** goodbye
wiederverwerten (*trenn.*) to recycle; to reuse
die **Wiederverwertung** recycling
der **Wiederverwertungscontainer, -** recycling bin
(das) **Wien** Vienna
die **Wiese, -n** meadow
wieso why; how so
wieviel how much; **wie viele** how many; **wieviel Uhr ist es?** what time is it?
das **Wild** game
der **Wille** (*schwach*) will; **einen starken Willen haben** to be strong-willed
willkommen welcome

der **Wind, -e** wind
windig windy
die **Windjacke, -n** Windbreaker™
winken to wave; **jmdm. winken** to wave to sb.
der **Winter, -** winter
der **Wintermantel, ¨** winter coat
winters (in the) winters
winzig tiny
wirken to have an effect; to be effective; to seem
wirklich real(ly)
die **Wirklichkeit** reality
der **Wirkstoff, -e** active agent
die **Wirkung, -en** effect
der **Wirt, -e** / die **Wirtin, -nen** landlord, landlady
die **Wirtschaft, -en** economy
das **Wirtshaus, ¨er** pub; inn
das **Wissen** knowledge
der **Wissensbereich, -e** field of knowledge/ expertise
der **Wissenschaftler, -** / die **Wissenschaftlerin, -nen** scientist; academic
wissenschaftlich scientific(ally); academic(ally)
das **Wissensgebiet, -e** area of knowledge/ expertise
der **Witz, -e** joke
witzig funny, amusing(ly)
wo where
woanders somewhere else, elsewhere
die **Woche, -n** week
das **Wochenende, -n** weekend
wochentags weekdays
die **Wochenzeitung, -en** weekly newspaper
der **Wodka, -s** vodka
woher (from) where
wohin (to) where
wohl well; about; probably
die **Wohltat, -en** good deed; favor
das **Wohlwollen** goodwill
wohnen to live
die **Wohngegend, -en** residential area
der **Wohnort, -e** place of residence
die **Wohnung, -en** apartment; dwelling
die **Wohnungsnot** housing crisis
die **Wohnungssuche** search for housing
der **Wohnungstürschlüssel, -** key to the apartment door
wölben to arch; to raise/curve (up)
der **Wolf, ¨e** wolf
wolkig cloudy
die **Wolle, -n** wool
wollen wool(len)
wollen (will), wollte, hat gewollt to want to
die **Wollsocke, -n** wool(len) sock
womit with what; by what means
woran (on/of/at) what
worauf (on/for/at) what
das **Wort, ¨er** (*single or independent*) word; das **Wort, -e** expression, group of words
das **Wörterbuch, ¨er** dictionary

der **Wortkasten, *Pl.* Wortkästen** word box, box with words in it
wortlos speechless
das **Wortspiel, -e** word game
die **Wortstellung** word order
die **Wortwahl** choice of words
worüber (over/about) what
wovor (in front of/before) what
wühlen to dig
das **Wunder, -** miracle; wonder
wunderbar miraculous(ly); wonderful(ly)
wundersam strange(ly)
wunderschön simply beautiful; quite beautifully; simply wonderful
der **Wunsch, ¨e** wish
(sich) **wünschen** to wish
die **Wunschvorstellung, -en** wishful notion
der **Würfel, -** cube
würfelförmig cube-shaped
der **Wurfkönig, -e** king of shooting (a basketball)
der **Wurm, ¨er** worm
der **Wurmbehälter, -** worm container
der **Wurmleckerbissen, -** delicacy for worms
würzig spicy
die **Wurst, ¨e** sausage
das **Wurstgericht, -e** sausage dish
die **Wüste, -n** desert
die **Wut** rage
wütend furious(ly)

X

x-beliebig any (at all)

Y

Yippieh! yippee!

Z

die **Zahl, -en** number
zählen to count
der **Zahn, ¨e** tooth; **sich die Zähne putzen** to brush one's teeth; **die dritten Zähne** false teeth
die **Zahnbürste, -n** toothbrush
zart delicate(ly); soft(ly)
zärtlich tender(ly); loving(ly)
die **Zauberkerze, -n** magic candle
zaudern to delay
ZDF = Zweites Deutsches Fernsehen
die **Zehe, -n** toe
das **Zeichen, -** sign
zeichnen to draw
die **Zeichnung, -en** drawing
zeigen to show
die **Zeile, -n** line
die **Zeilenangabe, -n** line information
das **Zeilenpaar, -e** pair of lines, couplet
die **Zeit, -en** time
die **Zeitlang: eine Zeitlang** for a while/ time
der **Zeitpunkt, -e** moment
der **Zeitraum, ¨e** period (of time)
die **Zeitschrift, -en** magazine

der **Zeitschriftenhandel** magazine trade, industry
die **Zeitung, -en** newspaper
der **Zeitungsartikel, -** newspaper article
die **Zeitungsredaktion, -en** newspaper editorial staff
der **Zeitungsstand, ¨e** newspaper stand
zeitweise occasionally, at times
die **Zelle, -n** cell; booth
das **Zelt, -e** tent
die **Zeltbahn, -en** (strip of) canvas
zelten to camp
das **Zentrum, *Pl.* Zentren** center
zerbeißen, zerbiß, hat zerbissen to bite in two; to bite all over
zerbrechen (zerbricht), zerbrach, ist/hat zerbrochen to break/smash to pieces
zerbrechlich fragile
zerfallen (zerfällt), zerfiel, ist zerfallen to disintegrate
zerlegen to dismantle, take to pieces
zerstören to destroy
die **Zerstörung** destruction
zerstreuen to scatter; to entertain; to dispel
zertreten (zertritt), zertrat, hat zertreten to crush (underfoot); to stamp out
der **Zeuge, -n** (*schwach*) witness
das **Zeugnis, -se** report; reference; grade, mark
das **Ziegenleder** goatskin
ziehen, zog, hat gezogen to pull; to draw; to drag; **sich ziehen** to run, stretch; **ziehen, ist gezogen (in + Akk., nach)** to move (in, to)
das **Ziel, -e** destination; goal
ziemlich quite
der **Zierfischverkäufer, -** / die **Zierfischverkäuferin, -nen** person who sells ornamental fish
der **Zierstein, -e** ornamental rock
das **Zifferblatt, ¨er** dial; (clock) face
die **Zigarette, -n** cigarette
die **Zigarre, -n** cigar
die **Zigarrenschachtel, -n** cigar box
das **Zimmer, -** room
der **Zimt, -e** cinnamon
der **Zirkus, -se** circus
der **Zirkusdirektor, -en** / die **Zirkusdirektorin, -nen** circus director
die **Zirkusvorstellung, -en** circus performance
das **Zitat, -e** quotation
die **Zitrone, -n** lemon
der od. das **Zitronensorbet, -s** lemon sorbet
zögern to hesitate
zögernd hesitatingly
der **Zoo, -s** zoo
das **Zoogeschäft, -e** pet store
zoologisch zoological(ly)
der **Zoowärter, -** / die **Zoowärterin, -nen** zookeeper
zu (*Präp. + Dat.*) to; at; **zu Hause** (at) home
zu (*Adv.*) too

das **Zubehör**, -e   accessories
zubereiten (*trenn.*)   to prepare (*food*)
die **Zubereitung**, -en   preparation (*of food*)
züchten   to breed
der **Zucker**, -   sugar
die **Zuckertüte**, -n   *Siehe* **Schultüte.**
zueinander   to each/one another
zuerst   at first
der **Zufall**, ⸚e   chance; accident
zufällig   by chance/accident; accidentally
zuflüstern (*trenn.*): **jmdm. etw.**
    zuflüstern   to whisper sth. to sb.
zufrieden   satisfied
zufügen (*trenn.*): **jmdm. etw. zufügen**   to
    inflict sth. on sb.; **jmdm. ein Leid/Un-**
    recht zufügen   to harm sb./do an injus-
    tice to sb.
der **Zug**, ⸚e   train; characteristic trait; **mit**
    dem Zug   by train
zugänglich   open(ly); accessible
zugeben (**gibt zu**), **gab zu**, **hat**
    zugegeben   to admit; to add
der **Zügel**, -   rein
zugeschnürt   tied/laced up
das **Zugfenster**, -   train window
die **Zuginformation**, -en   train information
die **Zugnummer**, -n   train number
zuhause   at home
zuhören (+ *Dat.*)   to listen to
die **Zukunft**   future
die **Zukunftssicherung**   safeguarding of the
    future
zulächeln (*trenn.*) (+ *Dat.*)   to smile at
zulassen (**läßt zu**), **ließ zu**, **hat**
    zugelassen   to permit, allow
zulegen (*trenn.*)   to add, increase
zuletzt   last (of all)
zum = zu dem
zumachen (*trenn.*)   to close, shut
zunächst   (at) first
zunehmend   increasing(ly)
die **Zunge**, -n   tongue
zupfeifen (*trenn.*): **jmdm. zupfeifen**   to
    whistle at sb.
sich **zupfen** (**aus**)   to pull (out) (for oneself)
zuprosten (*trenn.*): **jmdm. zuprosten**   to
    toast sb.

zur = zu der
zurechtweisen, **wies zurecht**, **hat**
    zurechtgewiesen   to rebuke, reprimand
zurück   back
zurückbringen, **brachte zurück**, **hat**
    zurückgebracht   to bring back
zurückfahren (**fährt zurück**), **fuhr zurück**,
    ist/hat zurückgefahren   to go/drive
    back
zurückfliegen, **flog zurück**, **ist/hat**
    zurückgeflogen   to fly back
zurückgehen, **ging zurück**, **ist**
    zurückgegangen   to go/walk back
zurückholen (*trenn.*)   to get back
zurückkehren (*trenn.*), **ist**
    zurückgekehrt   to move back
zurückkommen, **kam zurück**, **ist**
    zurückgekommen   to come back
zurückrufen, **rief zurück**, **hat**
    zurückgerufen   to call back
zurückschieben, **schob zurück**, **hat**
    zurückgeschoben   to push back
zurückstehen, **stand zurück**, **hat**
    (*südd., österr., schweiz.* **ist**)
    zurückgestanden   to stand back
zusammen   together
die **Zusammenarbeit**   cooperation
zusammenfalten (*trenn.*)   to fold up
zusammenfassen (*trenn.*)   to summarize
zusammenfassend   in summary
die **Zusammenfassung**, -en   summary
das **Zusammenleben**   living together,
    co-existence
zusammenpacken (*trenn.*)   to pack up
die **Zusatzkarte**, -n   additional card/ticket
zusätzlich   additional
zuschauen (*trenn.*)   to look at
der **Zuschauer**, - / die **Zuschauerin**,
    -nen   viewer; *pl.* audience
zuschlagen (**schlägt zu**), **schlug zu**, **hat**
    zugeschlagen   to bang/slam shut; to
    close/shut
zuschnüren   to tie up; to lace in
zusehen (**sieht zu**), **sah zu**, **hat**
    zugesehen   to watch
zusichern   to assure
der **Zustand**, ⸚e   condition; state

zustande bringen, **brachte zustande**, **hat**
    zustande gebracht   to manage; to get
    done
zustimmen (*trenn.*): **jmdm. zustimmen**   to
    agree with sb.
die **Zustimmung**, -en   agreement
zutreffen (**trifft zu**), **traf zu**, **hat zugetroffen**
    (**auf** + *Akk.*)   to be applicable/correct
zuverlässig   reliable; reliably
die **Zuverlässigkeit**   reliability
zuversichtlich   confident(ly)
zuviel   too much; **zu viele**   too many
zuvor   before
zuweilen   now and again, at times
zuwider (*Adj.*)   repugnant
zuwider (+ *Dat.*)   contrary to
zuziehen, **zog zu**, **hat zugezogen**   to pull
    shut; to draw tight
zuzwinkern (*trenn.*) (+ *Dat.*)   to wink at
zwängen   to squeeze
zwar   admittedly; **zwar . . . ,**
    aber/doch   yes . . . but; **und**
    zwar   specifically
der **Zweck**, -e   purpose
die **Zweiergruppe**, -n   group of two
der **Zweifel**, -   doubt
zweifellos   undoubtedly, without a doubt
zweifeln (**an** + *Dat.*)   to doubt, to have
    doubts (about)
zweimal   twice
zweit-   second
zweitwichtigst-   second most important
der **Zwerg**, -e   dwarf
der **Zwilling**, -e   twin
die **Zwillingshexe**, -n   twin witch
die **Zwillingsschwester**, -n   twin sister
zwingen, **zwang**, **hat gezwungen**   to force
zwingend   compelling
zwinkern   to wink; to blink
der **Zwirn**, -e   twine
zwischen (+ *Akk. od. Dat.*)   between
die **Zwischenmahlzeit**, -en   snack (between
    meals)
zwitschern   to chirp
zwitschernd   chirping
der **Zylinder**, -   cylinder

Photo Credits

Page 1 Käthe Kollwitz (German), *Mother with Child in Arms*, 1916, Philadelphia Museum of Art: purchased: Seeler Fund; *7* German Information Center; *11, 18* Ulrike Welsch; *24* Renate Hiller/Monkmeyer Press Photo; *35(top)* Ulrike Welsch; *35(bottom)* Janet Wishnetsky/COMSTOCK; *40* Bavaria Bildagentur; *54* Hugh Rogers/Monkmeyer Press Photo; *63(left)* Egon Schiele, *Portrait of a Boy II* (The Artist's Nephew, Toni), 1918 (JK P.318). Private Collection. Courtesy Galerie St. Etienne.; *63(right)* Egon Schiele, *Portrait of Johann Harms*, 1916. Solomon R. Guggenheim Museum, New York, Partial gift, Dr. and Mrs. Otto Kallir. Photo: Robert E. Mates © The Solomon R. Guggenheim Foundation, New York (69.1884); *69* Michael Bry/Monkmeyer Press Photo; *70* Rauch/Bavaria Bildagentur; *82* Gabriel Munter (German, 1877–1962) *Breakfast of the Birds*, 1934, Oil on board, 18×21 ¾ in., The National Museum of Women in the Arts, Gift of Wallace and Wilhelmina Holladay; *90* Ulrike Welsch; *101* Hugh Rogers/Monkmeyer Press Photo; *109* PRW/Bavaria Bildagentur; *117* Lee Snider/The Image Works; *124* Paula Modersohn-Becker, *Poorhouse Woman at Duck Pond*, 1904, oil on canvas, 16 ½ × 24 ⅝ in. (42 × 62.5 cm), Stiftung Ludwig-Roselius-Museum, Bremen; *143* Bohnacker/Bavaria Bildagentur; *144* Everett Johnson/Leo de Wys Inc.; *148* Peter Menzel/Stock, Boston; *151* Bundesbildstelle Bonn; *167* Danilo Boschung/Leo de Wys Inc.; *171* Auguste Macke, *Zoologischer Garten 1*, 1912, Stadtische Galerie im Lenbachhaus, Munchen; *178* Fritz Henle/Photo Researchers Inc.; *180(top)* Leonard Lee Rue/Monkmeyer Press Photo; *180(bottom)* Irene Vandermolen; *193* M. C. Escher, *Relativity*, July 1953, 11 ⅛ × 11 ⅝ in. (282 × 294 mm), © M. C. Escher Foundation ® Baarn, Holland. All rights reserved; *197(left)* German Information Center; *197(right)* Hugh Rogers/Monkmeyer Press Photo; *210* Laemmerer/Bavaria Bildagentur; *215* Mike Mazzaschi/Stock, Boston; *223* Beryl Goldberg; *232* J. Messerschmidt/Leo de Wys Inc.; *236* Fridmar Damm/Leo de Wys Inc.

Realia Credits

Page 9 Jugendscala; *21* Manfred von Papen, *Stern*; *30* Poertgen Herder, Haus der Bücher; *50 Kurier Tageszeitung*, Vienna, Austria; *65(left)* "Grüsseritis" by Bernhard Katsch; *175 Süddeutsche Zeitung*, 27/28 April 1991, nr. 98; *178* dpa, Deutsche Presse-Agentur GmbH; *180(right)* Associated Newspapers of London Ltd.; *180(left) Frau im Spiegel*; *189* Manfred von Papen, *Stern*; *190(top) Maulwurf*; *199* Vogel Verlag und Druck KG, 97064 Würzburg/Germany, Company Werbeagentur, 70178 Stuttgart/Germany; *227* Markus, *Stern*; *240* Universitätsdruckerei und Verlag H. Schmidt, Mainz; *252* Blitz Leipzig, Dresden & Halle.

Literary Credits

Page 11 "Inventur" by Günter Eich, Luchterhand Literaturverlag, 1948; *12* Christa Reinig: *Sämtliche Gedichte*, Verlag Eremiten-Presse, 1984; *18* "Verfahren" by Helga M. Novak, from *Geselliges Beisammensein, Prosa*, Luchterhand Literaturverlag, 1968; *47* "Mein erstes Abenteuer" by Roda Roda © Langen Muller Verlag in der F. A. Herbig Verlagsbuchhandlung GmbH, Munich; *56* "Kaffee verkehrt" by Irmtraud Morgner, from *Leben und Abenteuer der Trobadora Beatriz nach Zeugnissen ihrer Spielfrau Laura*, Aufbau Verlag, Berlin; *60* "Miβverständnisse" by Birgit Kral, *My Way*, Leser machen Zeitung, 1991; *68* "Erziehung" by Uwe Timm, from *bundesdeutsch. lyrick zur sache grammatik*. Peter Hammer Verlag, Wuppertal, 1974; *71* "lernprozesse" by Werner Kofler, *Guggile: vom Bravsein und vom Schweinigeln*, Verlag Klaus Wagenbach 1975; *73* "Podiumdiskussion" by Helmut Heissenbuttel © by Bechtle Verlag in der F. A. Herbig Verlagsbuchhandlung GmbH, Munich; *69 Wolfenbütteler Zeitung*; *72* Wolfgang W. Sieling; *77* Hans Stenzel, *Berliner Morgenpost*; *84 Jugendscala*; *85* Informationsdienst für Bundeswertpapiere; *98(left) Wolfenbütteler Zeitung*; *105* JUMA; *122(top)* Manfred von Papen, *Stern*; *122(bottom)* Ken Pyne, *Hörzu*; *125 Wolfenbütteler Zeitung*; *134* Borislav Sajtinac, Stern; *135(top)* Wessum, *Punch*; *135(bottom) Eulenspiegel*, Berlin; *141 Allgemeine Zeitung*; *157(center)* Martin Stoll GmbH; *165 Brigitte*, Gruner + Jahr, Hamburg; *166* "Freitag," Nr. 31, 1991; *169 Thuringische Landeszeitung*; *89* "Die alte Frau von nebenan" from *Bilderbuch mit Versen*. Mit Bildern von Nicola Baylay und Versen von Elisabeth Borchers, © Insel Verlag, Frankfurt am Main, 1975; *92* "Wie meine Grossmutter starb" by Irmtraud Morgner, from "Drei Variationen über meine Grossmutter" from *Hochzeit in Konstantinopel*, Aufbau Verlag, Berlin, 1968; *95* "Die Zwillingshexen" © Ursula Wölfel, Ravensburger Buchverlag; *110* "Die Historie von Pfannkuchen" from *Die Marchen der Werltliteratur*. Eugen Diederichs Verlag, 1922; *131* "Schweinegeschichte" by Helmut Zenker, from *Herr Novak maleikum*, Luchterhand Literaturverlag, 1983; *137* From *Tagebuch des Försters Rombach* by Martin Rombach, 1993; *143* "Osterreich" by Wolfgang Bauer, Verlag der Osterreichischen Staatsdruckerei, 1969; *154* "Made in Hongkong" by Franz Hohler, from *Der Granitblock in Kino*, Luchterhand Literaturverlag, 1981; *161* "Reklame" by Ingeborg Bachmann, from *Anrufung des grossen Bären*, R. Piper Verlag, Munich, 1956; *182* "Ein Hund" by Helga Schubert, from *Anna kann Deutsch* Aufbau Verlag, Berlin, 1976; *204* "Der Mann mit dem Gedächtnis" by Peter Bichsel from *Kindergeschichten*, Luchterhand Literaturverlag, 1969; *218* "Der Mann im weiβen Hemd" by Gabriele Wohmann, from *Kassensturz*, Luchterhand Literaturverlag, 1989; *229* "Wien—Altenmarkt" by Manfred Richter, *My Way, Leser machen Zeitung*, 1991; *241* "Zwie Denkmäler" by Anna Seghers, Aufbau Verlag, Berlin, 1965; *247* "Mensch" by Stephan Krawczyk. Reprinted with permission.